An Illustrated Brief History of Western Philosophy

牛津西方哲学简史

【英】Anthony Kenny 著

陈晓曦 译

中国轻工业出版社

图书在版编目（CIP）数据

牛津西方哲学简史 /（英）安东尼·肯尼（Anthony Kenny）著；陈晓曦译. —北京：中国轻工业出版社，2019.2

ISBN 978-7-5184-2136-7

Ⅰ.①牛… Ⅱ.①安…②陈… Ⅲ.①西方哲学-哲学史 Ⅳ.①B5

中国版本图书馆CIP数据核字（2018）第235846号

版权声明

An Illustrated Brief History of Western Philosophy by Anthony Kenny, ISBN: 9781405141802
© 1998, 2006 by Anthony Kenny
All Rights Reserved. Authorized translation from the English language edition published by John Wiley & Sons Limited. Responsibility for the accuracy of the translation rests solely with Beijing Multi-Million Electronic Graphics & Information Co., Ltd. and is not the responsibility of John Wiley & Sons Limited. No part of this book may be reproduced in any form without the written permission of the original copyright holder, John Wiley & Sons Limited.

总 策 划：石　铁
策划编辑：孔胜楠　　　　　　　　责任终审：杜文勇
责任编辑：孔胜楠　　　　　　　　责任监印：刘志颖

出版发行：中国轻工业出版社（北京东长安街6号，邮编：100740）
印　　刷：三河市鑫金马印装有限公司
经　　销：各地新华书店
版　　次：2019年2月第1版第1次印刷
开　　本：710×1000　1/16　印张：28.75
字　　数：335千字
书　　号：ISBN 978-7-5184-2136-7　定价：78.00元

读者服务部邮购热线电话：010-65125990，65262933　传真：010-65181109
发行电话：010-85119832　传真：010-85113293
网　　址：http://www.wqedu.com
电子信箱：1012305542@qq.com

如发现图书残缺请直接与我社读者服务部（邮购）联系调换

180385Y2X101ZYW

前　言

1945年，伯特兰·罗素（Bertrand Russell）写了单卷本《西方哲学史》（History of Western Philosophy）。该书至今仍在被人们阅读。有人建议我来写一部当代风格之作，与之颉颃。起初我几乎被此挑战吓倒。罗素是20世纪最伟大的哲学家之一，曾获诺贝尔文学奖。有谁胆敢冒险与他媲美？但是，他的哲学史著作并未被普遍认为是他最好的作品之一，他因不公正地对待以往一些最伟大的哲学家而饱受诟病，如亚里士多德（Aristotle）和康德（Kant）等。而且，他关于哲学的本质和哲学方法所采用的假定，也受到当下大多数哲学家的质疑。看起来确实需要一本书，从当代哲学视野出发全面概述这一主题的历史。

尽管罗素的著作在细节上有欠精确，但依然不失趣味并引人入胜。该书让许多人初尝阅读哲学的兴奋滋味。在这本书里，我的目的是产生与罗素的著作同样多的受众：我为受过普通教育的读者而写，他们没有受过特殊的哲学训练，但希望明白哲学曾为我们所生活于其中的文化所做出的贡献。我尽力避免不加解释地使用任何首次出现的哲学术语。柏拉图（Plato）的对话集在这里就是一个范例：柏拉图能够不用任何专业词汇就提出哲学论点，因为在他写作之时，尚未有任何哲学概念存在。有鉴于此而非其他的缘故，在本书的第二、三章，我花费了很大的篇幅探讨了他的几篇对话。

我一直竭力想摹仿罗素的行文，主要是出于其明晰与充满活力的风格。他曾写道，作为散文家，其楷模是贝德克尔（Baedeker）和约翰·弥尔顿（John Milton）。与哲学素昧平生的读者注定会在这本书的某些部分感觉理解有困难。哲学并不存在肤浅的目标，每一位新手哲学学者都必须奋力昂起头，以免溺水。但我已尽最大努力，确保读者在理解上不必面临任何困难，除非那是主题自身本质所内含的。

事先解释清楚哲学是什么是不可能的。学习哲学最好的方法是阅读伟大哲学家们的著作。本书打算向读者展示什么话题曾让哲学家感兴趣，以及他们用了什么方式来加以阐明。就其自身来说，哲学学说的概要论述几乎无甚用处：单单是告诉哲学结论而不说明哲学家达到结论的方法，这是欺骗读者。出于这个缘由，我尽力去呈现批评哲学家在论证他们的命题时所采用的推理。我这样与过去的伟人争论，不是出于不尊重。这乃是严肃对待一位哲学家的方式：不当他文本的应声虫，而是应战它，从其力量和不足中汲取教益。

哲学同时也是最令人激动与最令人沮丧的学科。哲学是令人激动的，因为她是所有学科中最广泛的，探究贯穿于我们就任何话题讨论与思考的基本概念。而且，哲学活动还承诺不需要任何特殊的预备性训练或指导；任何人只要愿意深思并遵循推理的脉络都可以进行哲学活动。不过，哲学也是令人沮丧的，因为不像科学或历史等学科，哲学不提供关于自然或社会的新信息。哲学并不旨在提供知识，而是理解；哲学史表明，即使对那些最伟大的心灵而言，发展出一种完整而连贯的洞见是何等的艰难。可以毫不夸张地说，还没有一个人已经成功地，对我们用来思考最简单思想的语言本身，达到一种完整而连贯的理解。因此，被很多人看成是作为自我意识规训的哲学的奠基人苏格拉底（Socrates），也宣称他所拥有的唯一智慧就是自知自己无知，这也并非偶然了。

哲学既非科学，也非宗教，尽管哲学与这两者在历史上一直纠缠着。我努力呈现诸多领域的哲学思想是如何从宗教反省中脱胎并演进到经验科学的。被过去伟大哲学家处理的很多论题在今天看来已不能算作哲学问题了。与此相应，我会聚焦他们曾致力思考过并在今天依然被看成属于哲学的领域，诸如伦理学、形而上学以及心灵哲学等领域。

像罗素一样，我对历史长河中的哲学家及其历史贡献做了选择。不过，我没有像罗素那样，大幅度偏离哲学标准范围内已普遍接受的内容。如他一样，我也加入了对哲学思考有影响的非哲学家的讨论，这就是为何达尔文（Darwin）、弗洛伊德（Freud）的名字也被列入目录中的原因。我致力于把相当大的篇幅给予古代和中世纪哲学,尽管这没有罗素花费的篇幅多,罗素的著作写到中间部分还未到阿尔昆(Alcuin)和查理曼大帝(Charlemagne),且未加深入。我则一路而下,直至第二次世界大战结束,但未包含20世纪的欧陆哲学。

还是如罗素一样,对哲学家的生活,我也勾画了社会的、历史的、宗教的背景:年代愈久则篇幅愈大,而逮至当代则随之简略。

此书不是为专业哲学家而写,当然尽管如此,我也希望他们会发现我的作品是准确的,也能将此书作为背景阅读材料推荐给他们的学生。对那些已经熟悉该主题的人而言,我的写作自然打上了我本人哲学训练的烙印。这种训练首先体现在从中世纪汲取灵感的经院哲学,其次体现在语言分析学派中,而语言分析学派在英语世界里主导了20世纪的大部分时间。

我出版这本书的希望是,它可以向那些对哲学感兴趣的人传达一些有关这一主题的激动人心之处,并将他们引向过去伟大思想家的实际著作。

我深深感谢布莱克韦尔(Blackwell)出版社的编辑人员,以及为准备此书而给予支持的安东尼·格雷厄姆(Anthony Grahame),还包括三位匿名的审阅人,他们为这本书的完善提出了有益建议。我尤其要感谢我的妻子,南希·肯尼(Nancy Kenny),她通读了全书的手稿,删除了许多非哲学专业者难以理解的段落。我相信我的读者也会分享我对她的感激,因为她为读者免去了无益的辛劳。

1998年1月

我感谢明尼苏达大学(University of Minnesota)的欧文(D. L. Owen)博士和布宜诺斯艾利斯(Buenos Aires)的克赖纳(I. J. de Kreiner)博士,两位为本书第一版指出过许多小瑕疵。

2006年1月

目 录

第一章 哲学的幼年时代 / 1
  米利都学派 / 3
  色诺芬尼 / 6
  赫拉克利特 / 7
  巴门尼德学派 / 10
  恩培多克勒 / 17
  原子论者 / 21

第二章 苏格拉底的雅典 / 25
  雅典帝国 / 25
  阿那克萨戈拉 / 27
  智术师 / 28
  苏格拉底 / 30
  《游叙弗伦篇》 / 33
  《克力同篇》 / 37
  《斐多篇》 / 37

第三章 柏拉图的哲学 / 45
  生平与著作 / 45
  理念论 / 48

柏拉图的《理想国》/ 52

《泰阿泰德篇》与《智术师篇》/ 63

第四章 亚里士多德的体系 / 71

柏拉图的学生，亚历山大的导师 / 71

逻辑学的基础 / 74

戏剧理论 / 78

道德哲学：德性与幸福 / 80

道德哲学：明智与理解 / 84

政治学 / 87

科学与解释 / 89

词与物 / 92

运动与变化 / 94

灵魂、感觉与心智 / 96

形而上学 / 99

第五章 亚里士多德之后的希腊哲学 / 105

希腊化时代 / 105

伊壁鸠鲁主义 / 106

斯多亚主义 / 110

怀疑主义 / 113

罗马及其帝国 / 115

拿撒勒的耶稣 / 117

基督教与诺斯替教 / 119

新柏拉图主义 / 123

第六章 早期基督教哲学 / 127

阿里乌斯教与正统观念 / 127

道成肉身的神学 / 130

奥古斯丁的生平 / 132

上帝之城与恩典之神秘 / 136

波爱修斯与菲洛波努斯 / 140

第七章　早期中世纪哲学 / 145

约翰·司各脱 / 145

阿尔金迪与阿维森纳 / 147

封建制度 / 150

圣安瑟尔谟 / 152

阿伯拉尔与爱洛依丝 / 154

阿伯拉尔的逻辑学 / 157

阿伯拉尔的伦理学 / 158

阿威罗伊 / 161

迈蒙尼德 / 163

第八章　13世纪的哲学 / 167

革新时代 / 167

圣波那文图拉 / 170

13世纪的逻辑学 / 172

阿奎那的生平与著作 / 174

阿奎那的自然神学 / 176

质料、形式、实体与偶性 / 178

阿奎那论本质与存在 / 180

阿奎那的心灵哲学 / 181

阿奎那的道德哲学 / 183

第九章 牛津的哲学家 / 189

14 世纪的大学 / 189

邓·司各脱 / 191

奥卡姆的语言逻辑 / 198

奥卡姆的政治理论 / 200

牛津的算学家 / 203

约翰·威克利夫 / 204

第十章 文艺复兴时期的哲学 / 209

文艺复兴 / 209

自由意志：罗马与鲁汶 / 211

柏拉图主义的复兴 / 214

马基雅维利 / 215

莫尔的《乌托邦》/ 218

宗教改革 / 221

后宗教改革时期的哲学 / 225

布鲁诺与伽利略 / 227

弗朗西斯·培根 / 230

第十一章 笛卡尔的时代 / 235

宗教战争 / 235

笛卡尔的生平 / 236

怀疑与我思 / 239

心灵的本质 / 242

上帝、心灵与身体 / 243

物质世界 / 248

第十二章　17 世纪的英国哲学 / 253

托马斯·霍布斯的经验论 / 253

霍布斯的政治哲学 / 256

约翰·洛克的政治理论 / 258

洛克论观念与性质 / 260

实体与人格 / 265

第十三章　路易十四时期的大陆哲学 / 271

布莱士·帕斯卡 / 271

斯宾诺莎与马勒伯朗士 / 274

莱布尼茨 / 280

第十四章　18 世纪的英国哲学 / 287

贝克莱 / 287

休谟的心灵哲学 / 292

休谟论因果关系 / 297

里德与常识 / 300

第十五章　启蒙运动 / 303

启蒙运动思想家 / 303

卢梭 / 305

革命与浪漫主义 / 308

第十六章　康德的批判哲学 / 313

康德的哥白尼革命 / 313

先验感性论 / 316

先验分析论：范畴的演绎 / 318

先验分析论：原理的体系 / 322

先验辩证论：纯粹理性的谬误推理 / 325

先验辩证论：纯粹理性的二律背反 / 327

先验辩证论：批判自然神学 / 330

康德的道德哲学 / 333

第十七章　德国观念论与唯物论 / 337

费希特 / 337

黑格尔 / 339

马克思与青年黑格尔派 / 343

资本主义及其不满者 / 346

第十八章　功利主义哲学家 / 349

杰里米·边沁 / 349

密尔的功利主义 / 355

密尔的逻辑学 / 356

第十九章　19世纪的三位哲学家 / 361

叔本华 / 361

克尔凯郭尔 / 369

尼采 / 372

第二十章　近代三位大师 / 377

查尔斯·达尔文 / 377

约翰·亨利·纽曼 / 383

西格蒙德·弗洛伊德 / 388

第二十一章　逻辑与数学的基础 / 395

弗雷格的逻辑 / 395

弗雷格的逻辑主义 / 398

弗雷格的逻辑哲学 / 401

罗素悖论 / 402

罗素的摹状词理论 / 404

逻辑分析 / 407

第二十二章 维特根斯坦的哲学 / 409

《逻辑哲学论》/ 409

逻辑实证主义 / 413

《哲学研究》/ 415

后　记 / 427
进一步阅读的建议 / 431
译后记 / 441

第一章
哲学的幼年时代

　　最早的西方哲学家是希腊人，他们操着希腊语的各种方言，熟悉荷马（Homer）和赫西俄德（Hesiod）的希腊诗篇，打小就培养起对希腊诸神如宙斯（Zeus）、阿波罗（Apollo）和阿佛洛狄忒（Aphrodite）的崇拜。他们并非住在希腊本土，而是在远离希腊文化的中心地带，生活在意大利南部海岸或今天被称作土耳其的西海岸。他们的兴盛繁荣期是在公元前6世纪。当然，该世纪以犹太人被国王尼布甲尼撒（Nebuchadnezzar）逐出巴比伦为开端，以年轻的城邦君主被放逐后罗马共和国的建立而告终。

　　这些早期的哲学家也是早期的科学家，其中有好几位还是宗教方面的领袖。一开始，科学、宗教和哲学之间的区分并不像后来的世纪那样清晰。公元前6世纪，小亚细亚和希腊附属的意大利几乎成为智识的大熔炉，所有那些未来的学科要素都发酵于此。后来，宗教信徒、哲学追随者，以及科学后继者都可以回顾那些思想家，追溯他们为自己的祖先。

　　毕达哥拉斯（Pythagoras）在古代被尊为把哲学带进希腊世界的第一人。他本人就体现了这一早期时代的特征。他出生在离土耳其海岸不远的萨摩斯岛

(Samos),后移居至意大利脚趾的克罗顿(Croton)[1]。他自称是系统地研究几何学的奠基人。他的名字对于欧洲世世代代的学子来说都颇为熟悉,因为他被誉为首次证明了直角三角形的斜边平方等于两个直角边平方之和者。不过,他也创立过带有一整套禁欲和仪式规则的宗教团体,最为有名的是戒食豆子。他教导灵魂转世学说:人类有着可与其肉身相分离的灵魂,死亡之际,人的灵魂会迁移到另一种动物身上。出于这个理由,他教导门徒禁食肉食。据说,他有一次阻止一个人抽打小狗,声称他从小狗的哀嚎声中辨认出他的一位亡友的声音。他相信,灵魂在迁移到另一种动物身上后,最后还会转世化身为人类。他自称记得自己曾是数世纪前围攻特洛伊之战时的一位英雄。

图1 拉斐尔(Raphael)《雅典学院》(*The School of Athens*)中的毕达哥拉斯。该图显示,毕达哥拉斯正在依据身旁年轻男子手中的图示板在一本书上做记录。该图示以里拉琴的形式展示了一种由10个点组成,按照每排1、2、3、4排成4排的神圣三角形结构(sacred tetractys)。
(图片来源[2]:Wikimedia Commons)

灵魂转世学说在希腊被称作"轮回"(metempsychosis)。在克里斯朵夫·马

---

[1] 在地图上,意大利形状犹如一只靴子,故有脚趾位置之说。——译者注
[2] 除特别标注外,本书中的图片均来自 Wikimedia Commons 网站,按照公共领域作品使用权限或 GNU 自由文档许可证授权使用。——编者注

洛（Christopher Marlowe）的戏剧《浮士德博士的悲剧》(*The Tragical History of Doctor Faustus*)中，浮士德因为把自己的灵魂出卖给魔鬼，行将要被带往基督的地狱之际，表达了极度的渴望，希望毕达哥拉斯没有说错。

　　啊，毕达哥拉斯的轮回是如此的正确
　　灵魂会从我身上飞走，我也会变成
　　某种凶恶的野兽。

毕达哥拉斯的门徒为他写了传记，里面充满奇迹，相信他有千里眼和两地同现（bilocation）之能，并拥戴他为阿波罗之子。

米利都学派

　　毕达哥拉斯的生活湮灭在传奇之中。人们知道更多的乃是一群哲人，大约与他同时代，住在伊奥尼亚（Ionia）或希腊亚细亚的米利都（Miletus）城邦。这群人中的第一位就是泰勒斯（Thales）。他早在公元前585年就预言过一次日食。跟毕达哥拉斯一样，他是位几何学家，尽管只有数条简单的定理可归功于他，比如圆被直径二等分。跟毕达哥拉斯一样，他把几何学和宗教结合起来了：当他发现如何在一个圆中内截一个直角三角形时，就向诸神敬献了一头公牛。但他的几何学还有实用的一面，他能通过测量影子长度来测算金字塔的高度。他还对天文学感兴趣，他辨认出小熊星座，指出其在航海上的用途。据说他是希腊把一年的长度确定为365天的第一人，同时他也估测了太阳和月亮的大小。

　　泰勒斯可能是把宇宙作为整体来追问其结构和本性的首位哲学家。他坚持地球浮在水面上，犹如一截漂浮的木头在河流中。后来，亚里士多德问：水下又有什么来支撑呢？不过地球及其栖息者并不是真的浮在水面上，因此在某种意义上泰勒斯相信，地球上的万物皆由水构成。即使在古代，人们也只能猜测这一信念的基础：一切动植物不都需要水，或因为一切种子不都是潮湿的吗？

　　因为他那关于宇宙的理论之故，泰勒斯被后人称作物理学家（physicist）或自然科学家（philosopher of nature），"*physis*"是英语"nature"对应的希腊词汇。虽然泰勒斯是位物理学家，但他却不是一位唯物论者。就是说，他不相信除了物质实体之外就无物存在。他有两句名言被原封不动地流传下来，其中一句是"诸神充满一切"。通过这句，他的意思可能是指磁铁有其灵魂，因为它吸引铁屑。他不相信毕达哥拉斯的灵魂转世学说，但他确实认为灵魂是不朽的。

泰勒斯不仅是位理论家，也是吕底亚国王克洛伊索斯（Croesus of Lydia）的政治与军事顾问，他曾让河水转向而帮助了国王涉过河流。由于预见了一次非比寻常的橄榄丰收利好，他租借了所有的炼油磨坊而大赚了一笔。另外，他还获得了不谙世故、心不在焉的名声，这被记录在一位古代小说家杜撰的一封致来自米利都的毕达哥拉斯的书信中：

> 泰勒斯晚年命运不济。某夜，他惯常地与他的女仆从自己家院子走出，观看星座。正当凝望之际，他已忘记自己在哪儿，不知不觉中步入一陡峭的斜坡而跌倒。于是，米利都人就失去了这样一位智慧的天文学家。作为他的弟子，让我们铭记他的往事，也让我们的后代与弟子们深切怀念他吧。

一位更重要的思想家是阿那克西曼德（Anaximander）。他比泰勒斯晚一辈，同时也是他的学生。他是一位博学之士，首次绘制了世界地图与星象图，发明过日晷仪和全天候时钟。他教导说，地球是圆柱状，犹如一段台柱，环绕世界的是巨大的轮箍，烈焰熊熊。每一轮箍皆可看到烈焰孔洞，而孔洞正是太阳、月亮与星星。最大的轮箍有地球的 28 倍之巨，从洞口看到的烈焰正是太阳。孔洞的堵塞解释了日食与月相。孔洞之类的火焰一度曾是巨大的火球，环绕着早年的地球，后来逐渐爆发成碎片，将自身卷入犹如树皮一般的罩壳里。最后，天体会返回到原初的火焰喷发处。

> 万物所由生成之物，也是其被毁灭后复归之物，此乃根据必然律。因为它们按照固定的时间为其不正义受到惩罚并相互补偿。

这里，物理的宇宙起源说，与其说混杂了神学，倒不如说混杂了一种宏大的宇宙伦理：少数几种元素，众多的人类以及诸神，必须被保持在由自然所永恒确定的范围之内。

尽管火在阿那克西曼德的宇宙起源论中扮演重要角色，不过，认为他将火看成世界的终极构成，犹如泰勒斯的水一样，那就想错了。他认为，万有的基本元素既不是水，也不是火，更非任何与之相似之物，否则它就会逐渐占据整个宇宙。它必定是某种无限定的自然，他称之为"无限定"（infinite 或 unlimited）。"无限定是万有存在的第一原理，它永恒不灭，包含整个世界。"

阿那克西曼德是进化论的早期拥护者。他认为我们所知的人类并非永世长存的。别的动物自出生始就能照顾自己，而人类需要长期的抚育。假如人类自初始就犹如现在，则无法生存下来。他认为，在更早的年代存在着像鱼一样的动物，于它们之内，人类的胚胎开始发育，继而在世界上大规模繁衍。出于此论之故，尽管他并非是位素食者，但他依然劝诫禁食鱼类。

阿那克西曼德的无限定概念，对他的某些后继者而言显得过于深奥。比他更年轻些的米利都同代人阿那克西美尼（Anaximenes）则同意，终极的元素[1]不可能是火或水，他声称乃是气，一切均由气生成。在气的稳定态，气是不可见的，当气运动并凝结，首先就是风，然后是云和雨，最终是水凝固成泥土和石头。稀薄的气可能变成火，让全部的元素充盈起来。为了支撑他的理论，阿那克西美尼诉诸经验："人从口既呼出热，也呼出冷，因为当气被嘴唇压缩与凝固时，呼吸就受到冷却；但当嘴部松弛时，出于气的稀薄，所以呼吸变热。"因此，稀薄和凝结能通过构成基础的气而产生万物。尽管这很朴素，但毕竟也是朴素的科学：它并非如同经典圣经故事中关于洪水和彩虹那般的神话。

阿那克西美尼是首位地球扁平论者（flat-earther）。他认为天体并非犹如他的前辈所称，在地球之下运行，而是像一顶毡帽在我们头顶环绕。他也是月球扁平论者、太阳扁平论者，"太阳和月亮，以及其他天体，皆为炽热燃烧，因其扁平而悬于气中"。

---

[1] 作者使用的是"ultimate element"，在哲学史中通常用"始基"或"本原"来指称。——译者注

色诺芬尼

泰勒斯、阿那克西曼德和阿那克西美尼构成了强大而富有天才的思辨三人组。他们的兴趣标示出他们是现代科学家而非现代哲学家的祖先。当我们走进克洛丰（Colophon，在今天的伊兹密尔附近）的色诺芬尼（Xenophanes）时，情况则不同了。色诺芬尼活到公元前5世纪。他的主题和方法可被认为与此后世世代代的哲学家的主题与方法完全一样。尤其是，他还是第一位宗教哲学家，他给出的某些论断在今天依然被他的后继者们认真对待。

色诺芬尼痛恨荷马与赫西俄德诗篇中表现的宗教，他们的故事极为亵渎地将偷盗、欺骗、通奸以及各种在人类中被视为可耻的、应受谴责的行为归诸诸神。作为诗人，他以讽刺韵文猛烈抨击荷马式的神学，这些文字今已不在。他自称，这并非是为了获得一种了解神性本质的清晰的洞见，相反，他写道，"关于诸神的真理，无人曾见过，也无人将会知道"。但他确实认为自己知道诸神的传奇源自何处：人类有一种倾向，把每个人、每一物都描绘得犹如自己。他说，埃塞俄比亚人（Ethiopians）让他们的诸神变成黑色（皮肤）、扁鼻子，而色雷斯人（Thracians）则让他们的诸神变成红发蓝眼。相信诸神带有任何人类形式的都是幼稚的神人同形同性论（anthropomorphism）。"如果奶牛、马或狮子有手，还会画画，那么，马会将神画得像马，奶牛则会画成奶牛的样子，也把它们身体的相似性运用到它们自己的诸神那里。"

虽然无人能对神产生一副清晰的形象，色诺芬尼认为，随着科学的进步，人类可以学会揭示比起初更多的东西。他写道："存在一位神，于诸神和人类中最伟大，在形体和思想上与人皆不相似。"神既非有限，也非无限，但总而言之是不占空间的存在：所谓神圣的即是活生生的存在者，他整全地（as a whole）看、整全地思考、整全地倾听。

在崇拜众神的社会中，他是位坚定的一神论者。他认为，只存在一个神，因为神是一切万有中最强大的；如果不止一个，那么，他们将不得不分享相等同的权力。神没有起源，因为生成之物要么来自相似的存在，要么来自不相似的存在，两种情况在神这里都会导致荒谬。神既非无限也非有限,既非可变也非不变。但是,尽管神在某种意义上不可思议,他也并非是不可思考的。相反,"无论多么遥远,单凭神的心灵,他就可以轻而易举地统治一切存在"。

色诺芬尼的一神论是值得注意的,主要不在于其独创性,而在于其哲学的性质。希伯来(Hebrew)先知耶利米(Jeremiah)和《以赛亚书》(Book of Isaiah)的作者已经正式宣布,只有一位真神。但是,当他们把他们的立场建立在神谕的基础上时,色诺芬尼则通过理性论证来证明他的观点。就几个世纪后的两者区分而言,以赛亚宣布了一种启示的宗教,而色诺芬尼则是一位自然神学家(natural theologian)。

色诺芬尼的自然哲学不及宗教哲学那么激动人心。他的观点是米利都前辈们提出的主题的变体。他认为,终极元素不是水或气,而是土。土在我们之下并向下延伸至无限。他坚持认为,太阳因为小火花的聚集而每日生成着。但是,这不是唯一的太阳,实际上太阳有无限多。色诺芬尼为科学做出的最原创性贡献是注意到了化石的存在。他指出,在马耳他(Malta)将会找到印刻在岩石上的所有海洋生物的形状。据此,他得出结论,世界曾经历过一轮陆地与海洋的交替循环。

赫拉克利特

这些早期伊奥尼亚哲学家中最著名的一位,也是最后一位叫赫拉克利特(Heraclitus)。他生活于公元前5世纪早期的大都市以弗所(Ephesus),后来的圣徒保罗(Paul)就布道、安居并被害于此。该城邦在赫拉克利特的时代与在圣徒保罗的时代一样,由生育女神阿尔忒弥斯(Artemis)的大神庙所统治。赫拉克利特痛恨祭祀神庙:向雕塑祈祷犹如对一所空室耳语,献祭以净化罪恶犹如试图以污泥洗清污泥。他时常造访神庙,但只是与那里的孩童玩掷骰子游戏,并拒绝参与城邦政治。他说,这(玩掷骰子游戏)远比陪同政治家要好得多。正是在阿尔忒弥斯神庙处,他存放了他的三卷本哲学与政治学论文,该著作今已不存,因为过于深奥,晦涩难懂,竟被看成物理学文本,而非政治学小册子。(苏格拉底后来说:"我所理解的是卓越的,我所不理解的或许也是卓越的,但唯有深潜至海底者才能探其究竟。")

在留存的残篇中，赫拉克利特谈到了永存的和作为万物所由之根据的伟大道说（Word）或逻各斯（Logos）。他以悖论的方式书写，断言宇宙既可分又不可分，既生成又不生成，既可朽又不朽，既是道说又是永恒，既是神又是正义。难怪他会对此抱怨：人人都发现他的逻各斯概念相当费解。

如果就色诺芬尼的论证风格而言，称其类似现代专业哲学家的话，那么，赫拉克利特则更像当代流行观念中的哲学家，即所谓的专家（guru）。他对他的哲学先辈除了鄙视别无其他。他说，学得多并不能教会一个人判断力；否则，赫西俄德、毕达哥拉斯和色诺芬尼就是被教成的了。赫拉克利特并不论证，而是断言。他是富有深意的格言大师，其格言听起来深刻，含义隐晦。他那德尔菲式的风格也许是对阿波罗神谕的摹仿，用赫拉克利特自己的话说就是，"既不说明，也不掩盖，而是显示象征"。下面是赫拉克利特最著名的一些名言。

上升的路和下降的路是同一条路。

看不见的和谐比看得见的和谐更美。

战争是万物之父，也是万物之王。它使一些人成为神，使一些人成为人，使一些人成为奴隶，使一些人成为自由人。

干燥的灵魂最智慧、最高贵。

灵魂之死，即是化成水。

一个人如果喝醉了酒，那就被一个未成年的儿童领着走。

神是可朽的，人是不朽的，不死者有死，有死者不死：后者死则前者生，前者死则后者生。

灵魂是只蜘蛛，而身体是蜘蛛所结的网。

最后一则箴言，赫拉克利特是这样解释的：正如蜘蛛坐在蛛网中间，只要苍蝇碰断一根蛛丝，它就立刻发觉，很快跑过去，好像因为蛛丝被碰断而感到痛苦似的。同样的情形，当身体某一部分受损害时，人的灵魂就连忙跑到那里，好像不能忍受身体的损害似的。但如果灵魂是只忙碌的蜘蛛，根据赫拉克利特的观点，那么灵魂也是燃烧的星球实体的火花。

在赫拉克利特的宇宙论中，火的角色犹如泰勒斯的水以及阿那克西美尼的气一样。世界是一团永恒燃烧的火，万物来自火并复归于火。"一切转化为火，犹如黄金换成货物，货物又换成黄金。"有一条下降的路，火变成水，水变成土；有一条上升的路，土变成水，水变成气，气变成火。土之死变成水，水之死变成气，气之死变成火。只有一个世界，这个世界对于一切存在物都是一样的，它不是任何神所创造的，也不是任何人所创造的；它过去、现在、未来永远是一团永恒的活火，在一定的分寸上点燃（即战争）、燃烧（即和平）。[1]

赫拉克利特关于基本元素在永恒的活火中转换的观点，直到今天还在激发诗人们的想象力。T. S. 艾略特（T. S. Eliot）在其诗篇《四个四重奏》(*Four Quartets*)中，对其水是土之死的思想做出了这样的注解。

> 眼中是洪水，口中是干旱，
> 死去的水和死去的沙在竞相争先。
> 焦干死透的土壤，目瞪着一无所获的劬劳，
> 似笑非笑，这土地已经死亡。

杰拉德·曼利·霍普金斯（Gerard Manley Hopkins）写了一首题为"自然是一团赫拉克利特的火"（"That Nature is a Heraclitean Fire"）的诗。

> 芸芸众生，从自然的篝火被点燃，熊熊燃烧。
> 却骤然熄灭她最迷人的、她最心爱的、她最清晰为自我的火花，
> 人啊，他的火痕，他心灵上的印记，消逝得多么迅速！
> 两者都在一种不可探测中，一切都在一个巨大的黑暗中淹没。
> 哦，怜悯而愤怒！人形的，那闪耀的远遁而去，割裂，
> 一颗星，死亡抹出黑色……

---

[1] 这部分箴言的翻译参考《西方哲学原著选读》（上），北京大学哲学系外国哲学史教研室编译，商务印书馆1981年版关于"赫拉克利特残篇"部分，第21—28页，并结合肯尼的英文综合译成。——译者注

霍普金斯在最终复活的承诺中寻求安慰，这当然是基督教学说，但其本身却在赫拉克利特的残篇中发现了希望。赫拉克利特谈到了人类的生成，并成为生与死的清醒的守护人。他说："火将到来，审判万物，并定万物的罪。"

在古代世界，赫拉克利特带给哲学家影响最深的教义，主要并不在于世界是一团火的观点，而是世间万物处于永恒变化和流动状态的推论。他说，一切都在运动，没什么保持不动；世界犹如一条流动的河。如果我们站在河岸，两次不同时间所见到下面的河水已是不同的了，因此我们的脚不能两次相遇一样的河水。到此为止，一切论述都不错，但是赫拉克利特继续说道，我们甚至不能两次踏进同一条河。无论是字面意思还是寓意，似乎都不对，但我们明白，这种伤感情绪在后来的希腊哲学中影响深远。

巴门尼德学派

当我们转向生于公元前 6 世纪即将结束时的巴门尼德（Parmenides）时，哲学景观就迥然不同了。虽然他可能是色诺芬尼的学生，但他一生的大部分时光不是在伊奥尼亚，而是在意大利一个叫作爱利亚（Elea），即那不勒斯（Naples）以南约 70 公里的城邦度过的。据说他曾为城邦起草过一系列卓越的法律，但我们对他的政治学或政治哲学则一无所知。他是第一个著述以一定数量流传至今的哲学家，他以难懂的韵文书写的哲学诗篇，我们今天可以得到 120 行之多。在其著作中，他不像早期米利都学派那样致力于宇宙论，也不像色诺芬尼那样关注神学，而是以一种全新的、普遍的研究来涵盖并超越两者。这门学科被后世的哲学家称之为"本体论"（ontology）。本体论从一希腊词而得名，其单数为"on"，复数为"onta"。[1] 正是通过该希腊动词"to be"的现在分词，巴门尼德的主题得到了规定。他那著名的诗篇可以说成是本体论的创始大纲。

---

[1] 就本体论这个概念而言，建议中国的读者不要直接联想到汉语中的树木概念所对应的"本"或人体躯干之"体"。"on""onta""to be"，简单说应该理解成"存在"，因此本体论就是关于万物存在的根据的学问。——译者注

要解释何谓本体论以及他的诗篇的含义是什么，细致地走进语法和翻译的诸要点是必要的。读者忍受这种学究式的探究将会得到回报，因为在巴门尼德和今天之间，本体论概念历经巨大而蓬勃的增长，只有确切地把握了巴门尼德的意谓，了解到他未能表达的东西，一个人才能透过数个世纪来的本体论丛林看清自己的道路。

巴门尼德的主题是"*to on*"，字面直解为"the being"（存在）。在解释动词之前，我们需要对冠词稍作解释。在英语中，在使用形容词时，我们有时会在该词前加定冠词，用来指称一类人或一类事物。比如说，我们用"the rich"来指富有者，用"the poor"来指贫穷者。相应的习语在希腊语比在英语里远为常见得多。希腊人会用"the hot"这个表达来表示热的东西，用"the cold"表示冷的东西。因此，比如说，阿那克西美尼说气是因为热的东西、冷的东西、潮湿的东西以及运动的东西才是可见的。不像我们在使用分词时在前面加上冠词"the"，犹如当我们用安养院（a hospice）指称垂死之人（the dying），或用幼儿游戏组（a playgroup）指称快到四岁的儿童（the rising fours）。同样地，在希腊语中，相应的结构是可能的、经常的，这就是发生在"the being"中的那个习语表达。"the being"就是正在生成之物（be-ing），与用"the dying"表示将死（垂死）之人是一回事。

像"dying"的动词形式在英语中有两个用法：它可以作为一个分词，比如在"垂死之人（the dying）不应该被忽略"中，或者它可以用作动名词，比如在"濒死的过程（dying）可能是桩拖得很久的事情"中。"Seeing is believing"（眼见为实）就相当于说"To see is to believe"。当哲学家写关于存在（being）的论述时，他们通常在动名词的意义上使用该词。他们正在为某物将要成为（to be）什么提供解释。这不是，或主要不是巴门尼德要讨论的内容。他关注的是正在生成（the being），就是说，他关心的是一切正在存在（the be-ing）的东西。为了从其作为动名词的用法中区分出"being"（生成）的含义，避免英语中"the being"（存在）字面意思的古怪，用大写的"B"来增加巴门尼德论题的特殊含义已成为传统。我们会沿袭这一习俗，用"Being"来指称任何"being"的所指，这样"being"在其动名词意义上就相当于其不定式"to be"。

如此甚好，如果那就是"Being"所表达的意思的话，但是为了弄清楚巴门尼德所说，我还必须知道什么是存在（being），就是说，某物要成为（to be）是什么意思。我们可以明白,某物要成为蓝色或成为一条小狗是什么意思,但是,某物恰好存在(to just be)呢?其所暗示的一种可能性是这样的:存在是实存着的(being is existing),或者换句话说,"to be is to exist"。如果是这样,那么,存在(Being)就是实存的大全。

在英语中,"to be"当然指"to exist"。当哈姆雷特(Hamlet)追问那个问题"存在还是毁灭"(to be or not to be)时,他正在内心争论是否要将他的实存画一个句号。在《圣经》中,我们读到拉结(Rachel)为孩子而哭泣,并且"不会再得到安慰,因为孩子们已经不在了(because they are not)"。该用法在英语中是诗意的、古体的,比如说"伦敦塔还在(is),水晶宫不在了(is not)",当我们指前一建筑依然存在(is still in existence)而后者则不复存在(is no longer there),这已经不自然了。但是,相应的陈述在古希腊是非常自然的,这种意义上的"be"(存在)肯定被包含在巴门尼德对"Being"的谈论中。

如果这就是所涵盖的一切,那么,我可以简单地说存在是实存的大全(Being is all that exists),或者如果你愿意,一切存在的存在(all that there is),或者这样,实存的一切都在存在中(everything that is in being)。这的确是一个足够宽泛的论题。人们不能像哈姆雷特责备霍拉旭(Horatio)一样责备巴门尼德,说:

在天上和地上存在着的
比在你的哲学里所想象的更多。

因为无论在天上还是在地上,一切都会归诸存在的名下。

不过,对我们而言不幸的是,事情比这个更加复杂。实存(existence)并非巴门尼德谈论存在(Being)时心中想到的一切。他之所以对动词"to be"感兴趣,不仅是因为它出现在诸如"特洛伊城(Troy)不再了"这样的句子,而且它还出现在任何一句话里,诸如:"珀涅罗珀(Penelope)是个女人""阿喀琉斯(Achilles)是位英雄""梅涅劳斯(Menelaus)一头金发"或"忒勒马科斯(Telemachus)6英尺(约1.8米)高"。如此理解的话,存在就不仅是实存的,而且还指任何包含"is"的句子为真。这等于说,存在不仅是实存着的(只是存在而已,别无其他），而且是任何东西的存在：存在红色（being red）或存在蓝色，存在热或存在冷，如此等等，一直下去。如果这么看，存在（Being）是异常难理解的领域。

经过这么长的预备性讨论，我们就能对巴门尼德的神秘诗行做一番打量了。

> 能够被说出的和能够被思考的，必定存在；
> 因为存在存在，无反倒不存在。

第一行诗句强调了存在的巨大广度：如果你称阿格斯（Argos）为狗，或如果你思考月亮，那么，阿格斯和月亮必定存在，必定被看成存在的部分。但是，为何第二行诗句说无不存在呢？好的，只要有物存在就必定是这个或那个东西，不可能刚好是无。

为了配合他的存在概念，巴门尼德还引入了非存在（Unbeing）的概念。

> 永远不要证明非存在存在；
> 让你的思想远离这条路。

如果存在是指某物或无论是什么的别物为真，那么，非存在就是根本一无所有为真。这当然是胡说八道了。它不仅不存在，甚至也不可思议。

> 你无法把握非存在——无论如何也做不到，
> 甚至也没法说出，思维和存在是一回事。

如果根据他关于"存在"和"非存在"的定义，巴门尼德这里当然是正确的。如果我告诉你，我在思考某物，你问我我在思考何物，如果我说它不属于任何一类，你会感到费解。那么，如果你问我它像什么，我说它不像任何东西，你又是一头雾水。你会追问，"你能告诉我关于它的任何事情吗？"如果我说不能，那么，你可以正当地得出结论：我实际上没有思考什么，或根本就没有思考。在这个意义上，被思考之物和存在之物是一回事，这句话是对的。

至此为止，我们和巴门尼德是一致的，但是我们需要注意下面两句话有着重要的区别，说：

> 非存在不可思议。

和说：

> 非实存之物不能被思考。

第一句话在解释的意义上为真，而第二句话则为假。如果为真，我们能证明：只要通过思考事物，则事物实际存在，但是，狮子和独角兽都被思考，狮子存在而独角兽不存在。考虑到巴门尼德语言的回旋（convolution）特征，很难有把握地说巴门尼德是否认为这两个陈述是一致的。他的一些后继者因为这种混乱而责备他，而另一些人则似乎自己也分享了这种回旋特征。

在拒斥非存在上，我们同意巴门尼德所说。但就他从非存在的不可思议性和存在的普遍性得出的一些结论，就很难赞同他了。他是这样继续的：

> 在这条路径上有许多标志表明，
> 存在者不是产生出来的，也不消灭，
> 因为它是完全的、不动的、无限的。
> 它既非过去存在，亦非将来存在，因为它整个在现在，是个连续的一。
> 因为你愿意给它找出哪一种来源来呢？
> 它能以什么方式，从什么东西里长出来呢？
> 我也不能让你这样说或想：它从不存在者里产生；
> 因为存在者不存在是不可言说、不可思议的。
> 而且，如果它来自不存在，它又有什么必要不早一点或迟一点产生呢？
> 所以它必定是要么永远存在，要么根本不存在。

> 真理的力量也不容许从不存在者中产生出任何异于不存在者的东西来……[1]

"无不能生有"（Nothing can come from nothing）是被很多没有巴门尼德勇敢的思想家承认的一条原则。但是，得出这样的结论——存在无始无终，并不服从时间的变化——的人则没那么多了。为了看清巴门尼德为何得出这一结论，我们必须假定他认为的"水存在"（being water）或"气存在"是关乎存在（being）的，和"快跑"或"慢跑"都关乎"跑"是一回事。有人首先跑得快，然后慢下来，但一直都在跑；类似地，对巴门尼德而言，首先是水其次是气的质料持续存在。当一壶水开了，用赫拉克利特的话说，这也许是水之死和气之生；但对巴门尼德而言，这并非存在的死或生。无论何物，变化都会发生，它们都不是从存在变成非存在；它们都是在存在之内的变化，而非存在本身的变化。

存在必定是永恒的，因为它不可能来自非存在，也不可能变成非存在，因为没有非存在这回事儿。如果存在——实际上不可能地（per impossibile）——从无产生，那什么又让它在此时而非彼时产生呢？确实，什么是使过去和现在、将来相区别的呢？如果没有这样的存在，那么，时间就是不真实的；如果有这样的存在，那么，它就是存在所有的部分，过去、现在和未来都是同一个存在。

通过相似的论证，巴门尼德在寻求说明存在是不可分的和无限的。什么能把存在从存在中分离？非存在？那样的话，分离就不真实了。存在吗？那样的话，就没有分离，而只是持续的存在了。什么能为存在设定限制？非存在对任何存在都无能为力，如果我们想象存在被存在限定，那么，存在就尚未达到其限定。

> 可以被思想的东西和思想的目标是同一的；
> 因为你找不到一个思想是没有它所表达的存在物的。
> 存在者之外，决没有、也决不会有任何别的东西，
> 因为命运已经用锁链把它捆绑在那不可分割的、不动的整体上。

---

[1] 该段译文参考《西方哲学原著选读》（上），北京大学哲学系外国哲学史教研室编译，商务印书馆，1981年版，第32页。——译者注

因此凡人们在语言中加以固定的东西，

如产生和消灭，是和不是，位置变化和色彩变化，只不过是空洞的名词。[1]

巴门尼德的诗有两部分：真理的道路和意见的道路。真理之路包含存在学说，我们一直在考察；意见之路处理感觉的世界、变化和颜色的世界，以及空名的世界。我们无须费时在意见之路上，既然巴门尼德告诉我们，这与伊奥尼亚思想家的宇宙论思辨并无太大差别。正是他的真理之路才对后世许多时代以来的哲学研究规定了议题。

未来哲学家面临的问题就是这个。常识表明，世界包含着持存之物，例如落基山脉，还包含着不断的变化，例如奔腾的溪流。一方面，赫拉克利特早已说过，究其根本而言，即使是最坚固之物也在永恒流变中；另一方面，巴门尼德则认为，即使是最明显的稍纵即逝之物在其根本意义上而言，也是静止的、不变的。赫拉克利特和巴门尼德的学说能被反驳吗？存在一条他们可以和解的道路吗？对柏拉图及其后继者而言，这乃是哲学所致力完成的主要任务。

图 2 拉斐尔《雅典学院》中的巴门尼德和赫拉克利特。
（图片来源：Wikimedia Commons）

巴门尼德的高足麦里梭（Melissus，盛年约在公元前 441 年）以明白晓畅的散

---

[1] 该段译文参考《西方哲学原著选读》（上），北京大学哲学系外国哲学史教研室编译，商务印书馆，1981 年版，第 33 页。——译者注

文来表达巴门尼德用晦涩的韵文已论述的观念。从这些观念中，他得出两个特别令人惊讶的结果。其一是，痛苦是不真的，因为痛苦意味着存在的缺失。其二是，不存在空的空间或虚空，否则就不得不承认非存在。因此，运动是不可能的，因为占据空间的物体将无空间运动。

芝诺（Zeno），比巴门尼德约小25岁的朋友，发展出一套精巧的悖论，旨在排除运动是不可思议的疑难。最著名的据说是证明运动快的追不上运动慢的。让我们假设阿喀琉斯这位善跑健将和乌龟进行100码（91.44米）距离的赛跑，龟速是他的四分之一，还假定乌龟的起跑线领先40码（约36.58米）。当阿喀琉斯到达40码（约36.58米）处时，乌龟领先10码（约9.14米）。当阿喀琉斯跑完这10码时，乌龟领先2.5码（约2.29米）。每一次阿喀琉斯追平差距时，乌龟都又保持一个新的更短的差距，领先于他。所以，他似乎怎么也追不上乌龟。还有一个更简单些的论证旨在证明无人能从体育场的一个端点跑到另一个端点，因为要想跑到远的端点，你必须首先跑完一半，而要跑完一半，你又首先必须跑完一半的一半，如此下去以至无穷。

这些以及芝诺的其他证明都是假定距离是无限可分的。这个假定受到一些后来思想家的挑战，也被一些思想家接受。亚里士多德为我们保存了这些谜团，他能解开其中的一些歧义。不过，直到经历了很多世纪之后，人类才对这些悖论给出令哲学家和数学家都满意的解答。

柏拉图告诉我们，当巴门尼德已是65岁高龄，须发皆白时，他还和芝诺一起从爱利亚旅行到雅典参加一次庆典，在那里相遇了年轻的苏格拉底。此事大约发生在公元前450年。一些学者认为该故事属于戏剧虚构，但如果真有相会，此乃雅典希腊哲学黄金时代的一次盛会了。我们将稍后再转向雅典的哲学，不过此时且让我们考察意大利其他思想家，阿克拉格斯的恩培多克勒（Empedocles of Acragas），以及另外两位伊奥尼亚的自然哲学家留基伯（Leucippus）和德谟克利特（Democritus）。

恩培多克勒

恩培多克勒的盛年时期在公元前5世纪中叶，他是西西里（Sicily）南海岸一座城邦［今作阿格利真托（Agrigento）］的公民。他被认为是一位积极的政治活动家、热情的民主派人士，曾被邀请当城邦领袖，但被他拒绝了。晚年，他遭到流放，但在流放中研习哲学不辍。作为医生，他享有声望，但根据古代传记家记载，他在治疗时药物与巫术并用，甚至曾使一位过世30天的妇女返阳回生。在其最后的岁月，据载他开始变得相信他就是神，为了成就他的神性，他跳进埃特纳（Etna）火山口而丧生。

无论恩培多克勒是不是一位创造奇迹的人，他都配享具有原创性和想象力的哲学家之美名。他写过两首诗，比巴门尼德的诗更长也更流畅，似乎还更具复杂性。一首是关于科学的，另一首是关于宗教的。前者叫"论自然"（*On Nature*），从原初的2000行我们还能窥见约400行；后者叫"净化"（*Purifications*），仅有少量残篇片段留存。

恩培多克勒的自然哲学可以看成是对伊奥尼亚哲学家思想的综合。正如我们所见，每位伊奥尼亚的哲学家都挑选了某种物质作为宇宙的基本元素。泰勒斯的是水，阿那克西美尼的是气，色诺芬尼的是土，赫拉克利特的则是火。对恩培多克勒而言，所有这四种物质作为宇宙基本元素都是地位相同的表达〔用他自己的话说叫"根"（roots）〕。他相信这些元素一直存在，但是以不同比例互相混合而产生出世间的万有。

> 从这些元素生出过去、现在、未来的一切事物，
> 生出树木和男人女人，飞禽走兽和水里的鱼，以至常生不死的尊神。
> 因为只有这四种元素，它们互相穿插，变成了形形色色的事物。[1]

在恩培多克勒的体系中，各元素的互相交织和互相混合是由爱和斗争[2]两种力量引起的。爱，把诸元素结合在一起，让众多事物成为一个；斗争，促使事物分离，让一个事物成为众多。历史是循环的，有时爱占据主导，有时则是斗争。在

---

[1] 该段译文参考《西方哲学原著选读》（上），北京大学哲学系外国哲学史教研室编译，商务印书馆，1981年版，第44页。——译者注

[2] 通行的西方哲学史教科书都说成是"爱"（love）与"憎"（strife），但是在英汉词典中，"strife"一词并无"憎"的义项，这里依照字面意思译成"斗争"。——译者注

爱的支配下，诸元素结合成均匀辉煌的球体（glorious sphere）[1]；在斗争的支配下，它们则分崩离析，散成不同种类。一切复合的存在物，如动物、飞禽和游鱼，都是过往的暂时性存在，唯有元素永存，唯有宇宙循环永远继续。

恩培多克勒对他的宇宙论说明有时是散文式的，有时是诗意的。宇宙的爱力往往被拟人化为欢悦女神阿佛洛狄忒，宇宙发展的早期阶段被认为是女神统治的黄金时代。元素火有时被称作火神赫菲斯托斯（Hephaestus）。不过，虽然秉有象征与神秘的外衣，恩培多克勒的体系还是应该被严肃地看成在科学上的实践。

我们惯于认为固体、液体和气体是物质的三种基本形态。然而，认为火，尤其是太阳的火焰，是第四种具有同等重要性的物质，这也并非没有道理。实际上，在我们的世纪，研究太阳温度下物质性质的等离子体物理学学科的出现，可以说使第四种元素恢复到了与其他三种元素相当的水平。爱与斗争可以看成是，一直以来在物理理论发展中起着重要作用的引力与斥力的古代类比。

恩培多克勒已知道月光是反射光，不过，他相信太阳光也是如此。他意识到日食是因为月亮介于日地之间造成的。他知道植物是通过性而繁衍的，他详细说明了体内的呼吸与运动关系的理论。他还提出一种进化论的粗糙版本。他认为，在世界的原初阶段，偶然性令物质形成孤立的肢体与器官：无肩膀的胳膊，无眼窝的眼睛，无脖子的头。这些乐高积木般的（Lego-like）动物部分，再次通过偶然性连接成有机体，其中不少还是诸如人头牛身与牛头人身的怪物。大部分这些偶然性的有机体是脆弱的或不育的，只有最适合的结构才能生存下来，成为我们知道的人与动物等诸物种。

如我们所看到的，即使是诸神也是恩培多克勒元素的产物。而且，人的灵魂是物质性的复合物，由土、气、火、水组成。根据同类相知的原理，每一元素，包括爱与斗争的作用力在我们的诸感官的运作中都起着作用。

我们是以自己的土来看"土"，以自己的水来看"水"，

---

[1] "glorious sphere"这个表达颇有些奇怪，但意思则不难理解。冯俊老师译校的《牛津西方哲学简史》（河北人民出版社，2012年版，以下简称"冯译本"）第19页将此译成"壮丽的领域"，供参考。——译者注

以自己的气来看神圣的"气",以自己的火来看毁灭性的"火",更以自己的爱来看"爱",以自己的憎恶来看"憎"。[1]

思想被以某种奇怪的方式确定为心周血液的运动:血液是所有元素精制的混合物,这也为思想的广泛性提供了说明。

恩培多克勒的宗教诗歌《净化》清晰地表明,他认可毕达哥拉斯的轮回学说,即灵魂转世论。斗争通过将其灵魂抛洒进陆海不同种类生物的方式来惩罚罪人。恩培多克勒告诫他的追随者禁食有生命的食物,因为我们所食的动物体内是受罚灵魂的居所。为了避免风险,单单素食是否就已足够,我们还不清楚,因为在他看来,人类灵魂也可以迁移到植物里。他说,对人类而言,如果死亡把他变成动物,最好的命运就是变成狮子;如果变成植物,最好的命运则是变成月桂。一切好中的最好是变成神,最有可能配上这种高贵地位的是预言家、诗人和医生。

图3 阿格利真托的协和神殿。阿格利真托为公开谴责以动物献祭的恩培多克勒的故乡。
(图片来源:Wikimedia Commons)

---

[1] 该段译文参考《西方哲学原著选读》(上),北京大学哲学系外国哲学史教研室编译,商务印书馆,1981年版,第44页。——译者注

恩培多克勒进入过所有的三种轮回范畴[1],他声称是亲身经历。

> 我过去曾是一个男孩,一个女孩,一棵树;
> 再次成为一只鸟,又一度成为海里一条沉默的鱼。

我们当下的存在也许不幸,我们死后的近期前景也不乐观,但通过投胎再生而惩罚完我们的罪愆后,我们有望在永生者桌边安享永恒的宁静,永无厌倦与苦难。毫无疑问,这就是当恩培多克勒跳进埃特纳火山口时所期望的画面吧。

原子论者

德谟克利特(Democritus)是第一位希腊陆地本土出生的重要哲学家。他生于希腊东北角的阿布德拉(Abdera),是留基伯(Leucippus)的学生。不过,对于留基伯本人,我们则知之甚少。古代这两位哲学家往往是一起被提及的,让他们闻名的原子论可能是留基伯的创造。亚里士多德告诉我们,留基伯试图将感觉材料和爱利亚学派的一元论协调起来。所谓的一元论,就是说只有一个永恒不变的存在。

留基伯认为他有一种理论,该理论与感知一致,且并不否认生成与毁灭,或者说与事物的运动和多样性相兼容。因此他对现象做出了很大让步,但是对于没有虚空就没有运动,以及虚空是非存在,而并非存在的部分,他也同意一元论者的观点。不过,不是只有一个存在,而是众多,在数量上是无限的,因为它们的形状极为细小故不可见。

但是,留基伯的作品只有一行完整地保存了下来,就原子论的详细内容而言,我们将不得不依赖我们从他学生那里所学到的了。德谟克利特博学而多产,著述

---

[1] 即人、动物、植物。——译者注

几乎达到 80 篇之宏丰，话题从诗歌与和谐，到军事策略与巴比伦（Babylonian）神学均有涉猎。据说他曾讲过，比起当波斯王（King of the Persians），他更愿去发现一条科学解释。不过在其科学志向上，他也颇为谦虚。他告诫道："别指望知道一切，否则你终将一无所获。"

德谟克利特原子论的根本信条是物质不是无限可分的。根据原子论，如果我们拿任何材料的一段，尽可能地分割，我们将不得不在某一点停下，此时我们就抵达了不可再分的细微物质。对该条结论的论证似乎是哲学的而非实验的。如果物质可切分至无限，那么，让我们假设切分已告完成，因为如果物质真是如此可分，那么，这一假设就不含任何前后矛盾了。切分而来的部分有多大？如果这些部分还有任何大小，那么，根据无限可分性的假设，就还可以继续切分，所以它们必定没有广延的部分，犹如几何学的点。但是，任何能被切分的东西都可以再次拼在一起。如果我们看到一节木头分成碎块，我们可以将碎块重新拼接成那节同样尺寸的木头。但是，如果我们的碎片没有大小，那么，它们又何以能够加总成我们开始时具有广延的那个物呢？物质不可能只由几何学的点来构成，纵然无量无限也枉然，因此，我们必然得出结论认为，可分性有尽头，那可能的最小碎片必定是有大小和形状的物体。

德谟克利特称这些物体为"原子"（atom，就是希腊语中"indivisible"的意思，不可分的英文）。他相信，原子太小以至无法被感觉测度，而且原子数量无限、种类也无限。犹如光线中的尘埃，它们四散在无限空的空间里，德谟克利特称之为"虚空"（the void）。原子永存，运动不止。它们彼此碰撞，又互相连接；一些是凹下的，一些是凸起的；有些如钩子，有些像眼睛。我所熟知的中型大小的物体是原子的复杂复合，因此是随机结合的；不同种类物质的差别是出于它们之内的原子之差别。他说，原子形状各异（犹如字母 A 不同于字母 N），次序有别（犹如 AN 不同于 NA），位置不一（犹如 N 不同于 Z）。

德谟克利特的古代批评家抱怨说，尽管德谟克利特以原子运动解释所有其他事物，但是，他对运动本身却没有做出解释。另一些人出于捍卫德谟克利特则认为，运动由引力造成，每一个原子都在寻求相似的原子。但是，那个未被解释的引力也许并不比未被解释的运动好到哪里去。而且，如果引力无限时间地起作用而没有任何反作用力（比如恩培多克勒的"斗争"），那么，世界现在就会由统一的原子聚集而成了，这与随机聚集大异其趣，而德谟克利特正是把我们熟知的有生命体和无生命体看成是这样的随机聚集。

对德谟克利特而言，原子和虚空是唯一的两个实存：一切其他的皆是现象。当诸原子间互相趋近或碰撞或缠绕时，其聚集则显现为水或火或植物或动物，但是，所有实际存在之物都是在虚空中构成基础的诸原子。特别是，感官直觉到的性质仅仅是现象。德谟克利特最常被引用的名言是：

> 甜是约定的，苦是约定的，热是约定的；冷是约定的，颜色是约定的，实际上只有原子和虚空。

当他说诸感觉性质是"约定的"时，古代评论家告诉我们，德谟克利特意指的是，性质是相对于我们的，而不属于事物自身。就本性而言，无所谓白黑黄红，或苦甜。

德谟克利特详细解释了不同的味道如何由不同种类的原子所致。刺鼻味道是由细小、精致、有棱角和锯齿状的原子所致。另一方面，甜味则源自较大、更圆的原子。如果某物尝起来咸，那是因为其原子大、粗糙、呈锯齿状且有棱角。

不光是味道和气味，而且颜色、声音和感觉属性也类似地被解释成起基础作用的诸原子的性质和关系。所有这些感觉——味觉、嗅觉、听觉和触觉——提供给我们的知识都是模糊的。真正的知识完全不同，唯有掌握了原子与虚空理论者才有此殊荣。

除了物理学著作之外，德谟克利特还写了伦理学论著。流传至今的名言表明，作为道德学家，与其说他在陶冶性情倒不如说他在教诲。下面这些文字虽然明智，但算不得激动人心，属于他众多论述之典型：

> 不应该贪图那些不属于自己的东西，而应该满足于自己所有的东西，把自己的生活与那些更不幸的人比一比。想想他们的痛苦，自己就会庆幸命运

比他们好了。[1]

他说，在女婿那里享福就相当于有了个儿子，而在女婿那里不幸的人则相当于失去女儿。这句话不经意地在婚礼喜宴上常被人以歪曲的方式加以引用。许多政治改革家也从中感受到了情感共鸣：在民主制里受穷也比在专制里享福好。

存留下来的名言并不能加总成有体系的道德理论，同时它们似乎与其具有奠基性的原子论哲学也没什么瓜葛。不过，他的一些格言如其所显示，简短而平庸，如果为真实，则足以推翻道德哲学的整个体系。例如：

> 好人并非只是克制自己不做坏事，还是根本就不欲求干坏事。

这句就和我们通常秉持的观点"美德当其战胜冲突的激情时就是最好的"相违背。再如：

> 遭受不公正的对待要好于施行不公正。

这句和现代世界广泛流传的功利主义观点"只考虑行动的结果，而不考虑行动者的身份"，无法相协调。

在古代晚期与文艺复兴时期，德谟克利特因为是开朗的哲学家（laughing philosopher）而出名，而赫拉克利特则因为是感伤的哲学家而出名。两个描述似乎都不够牢靠。但是，有一些归于德谟克利特的格言显然支持了对他的愉快评价。比如：

> 没有宴饮的人生犹如没有旅馆的长途跋涉。

---

[1] 该段译文参考《西方哲学原著选读》（上），北京大学哲学系外国哲学史教研室编译，商务印书馆，1981年版，第53页。——译者注

第二章
苏格拉底的雅典

雅典帝国

古希腊最辉煌的岁月是公元前5世纪,此时属于两次战争之间的50年和平期。这一世纪以希波战争为开端,以希腊城邦内战为结束。其间的岁月伟大而灿烂,雅典城邦文明达到辉煌。

最早的哲学家活跃之地伊奥尼亚,自公元前6世纪中叶已处在波斯人统治之下。公元前499年,伊奥尼亚的希腊人奋起反抗波斯国王大流士(Darius)。镇压了起义后,大流士入侵希腊,以惩罚那些从大陆赶来帮助起义者的人。公元前490年,一支主要由雅典人组成的部队在马拉松(Marathon)击败入侵军队。公元前484年,大流士的儿子薛西斯(Xerxes)发起了更大规模的征讨,在温泉关(Thermopylae)打败了一支勇敢的斯巴达部队,并且强迫雅典人撤出他们的城邦。但是,他的舰队在萨拉米斯岛(Salamis)附近的海上,被一支希腊联合海军打败。公元前479年,希腊军队在普拉提(Platea)战役中的胜利宣告了这场战争的结束。

在入侵之后,雅典人取得希腊同盟的领导权。正是雅典人解放了伊奥尼亚的希腊人;也是雅典人,在其他城邦的支持下,掌控了捍卫爱琴海和伊奥尼亚海自由航行的海军。以同盟为开端的雅典变成了雅典帝国。

就内部而言,雅典是一个民主制城邦,是第一个这种民主政体的货真价实的例子。"民主"(Democracy)是一个希腊词语,意指人民的统治,而雅典民主制乃是人民统治的非常彻底的形式。雅典不像现代民主制。现代民主制是由公民选举代表组建政府,而雅典民主制则是每一个公民个体通过参加大会而参政,在大会上他可以听取政治领袖的演讲,然后投票。为了用现代术语看清这意味着什么,请设想内阁和影子内阁的成员们在电视上演说两个小时,然后提出动议,动议最后在由每个观众按下"是"或"否"的电视机遥控器按键做出投票的基础上决定。为了让这种比喻更精确,需要补充的是,在雅典只有20岁以上的男性公民才被允许按投票键,而女人、孩子、奴隶和外国人均无权投票。

在雅典,司法和立法成员都是在30人以上的大会通过抓阄的方式选拔出的。各项法律由只存在一天的、选出的1000人组成的团体决定通过。重大审判要在501人组成的陪审团前进行、裁定。负责执行司法、财政或者军事方面政府决定的地方行政长官(magistrates)人选,也基本上通过抓阄的方式产生,只有100名左右的官员是经选举产生的。

无论是此前还是以后,从未有哪个国家的普通民众能如此充分地参政。当我们在阅读希腊哲学家就民主制度的优缺点话题必须说些什么时,记住这点是重要的。雅典人把他们的宪法追溯到公元前508年的克里斯提尼(Cleisthenes)改革,那一年通常被认为是民主制元年。

雅典民主与贵族统治是不相容的。在帝国时期,雅典在经由普选的伯里克利(Pericles)统治之下,伯里克利是克里斯提尼的侄孙。他开启了一项雄心勃勃的计划,打算重建被薛西斯毁掉的城邦神庙。直到今天,周游世界的参观者们还能看到他在城邦的要塞雅典卫城(Acropolis)建造的建筑的废墟。装饰这些神庙的雕刻至今仍分散地保存于博物馆中,已成为馆中最珍贵的藏品。万神殿(Parthenon)为雅典娜女神的神庙,是为了纪念波斯战争的胜利而建的感恩建筑。大英博物馆里的埃尔金(Elgin)大理石雕塑,是由埃尔金勋爵于1803年从神庙废墟带回的,代表了一个伟大的雅典节日,泛雅典娜节(Panathenaea),该作品正是当初巴门尼德和芝诺在建造工程开始年代的所见之物。当伯里克利的计划完成时,雅典的建筑和雕刻艺术已举世无双了。

在戏剧和文学方面，雅典也是无与伦比的。曾效力过波斯战争的埃斯库罗斯（Aeschylus）是第一位伟大的悲剧作家：他把荷马史诗中的男女英雄带入舞台，再现阿伽门农（Agamemnon）的还乡和遇害，依然有引人入胜与令人惊怖之效果。埃斯库罗斯也重现了更多最近发生的折磨薛西斯国王的灾难。更年轻的戏剧家，如虔诚且保守的索福克勒斯（Sophocles）和更加激进与怀疑的欧里庇得斯（Euripides），都创造了古希腊悲剧的经典范式。索福克勒斯关于杀父娶母的俄狄浦斯王（King Oedipus）的戏剧，欧里庇得斯对杀子的美狄亚（Medea）的描写，不仅是20世纪的保留剧目，而且在20世纪人的灵魂中也拨动了令人不安的心弦。严肃的历史作品也在这个世纪耀世登场，希罗多德（Herodotus）关于波斯战争的编年史就是在这个世纪早期写成的，修昔底德（Thucydides）关于希腊人之间战争的叙事则完成于该世纪之末。

图4　雅典卫城远观图。
（图片来源：Wikimedia Commons）

阿那克萨戈拉

伯里克利时代，哲学也来到了雅典。克拉佐门尼（Clazomenae，近伊兹密尔）的阿那克萨戈拉（Anaxagoras）约生于公元前500年，比德谟克利特年长约40岁。他在波斯战争结束后来到雅典，成为伯里克利的朋友和同人。他以伊奥尼亚前辈的风格写了一本关于自然哲学的书，对阿那克西美尼致以特别的谢意。据说，这是首部包含图表的论著。

阿那克萨戈拉对世界起源的说明，在模式上与今天流行的说法惊人相似。他说，最初"万物聚在一起"，数目无限多、体积无限小，处于一个单元，缺乏可感知的性质。这个原初的水晶开始旋转，并于旋转时伸展，甩出空气和以太，并最终产生日月星辰。在旋转的过程中，浓稠的物质从稀薄的物质中分离开来，热从冷、明从暗、干从湿中分离开来。因此，这个世界的相互关联的物质就以浓稠、潮湿、寒冷、黑暗聚集于我们现在所居的地球，而稀薄、炎热、干燥、明亮则运动到以太的最外面部分。

然而，在一定程度上，阿那克萨戈拉坚持认为，"同各种物质初始一样，它们今天仍是聚在一起的"，就是说，在每个单一的物质中，都含有其他所有物质的一部分。黑里有一些白，重里有一些轻。精液的例子是最清楚不过的了，它里面一定包含了头发、指甲、肌肉、骨骼以及诸多其他物质。按照阿那克萨戈拉的说法，宇宙的扩张一直持续到现在，并持续到将来，也许它正在生成不同于我们所栖居的世界。

产生宇宙发展的运动是心灵（Mind）设置好了的。心灵是与物质完全不同的某种东西，心灵主宰物质的历史。它是无限的、独立的，不存在于普通元素的混合体中；否则的话，它就要参与到宇宙演化进程中而无法支配世界了。

在公元前5世纪的30年代，当伯里克利名望开始减弱时，他的门徒阿那克萨戈拉也成为众矢之的。他曾经说过太阳是一团燃烧的热块，比伯罗奔尼撒半岛（Peloponnesus）还要大些。这同把太阳当作神的崇拜产生了矛盾，成为不虔敬指控的证据。他逃亡到达达尼尔海峡（Hellespont）的兰普萨库斯（Lampsacus），过着高尚的放逐生活，直到公元前428年去世。

智术师

在伯里克利统治时期，作为本地常驻哲学家的阿那克萨戈拉是没有竞争对手的。但是，同期有许多游手好闲的知识提供者（itinerant purveyors）造访于此,这些人留下的声望则不亚于他。这些徒步游历的教师或者顾问被称为智术师(sophists)[1]。他们乐于为了报酬而传授多种不同的技能,并就各式各样的问题而扮演顾问的角色。

由于雅典没有公共高等教育系统,因此智术师就开始教导这些能够付得起学费的年轻人,提供在他们成年生活所需的技艺和知识服务。考虑到在集会和法庭前公开辩论的重要性,修辞术大受青睐。在如何可能以最有利于自己的方式陈述案件方面,人们急需智术师的教导和帮助。批评者声称,因为智术师更关注说服效果,而非追求真理,因此他们不是真正的哲学家。不过,智术师中的翘楚在哲学争辩中也相当能坚持他们自己的立场。

智术师中最有名的是阿布德拉的普罗泰戈拉(Protagoras)。公元前5世纪中叶,他几次到访雅典,曾受聘于伯里克利,为雅典殖民地起草了一部宪法。我们对普罗泰戈拉的了解大部分来自柏拉图的作品,柏拉图不认同智术师,认为他们对年轻人造成了很坏的影响,认为他们是怀疑主义、相对主义和犬儒主义的鼓动者。不过,柏拉图还是认真对待普罗泰戈拉,努力回应他的诸论证。

普罗泰戈拉在宗教信仰上奉行不可知论。他说:"关于诸神,我不能确定其是否存在,或像什么;因为很多东西阻碍了对其认识,诸如问题晦涩,人生短促。"与其说他是有神论者,倒不如说他是一个人本主义者。"人是万物的尺度,是存在者存在的尺度,也是不存在者不存在的尺度"是他最著名的一句名言。

对此最可能的解释是,无论什么事物,也不管是否通过感知还是通过思考,只要对特定的某人而言显得是真的,那么这也就是对他而言的真。这就否定了客观真理:没有什么是绝对真实的,只是相对于某人来说是真实的。当人们的信仰不同时,就无法决定他们谁对谁错。德谟克利特,以及后来的柏拉图,都反对普罗泰戈拉,认为他的学说会导致自身毁灭。因为如果所有信仰都是真的,那么,在这些真实的信仰中就含有一种信仰,即不是每一种信仰都是真的信仰。

另外一位智术师是来自莱昂蒂尼(Leontini)的高尔吉亚(Gorgias)。他曾是

---

[1] 在过去的西方哲学简史教材中,"sophists"都被译作"智者派",但是智者本身是积极的、值得追求的,这与苏格拉底所言的摇唇鼓舌、不问真理、兜售知识换取利益的形象不符,故近来多称之为"智术师"。本书拟采用最近的译法。——译者注

恩培多克勒的学生。他是第一个也是最著名的修辞学老师，他关于修辞风格的论文影响了希腊演讲术的历史。但他也是位哲学家，在怀疑倾向性上比普罗泰戈拉有过之而无不及。据说，他主张无物存在，即使有物存在也不可知，即使有物可知亦不能传达给他人。

在高尔吉亚于公元前 427 年访问雅典时，雅典和斯巴达之间已经开战，即伯罗奔尼撒战争。战争爆发后不久，伯里克利就去世了，一场接一场的战役令雅典每况愈下。失败和瘟疫使雅典人变得残忍，于是他们在战争中变得冷酷而无耻。当于公元前 416 年占领米洛斯岛（Melos）时，他们完全击穿了道德底线，屠杀了所有成年男子，妇女和儿童则沦为奴隶。欧里庇得斯的晚期悲剧，以及与他同时代的阿里斯托芬（Aristophanes）的一些喜剧，都对雅典人在这场战争中的行为表达不容置疑的抗议。公元前 405 年，雅典海军在伊哥斯波塔米（Aegospotami）被彻底击败，标志着波罗奔尼撒战争结束。雅典帝国走到了尽头，希腊的领导权转到了斯巴达手中，但是雅典哲学的伟大时代如约来临了。

苏格拉底

在雅典重装步兵服役的人中就有索佛洛尼斯科斯（Sophroniscus）之子苏格拉底（Socrates）。战争爆发时，他 38 岁。在战争早期，他参加了三次重要战役，并因勇敢而赢得了荣誉。他于公元前 406 年回到雅典，一度在大会中任职，当时有一群参加了阿吉纽西（Arginusae）海战的将军由于抛弃士兵尸体而受审。尽管集体地而非单独地审讯将军是违法的，但只有苏格拉底对此投了反对票，结果他们都被处以死刑。

当公元前 404 年战争结束时，斯巴达人用所谓的"三十僭主"（Thirty Tyrants）寡头制来取代雅典民主制，建立了恐怖统治。苏格拉底曾受命逮捕一个无辜者，但他并不理会这道命令。不久，他就因自己的正直付出了代价，于是民主派和贵族都不欢迎他。

苏格拉底在哲学发展中的重要性是这样的，即，本书到现在为止我们所考察过的所有哲学放在一块都被历史学家冠之以"前苏格拉底哲学"。然而，他并没有文字作品留存，除去那些重要的引人注目的事件之外，他的人生细节并不清晰，因此成为一个学者争论的话题。他并不缺少传记作者，事实上，在他的众多同代人以及他的后继者所写的对话中，苏格拉底都是主角。困难在于如何从因仰慕而虚构的文字中区分出头脑冷静的事实。他的传记作者都告诉我们，苏格拉底衣衫褴褛，其貌不扬，大腹便便，以及有个塌鼻子，但是，除此之外的更进一步的共识则难再有。作品完整保存的作者有两位，一位是军事历史学家色诺芬（Xenophon），另一个是观念论哲学家柏拉图，但他俩所描绘的苏格拉底形象大相径庭，其差别犹如圣马可和圣约翰所描绘的耶稣之差别那样巨大。

在苏格拉底的一生中，他受到了喜剧作家阿里斯托芬的嘲笑。阿里斯托芬把他塑造成一个粗笨的堕落的怪人，简直是用想入非非的脑袋追求着科学，打破砂锅问到底。但是，苏格拉底并不是自然哲学家，他似乎是一位不同寻常的智术师。像智术师一样，他花费很多时间和那些富有的年轻人进行讨论和辩论（当寡头制取代民主制时，他们中的一些人已经掌权）。但和别人不同的是，苏格拉底并不收费，而且他的教育方法是提问而非讲授。他说他自己像个助产士，将年轻学生们头脑中孕育的思想引导出来。但是，与智术师不同的是，他从来不声称自己拥有任何特殊的知识或技能。

在古希腊，更多的注意力是放在神谕上，而神谕通过进入迷狂状态的女祭司之口，以德尔斐神庙（Delphi）中阿波罗神（Apollo）的名义说出。当被问到是否有人比苏格拉底更聪明时，女祭司回答说没有。苏格拉底坦承自己被此神谕困扰过，于是，他就一个接一个地追问，包括政治家、诗人和声称具有各种智慧的行家。但无人在他的盘问之下还能保住自己的名声，于是苏格拉底得出结论：那个神谕是正确的，因为只有他自己意识到他的智慧是毫无价值的。

正是在道德问题上，追求真知与揭露虚假才是最重要的。因为按照苏格拉底的观点，道德知识和美德就是同一事物。真正知道做什么是对的人不会犯错；如果有人做错了什么，一定是因为他不知道何为正确。无人故意犯错，因为每个人都想过好生活，并向往幸福。那些无意中做错事的人需要的是教诲，而非惩罚。这套著名的学说有时被历史学家称为"苏格拉底式悖论"（The Socratic Paradox）。

苏格拉底并不认为自己拥有任何程度的智慧，可以使他免于犯错。相反，他说，他依靠一种内在的神圣声音，在他即将迈出错误步伐的一刹那，这声音就会冒出来阻止他。

一些人不赞同苏格拉底教育内容的权威，却赞同他的死亡方式。因为政治正直而树立的敌人，以及他像牛虻一样地对名誉的叮咬，导致一些人逐渐联合起来反对他。在他70岁时，他受到一系列死刑指控，责难他不虔敬，引入异教神灵，败坏雅典青年。苏格拉底受审时也在场的柏拉图，在其死后把苏格拉底为自己辩护的演讲，用一种戏剧化的形式写出。这就是《申辩篇》(Apology)。

苏格拉底的指控人梅力图（Meletus）声称苏格拉底败坏青年。那么，提升青年的人是谁？梅力图回答说，首先是法官，然后是立法委员会成员，再后是大会成员，最后是除了苏格拉底外的每个雅典人。对这个城邦的青年而言，这是多么令人惊喜的财富啊！苏格拉底继续问，生活在好人中间是否比生活在坏人中间更好？很显然，任何人都宁愿生活在好人中间，因为坏人可能会伤害他。如果是这样，那他本人就没有动机去故意败坏青年了。如果他并非出于故意那样做了，他就应当被教育，而非被控告。

苏格拉底接下来转向所谓不虔敬的指控。他是因为无神论还是引入异教而被指控的呢？这两项指控彼此之间并不连贯。事实上，梅力图似乎将他与阿那克萨戈拉搞混了，是后者曾说过太阳由石头构成而月亮由土构成。至于被指控为无神论者，苏格拉底答辩说，作为哲学家的使命是神本身赋予他的，而他发起的揭露伪智慧之举是遵从德尔斐神谕的。真正对神的背叛将会是因害怕死亡而放弃职守。如果有人告诉他，只要放弃哲学探究即可获得自由，他将回答说："雅典人啊，我敬爱你们；但是我将遵循神而不是你们。只要我还有生命和力量，我将永远不会停止哲学的实践和传授。"

苏格拉底指着当场他的许多学生及其家人，总结了自己的辩护。其中无人是受传唤为指控作证的。他拒绝像其他人那样，把哭泣的孩子带到法庭作为唤起同情的对象。他在法官手中寻求的是公正，而非怜悯。

当判决做出时，他被501人审判团以微弱多数判为有罪。控告方要求处以死刑，而辩方则可以申请提出一种可选择的判决。苏格拉底曾考虑过请求一份体面的养老金,但是他只是勉强接受缴纳适当的罚金——之前定的罚金对他而言数额巨大,但柏拉图和他的友人愿意代为偿付。法官认为罚金数额太小,通过了死刑判决。

在宣判后的苏格拉底演讲中,他告诉法官,对他而言设计一套辩护让自己无罪释放本来并不困难,但那种策略会降低他。"我的朋友,困难并不是逃避死亡,而是避免不正义;因为不正义比死亡朽坏得更迅速。"衰老而迟缓的苏格拉底被慢的(死亡)赶上了;而孔武有力的控告者则被快的(不正义)赶上了。在整个审判中,他内心神圣的声音从未告诉他要退缩,于是他从容赴死。

死亡是一场没有梦的睡眠吗?那样的睡眠要比一生中大部分的日日夜夜都更幸福,即便他是最幸运的人。死亡是通向另一个世界的旅程吗?若能遇到那些伟大的逝者,能与赫西俄德和荷马交谈,这是何等的令人向往!"不。如果真是这样,就请让我一死再死吧。"他有那么多问题要问过去那些伟大的人物,而在那个世界里则不会因为提问而被处死。"离别的时刻已经到来,让我们各走各的路——我去死而你们活着。哪一条路更好,唯有神知道。"

《游叙弗伦篇》

在《申辩篇》所描绘的审判之后,经过一段耽搁,苏格拉底才被执行死刑。延误的起因是,一艘神圣的海船前往提洛岛(Delos),开始年度的祭祀航行,在其返回雅典之前,剥夺人的生命属于禁忌。柏拉图在苏格拉底被定罪与被执行的日子里,写出了两篇令人难忘的对话,即《克力同篇》(Crito)和《斐多篇》(Phaedo)。无人知道这些对话中有多少是历史,有多少是自创,但是,他描绘的图景激发了苏格拉底死后千百年来人们的想象力。

在思考这些作品之前,我们应该转向一篇简短的对话《游叙弗伦篇》(Euthyphro)。柏拉图刚好在苏格拉底接受审判前完成了这篇对话。无论怎样虚构了细节,这篇对话可能还是较好地描写了苏格拉底实际的讨论和反诘方法。

法庭外候审的苏格拉底遇到了从纳克索斯岛(Naxos)回来的青年游叙弗伦,他来提起一项私人诉讼。游叙弗伦的父亲拘押了一名农场工人,因为工人在争吵中杀死了一名仆人。在把工人押送到雅典，让官方来裁决如何惩罚时，游叙弗伦的父亲把他绑起来扔进了沟里，于是他死于饥饿与暴露。他的儿子现在来到雅典控告其父是杀人凶手。

在柏拉图看来，此案件显然相当棘手。他的父亲真的杀死了那个工人吗？如果他确实如此，那么杀害一名凶手是不是谋杀？如果是，那么儿子是父亲合适的控诉人吗？但是，游叙弗伦则很肯定，他把自己的行为看成是恪尽宗教职守。该案件为讨论提供了背景，即在苏格拉底和游叙弗伦之间就信仰和道德关系发生了分歧。虔敬或神圣的本质让苏格拉底产生了浓厚的兴趣，因为他自己正是受到了不敬神的指控而经受审判。所以他要游叙弗伦告诉他虔敬和不虔敬的本质。

游叙弗伦回答说，虔敬就是如我所做，控告罪恶；如果你认为我不应该把我父亲送上法庭，那么请你记起至高的宙斯神也惩罚过他自己的父亲克洛诺斯（Cronos）。苏格拉底对那些诸神之间冲突的故事表达了厌恶，然后花了一点时间查明了游叙弗伦是否真相信这些故事。但是，就游叙弗伦对虔敬或神圣的说明而言，其真正的困难在于只给了个简单的例子，而不能告诉我们何谓判断行为虔敬与否的标准。游叙弗伦勉强给出了一个定义：神圣就是诸神所喜爱的，不神圣就是诸神所憎恨的。

苏格拉底指出，根据诸神之间争吵的故事，我们很难就神所喜爱何物达成一致。如果某物为一些神所喜同时又被一些神所憎，那么它就是既神圣又不神圣的。这就如同游叙弗伦指控自己父亲的行为一样。但是，还是让我们放弃该定义，将其改为所有的神都喜爱的就是神圣的，所有的神都憎恨的就是不神圣的，那么进一步的问题则随之而来：神所喜爱的神圣之物究竟是因为它本身是神圣的，还是因神的喜爱而神圣？

为了让游叙弗伦理解该问题的意思，苏格拉底给出了很多指向希腊语法的例子。他的观点用英语来表达就是：在刑事案件中，"被告人"之所以被称作被告人是因为有人控告他；而非因其自身就是"被告人"人们才去控告他。现在，神圣也是类似地因为神喜爱之故吗？一旦游叙弗伦理解了这个问题，他便反驳说：相反，神喜爱某物是因为它是神圣的。

现在苏格拉底聪明地用"神圣的"（godly）一词作为"为神喜爱之物"的缩略

语。既然游叙弗伦认为神圣（godliness）和虔敬（holiness）是一回事，那么，在游叙弗伦的论题中，我们就能用"虔敬的"（holy）代替"神圣的"（godly），因为游叙弗伦认为神圣之物受到诸神喜爱是因为该物本身神圣。于是我们就得到如下结果：

（A）神圣被诸神喜爱是因为其自身即是神圣的。[1]

另一方面，这一点似乎也是清楚的：

（B）神圣之物之为神圣，是因为其为诸神所喜爱。[2]

既然"神圣的"明确地被当成"为诸神所喜爱"的同义词被引入，于是，苏格拉底认为已把游叙弗伦变成自相矛盾了，并且，还催促他收回自己关于虔敬和神圣是一回事的说法。

在对话中，游叙弗伦承认他定义的结果并未如己所愿。但是，如果我们好好想一想就会发现，他本应坚持自己的主张，并指出苏格拉底在两个不同的句子中所用的"因为"一词有歧义。如果我们说，神圣之为神圣乃是因为被诸神所喜爱，那么，我们探讨的是"神圣"这个词；这里的"因为"一词则引出我们对其含义的规定。如果我们说，诸神喜爱神圣之物是因为它们本身就是神圣的，那么，这里的"因为"一词介绍了诸神的喜爱动机，我们并未探讨神圣一词本身的含义。事实上，一旦我们意识到"因为"这个词是模棱两可的，那么（A）和（B）两句之间就再无冲突了。如果用英语来解释，那么以下两句皆为真：

（C）法官之为法官是因为他审判。

---

[1] 即自因，因为自身的理由，重在自身客观属性。不过本书作者肯尼似乎并未从这个角度评论，下同。——译者注
[2] 即因他，因为外在于自己的理由，重在行动者的主观动机。——译者注

（这是他为什么被叫作法官的理由。）同样：

（D）法官审判因为他是一名法官。

（他那样做因为那是他的工作。）

因此，游叙弗伦不应该这么容易地被"将死"。然而，即使苏格拉底被说服，同意"神圣之物被诸神所喜爱是因为其自身是神圣的"这种说法并无矛盾，他仍然会继续说，如同他在对话中所说，即便如此：被诸神喜爱只是碰巧其是神圣之物，这也并没有告诉我们什么是神圣自身的本质属性。

用神圣来替换虔敬的话，神圣可以被定义为正义吗？苏格拉底和游叙弗伦都赞同神圣似乎只是正义的一部分，游叙弗伦表明正义在于为诸神服务，而非是为人服务。苏格拉底则抓住了"服务"这个词。当我们照料马、狗或牛时，我们为它们提供各种服务，改善其生活条件。我们能用同样的方式为诸神服务吗？我们能把他们变得更好，超过其所是吗？游叙弗伦指出，仆人不必通过服务主人而提高他们，而只是协助他们的工作即可。苏格拉底就问，那么，何谓诸神的事务而我们又可以为其提供服务呢？游叙弗伦不能回答，又转回到以祈祷和献祭形式作为侍奉的神圣之定义。

因此，苏格拉底随后说，神圣是给诸神某物以期从神取回某物，因此是一种交易。但是交易者只能希望通过给他的顾客所需所想之物才能达成交易，因此，我们必然会问诸神从我们的馈赠中获得了何种好处。游叙弗伦还是回答不出，除非他再次退回到他早先关于神圣是神所喜爱之物的论断上。于是他拒绝继续讨论，匆匆返回自己的论断。

《游叙弗伦篇》可能为苏格拉底的盘问法之优缺点给出了逼真的画面。同时，无论这是否为柏拉图的意图，这篇对话还是让我们明白了为何笃行宗教的雅典人会将苏格拉底视为青年的害群之马和不虔敬的散布者了。

《克力同篇》

《克力同篇》读起来就容易多了。彼时，苏格拉底正在监牢等待判决执行。他的不少朋友在克力同的带领下，已经制订出了让他逃跑到塞萨利（Thesaly）避难的计划。这个计划本来机会相当大，但苏格拉底却不愿参与。唯当生活是好生活时，它才值得为之奋斗。以不服从法律为代价的生活则不值得去争取。即使受到了冤枉，他也不应以恶报恶。然而，事实上，他是通过正当的法律程序被判决，他应当遵从法律。

苏格拉底想象着雅典的法律正在对他讲话。"不是我们把你带到这个世界的吗？在我们的帮助下，你的父母结婚并生育了你。"我们也命令你父亲教育你的身心。"像你这样的一位哲学家，难道还不能发现我们的国家比你的母亲或父亲或任何祖先都更珍贵、更崇高、更神圣吗？……我们把你带到世上，加以抚养、教育，让你和其他公民分享我们应给予的每一份善，我们还进一步向所有的雅典人宣布他们享有我们所允许的自由。如果他不喜欢我们以及这些法律，当他成年以后看清城邦的道路，并征得我们同意，那么他可以带上自己的财产，如其所愿地去往任何地方。"

苏格拉底在漫长的一生中一直住在雅典，身处默认契约之中，即如法律所命令地那般行动。如果他拒绝判决，接受流亡而非死亡，那就是变更了承诺。他如何能在70岁高龄违约而逃呢？"不是先考虑生活和孩子，其次才是正义，而是先考虑正义。因为如果你逃离这个城邦，选择了以恶报恶，违背与我们所订之约，我的兄弟，世间之法律不会友好地欢迎你的。"克力同无言以对，苏格拉底则总结道："就让我们遵从神的旨意，跟随神的指引吧。"

《斐多篇》

柏拉图总结描写苏格拉底最后日子的一篇对话叫"斐多篇"，依叙事者而得篇名。斐多是爱利亚岛巴门尼德城邦的一个人名，他声称，在苏格拉底弥留之际，他和他的朋友西米亚（Simmias）、凯贝（Cebes）都在场。戏剧从祭祀的船只从提洛岛返回的消息传出后开始，对苏格拉底的死刑推延由此终止。苏格拉底的枷锁被取下，他被允许与悲伤的妻子桑提婆（Xanthippe）以及她怀抱中最小的孩子见最后一面。当她离场之后，这群人开始讨论死亡和不朽。

苏格拉底认为，真正的哲人是不惧死亡的；但即使在死亡比继续活着似乎更可取时，他也不会自杀。我们是神所牧的，不能未经神的召唤就擅自离开。西米亚和凯贝问道，那么，苏格拉底为何准备好赴死。

苏格拉底回答说，出发点是人类的灵魂是囚禁在肉体中的。真正的哲人毫不在意肉体快乐，如吃喝和性之乐。他们会发现，在追求科学知识的过程中，肉体是障碍而非帮助。"当心灵聚焦于自身时，思想是最好的，声音、场景、痛苦和快乐等这些都不能干扰它。当思想离开肉体，这些事情就不可能与它有关系了。"因此，在探究真相时，哲人会不断努力将他们的思想从肉体中分离出去。但死亡是灵与肉的完全分离，因此，一个真正的哲人事实上一生都在寻求和渴望死后的世界。

饥饿、疾病、性欲和恐惧阻碍了研究哲学。对于分裂和战争，肉身难辞其咎，因为肉体需要金钱来满足需要，而所有的战争都出于贪钱爱财。即使在和平时期，肉体也是无尽混乱和骚动之源。"如果我们想获得任何纯粹的知识，我们都必须放弃肉体——灵魂自身要亲自看到事物，然后才能实现我们的欲求，我们才能说我们是爱智者。不可能在有生之年就能如此，就像论证所示，必须是死后方可那样。"因此，一个真正的爱智者，会把生命与快乐分开。

到此为止，公平地说，苏格拉底与其说在论证，倒不如说是在布道。凯贝突然打断了苏格拉底，说大多数人会拒斥灵魂可以脱离肉体而存在这个前提。他们更愿相信，当人死时灵魂终止了，就像一阵烟消失得杳无踪迹。"当然，这需要大量的证据来证明人死灵存，还需要勇气和智慧。"因此，苏格拉底继续提供了一系列灵魂不死的证据。

第一个论证是从对立面入手的。如果两物对立，那么它们都从对立面中转化而来。如果有人去睡觉，他一定曾是醒着的。如果有人醒来，他一定曾是睡着的。再者，如果 A 变得比 B 大，那么 A 必定曾比 B 小。如果 A 变得比 B 好，那么 A

必定曾比 B 差。因此，这些对立面，大和小以及好和坏，犹如睡眠和清醒一样，都是从对立面中而来的。死和生也是对立面，同样的情况在这里也必须被认作为真。很显然，那些死去的人曾是活的；难道我们还不应该总结说，死反过来就是生吗？既然死后之生是不可见的，那么，我们一定能得出结论：灵魂生活在另一个在下面的世界里，也许某天会重返地上。

第二个论证旨在证明，非寓居身体的（non-embodied）灵魂不是死后而是生前即告存在。论证分为两步：首先，苏格拉底设法证明知识就是回忆；其次，他极力主张回忆涉及前（世）存在（pre-existence，或预先存在）。[1]

第一步论证是这样的。我们时常看到体积大小差不多的事物。但是，我们从未见过两块石头或木头或者其他任何物质是绝对相同的。因此，我们关于绝对相同的理念不可能源于经验。我们所见的大致相同的事物只是引起我们回忆了绝对相同的理念，犹如一幅肖像就令我们回忆起一个不在场的情人一样。

第二步论证是这样的。如果某物引起我们回忆的话，我们必定事先曾与之打过交道。因此，如果我们回忆起绝对相同的事物，那么我们先前必定遭遇过此物。但是，在我们当前的生活中，以我们普通的视觉和触觉是不可能做到的。因此，我们必定在生前就通过纯粹知识遇到过，除非假设关于相同的知识在我们出生的那一刹那就灌输给了我们，而这又几无可能。如果这个论证对于绝对相同的理念有效，那么它对其他类似的理念也同样有效，比如绝对的善和绝对的美。

苏格拉底承认，即便第二个论证能成功地证明灵魂先于肉体而存在，它也不能证明灵魂在死后继续存在，除非有第一个论证来巩固。因此，他在不永续性和永续性两个概念的基础上又提出了第三个论证。

如果某物能够分解和分裂，犹如肉体在死去之后会分解一样，那么它必定是混合的、可变的。但是，与灵魂有关的某物，比如绝对的相等和美，那就是不可变的，因而就不像我们用肉眼所见的各种美会消退、腐朽。可见的世界是恒常变化的，只有不可见的世界才能保持不变。不可见的灵魂只有被肉体的感官拖入流

---

[1] 所谓前（世）存在，就是说身体来到世界之前，灵魂已经存在。这是对死后灵魂依然存在的倒过来证明。——译者注

变的世界时才遭受变化。

在那个世界里，灵魂如醉汉一样跌跌撞撞；但当灵魂返回自身时，它就进入到了一个纯净、永恒而不朽的世界。这里，灵魂才回到了它自己的家园。"灵魂与神极其相似，是不朽的、理性的、统一的、不可分解的、不可改变的；而肉体与人极其相似，是必死的、不理性的、可分解的、可改变的。"因此，苏格拉底得出这样的结论，肉体是易于分解的，而灵魂几乎是完全不可分解的。即使肉体像在埃及那样被制成木乃伊，存放很多年，灵魂也完全不可能在肉体死去之际分解、消失。

真正哲人的灵魂将离开肉体，进入一个不可见的极乐世界。而不洁的灵魂则终生被苦乐铆钉牢牢固定在肉体上，而且在死亡之际仍执着于肉体，不可能变成非物质的。它会像鬼影一样出没在墓穴旁，直到进入到一个新肉身的牢笼，也许是一头好色的驴子或一头恶狼，最好也不过是只合群而勤劳的蜜蜂。

西米亚给灵魂下了一个不同而微妙的定义，动摇了苏格拉底论证的基础。他说，想想看，里拉琴（lyre）是由木头和弦制成的。里拉琴合不合调子，取决于弦的松紧张力。活着的身体可以好比合调的里拉琴，而死去的身体就好比不合调的里拉琴。假如有人宣称，琴弦和木头是基本材料，合调意味着某种不可见的、非物质的东西在起作用。争论谐音在琴碎弦断后是否会继续存在，这岂不愚蠢吗？当然，我们必须得出结论，那就是当身体的琴弦因为受伤或者疾病而不再合调时，灵魂必定朽坏，犹如破琴失掉音调。

就灵魂不朽而言，凯贝还需要进一步被说服，但他对苏格拉底的批判则不像西米亚那么激烈。他已准备好同意灵魂比肉体更有力，而且当肉体朽坏时灵魂未必随之毁灭。在生命正常的进程中，肉体频繁地受到损耗和创伤，需要灵魂来不断修复。但是灵魂自身不会最终在肉体内走向死亡，犹如一名织工，在其一生中织造并穿破过许多衣物，也会死去并且通过最后一件衣物存在着吗？即使在转世的预设上，灵魂可以从一个肉身转移到另一个，也未必不灭，于是最终遭遇死亡。这样，西米亚总结说："对死亡充满自信者，仅是有着愚蠢的自信，除非他能证明灵魂是不朽的与不灭的。"

为了回应西米亚，苏格拉底首先回到关于需要灵魂预先存在的回忆的论证上。

如果拥有灵魂只是为了让人的肉体合调，那么这非常不可理解了，里拉琴在它能被演奏前就必须存在。更重要的是，合调有程度之别：一把里拉琴总可以大致合调。但是，灵魂却无程度之别，不存在一个灵魂比另一个灵魂更多或更少。有人会说，一个有德的灵魂是自身和谐的。但即便如此，这个灵魂也必定是和谐之中最和谐者。再说，琴弦的张力决定了里拉琴的音调准确与否，但在人类的情形中，灵肉之间的关系则另当别论了：灵魂维持着肉体的秩序。经过这一回合争辩，西米亚承认败北。

在回答凯贝之前，苏格拉底先用较长时间叙述了自己的智识发展历程，把话题引向他如何接受诸如绝对美和绝对善等绝对理念的存在。某物唯当美自身被分有时才是美的。高和矮亦复如是：一个高个子因其高大性而成为高个子，一个矮个子因其矮小性而成为矮个子。一个人可能长高也可能变矮，事实上，如果他长高了，那么，他过去就必定是矮的，对此我们先前已经达成了一致。但是，尽管他先矮后高，他的矮小性却绝不能变成高大性，他的高大性也不可能变成矮小性。像西米亚那样的人碰巧比苏格拉底高、比斐多矮，原因即在此。

关于不朽说法的相关方面经过一些时间后，开始变得清晰。苏格拉底继续对被后世哲学家称作事物的偶然性和必然性进行了区分。人可以是高的，也可以不是，但 3 这个数字却只能是奇数，雪也只能是冷的。这些属性对于上述事物来说是必然而非偶然的。现在，犹如冷不能变成热一样，雪也不能变热。一旦加热，则必然融化和消失，它不可能保存自己，变成热雪。苏格拉底总结说：对立之物不仅无法接受自己的对立物，而且任何由对立物带来之物，都不会与其所带来的对立物并存。

现在，苏格拉底引出了他的道德教诲。灵魂带来了生命，犹如雪带来了冷。但是，死亡是生命的对立物，因此，犹如雪不能容纳热一样，灵魂也不能容纳死亡。不过，不能容纳死亡的就是不朽的，因此灵魂就是不朽的。不过，在灵魂和雪之间存在区别：当雪遇热时，只能消失。既然不朽之物是不会消失的，所以灵魂趋近死亡时，也不会消失，只是到了另一世界而已。

凯贝的论点是，灵魂不必永恒不灭就能历经一次或数次死亡而依然存在，苏格拉底的论证是如何回应这一点的，我们还根本不清楚。但在对话中，苏格拉底的结论是，灵魂是永恒的、不朽的，会在另一个世界存在下去，这个观点倒是得到了听众的赞同。他们坐定下来，倾听苏格拉底讲述一系列关于灵魂在阴间之旅的神话。

叙述结束时，克力同问苏格拉底是否还有最后的愿望，以及如何下葬。苏格拉底告诉他，要记住对话中的教训：他们埋葬的只是苏格拉底的身体，而不是苏格拉底本身，他本身将进入有福之人的欢乐中。苏格拉底进行了最后的沐浴，向妇女和孩子等家人道别。狱卒进来，端着一杯毒芹汁。这种毒药是雅典给被判死刑囚犯的，作为执行死刑的一种方式。

苏格拉底跟狱卒开了个玩笑，然后喝干了毒药，随着知觉从肢体逐渐消逝，苏格拉底从容而平静。他的最后一句话令人感到费解："克力同，我还欠埃斯库拉庇厄斯（Aesculapius）一只公鸡，你记得帮我还掉。"埃斯库拉庇厄斯是古希腊神话中的医神。可能这句话的意思是：身体的生命是一种病，死亡是对它的治疗。

《斐多篇》是一篇杰作。它是流存下来的最优秀的古希腊散文之一，即便被翻译成其他文字，它仍然能打动读者，并萦绕在心间。人们会提出两个问题：关于苏格拉底，这篇文章告诉了我们什么？关于灵魂不朽，它又告诉了我们什么？

关于苏格拉底入狱和死亡所提供的叙述，专家普遍认为是可靠的。当然，柏拉图对苏格拉底最后几个小时的描述，为后世的作家和艺术家开启了想象的空间。但有一些声音指出，用语言表达出来的灵魂不朽则更适合柏拉图自己的哲学体系，而非历史上苏格拉底的盘问技艺。《斐多篇》中所表达出来的对灵魂不朽的信心，与柏拉图在《申辩篇》中可归于苏格拉底的不可知论构成尖锐对立。

关于不朽的论证迥异于古代神话范式。在神话中，它们交织在一起，而这不可能让现代读者信服。不过，即便是在古代，针锋相对的争论会迅速占据人的心灵。事物真的都是从其对立面产生的吗？巴门尼德不是证明了存在不可能从非存在产生吗？就算在对立物产生对立物的地方，这种循环会永远进行下去吗？就算睡眠总是接着清醒，难道最后一次清醒不可以跟随着永远的睡眠吗？而且，无论灵魂不会永驻肉体这个观点多么正确，为什么当肉体死亡时，灵魂就必定退往别处,而非像雪融化一样地消失呢?[1]

对话中最有意思的话题是关于回忆的论证,以及对灵魂是肉体合调这一理念的批判。这两个主题在他们之前,就已有很长历史了。然而,当我们检查柏拉图自己发展的体系时,我们发现,第一个主题得到了最好的追踪。而当我们思考柏拉图的后继者亚里士多德给出的关于灵魂的说明时,我们发现第二个主题也得到了最好的评论。

图5 《苏格拉底之死》,法国画家雅克·路易·达维特
(Jacques Louis David,1748—1825)作于1787年。
(图片来源:Wikimedia Commons)

在历代哲学家的著作中,"苏格拉底"这个名字都会占据很多篇幅。然而,这多半不是指那个喝了毒芹汁的雅典人。它通常作为一个虚拟的名字用在论证的形式构造中,比如,在如下的三段论中:

所有人都是有死的。

---

[1] 肯尼在介绍完毕,每每试图给出反思和评论,这构成本书的特色和重要价值。当然,就这句话而言,反思似乎不太成功。雪融化了,并没有任何东西真的"消失"了——除了指此前的那一团雪的形态。——译者注

苏格拉底是人。

因此,苏格拉底是有死的。

尤其在中世纪,即便是那些对《申辩篇》《克力同篇》和《斐多篇》所述故事所知甚少的作家,也日常地会用到苏格拉底这一名字。在这里,犹如在更严肃的地方一样,苏格拉底的必死性和死亡在西方哲学作品中反复回响。

第三章
柏拉图的哲学

生平与著作

柏拉图在雅典帝国最后的岁月里生于一个殷实的家庭。当伯罗奔尼撒战争于公元前405年结束时,柏拉图已经二十出头,像他的两个哥哥一样足已能够入伍参战了。他的两个舅舅,克里提亚(Critias)和卡尔米德(Charmides)是三十僭主的成员。公元前399年,苏格拉底被雅典重建的民主制判处死刑,这使得柏拉图终生都不相信蛊惑人心的煽动者,厌恶在雅典从政。

柏拉图40岁时,前往西西里并和狄翁(Dion)建立了密切的联系。狄翁是当时在位执政的君主狄奥尼修一世(Dionysius I)的姐夫。回到雅典之后,柏拉图在自己住所旁的私人园林里创建了一所学校,即"学园"(Academy)。这所学校是以意大利毕达哥拉斯团体的模式而建立的。所谓毕达哥拉斯团体是一群思想相近的思想家,热衷于数学、形而上学、道德学和神秘主义。柏拉图60岁时,受邀回到西西里,担任狄翁的侄子,即已经继位的狄奥尼修二世的顾问。他作为王室顾问的经历,在政治上或哲学上都不成功。公元前360年,他返回雅典家园。公元前347年,在雅典的一场婚宴上,柏拉图溘然长逝,享年81岁,终身未婚。

图6 正在学园中讲学的柏拉图，瑞典画家卡尔·沃尔博姆（Carl Wahlbom，1810—1858）作。
（图片来源：Wikimedia Commons）

除了被古代小说家所渲染的这几样事实，我们对柏拉图的生平了解甚少。然而，柏拉图不像苏格拉底，他留下了很多哲学著作，而且全部流传至今。但是，这些作品都是对话形式，柏拉图自己从未作为一个说话者角色出现在作品中。因此，我们很难确定，对话人物提出的各种各样且经常矛盾的哲学观点，是否为柏拉图本人的托付。当我们寻求他本人的哲学立场时，我们又很难得到有把握的东西。但是，评论者对他的思想发展的整体脉络达成了初步共识。

柏拉图的对话分成三组。第一组往往被认为写得最早，可叫作"苏格拉底式"对话，因为在每一篇对话中苏格拉底都会出现，其历史角色是提问者和对妄称有知者的揭露者。《游叙弗伦篇》为大多数对话的范式提供了最好说明：一些人（他们中的一个人的名字通常成为对话的标题）公开宣称自己对技艺、美德或卓越有着专门的知识，而苏格拉底的盘问表明这些自称的知识只不过是偏见。这样，勇气的话题在《拉凯斯篇》（*Laches*）中加以讨论，《卡尔米德篇》（*Charmides*）讨论了节制，《吕西斯篇》（*Lysis*）讨论了友谊，《大希庇阿斯篇》（*Hippias Major*）讨论了美，《伊翁篇》（*Ion*）讨论了诗的朗诵，犹如《游叙弗伦篇》讨论了虔敬。这一时期的另一篇对话《小希庇阿斯篇》（*Hippias Minor*）阐述了苏格拉底关于故意犯错和非故意犯错的主题。

中间一组对话则是以柏拉图思想成熟期为开端的，苏格拉底仍然是主角，但他不再仅是作为指控那些伪装成知识之偏见的角色了。他现在似乎成了一个有资历的教师，阐发精致的哲学观念。这些对话的篇幅更长，内容也更难掌握。我们已经接触过这些对话中的一篇，即《斐多篇》。其他的还有《高尔吉亚篇》(Gorgias)、《普罗泰戈拉篇》(Protagoras)、《美诺篇》(Meno)、《会饮篇》(Symposium)、《斐得罗篇》(Phaedrus)以及最著名的《理想国》(Republic)。大多数对话的一个共同点是专注于著名的理念论(Theory of Ideas)，我们必须扼要解释一下。

在最后一组对话中，苏格拉底的作用减弱了，有时他只是个次要角色，有时则根本不在场。连接中期和后期对话的桥梁是《泰阿泰德篇》(Theaetetus)，这篇对话旨在寻求对知识的定义。苏格拉底仍以熟悉的思想助产士角色出现。在《巴门尼德篇》(Parmenides)中，苏格拉底以一个对年长的巴门尼德怀有敬畏的年轻人的面目出现，而巴门尼德则为反对理念论而给出密集而复杂的论证。在以快乐为主题的《斐莱布篇》(Philebus)中，苏格拉底再次成了主角；在讨论存在和非存在的《智术师篇》和讨论政府的最佳形式的《政治家篇》(Statesman)中，尽管苏格拉底都出现了，但没有有效参与对话讨论。这组对话中最后也是最长的一篇是《法律篇》(The Laws)，为想象的城邦制定了一部详细的宪法，而苏格拉底在其中则根本没有出现。

如何解释后期对话中对理念论的冷静而批判的观点，学者们尚未达成一致看法。反对理念论的论证能令人信服吗，柏拉图在中年放弃理念论了吗？抑或是，他认为这种论证只是诡辩，目的只是留给读者一种练习，以便让读者有效驳倒它吗？另一篇对话《蒂迈欧篇》(Timaeus)增加了这种不确定性，这篇提出了柏拉图的宇宙起源论，直到文艺复兴时期(Renaissance)才成为柏拉图所有对话篇之首。在《蒂迈欧篇》中，理念论未受挑战地保持着它原初的荣耀。问题是该篇对话应该属于柏拉图的中期还是晚期作品？如果我们把《蒂迈欧篇》和诸如《理想国》一类的对话放在一起，那么柏拉图的哲学发展线索就很容易理解了。但是，如果我们根据不同风格来比较柏拉图的对话，那么《蒂迈欧篇》的风格似乎与包含《智术师篇》那一组更为相似。关于具体写作日期问题至今悬而未决,毫无疑问,学者将会继续争论下去。

但是,且让我们聚焦理念论吧。因为它不仅构成柏拉图中期对话的基础,同时也为后期对话提供了辩论的骨架。当苏格拉底在《斐多篇》中谈论绝对美和绝对善时,我们已简要地提过理念论。尽管此前我尽力对那篇对话的论证加以说明,但理念的本质却依然没有得到阐明。现在该是填补这一空白的时候了。

理念论

柏拉图的理论是这样提出的,苏格拉底、西米亚、凯贝都被称为"人",他们都有是人的共性。现在,当我们说"西米亚是一个人"时,"人"这个词所代表的,是否与"西米亚"这个词代表西米亚个人的一样?如果是,它究竟是什么呢?它是否与在"凯贝是个人"这句话中,"人"这个词所代表的是一回事?柏拉图的回答是肯定的。在每一个案中,这种表达都代表同一物,就是说,那个使西米亚、凯贝和苏格拉底都是人的存在。就此,柏拉图给出了各种命名,比如希腊语中的对应说法是"人类自身",或者"正好人之所是"。因为当说苏格拉底是人时,柏拉图并不意指他是男人,而是说他是个人类,是人可以由此被称呼的那个共同之物。如果与柏拉图在其他场合下的使用相类比,则可以说是"人性"(humanity)。但最为人知晓的命名是"人的理念(或形式)"。

概括一下,在任何 A、B、C 都是 F 的情形下,柏拉图就会说,它们都和 F 的理念有关。有时他坚持原则的普遍性,有时在具体情形中对是否运用这一原则他还感到犹豫。在各种不同的场合,他列出了很多不同类型的理念,例如,善的理念、恶的理念、圆的理念、存在的理念、同一的理念。一旦柏拉图坚持这一理论,他似乎就会继续坚信善、美和存在的理念。但是,他似乎不确定是否有泥土这一理念。

如果彻查柏拉图的文本,我们就会发现,有许多是关乎理念及其与世界普通事物关系的命题。

（1）在某些事物是 F 之处，都因为它们分有或摹仿 F 的单一理念。

（2）没有理念是其自身的参与者或摹仿者。

（3）（a）F 的理念是 F。

（b）F 的理念只能是 F，而不是别的。

（4）只有 F 的理念是实际而真实地完全的 F。

（5）理念并不占有空间和时间，它们没有部分也不会变化，它们不被诸感官所感知。

命题（1）、（2）、（3）组成了一个自相矛盾的三一组（triad）命题。这些理论所致的疑难，柏拉图自己在《巴门尼德篇》中第一次做了详述。让我们假设我们有诸多个体，每一个体都是 F。那么，根据命题（1），存在一个 F 的理念，根据命题（3），这就是 F 自身。但现在，F 的理念和最初是 F 的事物组成了一个 F 事物的集合。还是根据命题（1），这必定是因为它们都分有 F 的理念。但根据命题（2），这不可能是最初假设的理念，因此，一定有另外一个 F 的理念。但是依次到了命题（3），它就是 F，如此等等直至无穷。因此，这与命题（1）相矛盾，即不存在一个单一的理念，而是无穷多。

我们可以用"人"替换上述论证范式中的"F"来加以说明。如果存在一些人，那么，根据命题（1），就存在一个人的理念。但是根据命题（3），人的理念就是人本身。因此，人的理念加上最初的那些人，就组成一个新的人的集合。因此，按照命题（1），一定存在一个人的理念来与这个新的集合相对应。但是，根据命题（2），该理念不可能是我们已知的那个理念，因此它必定个新理念。但是，依此类推，就会有另一个人；[1] 如此等等以至无穷。我们不可能只推导出一个或两个人的理念就止步。亚里士多德把这种对于理念论的反驳称作"第三人论证"（The Third Man Argument）。柏拉图从未解决这个问题，而且，犹如曾说过的那样，究竟柏拉图最终是不是会对反对意见耸肩不顾，还是全部或部分地放弃了自己的理念，对此，学者们至今仍然争论不休。

---

[1] 这里似乎应该是"但是，依此类推，就会有另一个人（的理念）"。——译者注

就柏拉图的理论而言，其未能充分解决的问题有时被称为"全称命题问题"（the problem of universals）[1]。在对该问题的当代讨论中，存在四种观念与柏拉图的理念论相似。

（A）具体全称命题说（Concrete Universals）。例如，在"水是液体"这句话中，"水"这个词被某些哲学家视为单一而分散的物体名称，世界上含水的部分是由水坑、河流、湖泊等组成。该具体全称命题与柏拉图的理念论有某些相似性，它可以解释柏拉图为什么偏爱（他的评论者对此存在分歧）用具体的模式语言（如"美"，the beautiful），而非抽象的模式语言（如"美"，beauty）来说明他的理念论。这为他的理论提供了清楚的含义，即具体事物分有理念。具体的一瓶水的的确确是世界上全部水的一部分。命题（2）、（3a）和（4）也很容易被证明为真。然而，至于（3b）和命题（5），一个具体全称命题与柏拉图的理念论又是极不相同的。宇宙中的水可以确定其位置，可以改变其数量和分布，它可见可触，在液态之外尚有很多其他的属性。

（B）示例说（Paradigms）。人们不止一次地建议柏拉图式的诸形式也许应当被视为示例或标准。诸个体与理念之间的关系，可以被认为犹如具体 1 米长的物体与正式定义 1 米长度的巴黎标准米长之间的关系。这就很好地说明了柏拉图理论的摹仿与类似性质。准确地说，1 米长只是与标准米长相似。如果两个物体都是 1 米长，那是因为它们都与示例相似。犹如具体全称命题，示例对象适合柏拉图理念诸方面，令其看上去犹如物质实体。像具体全称命题一样，示例论无法具有柏拉图理念超越感性世界的属性。标准米不在天国，而在巴黎；它并非被理智洞察，而是被肉眼观测到的。

（C）性质和属性说（Attributes and Properties）。逻辑学家有时候谈论事物的性质，比如人性，或者可被 7 整除的属性。这些抽象实体与柏拉图理念的先验观念有着更多相同之处。人性不随人成长或死亡。在这个世界上也看不见、摸不着能被 7 整除的属性。我们可以说，所有人都是因为分有共同的人性才成为人的。我们可以说，在"彼得是一个人"和"约翰是一个人"这两句话中，人性乃是说出

---

[1] 全称命题问题是逻辑学术语，从字面意思看，也就是共相（universals）问题。——译者注

"……是一个人"的原因。但是，如果我们认为柏拉图的理念也有这种性质，我们就很难明白柏拉图是如何思考人性本身的。也只有人性本身才让一个人成为真正的人。人性只是抽象物，只有具体的个体才是一个人，这难道还不清楚吗？

（D）种类说（Classes）。属性可以充当原则来用，据此就可以把事物分成很多种类。例如，事物拥有人性的属性，就可以被归到人的种类。在某些方面，种类似乎比属性更接近柏拉图的理念。分有一个理念可以不太困难地理解为成为一个种类中之一员。种类在其抽象属性上，虽然像属性论一样，但与示例论以及具体全称命题论不同。但是，属性论和种类论之间又有着很重要的差别。拥有相同元素的两个种类［犹如哲学家们有时会说的那样，具有相同的外延（extension）］是相等的。然而，即便所有具有属性 A 的事物（且只有这些事物）也具有属性 B，属性 A 和属性 B 也不能等同。例如，就人而言，虽然无毛二足动物的种类与人的种类相同，但是人的属性与无毛二足动物的属性并不相同。哲学家们是这样表述两者的区别的：种类是有外延的，而属性则没有。柏拉图的理念是像种类一样有外延，还是像属性一样无外延，现在还不清楚。把理念和种类说看成一回事的困难在于命题（2）和（3）。人的种类并不是一个具体的人，正如我们通常不能说 F 的种类是 F。有些种类是它们自身的组成的各部分，有些则不是。该领域存在的问题在经过两千多年之后才变得明显起来。

诸如属性和种类等概念，或多或少地是出于柏拉图观念的复杂之故。然而，它们中没有一个能公正地评判柏拉图理念论的众多面相。如果有人想知道柏拉图从（1）到（5）的命题是怎样地看似合理的，最好就别借助现代逻辑技术的概念，而是采用更多地一些非反思性概念。让我们来思考一下指南针的一个指针吧，它们可能指向北、南、西、东。例如，东的观念，我们并不试图借助一个抽象观念来解释，如向东的性质。但是，我们可以通过简单地反思我们在不列颠关于东方所使用的各种惯用语来设想它。有很多地方在我们的东面，如贝尔格莱德（Belgrade）、华沙（Warsaw）以及香港（Hong Kong）。任何位于东方之物都在东这个观念里，都实际地分有了东的理念。或者如果愿意的话，它在向东的方向上多多少少是在摹仿东的理念。由于出于东方之故，或者出于与指南针的指针的所指方向相同，那么任何在我们东面的事物都是东［（命题（1）］。现在，理念的东与任何位于我们东面之物都不是一回事。如果我们认为作为理念的"东"是像印度那样的地方，那么这想法就是陋见。因为如果从其他视角来看，比如北京，那么印度就是西的理念之一部分[(命题(2)]。当然，东本身就在我们的东面。向理念的东走，你就一定是向东方走。理念的东只是东方向，而非别的。我们可以说"(理念的)东是红的"，但我们真正的意思是东方的天空是红的[(命题(3)]。唯有理念的东才是在东面。太阳有时在东，有时在西；印度在伊朗的东面，而在越南的西面。但是，在任何时间、任何地点，理念的东就是在东面[(命题(4)]。而且，东不能用任何空间的点来确定，也不能用历史上的任何时间点来确定，它不可见、不可操作、不可分割[(命题(5)]。

当然，我并不是表明，通过指南针的指针就能对柏拉图的理念论提供解释，使命题(1)到(5)为真。由于这些命题彼此并不兼容，因而也就没有解释可以胜任。我只是说，这种解释会使这些命题乍看上去（*prima facie*）更为合理，而且以某种此前的解释无法做到的方式实现了这一点。诚如柏拉图之后的哲学家所发现的那样，具体全称命题说、示例说、属性说和种类说都产生了自身的问题。尽管我们不能回归到柏拉图的解决方案，但是，我们仍然在这一领域中回答了他提出的诸多问题。

柏拉图的《理想国》

柏拉图不仅在逻辑学和形而上学领域，而且在知识理论和道德基础方面，都仰赖理念论。要想了解他在成熟期的作品中的那些不同用法，莫过于仔细考察他最著名的对话即《理想国》了。

这篇对话的正式目的是要寻求正义的定义。对话所提出的命题是，正义乃是灵魂的健康。但是，要得出这个结论，路阻且长。该定义在完成之际，又被以多种方式加以解释。

对话的第一卷提供了不少备选的定义，它们在苏格拉底前面的对话中被逐一驳倒。本卷曾一度作为一篇自足的对话而独立存在过。但它也介绍了整本《理想国》的基本架构。全书通过口授的方式形成，柏拉图把巨大的重要性归诸于此，并称之为"辩证法"(dialectic)。

辩证法之辩方做法如下。他提出一个假设,一个有疑问的设想,并努力表明证明这个假设导致了矛盾。所给出的驳论,用希腊专门术语叫"*elenchus*"。如果逻辑反驳成功,就得出一个矛盾,那么假设就被反驳了。辩方接下来检验用来得出矛盾的其他前提,并将其一一呈给逻辑,加以反驳,直到找到一个不可置疑的假设。

所有这些在《理想国》的第一卷中都被阐述过了。第一个反驳非常简洁。苏格拉底的老朋友克法洛斯(Cephalus)提出一个假设,即正义是指讲真话并归还所借之物。苏格拉底问:将武器归还给一个发疯的朋友是正义吗?克法洛斯同意这不是。那么,苏格拉底总结说,"所以,正义不可能被定义为讲真话并归还所借之物"。然后,克法洛斯退出辩论,前去献祭了。[1]

在寻求正义的定义时,我们必须继续考察苏格拉底反驳克法洛斯所用的进一步的前提。为什么把武器归还给一个疯子就是非正义的,其原因在于伤害朋友就不会是正义的。下一个辩论人是玻勒马霍斯(Polemarchus),克法洛斯之子,也是他父亲观点的继承人,继续为这个假设进行辩护。他指出,正义就是助友攻敌。反驳这个观点似乎花费了些时辰,但最后玻勒马霍斯同意伤害任何人都不正义。该驳论中所需的关键前提是,正义是人的卓越或德性。苏格拉底极力认为,正义的人要通过使别人变得更少卓越来展现自己的卓越,这是荒谬的。

玻勒马霍斯在辩论中出局了,因为他毫无怨言地接受了正义是人的卓越这一前提。但是,等在一旁的智术师色拉叙马霍斯(Thrasymachus)则摩拳擦掌,急于挑战这一假设。他说,正义不是美德或优点,而是软弱和愚蠢,因为不是每个人都有兴趣拥有它。相反,正义只对那些在城邦中掌权的人才有利,法律和道德体制只是为保护他们的利益而设计的。苏格拉底花费 20 页的篇幅以及一些复杂的一箭双雕的方法,才把色拉叙马霍斯"将死"。不过在第一卷的末尾,(色拉叙马霍斯)最终同意:正义的人比不正义的人生活得更好,于是正义是正义的拥有者的

---

[1] 克法洛斯的回答对于初学哲学的人会引起极大的共鸣。但是,如果采用近年来流行的"微言大义"解读法,我们会发现,克法洛斯根本就没有进入哲学之门,换句话说,哲学的开始必须以克法洛斯的退场为前提。——译者注

利益。色叙拉马霍斯经过一番对苏格拉底的让步，最终被迫同意了他的观点。例如，他同意神是正义的，人的德性和卓越令其快乐。这些以及其他的前提都需要争论，所有的前提都是可以被质疑的，并且从《理想国》卷二起，大多数前提在书中的别处都被质疑了。

到目前为止，有两个人一直在沉默地倾听辩论，他们是柏拉图的兄弟格劳孔（Glaucon）和阿德曼托斯（Adeimantus）。格劳孔介入了这场辩论，他指出，犹如色拉叙马霍斯所说，当正义不是肯定的恶时，它就不是出于正义自身去做，而是为了避免恶才选择去做。为了避免被他人压迫，弱者相互团结一致，以免遭受不义或做出不义之举。人们更倾向于做不义之事，如果那样做可以不受惩罚的。人人都希望自己免于惩罚，例如，他可以让自己变得看不见，这样他的恶行就不会被发现。阿德曼托斯支持他兄弟的观点，他说，在人类中，正义的回报是看上去显得是正义的回报，其实不是真的正义的回报。就诸神而言，因不义而来的惩罚可以由祈祷和献祭来冲抵。如果苏格拉底真要驳倒了色拉叙马霍斯，他必须证明，撇开名誉损失与法律制裁，正义就其自身而言要比非正义更值得选择，犹如看得见比眼瞎更好，健康比疾病更好。

在回答中，苏格拉底从对个体正义的思考转到对城邦正义的思考。他说，在那里（城邦中），正义的本性会被用大写字母写成，更容易被阅读。城邦生活的目的是，使人们能掌握不同的技艺，以便相互满足需要。理想状态下，如果人们满足于基本需求得到满足，那么，一个非常简单的共同体就得以成立。但是，公民并不满足于温饱，而是要求得更多，这就需要一个更复杂的结构来提供其他的东西，其中就包括供养一支训练有素的专业军队。

苏格拉底描述了一个存在三个等级的城邦。那些最适合统治的、通过竞争而挑选出来的士兵构成上层等级，被称为护卫者（guardians）；余下的士兵被称为辅助者（auxiliaries）；其他的公民则属于农民和工匠。被统治者一致服从统治者的权威，是通过宣扬"高贵的谎言"而得到保证的。所谓高贵的谎言，就是一个神话：每个等级的成员在其灵魂中有不同的金属。统治者、辅助者、农民和工匠，其灵魂中对应的分别是金、银和铜。不同等级成员的划分是由出生赋予的，但是等级间也允许少量的升降流动。

统治者和辅助者会接受一套严格制定的教育，涵盖文学（基于荷马诗篇被审查过的版本）、音乐（只允许有教益的与英武的节奏）以及体育活动（一般是不分性别进行的）。女人和男人一样，可以成为统治者和士兵，但是该等级的成员不允许结婚。女人是大家共有的，一切交往都是公开的。为了人口保持稳定和健康，生育是被严格规定的。孩子们在公共机构被抚育，不准与其父母接触。护卫者和辅助者不允许拥有私人财产，也不允许保有贵金属。他们过着像在兵营里的士兵一样的共同生活，免费得到充足而有节制的生活供给。

苏格拉底坦承，统治者的生活听上去并不吸引人，但是城邦的幸福比某一等级的幸福更重要。如果城邦自身是幸福的，那么它必定是有德性的城邦。城邦的德性取决于组成城邦的各等级的德性。

四种至高德性突显出来：智慧、勇敢、节制和正义。城邦的智慧是统治者的智慧；城邦的勇敢是士兵的勇敢；城邦的节制在于工匠对统治者的顺从。那么，正义在哪儿呢？正义根植于城邦得以产生的劳动分工的原则：每个公民，每个等级，做他们最适合做的事。正义就是做自己的事情，或关注自己的事务：此乃等级之间的和谐。

苏格拉底想象的城邦是无情的极权主义之一。它缺乏隐私，充满了欺骗，也因与最基本的人权相冲突而臭名昭著。[1]如果柏拉图旨在将其描述作为真实生活政体的蓝图，那么他就该受到指责。他已经饱受像保守主义者和自由主义者等的大加责难了。但是，必须记住，这种宪法制度构想的明确目的，是表明灵魂中的正义本性，而这也正是苏格拉底继续要做的。

他提出，灵魂中存在三种要素与所设想政体的三个等级相相应。他问："我们是用灵魂的一部分获取知识，另一部分发怒，第三部分寻求饮食与性等的快乐呢？抑或是，在每一种冲动以及在所有这些行为的形式中，整个灵魂在起作用呢？"为了解决这个问题，他开始诉诸思想冲突现象。一个人可能很渴，却不愿喝水。推动他行动的，必定与阻止他行动的截然不同，因此，灵魂中必定存在反思的部分，

---

[1] 注意，这种批评是完全站在现代立场上的，古代的对错不应该用现代的尺子来衡量——万一现代性的筹划本身就是错误的呢？——译者注

而另一部分则成为饥、渴和性等诸欲望的工具。这两部分可以被称为理性和欲望。如今,愤怒不能归诸这两种中的任何一种,因为愤怒与欲望相矛盾(一个人可能对其堕落的欲望感到愤怒);愤怒又与理性相分离(孩子在拥有审慎判断之前会突然发怒)。因此,我们必须假定,在灵魂中除了理性和欲望之外,还有第三个部分——激情。

图 7　拉斐尔在梵蒂冈签署大厅天花板的半圆壁上展示了智慧、勇敢和节制等主要德性。根据柏拉图的观点,第四种德性正义在于其他三种的和谐。
(图片来源:Wikimedia Commons)

这种划分基于两个前提:非对立性原则和灵魂不同部分欲望的同一性。如果 X 和 Y 是矛盾关系,那么,无论什么都不能替换 X 和 Y,而成为同一物。欲望和憎恶构成矛盾关系。胃口的欲求足以清楚,激情的欲望是去战斗和惩罚。但是,在这一点上,谁也没有告诉我们何谓理性的欲求。毫无疑问,人的理性反对口渴,就是听从医嘱不去喝水。在这种情况下,口腹之欲的反面就是理性对健康的欲求。

苏格拉底的论题是,个体的正义就是和谐,而不正义则是灵魂三部分的失序。城邦的正义意味着三等级各自做他们适合的事情。"只要我们本性的各部分都能完成其本分工作,那么我们每个人也同样会成为正义的人,发挥其应有的作用。"理性就是要统治、教化激情成为自己的同盟。两者联手管控不知餍足的欲望，阻止它们超越限度。像正义一样，其他三种主德（cardinal virtues）都关乎灵魂组成。勇气位于激情中，节制居于三部分的协调一致，而智慧则处在灵魂的一小部分中，"这部分掌握着对三部分之各部分都是善的知识，以及对三部分总体是善的知识"。

灵魂中的正义是一个先决条件，即便追求贪欲和野心，或忙于赚钱以及城邦事务者，都概莫能外。不正义是当各部分彼此功能紊乱时而产生的一种内乱。"就像健康是在身体里产生一样，正义是在灵魂里产生的。将各部分按照它们与统治与服从的天然联系组建起来，就是正义。不正义犹如疾病，意味着这种自然秩序的颠覆。"既然德性是灵魂的健康，那么，问过正义的生活还是行不义的生活更有利，这就很荒谬了。当身体的结构受损与朽坏时，即便世界上所有的财富和权力，也无法让生活变得值得过。同理，当我们借以生活的那个原则遭遇错乱和腐败时，这种生活还值得过吗？

现在我们已经到了十卷本《理想国》卷四的结尾部分，辩证法的进程已越过好几个台阶。反对色拉叙马霍斯的假设之一是，灵魂的功能是慎思、统治并照料人。既然灵魂被分成理性、欲望和激情，这一点就要被放弃了，即上述功能不属于整个灵魂，而只属于理性。另一条假设被运用在确立灵魂三分法（trichotomy）上，即不矛盾原则。当然，该原则实际上并非我们日常生活世界所能依赖的原则。因为在日常生活世界中，任何一运动之物在某个方面也是静止的，任何一美的事物在某种方式上也是丑的。只有美的理念才不增不减，而非这部分美那部分丑，也非此时美彼时丑，更非与某物有关才美与另一物有关便丑。一切人世间实体，包括三部分组成的灵魂，都受矛盾遍在性的影响。灵魂三分理论只是接近真理，因为它并未提及理念。

在《理想国》卷五部分，作为两种精神能力或心灵状态之间区分的基础，知识与意见首次出场。在理想的城邦中，统治者之所以必须以他们能取得真正知识的方式接受教育，而且知识要关乎理念，是因为这些理念单独地就真实存在。例如，对于任何 F 来说，只有 F 的理念才是完全的、无条件的 F。另一方面，意见关乎庸常对象，它们既是存在，又非存在。例如，对于任何 F 来说，世上任何事物都在某个方面是 F，同时在另一个方面又不是 F。

在卷六，这些能力借助于图示依次划分，如下图所示。

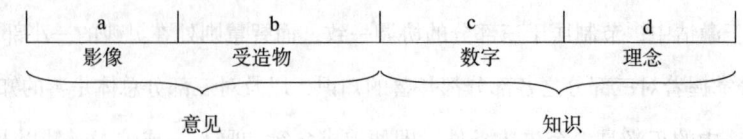

意见包括两项内容，(a)想象，其对象为"投影和映像"，以及(b)信念，其对象为"如我们的生物，以及自然或人工的作品"。知识也有两种形式。最卓越的(par excellence)知识是(d)哲学认识，其方法是辩证的，其对象是理念的世界。不过，知识也包括(c)数学研究，其方法是假设，其对象是抽象物，如数字和几何图形。数学对象不少于理念，有永恒不变性。和所有知识对象一样，它们属于存在的世界，而非生成之物。但是，它们与世俗对象的共性是，它们都非单一，而是众多。比如，几何学家的圆就和圆理念不同，它们可以相交；而算术学家的2，也不像唯一的2的理念，而是可以彼此相加得4。

按照柏拉图的观点，哲学辩证法优于数学推理，因为它紧紧抓住了假设和真相之间的关系。数学家把假设当公理，根据公理，他们就得出结论，而无须考虑到证明。相反，辩证学家虽然也是从假设出发，但没有把它们当成自明的公理。他不会从假设匆匆地就得出结论，而是首先从假设出发，拾阶而上，溯及一个非假设的原理。正如希腊语所表明的那样，假设就是那些"铺设"台阶之物，犹如楼梯，辩证学家可以回溯发现非假设之物。对辩证法自下而上之路可以这样来描述："去除臆断—推翻假设—向上寻找到那最初的原理，以便在那里得到确认"。在《理想国》最初几卷，我们已经看到假设是怎样被推翻的：要么被放弃，要么被置于更牢靠的基础上。在《理想国》中间几卷，我们知道假设是建基在理念论上的，而辩证法上溯的非假设原理，也正是善的理念。

通过洞穴喻(the allegory of the cave)，我们可以从中得到启发。柏拉图以此作为例证，来补充抽象的线喻(line-diagram)说明。让我们想象一群囚犯，被锁链束缚在洞穴里，背对着出口，面朝木偶的影像。由于火把照射木偶，其影像投射在洞穴壁上。算术、几何、天文和音乐的人文教育松开了囚犯的枷锁，并带领他们穿越生成中的影像世界的木偶和火把，进入到实存世界之灿烂阳光中。整个教育过程，即从阴影中翻转，是专为灵魂中最好部分（理性）而设计的。学生必须要挣脱锁链，才能开始拾阶而上。锁链就是诸欲望以及口腹之乐。根据卷二和卷三的纲要，囚徒们已经受过体育和音乐的训练。甚至在开启离开洞穴的旅程之际，他们的心灵与肢体必定早已健全。

线喻的四阶段是哲学家教育的四个阶段。柏拉图充分说明了四阶段与数学课程的关联。如果一个孩子读了一篇关于数学家的故事，那就是想象力的练习。如果有人用算术去计数军队士兵人数，或者其他具体对象的集合，那就是柏拉图所谓的数学信念。熟练掌握算术会引领学生完全超出生成的世界，并教会他学习抽象数字。这些数字可以多样，却不可变化。最后，通过追问算术的假设——即我们所谓的数学探究的基础——通过引入理念，辩证法让人真正理解洞穴喻中的人、树与星辰。

相比数学教育，《理想国》更关注道德教育。但是，道德教育最终还是与数学教育走了一条平行的路。道德想象力包括诗人和悲剧作家的格言。如果学生以柏拉图推荐的经过删减的著作来教育，那么在这个阶段，他就会看到正义的凯旋，也知道了诸神是不变的、善的、诚实的。后来，这些将会被看成是善之永恒理念的象征式以及真理与知识的源泉再现。道德教育的第一阶段使他能胜任在法庭上运用人类正义。这会给他对与错的真正信念，但是，在辩证法的向上道路上，教会他正义的本质，揭示正义分有善理念，这就是辩证法的任务了。对于柏拉图而言，每一理念都在层级上依赖善的理念，因为 X 的理念是完美的 X，于是，每一理念都分有了完美或善的理念。在洞穴喻中，正是善的理念与光辉灿烂的太阳相颉颃。

一个沉思过理念的哲学家，无疑能够用一个更好的定义来取代正义作为精神健康的假设定义，以便无可争议地表明其分有善性的模式。但是，苏格拉底证明这是不可完成的任务。他的眼睛因辩证法的太阳而眩晕不能视，他只能用隐喻说话，甚至对善性本身连临时性说明也无法给出。接下来，我们在《理想国》中能清楚地看到，辩证法已经开启了下降之旅。且让我们返回到前几卷所讨论的主题吧。它们是城邦的自然史、灵魂的划分、正义的快乐、诗歌的不足。但是，现在我们以理念论的视角再来研究一下。正义的人比不正义的人快乐，不仅因为他的灵魂是和谐的，而且还因为他是用知识而非口腹之欲来充实灵魂，这令他更感到喜悦。理性不再是照料人的能力，而是与真理的不变与永恒世界相类似的能力。诗人的数量在减少，不只是因为——苏格拉底坚持认为，出于维护教育之故，需要审查诗人的作品——他们在传播无教化意义的故事，怂恿堕落的品位，还是因为他们的活动距离理念之真实性相差两层。诗人和画家所模仿的此世诸物，就其自身而言，还只是理念的复制品。一幅关于床的画不过是床的理念的复制品的复制品。

在《理想国》中间部分有关哲学家教育的描述，意味着确立理想统治者的特征——哲学王（the philosopher king）。苏格拉底声称，最好的政体是用从哲学王那里获取的智慧来统治的政体。它可以是君主制或贵族制，因为智慧化身为一个或多个统治者，这是无关紧要的。但是有四种低等的政体：荣誉制、寡头制、民主制以及独裁制。城邦中这些堕落政体的每一种，都对应着一个灵魂品格的堕落类型。

如果灵魂有三个部分，为什么会有四主德，以及五种不同的政体呢？这个问题的后一个比前一个更容易回答。存在五种政体和四主德，是因为从一种政体变成下一种都要通过一种德性的降格，这样从第一种到第五种要经历四步。当统治者不再智慧时，贵族统治就让位于荣誉制。寡头统治者不同于荣誉君主，在于他们缺乏勇气和英勇德性。等寡头制把本就不足的节制也弃之不顾时，民主制就会产生了。在柏拉图看来，从贵族制出发的任何一步都是远离正义的一步，但是，从民主制迈向独裁制的任何一步都标志着不正义化身的登场。因此，贵族制城邦标志着所有德性的在场；荣誉制城邦标志着智慧的缺席；寡头制城邦的标志是勇敢的衰退；民主制城邦标志着对节制的蔑视，而独裁制城邦则标志着正义的倾覆。

但是，这些政体的诸缺点是如何与灵魂的各部分相联系的呢？各种范型是精巧地交织着的。在理想政体中，城邦统治者是受理性控制的；在荣誉制城邦中，统治者受控于激情；在寡头制城邦中，欲望主宰统治者的灵魂。但现在，在灵魂三分的第三部分中，又出现了新的三个组成部分。构成口腹之欲的身体欲求分成必需的、非必需的以及非法的欲求。对普通面包和肉食的需求是必需的；对奢侈品的欲求是非必需的。所谓非法的欲求，是指那些不虔敬的、堕落的、无耻的欲求，一般只有在梦里才能找到其表达。寡头制、民主制和独裁制之间的区别源于支配每个城邦统治者不同类型的欲求。寡头制城邦的少数统治者，其本身就是被少数必需的欲求所统治的。民主制的多数人统治，乃是受到大量非必需欲求支配的。至于独裁制的唯一魁首，其本人则受到一个起主导作用的非法激情欲求的统治。

图8 柏拉图使用动物来象征人类灵魂的三个部分及其特征。在这幅寓言式油画中，意大利画家提香（Titian）使用了类似的方法。（图片来源：Wikimedia Commons）

苏格拉底进一步用灵魂三分论来证明正义之人幸福的优越。根据灵魂中占主导力量的是欲望、激情还是理性，可以把人分为贪婪的、有野心的和研究学术的三种。每种人都声称他们自己的生活是最好的。贪婪的人会赞美商业生活，有野心的人会赞美政治生活，研究学术的人会赞美知识、理解以及学习生活。研究学术者也即哲人，其判断会受到重视，因为他在经验、洞察力以及推理方面都有优势。而且，哲人奋其一生所追求的目标，比其他人追求的目标远为真实，其他那些人的快乐相比之下则显得虚幻。对灵魂的其他部分而言，服从理性不仅是合乎德性的训练，也是最快乐的。

在卷十，柏拉图再次描述了灵魂的结构。他将灵魂三分中推理能力的两部分做了对比。灵魂中有个部分令人们感到困惑，犹如笔直的木棒在水中看起来是弯的那样，另一部分则负责度量、计数和称重。柏拉图运用这一区分，发动了一场对戏剧和文学的进攻。在戏剧呈现的活动中，在人物上存在一个内在冲突，犹如不同视觉印象引起的对立意见的冲突一样。在悲剧里，这种冲突发生在灵魂中喜欢悲叹的部分和愿意遵从法律的更好部分之间。更好的部分会说，我们必须平静地忍受不幸。在戏剧中，这种高贵的部分不得不与另一部分交战，其对手是有着扮演丑角本能冲动的部分。

柏拉图的作为灵魂健康的正义之观念，最后一次登场时为不朽提供了新的证明，同时也总结了《理想国》全书。每一事物都会被其特有的疾病摧毁。眼睛毁于眼炎，铁毁于生锈。现在，恶是灵魂特有的疾病，但恶并非像疾病摧毁身体那样摧毁灵魂。不过，假如灵魂不会被自身的疾病摧毁，那么它将很难被其他任何疾病摧毁。当然，也不会被身体的疾病摧毁了。因此，灵魂必定是不朽的。

正义是灵魂的健康这一原则，最终从它所依存的灵魂三分法中彻底剥离开来。苏格拉底说，像三重灵魂理论这样令人不安的混合实体是难以永存的。灵魂就其本性而言，是一更可爱之物，正义在其中更容易被区分出来。三分形式的灵魂，与其说是其天然的自身，倒不如说更像一个怪物，犹如被甲壳动物覆盖的海神像。倘若我们能聚焦于灵魂的爱智以及追求神圣和永恒的激情，我们将会认识到，一旦灵魂从对尘世快乐的追求中摆脱出来，它将是多么的不同。

通过把正义定义为灵魂的健康，柏拉图达到了三个目的。首先，他给"为何要正义"这个问题提供了一个简易的回答。每个人都想健康，因此，如果正义是健康，那么每个人一定都实际地想做正义者。如果有人不想做出正义之举，这只能是因为不理解正义和不正义的本质，从而缺乏对自身条件的洞察。因此，正义是精神健康的学说就很好地依托了苏格拉底提出的无人自愿作恶的理论，而恶乃是出于根本的无知。其次，如果不正义是一种疾病，那么它就有可能通过医学的应用而被根除。因此，柏拉图在《理想国》中提出的严格的训练设计和教育体系，就对恶的蔓延构成了最佳预防。第三，如果每个恶人实际上就是病人，那么有德性的哲人就可以对其提出要求，犹如医生要求病人一样地对他采取某种形式的控制。把不正义当成精神疾病来看待，犹如把恶当成疯狂来看待一样。在《理想国》中早就论述了这一点，即疯子没有权利，他们也不会主张财产，他们也不配被告知真理。当然了，按照柏拉图的解释，所有不符合哲学王标准的人或多或少都是疯子。因此，在极权城邦中的护卫者就可以对他们的臣民使用"谎言之药"（drug of falsehood）。除了我（可能还有你），世人皆是疯狂，这一点和疯子需要约束的命题一结合，结果将是致命的。

正义是灵魂的健康是《理想国》统一的主题。但是，正如我们所见，柏拉图对话的范围涵盖了心灵哲学、道德哲学、政治哲学、教育哲学、美学、知识论以及形而上学。在所有上述这些领域中，理念论都得到了普遍的贯彻。而在柏拉图后来的部分作品中，他的哲学不再依托于理念论，思考这部分作品对我们来说依然还是一个任务。

《泰阿泰德篇》与《智术师篇》

《泰阿泰德篇》从某种程度上说是开始于一篇早期对话。那篇对话提出的问题是，"什么是知识？"。而苏格拉底以助产士的角色，帮助聪明而年轻的数学家泰阿泰德得出了结论。第一条建议是，知识由如几何学和木工之类的事物构成。但是，这不能充当定义，因为如果我们试图界定几何学和木工，"知识"这个词本身才会出现。苏格拉底所寻求的是，对所有这些不同种类的知识而言的共通物。

泰阿泰德的第二个提议是知识即感觉：要知道某物就要以感官接触它。苏格拉底观察到，不同人的感官受到的影响不同：同样的一阵风，有人觉得温暖，有人觉得料峭。"感觉冷"意味着"似乎冷"。因此，察知什么和似乎为真是一回事。只有真实之物才能被把握，因此如果知识被感知到了，那么我们将不得不接受普罗泰戈拉的说法。普罗泰戈拉认为，看似为真即是真，或者至少对具体的个人而言，看似为真就是真。

普罗泰戈拉之后是赫拉克利特。如果说"世界万物都在恒常变化中"是真实的，那么，我们所见的颜色与所感的性质就不是客观的、稳定的实在。毋宁说，一切都是结果，即我们的感官和某些相应的转瞬即逝之物在普遍流变中短暂相遇的结果。例如，当眼睛与合适的、可见的对应物相接触时，眼睛开始看到白（whiteness），而物体开始看上去是白色的（white）。白本身是通过眼睛和物体双方接触而产生的。眼睛及其对象与它们产生的白一样，本身都在变动不居中产生。它们并非静止不动的，但它们的运动与感觉印象之来去的速度相比是缓慢的。眼睛之所见白色物体和物体自身之白，是一对同生同死的孪生子。类似的故事可以阐明其他感官。因此，至少在感觉领域中，我们能够明白，为什么普罗泰戈拉竟然说看似的东西就是存在的。因为某种属性的存在和对恰当感官产生的表象，是彼此不可分割的。

但是，生活并不都是感觉。做梦时，我们长出翅膀，会飞。疯子会有幻觉，觉得自己是神。当然，这些都是仿佛之物，与实在无法符合。生命一半时间处在睡眠状态，也许我们始终无法确定我们是醒着还是在做梦。因此，我们怎么能说在任何给定时刻，对他而言的仿佛之物都是真实的呢？

为了寻答案，普罗泰戈拉再次求助于赫拉克利特。假设苏格拉底病了，甜酒尝起来就变酸了。根据前面所给的解释，酸是酒和品尝者接触之后的产物。但是就品尝者而言，生病的苏格拉底不同于健康的苏格拉底。品尝者的差别，致使结果也自然不同。由于每一个感知者都在不断变化，那么每种知觉都是独一的、不可重复的经验。酒是酸的也许不是真的，但对于苏格拉底而言它就是酸的。就此而论，无人能纠正生病的苏格拉底。因此，普罗泰戈拉也得到证明：任何我看似为真之物，即对我而言为真。泰阿泰德因此也能继续坚持感觉即知识了。

但所有的知识都是感觉吗？比如，了解一种语言，就不能像我们在已经懂的语言上所做的那样，在不懂的语言上只是听到发声。我们往往还要去学习些什么，比如，万神殿建在雅典卫城上，我们还要亲见一番才好。不过，即使我闭上眼睛或者转身走开，我仍然知道万神殿就是在雅典卫城上。因此，记忆提供了一种不带知觉知识的例证。但是，也许泰阿泰德还没服输，普罗泰戈拉也许会以代他回答来帮助他：同时既知道又不知道某事，这是不可能的；这犹如你用手蒙住一只眼，你说同时看见又看不见某物一样。

苏格拉底似乎被迫做出了诉诸人身（ad hominem）的还击。如果就知识而言，没有人能比别人掌握的更多，既然对每个人所显即为真，那么，普罗泰戈拉凭什么声称自己是老师，还要收取学费呢？普罗泰戈拉可以这样回答，尽管不存在能教人放弃错误思想而寻求正确思想这回事，但一名教师能使人放弃坏的思想而寻求好的思想。因为，虽然所有仿佛之物都为真，但并非都是同样善的。如普罗泰戈拉这样的智术师能把他的学生引入一个好的城邦，犹如医生可以治好影响苏格拉底味觉的病，于是，酒再尝起来就是甜的了。

在回复普罗泰戈拉中，苏格拉底引出德谟克利特的论证，来证明普罗泰戈拉的学说是自相反驳的。有些人比别人更多地知道不同事物的技能和专业知识，这对所有人而言似乎都是真的。这样一来，这对所有人来说即为真。对于大多数人而言，普罗泰戈拉的命题似乎是错的。如果是这样，那么他的命题就更加错误，而非正确了，因为不信的人比信的人多。如果普罗泰戈拉的理论用于感官-知觉（sense-perception），似乎也有个牢靠的基础，但是如果用在医疗诊断或政治预言上，则非常难以置信了。每个人都可能成为万物所是（is）的尺度，但是，即使在感觉的情况下，他也不是万物将是（will be）的尺度。医生比患者本人更了解他是否感觉发热，酿酒者也比饮酒者更了解酒是甜的还是淡而无味的。

但是，即便在感觉领域中最强烈的部分，普罗泰戈拉的主张也不堪一击。对此，苏格拉底认为，因为他的主张依赖于普遍流变的命题，其自身又是前后不连贯的。按照赫拉克利特的观点，万物总是变动不居的，表现在位置移动（从一地到另一地）和数量变化（犹如从白变黑）上。现在，如果某物被放置不动，我们可以描述其性质如何变化。如果我们得到了一片不变的色块，我们就可以描述它如何从一地移动到另一地。但是，如果两种变化同时发生，我们就只得无话可说了，我们无法说出何物在移动、何物在改变。感官-知觉自身也在流变中：看到的片段迅疾变成非所见的片段，听得到与听不到也在交替进行。因此，这不像我们所认为的知识的样子：如果知识与感觉同一，那么知识就不比非知识更成为知识了。

通过转向对身体感觉器官的考察，苏格拉底发动了对感官-知觉论最后的进攻，给予它致命的一击。眼睛和耳朵是我们看颜色和听声音的渠道。一种感官的对象不能被另一感官所感知。我们不能听颜色或看声音。声音和颜色彼此不同，是各自有别的两物。这一想法本身则不会是视觉或听觉的产物。泰阿泰德不得不承认，没有哪种器官来感知相同性与差异性、同一性与多样性。心灵本身沉思适用于一切事物的共同表达。但是，关于大多数有形物的性质的真理只能通过运用这些共同表达才能找到，这些表达不属于诸感觉，而是属于心灵。知识不存在于感觉-印象（sense-impressions），而在于对它们的心灵反思。

最终，泰阿泰德放弃了知识即感知这一命题，他另起一行，认为知识在于反思着的心灵之判断。苏格拉底当然赞同这一变化。他说当心灵思考时，就犹如自说自话，自问自答，或肯定或否定。当推断出内在的自我讨论时，答案就默默得出，这就是判断。

知识和判断不可能完全等同，因为判断存在对错之别。对错误的判断给出一个解释并不容易。如何能判断 A=B 之真假呢？除非我知道 A 是什么、B 是什么。倘若我知道了，我又怎么会判断错误呢？错误判断的可能性似乎令我们不得不承认：人们可以同时既知道又不知道同一件事。

苏格拉底现在提出，让我们假设心灵是蜡片。当我们想记住某事时，我们就把印象或观念印在蜡片上，只要这个印记存在，我们就有记忆。错误的判断可能是这样产生的。苏格拉底认识泰阿泰德和他的老师西奥多勒斯（Theodorus），他把他俩的印象印刻在记忆中的蜡片上了。但是在远处看泰阿泰德，苏格拉底就会犯错误，不能把他和他的印象相匹配，而是对应了西奥多勒斯的印象。印在蜡片上的印象越模糊，就越可能犯这种错误。因而，感觉和思想的错配就导致了错误的判断。

但是，当感觉没有问题时，难道就不存在做出错误判断的情况吗？比如，我们在算术题中算错了和？为了解释这些情况，苏格拉底说，虽然占有知识，但在特定场合，心灵未能保持住知识，这是可能的，犹如有一件外衣却没有穿一样。考虑一下，现在心灵不是蜡片，而是鸟笼。出生时，我们的心灵是空鸟笼，学习新事物就好比捕获了新鸟；知道了某事情，意味着在笼库中有了相应的鸟。但是，如果你想用一条知识，你必须抓住一只相对应的鸟，并在放走它之前要抓牢在手。于是，我们就可以解释算术中的错误：不懂算术者，其鸟笼中就没有数字这只鸟；把 7+5 判断成 11 的人，面对着飞来飞去数量正确的鸟，但他抓住的是第 11 只，而非第 12 只。

苏格拉底指出，无论这些比喻对弄清错误判断的本质是否足够，知识即正确的判断这一命题都存在困难。如果陪审团被聪明的律师说服，做出某项判决，那么即使这个判决与事实相符，陪审员们也不具有目击证人的知识。泰阿泰德随后修正了他的定义，知识是真实而清楚的判断或信念。

苏格拉底接下来探究了能被清晰说出的信念的三种不同方式。极为显然的是，如果有人能表达出信念，那么他就有清晰的信念；有真实信念者，只要不聋不哑都会做到这点，因此几乎不可能将真实的信念与知识区分开。

苏格拉底非常认真地看待了第二种方式。关于对象有清晰的信念就是能对它进行分析，某物的知识要通过把知识还原至其要素来获取。但这样一来，就不存在任何知识，其要素是终极的、不可分析的了。构成世界物质的要素犹如语言中组成单词的字母，而分析某物质就好比拼写出一个单词。但是，一方面有人能拼写出单词"Socrates"，却又不能拼出字母"S"。就像字母不能被拼出一样，世界的要素无法被分析，因而也无法被认知。但是，如果要素不能被认知，那么由它们组成的复杂物又如何被认知呢？另外，如果我们要获得复杂物的知识，要素的知识就成为必要，然而这仍不充分。孩子也许认识所有的字母，但他依然不能连贯地拼写。

第三种解释是这样的。如果某人能对某物做出唯一真实的描述，那么他就对此有着清晰的信念。因此，太阳就可以被描述成最亮的天体。但根据这个观点，人们如何认识尚无清晰信念之物呢？如果我关于对泰阿泰德的描述只是他与别人的共同点，诸如他有一个鼻子、两只眼睛、一张嘴，实际上，我就根本无法设想泰阿泰德了。

苏格拉底有些激进地总结说，泰阿泰德关于知识的第三个定义和前两个一样地糟糕。犹如柏拉图早期苏格拉底式对话一样，这篇对话也是以困惑收尾。但是事实上，它也收获颇丰。关于感官－知觉本质的说明，经由亚里士多德修正，成为一种标准说明，一直持续到中世纪后期。作为清晰而真实信念的知识之定义，被解释为经证实过的真实信念的意思，这一点仍然为本世纪很多哲学家所接受。但是，可能被柏拉图看作这篇对话最大成就的是，通过证明普遍流变学说之自相矛盾，为赫拉克利特的怀疑论提供了矫正。

在《泰阿泰德篇》里，苏格拉底在论证中过于凝重地与赫拉克利特构成尖锐对立，而采用了令人敬重的巴门尼德之哲人立场。柏拉图写作《智术师篇》时接过了这一重任。在《智术师篇》这篇对话中，虽然泰阿泰德和苏格拉底再次亮相，但主讲人已非苏格拉底，而是一个来自爱利亚巴门尼德镇的陌生人。对话表面的目的是对智术师下个定义。他用类似于今天流行的"二十个问题"（Twenty Questions）游戏的方法来寻求定义。游戏中，提问者把世界分为两部分：有生命的和无生命的。如果寻找的对象是有生命的，那么有生命的世界就进一步分为两个部分，即植物和动物。如此再进一步二分，直到对象被最终识别。通过类似的方式，爱利亚的陌生人首先界定钓鱼术，然后又不止一次地界定智术师的技艺。关于总结全篇对话的诡辩术的说明是："制造矛盾的技艺，是一种不诚实的自负的摹仿的产儿，属于制造相似物那种本领，源自制造印象的技艺，作为一个部分，它吸引人的眼球，属人不属神，是捕风捉影和玩弄辞藻的产物。"

当然，这是个笑话。严肃认真的对话事务以这种方式得以展开。其思想的一种脉络是这样运行的。辩术与谬误有天然联系，但是，谈论谬误而不陷入德高望重的巴门尼德的错误，这如何可能呢？说某事错了就是说某事不是那样，这是否意味着我们同样可以说出非存在呢？根据巴门尼德给出的理由，那将是无稽之谈。那么，我们是否应该更仔细地认为，说某物是错的，就是说某物是什么而不是什么，或者某物不是什么而是什么呢？这可以避免巴门尼德的责难吗？

我们必须迫使巴门尼德同意某物不是在某个方面又是，以及某物是在某种意义上又不是，这样才能让他缴械。比如，运动不是静止，但这并不意味着运动什么也不是。有很多甚至连存在都不是之物，比如，存在不是运动也不是静止。当我们说某物不是时，我们并不是在谈论存在的对立面之非存在，我们只是在谈论与诸事物之一不同的事物。不美的不同于美的，不正义不同于正义。但是，不美和不正义的有的真实不少于美和正义。如果我们把所有"无"或"非"的东西归并一起，就会得出非存在的范畴，这和存在的范畴一样真实。因此，我们已经打开了巴门尼德加诸在我们身上的牢笼。

我们现在可以对思想和言说中的错误给出说明了。问题在于，不可能去思考或说出不是之物，因为非存在是荒谬的。但是，现在我们已发现，非存在是完全真实的，我们可以以此来解释错误的思想和错误的语句。

一个典型的句子是由一个名词和一个动词组成，就某事说出些什么。"泰阿泰德坐着"和"泰阿泰德在飞"是两个关于泰阿泰德的句子，但一真一假。它们关于泰阿泰德说了不同的事情，真句子关于他所说之事说出了一件他在从事之事；而假句子关于他所说之事说出了一件他不在从事之事。飞翔不是非存在，它是它所是之事——是其所是之事有很多——但是飞翔是一种与泰阿泰德所是之事不同的事，而泰阿泰德所是之事是能真实地被言说的。

对错句之错加以说明，也适合对错误思想和错误句子的说明。因为，思考是心灵无声而内在的说话，而判断就是内心赞同与否定的等价物。当我们谈到"似乎是"和"显得是"时，我们是指由感觉运作而引起的判断，同样的处理在这里也是恰当的。

我们遵循的思路只不过是论证密网里的一条而已。而该论证乃是这位陌生人为他爱利亚老家城邦的一元论者设计的一个陷阱。《泰阿泰德篇》和《智术师篇》两篇对话，能让柏拉图在赫拉克利特和巴门尼德相对的、徒劳的哲学中间采取一条中间路线。但是，《智术师篇》的不同寻常之处在于，在被批评为不充分的哲学家中，有些人被称为"相之友"（the friends of the Forms）。这种描述方式无疑证明了他们是柏拉图理念论的倡导者。陌生人说，真正的哲学家：

> 必须拒斥主张一切实在都是不变的学说，无论它是一种还是多种形式。他也必须拒听另一派把实在理解成到处充满变化的观点。像一个想占有蛋糕又想吃掉蛋糕的孩子，他必须宣称，作为万有的存在兼具着——一切不变，同时又一切皆变。

在这条道路上，赫拉克利特属于变化的一派，而巴门尼德则是单一相论的拥护者。多种相论的拥护者只不过是年轻时期的柏拉图本人罢了。如我们所说，我们吃不准晚年的柏拉图是坚持还是放弃了理念论的信仰。但是，在历史上我们很难找出其他哲学家在这个问题上如柏拉图一样，如此清晰雄辩地做出有力的论证，去反对他本人最钟爱的理论。

第四章
亚里士多德的体系

柏拉图的学生，亚历山大的导师

亚里士多德不是雅典人。苏格拉底去世15年后，亚里士多德生于希腊北部马其顿王国（Macedonia）的斯塔吉拉（Stagira）。他是一位宫廷医生的儿子。17岁时，即公元前367年，他移居雅典，进入了柏拉图的学园，并逗留20年之久。很多柏拉图的晚期对话都可追溯到这一时期，其中所包含的论证也反映了亚里士多德对争论的贡献。出于一个年代错误的奉承，柏拉图将一个叫"亚里士多德"的人物引入了《巴门尼德篇》（戏剧年代约公元前450年），该对话对理念论做出了最严厉的批评。亚里士多德自己的一些逻辑和论辩著作，比如《正位篇》（*Topics*）和《辩谬篇》（*Sophistical Refutations*）可能也属于这一时期。

当亚里士多德在学园时，马其顿从一个不稳定的边陲省份逐渐变成希腊最强大的政权。公元前359年即位的国王菲利普二世（King Philip Ⅱ）发动了反对包括雅典在内的各种敌对势力的战争。尽管有雄辩家德谟斯提尼（Demosthenes）的尚武爱国演说，但是雅典人仍然不愿全力去维护他们的利益。在一连串羞辱性的妥协之后，公元前338年，雅典人让菲利普成了希腊世界的主人。

对于客居雅典的马其顿人而言，这个时期显得很难熬。公元前 347 年，柏拉图去世，他的侄子斯彪西波（Speusippus）成为学园的领袖。亚里士多德搬到了西北海岸的阿索斯（Assos，现属土耳其）。该城邦受赫米亚斯（Hermias）统治。赫米亚斯曾毕业于学园，也曾邀请过许多学园成员于此，并建立了哲学学校。亚里士多德成了赫米亚斯的密友，而且和他的养女皮西阿斯（Pythias）结了婚，生有两个孩子。期间，亚里士多德进行了广泛的科学研究，特别是海洋生物学。这些研究后来都写进易使人误解的《动物史》（The History of Animals）一书中。它包含了对哺乳类、鸟类、爬行类、鱼类和甲壳类的解剖、饮食和繁殖系统的详尽而精确的观察。此前这种考察绝无仅有，且直到 17 世纪才有后继者。

直到公元前 341 年，赫米亚斯因遭出卖而被波斯国王处死前，亚里士多德从未离开阿索斯。在其唯一幸存下来的诗篇《颂德性》（Ode to Virtue）中，他表达了对密友的怀念。赫米亚斯死后，亚里士多德受菲利普二世之邀，来到马其顿首都担任王子的导师，也就是后来的亚历山大大帝，继位于公元前 336 年。但是，关于亚里士多德和他这位著名的学生之间的关系，我们几乎没有可靠的资料。这位皇帝用时 10 年，使自己成为纵贯多瑙河与印度河，还包含利比亚和埃及的帝国统治者。古代资料告诉我们，在亚历山大早期征战中，他曾安排了一个研究团队，把从希腊和小亚细亚各处采集到的生物样本，送给他的导师。但是，我们从亚里士多德自己的作品可以看出，自从这位征服的君主变得愈加狂妄，并最终宣布自己为神时，他们的关系明显冷淡了。

当亚历山大征服亚洲时，亚里士多德返回到雅典，并在吕克昂（Lyceum）建立了自己的学园，位置就在城垣的外面。亚里士多德还建立了庞大的图书馆，并汇聚了一群才华横溢的研究学子。吕克昂不像是柏拉图学园那样的私人会所，其中许多演讲都是对公众开放的，且是免费的。

亚里士多德始终承认柏拉图的恩泽。柏拉图死时，亚里士多德把他称为人类中最好和最幸福者，"坏人连赞美他都不配"。亚里士多德的主要哲学著作几乎在每一页都表明了这种影响，但是，亚里士多德不是一个毫无批判的信徒。在古代典籍中，有人称他是"连它的母亲都踢的忘恩负义的小马驹"。

自文艺复兴以来，把柏拉图学园和吕克昂看成哲学上相反的两极已经成为传统。据此传统,柏拉图是理想主义的、乌托邦的和超尘的,而亚里士多德则是现实的、功利的和常识的。所以,在拉斐尔的名作《雅典学院》中,柏拉图穿着带有气和火等易变因素的彩袍并指着天空,而亚里士多德则穿着水蓝色与地绿色的彩袍,坚定地据于大地。柯勒律治(S. T. Coleridge)说:"每个人要么是天生的亚里士多德主义者,要么是天生的柏拉图主义者,除此之外,别无第三种可能。"与我们同代的诗人叶芝(W. B. Yeats)指出了二人的对立:

柏拉图认为自然只不过众沤
摆弄着万物飘忽不定之样式;
坚实的亚里士多德在万王之王的根基处
吹奏起牛角的号响。

图 9 亚里士多德像,根特的加斯特斯(Justus of Ghent)为吉多·达·蒙特菲尔特罗(Guido da Montefeltro)图书馆绘,约作于 1476 年。
(图片来源:Wikimedia Commons)

事实上，正如我们将看到的，亚里士多德很大部分的哲学规划都来自柏拉图，其教义与其说是对柏拉图学说的驳斥，倒不如说是对他的修正。现代思想史家们对他们的理解不及古代晚期那些评论家。这些评论家致力于在古代两位最伟大的哲学家之间建立起和谐一致。

亚历山大大帝死于公元前 323 年。民主的雅典诚然欢庆，然而此处再难成为舒适的家园，即便他是反对马其顿帝国主义统治的人。亚里士多德说，他不希望这个处死过苏格拉底的城邦再犯反哲学之罪，于是他逃到了希腊附近的卡尔基斯岛（Chalcis）。亚历山大去世后一年，亚里士多德也病故。

亚里士多德把他的手稿留给了泰奥弗拉斯托斯（Theophrastus），泰奥弗拉斯托斯也成为吕克昂的继任领袖。这些手稿无论在篇幅还是在范围上都卷帙浩繁。它包括有关政治制度史、体育史和戏剧理论的著作，还包括植物学、动物学、生物学、心理（灵魂）学、化学、气象学、天文学和宇宙学的著作，以及逻辑学、形而上学、伦理学、美学、政治理论、知识理论、科学哲学和思想史等更严格意义上的哲学论述。

又过了好几个世纪，亚里士多德的著作才被恰当地编目分类。据计算，约有五分之四的著述已经散佚不存。保存下来的字数约有一百万字，体量是柏拉图的两倍之多。这些材料的绝大部分似乎都是以讲稿写成，有时还不止一稿。亚里士多德的风格在古代世界受到追慕，但就我们拥有的著作而言，尽管富含思想、充满力量，但也缺乏那种让阅读轻松的凝练。经过数个世纪后，我们从亚里士多德那里得到的更像是电报而不是书信。

逻辑学的基础

亚里士多德为众多科学所做的贡献是，他自己为它们建立起了学科。他只在一门学科中明确声称过这一点，即逻辑学。在其一本逻辑学著作的收尾处，他写道：

> 在修辞学里，曾有许多旧典可资利用，但在逻辑学里，还根本没有现成的作品，除非我们花费时间进行艰苦的研究。

亚里士多德主要的逻辑学研究，是关注构成陈述的诸句子间的关系。考察它们哪些是连贯的，哪些又是不连贯的。当我们有一个或多个真实的陈述时，仅凭推理就能从它们推断出更多的真理吗？在《前分析篇》（*Prior Analytics*）中，亚里士多德回答了这些问题。

与柏拉图不同，亚里士多德并没有把诸如"泰阿泰德坐着"这种简单名词-动词句（noun-verb sentence）作为逻辑结构的基本元素。他更感兴趣的是，划分以"所有""没有一个"和"有一些"为开始的句子，评价它们之间的推理。试看下面两个推理。

（1）所有希腊人都是欧洲人。

有的希腊人是男人。

所以，有些欧洲人是男人。

以及：

（2）所有牛都是哺乳动物。

有的哺乳动物是四足动物。

所以，所有牛都是四足动物。

这两个推理彼此之间有许多共同之处。它们都是从一对前提得出结论的推理。在每一推理中，以结论的语法主语出现的关键词，出现在两个前提之一里。而以结论的语法谓语出现的关键词，则出现在另一个前提里。亚里士多德对表现出这种特征的推理给予了极大的关注，这在今天被称作三段论，用他使用的希腊语说就是"*syllogisms*"。研究这种推理有效性的逻辑学分支也为亚里士多德首创，统称为"三段论（推理）法"（syllogistic）。

有效推理是一种形式推理，它永远不会从真实前提推出一个错误结论。就上面给出的两个推理而言，前一个有效，后一个则无效。没错，在每一种情况下，所给的前提皆为真，结论也为真。人们不能在所得出的句子是错的基础上挑剔第二个推理，而只能对"所以"进行挑剔：结论也许是真的，但它并非由前提而来。

我们可以通过构造一个从真前提到假结论的平行推理来阐明这一点。例如：

（3）所有鲸都是哺乳动物。

有的哺乳动物是陆栖动物。

所以，所有鲸都是陆栖动物。

这个推理和推理（2）具有相同的形式。我们可用示意字母来呈现推理结构，加以说明。

（4）所有 As 都是 Bs

有的 Bs 是 Cs

所以，所有 As 都是 Cs。

因为推理（3）从真前提推出了一个假结论，因此，我们明白论证形式（4）是无根据的。由此，虽然推理（2）的结论事实上为真，但它并非有效推理。

若无示意字母，逻辑学在其起步后就永无进展，它们的使用在今天也被认为是绝对无误的。但正是亚里士多德首次使用了它们，这一创举对逻辑学的重要性，犹如代数的发明之于数学。

界定逻辑的一种方法是说，它是区分出好坏推理的学科。亚里士多德考察了三段论所有的可能形式，并规定一系列区分好坏三段论的原则。首先，是划分单句或前提中的命题。以"所有"开头的是全称命题，以"有些"开头的是特称命题。包含"不"的是否定命题，其余的就是肯定命题。然后，亚里士多德用这些分类制定评价推理的规则。例如，如果一个三段论有效，至少一个前提必须是肯定的，至少一个前提必须是全称的。如果两个前提中有一个是否定的，那么结论必然是否定的。总体来看，亚里士多德的规则足以证实有效三段论，去除无效三段论了。这足以让我们比如承认推理（1），拒斥推理（2）。

亚里士多德相信他的三段论足以处理任何可能的有效推理。实际上这是错的。尽管该系统自身完整，但它只是逻辑学的一部分。缺点有二。其一，它没有处理那些不依赖诸如"所有"和"有些"等语词，而是依赖"如果"和"那么"等语词的推理。前者关系着名词，后者连接着句子。直到数个世纪后，才有人将诸如"如果不是白天，那么就是晚上。因为不是白天，所以是晚上"的推理模式加以形式化。其二，即使在其自身的领域，亚里士多德的逻辑学也不能处理那些"所有"或"有些"（或"每一"与"任何"）不出现在主词而是出现在语法谓词位置上的推理。比如，这些规则并不能确定，包含诸如"每个学生都知道某些日期"或"有些人憎恨所有警察"等前提的推理是否有效。亚里士多德去世 22 个世纪之后，才有人填补了这一鸿沟。

逻辑学被亚里士多德用在他所研究的各种科学中，而它本身作为科学工具也许还不那么科学。这就是后继者看待他的逻辑学著作的观点，他们称其为"Organon"，也就是"工具"的希腊词汇。

《后分析篇》（*Posterior Analytics*）告诉我们逻辑在科学中是如何运作的。那些在学校学过欧几里得几何学的人会记得，有多少几何真理或定理，是从少数几条先行地被称之为公理的真理出发，经过演绎推理而来的。虽然欧几里得（Euclid）本人生于亚里士多德后期，但是这种演绎法早已为几何学家所熟悉，并且亚里士多德也相信它是广泛适用的。逻辑学为从公理引出定理提供了规则，而每门科学都有其自身的一套特别的公理。这些科学是按照层级被安排的。层级较低科学中被视为公理的命题，可能在较高层级科学中只是定理。

亚里士多德说，广义的科学可分三种：制作性的、实践性的和理论性的。制作科学包括工程和建筑，也包括产品不太具体的修辞和戏剧创作诸学科。实践科学是指导行为的，最明显的就是伦理学和政治学。理论科学是那些没有产品和实际目的的科学，它们只是为了真理而追求真理。

理论科学依次又可分为三类。亚里士多德将称其为"物理学、数学和神学"。但在此分类中，似乎只有数学才符合。物理学指自然哲学或者对自然（*physis*）的研究。除了我们现在认为是物理学的部分外，它还包括化学、生物学，以及动物和人类的心理学。对亚里士多德而言，神学就是研究超越的和在人之上的实体，也就是说，研究布满星辰的天空以及任何神灵可居之天。形而上学并非是出现在亚里士多德那里的名称，实际上，该词只是指"物理学之后"（after physics），构造该名称是指在其被编目为物理学之后的那些著作。但是，大部分亚里士多德的论著在今天也自然地被描绘为形而上学（metaphysics）[1]，而他对该学科也确有自己的称谓。这一点我们稍后会看到。

戏剧理论

在制作科学领域，亚里士多德著有两本著作，即《修辞学》（*Rhetoric*）和《诗学》（*Poetics*）。[2] 这两本书旨在帮助律师和剧作家完成其各自任务。《修辞学》让现代哲学家颇感兴趣之处，主要在于其卷二部分对演说家必须利用人类情感给予了详细而敏锐的考察。而《诗学》在整个历史中一直都在激发更广受众的兴趣。该书只有处理史诗和悲剧的卷一得以保存；论述喜剧的卷二已散佚。翁贝托·埃科（Umberto Eco）在其《玫瑰的名字》（*The Name of the Rose*）一书中，围绕这本书想象出来的其在中世纪修道院中存毁的经过，编织了一篇富有戏剧性的小说。

《诗学》尚存的卷一主要涉及了悲剧的本质。亚里士多德说，有六样东西对于悲剧而言是必要的：情节、性格、言辞、思想、场景和歌曲。这些要素是按重要性排列的。歌曲由希腊戏剧中的歌队演唱，而导演设计的舞台场景只不过是赏心的辅助手段而已，悲剧中真正伟大之处是即便通过倾听一段朴素的朗诵即可被欣赏到，且并不亚于看舞台表演。思想和言辞更重要：正是人物表达的思想激起了听者的情感。如果思想和言辞都成功，那么演员呈现出来后，它们就必然令人信

---

[1] 亚里士多德的哲学著作是他在吕克昂学园讲课的讲稿、笔记或学生的记录。亚里士多德去世后，该学园的第11代继承人安德罗尼柯（Andronicus）整理亚里士多德的旧稿与讲义，编纂了当时所能收集到的全部遗稿，把研究自然界运动变化的著作编在一起，取名"物理学"或"自然哲学"，又把一些杂乱的讨论抽象问题的文章编在《物理学》之后，取名"物理学以后诸篇"，中文译为"形而上学"。——译者注

[2] 对学问的分类，亚里士多德有着自己的标准，既有依据自然事物、实践事物、制作事物的对象差别而来的物理学（自然知识）、实践知识、制作知识的分类，又有依据静观的思维、实践的思维、制作的思维而来的静观知识、实践知识、制作知识的分类。——译者注

服。恰恰是性格和情节才真正突显悲剧诗人的天才。

主角或者悲剧英雄，必须既非极好，也非极坏。他基本上是个有地位的好人，但因一些大错而陷入悲痛。每一个剧中人（*dramatis personae*）都应有其优点，前后行为一贯。其所做所为应内在地相符合，而发生在他身上的事情应该是其行为必然或可能的后果。

亚里士多德说，六个要素中最重要的是情节。因为人物是出于情节之故才被引入的，而非其他。首先，情节必须自足完整，开头、中间和结尾皆有明确的标志。其次，情节应足以简短而容易，以使观众可以理解全部细节。悲剧必须前后统一。单靠一位普通英雄来连接起一系列片段，还不构成任何好的线索。相反，它必须有一个具备重大意义的行动，从而整个故事可以围绕它得以展开。典型的做法是，故事以更加复杂的方式推进至转折点，亚里士多德称之为"突转"（*peripeteia*）。在那一重大时刻，也许是通过"意外的发现"（*anagnorisis*），即某个关键的但此前还不为人知的消息显明了，于是幸运的英雄坠入灾难。突转之后就进入结局，先前引入的难题也逐渐澄清。

亚里士多德说，故事必须唤起怜悯和恐惧，那是整个悲剧的要点。如果要点显示给人们的是这样的，即遭憎恨和谋杀的受害人，原本又是最指望受到人们爱戴和拥护的，那么这（唤起怜悯和恐惧）就最有可能办到了。这就是为何许多悲剧关注家庭仇恨的原因。

所有这些考察都通过不断参照实际的希腊戏剧而得到说明。引用得最多的是索福克勒斯的《俄狄浦斯王》。俄狄浦斯在戏剧开始时享受着名望和财富。但他有冲动这一致命的弱点，这导致了他在混战中杀死了一个陌生人，并且未加充分了解对方履历就跟他的新娘成婚。被过失错杀的人是他的父亲，仓促与之婚配的女人是他的母亲，构成了"意外的发现"，这导致了其命运的"突转"。他被放逐出自己的王国，并因羞愧和自责而刺瞎自己。

为何要唤起怜悯和恐惧来作为悲剧的目的呢？亚里士多德的回答是"为了净化我们的情感。"这个回答究竟指什么，无人可以确知。但最有可能的是指，观看悲剧有助于将自己的悲痛和焦虑调至适度的状态。亚里士多德对悲剧的说明使他可以回答柏拉图的批评，即艺术家、诗人和戏剧家只是日常生活的摹仿者，而日常生活本身又只是对理念之真实世界的摹仿。亚里士多德说，悲剧实际上比历史更接近于理念。在日常生活中发生的只是一种纯粹偶然事件。只有在虚构中，我们才能看到性格的发展和行为的自然后果。"因此，诗要比历史更哲学、更重要，因为诗告诉我们普遍，而历史只告诉我们个别。"

道德哲学：德性与幸福

亚里士多德对实践科学的贡献是通过道德哲学和政治理论的著述完成的。就其道德哲学而言，我们有三个不同的版本：两个是他本人的讲义，第三个也许是他学生的听讲笔记。前两本可靠的论作，即《尤苔谟伦理学》（*Eudemian Ethics*）和《尼各马可伦理学》（*Nicomachean Ethics*）的具体年代尚有争议。大多数学者虽无什么好理由，但还是认为《尤苔谟伦理学》是其年轻时的作品，质量稍次。出于更好的理由，人们一致认为，第三本《大伦理学》（*Magna Moralia*）并非出于亚里士多德本人之手。无论其有什么内在优点，《尤苔谟伦理学》从来只有少数几个学者研究过。自基督纪元始，《尼各马可伦理学》就被认为是亚里士多德的伦理学。我将据此来对他的道德哲学加以阐明。

既然伦理学是实践科学，因此论著关注了人类行为的本质和目的。当我们追问人类任何行为之为何时，人们会告诉我们那是出于别的某事而为。当我们进一步追问其原因时，迟早我们会在某一点止步，在那里我们对问题无法给出进一步的答案。这就是行为的最终目标或目的。正是行动的目的价值形成了行动的自身价值。所有人类诸善之至善乃是显现在实践推理链开端的善。它乃是绝对的善、独立的善，人类其他的善都依存于它，比如产生健康的药物的善或政体的善。正是这种至善才是作为最高实践科学的伦理学的主题。

《尼各马可伦理学》和柏拉图《理想国》在许多方面具有相同的基础。一个人可以夸张地说，亚里士多德的道德哲学就是剥离理念论的柏拉图的道德哲学。就在一开始，亚里士多德就解释了为何伦理学处理的至善和善的理念不是一回事。他说柏拉图是他的朋友，但是真理是他更伟大的朋友。真理促使他提出至少八个论证，以表明两者之间的不一致。绝大多数论证是高度技术化的，并且带有学园中深奥的讨论的标记。也许核心在于伦理学是一门实践科学，是有关人类能力之内的主题，而永恒不变的善理念只属于理论兴趣。

然而，亚里士多德也同意《理想国》的中心论点：德性的生活和幸福的生活是密切相关的，以及道德之于灵魂正如健康之于身体。实际上，他把幸福（eudaimonia）置于善理念的所在，充当伦理学关注的至善。那么，何谓幸福？为了说明这一点，我们必须思考人的功能或特有的活动（ergon）。人必定有其功能，因为特定类型的人（如雕塑家）即是如此，人的各部分与器官也是如此。这个功能是什么？它不是生命，至少不是生长和营养那种生命，因为植物也能做到。它也不是感觉上的生命，因为动物也具有。它必然是关乎行为的理性生命，即与理性一致的灵魂活动。所以，亚里士多德说，人类的善是人类功能发挥得好，"灵魂合乎德性的活动，如果有几种德性的话，那就是合乎最好和最完善的德性的灵魂活动"。

那么，有多少德性，最高的那种又是什么呢？亚里士多德在《尼各马可伦理学》的卷一收尾处回答了第一个问题，并用了九卷的篇幅来回答第二个问题。像柏拉图一样，亚里士多德也是通过分析灵魂的结构开始的。他给出了自己的灵魂三分法，即植物的、欲望的和理性的。植物的部分负责营养和生长，与伦理学无关。灵魂中的第二部分不像植物部分，它受控于理性。它朝向欲望和激情，对应于柏拉图三分灵魂中的食欲和怒气。这部分灵魂有其德性，即道德德性，如勇敢、节制和慷慨。灵魂的理性部分再细分就是理智德性，如智慧、理解等。

卷二至卷五是谈道德德性的：先是总论，然后再逐一细说。道德德性既非天生，也非简单地由老师传授给学生。它们通过实践而获得，通过废弃而丧失。亚里士多德说，道德德性既非一种能力（如智力或记忆），也非一种激情（如一阵愤怒或怜悯）。只是拥有能力或只是激情的发生，还看不出人的好坏，也看不出该得到赞扬还是责备。好人之为好人是因其灵魂的持久状态。在英语中有更自然的说法，即性格状态。

道德德性是让人选择得好又做得好的性格状态。选择得好是指选择一种好的生活方式，做得好包括在具体的各种行为中避免过度和不足。例如，如果你有德性，那么你就必须避免饮食过度，也必须避免饮食太少。与他人交往时，太健谈或太寡言，过于严肃或过于轻佻，过于轻信或过于怀疑，都是过度或不足。

亚里士多德说，德性意味着在过度和不足之间选择适度或中间立场。有德性的人必定饮食适度、言谈适度等。此谓亚里士多德著名的适度学说。由于经常被误解，所以也经常受到嘲笑。如果理解正确的话，它是一种杰出的概念分析。

亚里士多德并非在赞扬一种"黄金的平庸"（golden mediocrity），也非鼓励我们混迹于人群。亚里士多德说得很清楚，构成某适度的东西是因人而异的，对一名奥运冠军的食物适度就和一名运动新手不同。适度说并非一个正确生活的处方。我们还必须查明，每种情况下对我们自己的适度是什么。但是，我们是通过学习避免过度和不足，来获得适度德性的。正如现在，我们学会沿着正确的路线操控汽车，并选择是首先转向路牙石，还是迎向驶来的车流。亚里士多德说，不管通过什么手段，一旦我们学会了某种行为之适度——不管是饭后交谈的适当长度，还是捐款占收入的适当比例——那么，我们在心中就有了"正确的法则"（orthos logos）。德性就是能使我们按照正确的法则而行动的状态。

德性不仅关乎行为，也关乎激情。我们可能害怕太多，也会害怕太少。可能过于关注性爱，也可能对其兴趣不足。合乎德性的人能在适当的时候无所畏惧，在适当的时候知道害怕；他既不好色也不冷淡。德性在于行为和激情的适度。

除了行为和激情的适度，德性自身还意味着，在两种相反的恶之间保持中间立场。因此，慷慨是挥霍和吝啬的适度，勇敢是怯懦和鲁莽的适度。但是，德性不承认行为意义上的适度：不存在德性过度。如果我们认真地说某人过于慷慨，那意味着他已经越过了慷慨德性和挥霍之恶的界限。一位市长如果说，他在公正和偏私之间的狭路上尽最大努力而为，那么他就误解了亚里士多德的学说。

亚里士多德说，所有德性都是适度，并关乎适度，但并不是所有的行为和激情都有适度。他以谋杀和通奸为例，排除适度：我们决不能公正地抱怨一个人谋杀太少，也决没有在适当的时候、以适当的方式、与适当的人通奸这回事。在被排除的激情中，他列举了嫉妒和恶毒，因为任何量的这些情感都是过度。

亚里士多德把德性规定成适度，常给人以老生常谈、缺乏道德意味的印象。恰恰相反，他的学说将他置于与其他几种有高度影响力的道德体系相冲突之中。例如，现在许多人接受了功利主义的观点，认为无法事先排除任何种类的行为，每种行为的道德性质都通过其后果来判定。这些人会反对亚里士多德对适度运用的排除规定。因为对他们而言，在适当情况下，确实可以存在适度的谋杀或通奸。

另一方面，有些禁欲宗教体系则排除了亚里士多德运用适度时所有的行为划分。对他们而言，任何程度的性爱享受或食肉都是错误的，这些行为没有适度。从亚里士多德的观点看，我们不妨说，功利主义者犯了过度运用适度的错误，即他们在太多种类的行为上运用了适度。相反，禁欲主义者犯了适度运用不足的错误，他们只在太少种类的行为上运用了适度。

道德德性既非天生，也非完全出于教育，而是通过某种训练而获得，关乎行为的适度，犹如演奏竖琴或医学实践的技艺。苏格拉底和柏拉图一直强调这些相似性。但在亚里士多德看来，他们都走过头了。亚里士多德尽力强调技艺和德性之间的差别。如果一个人优美地弹奏竖琴，或者成功取得了疗效，那么，评价他们行为所出发的动机之技艺，就是可有可无的。但如果认为某人有德性，那么，单是客观地做出了无可指责的行为还不够，行为还必须是出于正确的动机。对亚里士多德而言，这意味着其行为是出于过适当生活方式的选择。鉴于此，德性跟行动中的快乐而非技艺关系更近。亚里士多德相信，有德性者必然喜欢做正确之事，同时不情愿地履行义务也不是真正的合乎德性。再者，一种技艺不仅能在正确行为中得到练习，同样也可以在错误行为中得到练习。一个网球手会故意两次发球失误，也许只是为了避免让对手过于难堪。这两次发球失误所用的技能不比一流高手所用的技能更少。但是无人会通过时而不时地实施精明的欺骗，来训练他的诚实德性。

亚里士多德在具体分析各种德性时，规定了各自的适用范围，指出其是如何与适度理论相符的。在卷三，亚里士多德详细讨论了勇敢和节制，即柏拉图谓之怒气和欲望的灵魂部分的德性。他也讨论了位于这些德性另一端的恶，诸如一端是怯懦和鲁莽，另一端是放纵和对身体上快感的迟钝。卷四更简略地讨论了一系列德性：慷慨、大方、大度、进取、温和、友善、诚实和机智等。

亚里士多德心中的性格类型被巧妙而生动地刻画出来，但他的描绘不过是反映了当时的风俗和制度而已。并非所有他推崇的德性都会出现在如今人们认为最有价值和最吸引人的性格品质之十大美德德目中。比如，一个具有伟大心灵者，就毁誉并存。因为他清楚地知道自己的价值，一心想着自己的美德，但又因过于骄傲而拒受馈赠；虽勉强敬佩他人，但又动辄施以鄙视，每每嗓音低沉，踱步而行。亚里士多德对道德哲学的贡献，不在于其举荐的特定性格品质，而是他给出了一个观念结构，非常不同的时代和社会的诸德性都能相当容易地适合于这一结构。

亚里士多德对道德德性做了简要说明，德性是一种品格的状态，表现在选择上，同时在于恰当的适度，犹如一位明智之人那样行动的指示所规定。为了完成这种说明，他还需要说明何谓明智，以及一个明智之人是如何满足这些规定的。这就过渡到卷六，在那里他讨论了理智德性。

道德哲学：明智与理解

明智是一种实践德性，关乎对人类而言的善。它通过实践理性来说明：理性以一般性概念或人类好生活的模式为起点，思考要做出决定的特定事件的情形，以一个行动指令为结束。亚里士多德用医生的职业推理模式来设想明智者的伦理推理。医生以医疗知识开始，用之于特定病人的状况，然后开出处方。

明智是道德德性训练必不可少的先决条件，没有它，最具善意的人也会犯错。但是道德德性对拥有明智也是需要的。因为合乎德性者才会有人类活得好的健全观念，而这是实践推理理性的首要前提。恶会在行为的最终根据上败坏和欺骗我们，因此，没有道德德性的明智是不可能的。

明智和道德德性是塑造自然品质的两个习得特征。一方面，明智要求天生的智力，但智力既能用于恶的目的，也能用于善的目的，唯有道德德性能确保善的目的。另一方面，儿童在早期会有公平感并且也想做出勇敢和慷慨之举，但是这种好的倾向若无明智就肯定会办坏事，这犹如一股盲目的力量。唯有明智会把这些自然合乎德性的倾向转变成真正的道德德性。因此，真正的德性、合乎德性的行为、道德德性和明智必须彼此相统一。

为了变得明智，就必须获得德性，而没有德性，我们又无法变得明智，这样我们如何才能得到德性或明智呢？我们岂不陷入一个恶性循环了吗？这个疑难实际上是个伪问题，正如有人宣称结婚之疑难一样。一个人是怎样成为丈夫的呢？为此，你需要有个妻子。但是一个女人除非有个丈夫，否则就不成为妻子。正如婚礼同时把男人变成了丈夫，把女人变成了妻子一样，明智和道德的联姻把智力变成明智，把自然的品德变成成熟的美德。

亚里士多德和柏拉图一样，认为智慧是灵魂理性部分的德性，并且也像柏拉图一样，将其分为两部分。明智（*phronesis*）是较低部分的德性，属于审慎的部分。较高或者科学的部分的德性是智慧（*sophia*），包含对公理、定理和科学知识的把握。

亚里士多德关于将掌握科学作为一种理智德性的教诲，带来这样一个事实：希腊词"美德"（*arete*），比英语中"美德"（virtue）一词的意义范围更广。德性在道德德性的视域下，用英语的"virtue"来翻译希腊词"*arete*"是完全恰当的。但是该希腊词真正的意思乃是指"善"（goodness）、"卓越"（excellence），其范围要广得多，所以我们才说一把刀或一匹马的德性。不过我还是沿用传统的翻译来谈论理智德性。所有理智德性的共性乃是——无论是审慎的如智慧，还是理论的如科学——都关注真理。具有理智德性就确保在某知识领域拥有其真理。

直到《尼各马可伦理学》卷十，亚里士多德才建立明智和理解（understanding）的关系。在之前的各卷中，亚里士多德讨论了人其他的一些特征和关系，它们既非德性也非恶，但又与其关系密切。比如说，在放纵之恶和节制德性之间有两种中间状态和特征。存在有自制的人，在追求肉体快乐上努力自控，但只是勉强为之。还存在不自制的人，他追求本不该追求的快乐，但只是由于意志软弱。他不像放纵者，不属于自我放纵的惯常策略。德和恶结成了联盟，同样还有友谊，善恶也交叉期间。在这一标题下，亚里士多德讨论了从商业伙伴到婚姻等广泛范围的人类关系。亚里士多德以德性之眼观察的联系，只是合乎德性者才能拥有的最真最高的友谊。

在卷十，亚里士多德最后回答了拖延已久的何谓幸福本质的问题。我们在这本书前面已知，幸福是灵魂合乎德性的活动。如果有几种美德，那么就与最好最完美的美德一致。现在又知，存在道德德性和理智德性，后者优于前者。在理智德性中，理解又优于明智。那么最高的幸福就是灵魂合乎理解的活动，在科学和哲学中可以找到。确切地说，幸福并不等同于科学和哲学的追求，但又彼此紧密相连。我们知道，理解关乎哲学，犹如认识关乎追求。那么，在某种意义上仍然晦涩不明的是，幸福是否与享受哲学探究的成果相一致。

对许多人来说，这好像是古怪的而有悖常理的命题。但它实际上并没有听起来那么古怪。因为希腊词"幸福"(eudaimonia)与英语中的"幸福"(happiness)并不等同,正如德性一词在希腊语、英语中有别一样。也许"一种值得过的生活"在英语中是最切近"幸福"本义的。即便如此,接受亚里士多德所谓哲人的生活是唯一真正值得过的生活的命题,仍有困难。人们总感觉这一观点不是自卖自夸,就是有点傲慢。亚里士多德自己对此似乎也有新的考虑。在《尼各马可伦理学》的其他地方,他说还有一种幸福在于明智和道德德性。在《尤苔谟伦理学》中,他的理想生活在于,所有德性(理智的和道德的)的运用。但即使在那里,哲学沉思占据了人生幸福的主导地位,并且为道德德性的运用制定标准。

> 无论选择或者拥有何种自然的善——健康、力量、财富和朋友诸如此类——最有助于沉思神的才是最好的。这是最好的标准。但是,生活的标准无论是过度还是不足,都会妨碍对神的侍奉与沉思,因为都是糟糕的。

亚里士多德的两部伦理学都带有这种意气风发的标记。在《尼各马可伦理学》推崇的沉思被亚里士多德描绘为一种我们的神圣部分的超凡活动。亚里士多德最后的话语表示,尽管人是可朽的,我们也必须尽我们所能超凡入圣。

图 10　提香《神圣和世俗的爱》。该作品主要表达了积极的(穿衣服的)和沉思的(裸身的)生活。
(图片来源:Wikimedia Commons)

政治学

当我们从伦理学转向其续篇即政治学时,我们咯噔一下就回到了现实。亚里士多德告诉我们,"人是政治的动物",是一种有血有肉的、在城邦和共同体中摩肩接踵的生物。最原始的共同体是男女、主奴组成的家庭,这便合成了一个更复杂的共同体,一个更发达但仍自然的共同体——城邦(polis)。城邦是共享善与恶、正义与不正义等观念的人所结成的社会,其目的是为公民提供好的和幸福的生活。理想的城邦应当不超过 10 万人,小到大家能相互认识,并且共享共同的司法和政治服务。这和亚历山大大帝的帝国是完全不同的。

和《伦理学》一样,在《政治学》(Politics)中,亚里士多德也致力于纠正《理想国》的夸张言辞。因此,正如在亚里士多德伦理学体系中没有善的理念一样,在他的政治世界中也无哲学王。他捍卫私有财产,反对废除家庭,以及给妇女同等的政治地位的观点。亚里士多德认为,柏拉图的错误根源在于,试图使城邦过于一致。不同类型公民的多样性对城邦是必要的。城邦生活也不应像军营。

然而,当亚里士多德表明自己关于政体的观点时,又大量采纳了柏拉图的意见,认为柏拉图的三种政体还可以接受,他称之为君主制、贵族制和共和制。每种又都有各自对应的堕落不堪的形式,即僭主制、寡头制和民主制。如果一个共同体中存在一个个人或家族,远远优秀于其他人或家族,那么君主制就最好。但是,这种幸运的情况必然罕见,而亚里士多德又明显避谈马其顿王室所发生的事。在实际中,他更倾向于一种宪政民主制。因为他所谓的共和制是富人和穷人相互尊重对方权利的城邦,其中最优秀者在所有公民同意下实行统治。而他所说的民主制是一个由无政府的暴民治理的城邦。

亚里士多德的政治学说中有两个方面影响了未来几个世纪的政治制度:一是对奴隶制的辩护,二是谴责高利贷。

亚里士多德说，奴隶天生就不属于自己[1]，而是他人的财产。有人说，所有的奴隶制都是违反自然的。他回应道，有些人天生是自由的，而有些人天生是奴隶。但对后者而言，奴隶制有利且正当。不过他也同意存在不自然的奴隶制。比如，非正义战争中的胜利者无权把战败者变成奴隶。有些人是如此劣等与野蛮，对他们而言，接受仁主的统治比给其自由要好。

当亚里士多德写到，奴隶制近乎是普遍之物时，他对该体制的赞同是经由观察得来的：奴隶是活着的工具，如果没有这些活的工具，人们也能实现目的，那么奴隶制也就不需要了。

> 倘使每一无生命工具都能按照人的意志或命令而自动进行工作，有如达达罗斯（Daedalus）……这样，倘使每一个梭都能不假手于人力而自动地织布，每一琴拨都能自动地弹弦（倘使我们具备了这样的条件，也只有在这样的境况之中），匠师才用不到从属，奴隶主（家主）才可放弃奴隶。[2]

如果亚里士多德活到今天这个自动化时代，没有理由相信他还会为奴隶制辩护。亚里士多德对高利贷的评价简单扼要，但非常有影响力。他说，财富可以通过农作或经商而获得，前者更加自然和值得尊重。但最不自然和最可恨的生财之道是通过借贷收取利息。

> 为了交易的方便，人们引用了货币，而钱商竟然强使金钱（做父亲来）进行增殖。这里显示了希腊人惯用的"子息"（tokos），如今本钱诞生子钱，所谓"利息"正是"钱币所生的钱币"。我们可以由此认识到，在致富的各种方法中，钱贷确实是最不合乎自然的。[3]

---

[1] 亚里士多德就奴隶的规定，在哲学上可以理解成在精神和自由层面上的不自由、不自主，未必一定要限于奴隶社会阶段中的奴隶。由此可见，当代社会的"奴隶"并不少见，他们总是做出与自己自由、尊严相反的选择，遗忘人的目的。——译者注

[2] 译文采用吴寿彭译本，见：[古希腊]亚里士多德《政治学》，商务印书馆，1965年版，第11—12页，1254a。——译者注

[3] 译文出处同上，第31—32页，1258b。——译者注

亚里士多德的这番话是整个中世纪基督教界禁止哪怕适度收取利息的原因之一。这也是《威尼斯商人》(*The Merchant of Venice*)中，安东尼奥（Antonio）谴责放贷者夏洛克（Shylock）的理由：

友谊何时换了口味，竟交上了破铜烂铁的朋友？

图 11　亚里山大马赛克（Alexander Mosaic）中的亚里山大大帝作战图。
（图片来源：Wikimedia Commons）

科学与解释

我们现在转到亚里士多德的理论科学著作。他对许多科学都有贡献，不过凭借后见之明，他的贡献是优劣参半的。其化学和物理学比其对生命科学的追问逊色很多。具体而言，部分是因为他没有准确的计时器与温度计，没有意识到测量速度和温度的重要性。当其动物学著作让达尔文（Darwin）印象深刻时，物理学在公元 6 世纪就已经过时了。

在如《论生灭》(*On Generation and Corruption*)和《论天》(*On the Heavens*)

诸篇中，亚里士多德给后继者们描绘了一幅世界图景，带有许多从前苏格拉底先辈那里继承的特征。他接受了恩培多克勒的土水气火"四根说"。每个元素又都以热冷湿干四性质中特别的两种为特征。每一元素在秩序化的宇宙中有其自然的位置，并以其特征性的运动朝向宇宙。因此，土质固体向下而火质的则上升。每一运动对其元素而言是自然的，别的运动方式也有可能，但却由暴力引起。（当区分自然死亡和暴毙时，我们就保留了亚里士多德的痕迹。）地球是宇宙的中心，一连串同心水晶球载负着月亮、太阳和行星在其绕地旅行中经过天空。进一步地，另一个球体载负着这些星体。天体并不包含陆地上的四大元素，而是由第五元素或日月精髓（quintessence）构成。它们有灵魂有形体：活着的神圣理智指导着它们在天空中的运行。这种理智推动自身运行的推动者，于是亚里士多德认为，其背后必然存在一个自身不动的推动者[1]。那就是终极的、不变的神，推动"作为爱的对象"的所有其他存在运动。这种爱乃是在但丁（Dante）的《天堂》（*Paradiso*）中最后的话语，由它推动着太阳和第一批恒星。

即使是亚里士多德最好的科学著作，在今天也只能具有历史意义，充其量只是详细记载他的理论罢了。我将描述那些一般的科学观念，它们构成亚里士多德在不同领域研究的基础。亚里士多德的科学观念可以这样概括，即经验的、解释的、目的论的（teleological）。

科学始于观察。在生活过程中，我们通过诸感官注意事物，记住它们，并形成一系列经验。我们的观念来源于我们的经验，而科学观察正处于理论的首位。虽如在《后分析篇》中所描绘的那样，一门成熟的科学能以一种公理的方式建立并传播给他人。但是详考亚里士多德的著作，很明显，发现的次序与说明的次序是不同的。

如果科学始于感官-知觉，它就终于理智知识，亚里士多德视此为带有特殊性质的必然性。必然真理犹如算术上的不变真理（2+2=4），总是如此并永将如此。它们与偶然真理构成对比，诸如希腊人在萨拉米斯海战的大捷，是有可能变成其他结果的东西。如亚里士多德所言，为大家所知道的东西一定是必然的，这就有

---

[1] 一般地，对（自身）不动的推动者，英文表达为"unmoved mover"。——译者注

点奇怪了。难道我们就不能就偶然经验事实形成知识吗，如苏格拉底喝了毒芹汁？有人就认为这是构成逻辑谬误，远离了真理。

  如果知道了 p，则 p 为真，这是必然的。

于是：

  如果知道了 p，那么 p 必然为真。

  这两者并非是一回事。（如果我知道我的汤里有只苍蝇，那么我的汤里就确实有只苍蝇，这是条必然真理。但是即使我知道我的汤里有只苍蝇，我的汤里有只苍蝇也不是必然真理，因为我可以把它夹出来。）也许亚里士多德把希腊词"知识"[1] 严格限制在科学知识上。这显得更合理，尤其是如果我们注意到，对亚里士多德来说必然真理并不限于逻辑和数学真理，它也包括所有那些普遍为真的命题，甚至也包括"绝大部分情况下为真"的陈述。所以，对亚里士多德来说，历史因为只处理个别事件，故不可能是科学。这一后果保留下来，并被亚里士多德接受。

  如果科学是经验的，那么，从科学即是追问原因而言，它也是解释性的。在亚里士多德《形而上学》的哲学词汇中，他区分了四种类型的原因或解释。一是事物之所由、之所出，比如制作雕像的青铜，构成音节的字母，这被称为质料因。二是某物的形式或模式，表达为其定义。他所举的例子是，里拉琴两根弦的长度比是其对其他弦呈八度音的原因。三是变化的起因或者维持的状态。他的例子是，做出决定的人，生出孩子的父亲。总之，是任何制作或改变某物的人。第四种即最后一种是目的或目标，出于什么而做。当有人问我们为何散步，而我们回答"为了健康"，我们所给出的解释，就属于第四类因。

  第四因（final cause，终极因）在亚里士多德的科学中扮演了非常重要的角色。他不仅探究人类行为的最终目的，而且还探究动物行为（蜘蛛为何结网？）及其结

---

[1] 希腊词的"知识"，用英语表达是"episteme"，相当于现代英语中的"knowledge"。——译者注

构特征（鸭子为什么有蹼足？）。植物活动（根茎向下生长）和无生命元素（火焰向上腾起）也有终极因。这种原因被解释为"目的论的"（teleological），来自希腊语"目的"（telos），意味着最后的或终极的原因。当亚里士多德在寻求目的论解释时，他并没有把目的归于无意识的或无生命的对象，也没想着归于某伟大的设计者（Grand Designer）。相反，他是在强调某种活动和结构的功能（function）。还有，他并不是从化学或者物理学中，而是从生命科学的领域得到了更大的灵感激发。即使是后达尔文时代的（post-Darwinian）生物学家也还持续不断地关注着功能，不过，自牛顿以后，再也无人去寻求无生命物体运动的目的论解释了。

词与物

与他的经验科学著作不同，亚里士多德的理论哲学在诸多方面给我们教益良多。特别是，他对语言的本质、实在的本质以及两者的关系存在着最高的兴趣。

在其《范畴篇》（Categories）中，亚里士多德将被说成是个体之物，加以总结，列出不同类型。它们包含 10 种，即实体（substance）、数量、性质、关系、地点、时间、姿势、状态、活动、遭受。以苏格拉底为例就清楚了。他是一个人（实体），他有 5 尺高（数量），有天赋（性质），比柏拉图大（关系），住在雅典（地点），生活于公元前 5 世纪（时间），他正坐着（姿势），披着个斗篷（状态），正在裁一片布（活动），被毒死了（遭受）。这个分类并不是简单的语言上的谓词分类，亚里士多德相信，每种不可化约的谓词类型都代表了一种不可化约的实体（entity）类型。比如，在"苏格拉底是人"中，"人"代表了一个实体，即苏格拉底。在"苏格拉底被毒死"中，"被毒死"代表了一种称为"遭受"的实体，即毒死苏格拉底。亚里士多德也许相信，每种可能的实体，无论怎么先行地划分，都终将确定其属于十范畴中唯一的一个。因此，苏格拉底是人，是动物，是生命体，最终是一个实体；埃癸斯托斯（Aigisthos）实施的杀害是一次谋杀、杀人行为、杀害，最终是一种活动。

实体在范畴中具有首要的重要性。实体是诸如女人、狮子和卷心菜这样一些能独立存在，可被把握为一特定种类中的个体之物。用亚里士多德的常用语来说，实体就是"这个",这个猫或这个萝卜。属于其他范畴的东西(亚里士多德的后继者们称其为"偶性")是不可分的。比如,大小总是某物的大小。归于偶性范畴之物,只作为实体的性质或对实体的限制而存在。

但是,亚里士多德的范畴表似乎并不周备,也不具同等的重要性。即使我们接受它们作为谓词的一种可能分类,那么,谓词代表某种东西就正确吗?如果"苏格拉底跑"为真,那么一定要用"苏格拉底"代表苏格拉底的方式来表示某种实体吗?即使我们说是,显然,该实体也不可能是"跑"这个词的意义。因为,即使"苏格拉底跑"不真,这个陈述也成立。所以,即使不存在苏格拉底跑用来作为指代这回事,这里的"跑"仍有其意义。

如果针对"苏格拉底肤白"(Socrates is white)这句话,根据亚里士多德的思路,我们可以认为"白"(white)指代苏格拉底的肤白之属性(whiteness)。如果是这样,"是"(is)指代什么呢?可能的回答有这么几种:(1)它不代表任何东西,只标志着主谓连接。(2)它指称存在。就是说,如果苏格拉底肤白,那么就存在着某物——也许是肤白的苏格拉底,也许是苏格拉底的肤白属性——如果苏格拉底不是白的,则该物不存在。(3)它代表"存在"(being),这里的存在犹如"跑"(running)一样,是动名词。如果这样的话,情况似乎就必须加上不同类型的"存在"(being)。在实体性述谓"……是匹马"中,由"是"指代的存在,就属于实体性的存在。而在偶性谓述"……是白的"中,由"是"指代的存在,就属于偶性的存在。根据不同场合,亚里士多德似乎在这些解释中有时倾向这种,有时倾向另一种,最可能倾向的是第三种。在明确表达这个意思的段落中,他得出结论认为,"是"(be)是一个多义动词,是个同名异义的(homonymous)语词,含义不止一种。正如当我们提到一个健康的人、健康的脸色或健康的气候时,"健康的"(healthy)有着不同但相关的意义一样。

在上面"苏格拉底是人"中,我说过"人"是实体范畴的谓词,指代实体苏格拉底。但这不是亚里士多德对该句话给出的唯一分析。有时候,"人"似乎也代表了苏格拉底所属的类。在这样的语境中,亚里士多德区分两种意义的实体。一种是"这个",如这个苏格拉底是第一实体(first substance),他所属的类是第二实体(second substance)。当他这样说时,他通常会努力避免柏拉图主义关于共相

（普遍）的观点。苏格拉底所属的类是一个别的类，苏格拉底自己的类，它并非所有人都分有的那种共相（普遍）的类。

运动与变化

亚里士多德拒斥柏拉图理念论的原因之一是，它像爱利亚学派形而上学一样在根本的层面上否认变化的现实性。在其《物理学》和《形而上学》中，亚里士多德提出了变化的本质理论，旨在应对、破斥巴门尼德和柏拉图的挑战。这就是他的潜能与现实学说。

如果我们思考任一实体，如一截木头，我们会发现诸多在一给定时间中该实体为真实之物，以及诸多其他在彼时虽不真实，但换个其他时间又能为真实之物。因此，这截木头现在虽冷，但它能被加热，变成灰烬。亚里士多德把实体之所是称为实体的"现实"（actuality），称实体之能是为实体的"潜能"（potentiality）。因此，这截木头是现实的冷、潜在的热，是现实的木头、潜在的灰烬。从冷变成热是实体经历的偶然变化，但实体本身未尝有变。从木头变成灰烬是实体性变化（substantial change），它从一实体变成了另一实体。在英语中，我们能粗略地说，那些含有单词"can"或后缀有"able"或"ible"的词汇，皆指代潜能，不具有这种特征的谓词指代现实。与现实相反，潜能是经历某种变化的能力，无论是通过自己的行为，还是通过其他中介。

发生在变化中的现实称为"形式"（form），而"质料"（matter）是用来指有承担实体性变化的能力之物的术语。在日常生活中，我们对这样的观念颇为熟悉，即同一包原料，本来是这种东西，后来变成别的东西了。装有一品脱奶油的瓶子经摇动后，发现里面不是奶油，而是黄油了。从瓶子中倒出来的与倒进瓶子的是同一物，未曾有任何增减。但是，倒出来的形式却不同于倒进去的形式。正是基于此类情况，亚里士多德关于实体性变化的观念诞生了。

当某物之实体从一种变成另一种时，这就发生了实体性变化。在整个变化中保持不变之物被亚里士多德称为质料。质料从一种形式变为另一种，开始时是奶油，然后变成黄油。某物变化不影响其属于同样的自然种类。这就不是属于十范畴之实体的变化,而是属于其他九范畴之一的变化。这样,一个人可以成长、学习、脸红、被征服,但他仍不失为人。当实体经历偶性变化时,在整个变化中,形式始终如一,这就是其实体性的形式。一个人可以开始时是 P,然后变成 Q,但是谓词"……是个人"对他而言始终为真。那么实体性变化的是什么呢?当一种质料开始时是 A,然后是 B,必定在"……是 C"的实体范畴中存在某种谓词,始终作为质料吗?无疑,在许多情况下总有这样的谓词:当铜锡合金变成青铜时,变化的质料始终是金属。然而这似乎并不必然表明,所有的情况下都有这样的谓词。应该有某物,首先是 A 然后是 B,但实体性谓词始终未尝有变也为真。这种情况从逻辑上讲似乎是可信的。亚里士多德在所有情况下都相信这一点,并把这种"首先为此然后为彼且始终自身未变"(which-is-first-one-thing-and-then-another-without-being- anything-all-the-time)之物称为"原始质料"(prime matter)。

根据亚里士多德的观点,形式使事物属于某一种类,而质料使它们成为该种类的个体。如哲学家认为的那样,质料是在物质性事物中的个体化原则。比如说,两粒相同大小与形状的豌豆,无论多么相像,无论有多少共同的性质或者形式,但是它们毕竟是两粒而非一粒豌豆,因为它们是两个不同质料的组合。

不要认为质料和形式是事物的部分,是它们的构成元素,抑或能把它们拆分成小块。如果没有形式,原始质料也无法存在。它无须采取任何特定的形式,但它必须具有某种或别的形式。可变物的形式是特定物的所有可能的形式。只是存在某形式,但又不属于某物的形式,这是不可思议的。除非我们想陷入亚里士多德时时明确拒斥的柏拉图主义,否则我们必须承认:无形式可归属的物体,其形式本身在逻辑上也无法存在。实际上,在实体存在和生成的意义上,形式自身既不存在,也不生成。不像有形物,形式不由某物产生。对存在形式 A 属性(Aness)而言,只是因为存在某种实体为 A 之物。存在马形式(horseness,或"马性")只是因为存在很多马(horses)。

形式质料说是对某种概念的哲学说明,因为我们在日常描述与处理有形物质时总是会运用概念。即便我们认为这种说明在哲学上是正确的,但这仍有问题。

形质说¹力图澄清的概念真能应用于宇宙的科学解释吗？在厨房里的宏观实体的实体变化，一到实验室也许就成了微观实体的偶性变化了，这有谁不知呢？像原始质料的概念能否从根本意义上应用于物理学，因为我们是在物理学中讨论物质和能量的转化，这一切还是见仁见智的。

形式是某特定种类的现实，质料是某特定种类的潜能。亚里士多德相信，现实和潜能之分可以代替存在和非存在二分的尖锐对立，而巴门尼德正是据此反对变化的。既然质料支撑并承担了无论实体性还是偶性的一切变化，非存在生成存在或无中生有，就没有问题了。但是，质料不可能有个开端，这是亚里士多德说明的推论。在随后的几个世纪中，这为基督教亚里士多德主义者（Christian Aristotelians）设置了一道难题，因为他们相信物质世界是从空无中创造而来的。

灵魂、感觉与心智

亚里士多德形质说最有趣的应用之一可在他的《论灵魂》（On the Soul）的心理学中找到。对亚里士多德来说，不仅人类有灵魂或心灵，从菊科植物到软体动物一路向上的所有生物都有。灵魂只是生命的原则²：它是生物特有活动的根源。不同的生物有不同的能力：植物能生长和繁殖，但不能移动或感知；动物有感觉，能感知苦乐，有些但非全部动物能活动；有些特殊动物即人类，能思考和理解。不同的活动使得不同的灵魂多姿多彩，并在活动中找到自己的生命表达。亚里士多德给灵魂所下的最概括的定义是，灵魂是有机体的形式。

作为一种形式，灵魂是一种特定的活动。在这一点上，亚里士多德介绍了两种现实的区别。不懂希腊语者就使用希腊语而言，处于纯粹的潜能状态。学习希

---

¹ 形质说，就是形式−质料说的简称。学术界往往会用这个简称来对照汉语中的"文质说"，取自《论语·雍也》："质胜文则野，文胜质则史。文质彬彬，然后君子"。——译者注

² "灵魂只是生命的原则"，这一点与汉语界通常认为的"灵魂"（所谓神形说意义上的灵魂）差别很大。打个比方，如果生命是奇数 1, 3, 5, 7, ...，那么灵魂就好比是通项公式 $y=2x-1$。所以，奇数个体消失了，奇数的通项公式（原则）却未尝有损。这就为灵魂不灭提供了很好的一条论证。——译者注

腊语就是从潜能朝现实跨出一步。但已会希腊语者，在特定的时间未使用希腊语的人，既在现实又是潜能状态。与最初的无知相比是现实，与实际说希腊语者相比是潜能。只是懂得希腊语，亚里士多德称之为"第一现实"（first actuality）。当下正说着希腊语，亚里士多德称之为"第二现实"。亚里士多德将这一区分应用于解释灵魂。灵魂是有机体的第一现实，生命体实际维持生命运作活动是第二现实。

亚里士多德式的灵魂，就其自身而言还不是精神（spirit）。实际上，它不是可感物，它像一切第一现实之物一样，是一种潜能。希腊语的知识不是可感物，但它也不是任何幽灵式的存在。如果存在某种灵魂，它能全部或部分地脱离有形体而存在——亚里士多德认为很难如此设想——那么灵魂与有形体的两者分离即为可能。这不是因为它们是灵魂，而是因为它们是带有特别深刻的重要活动之特定种类的灵魂。

亚里士多德直截了当地对营养、生长和繁殖这些所有生命体共有的活动，做出了生物学解释。而当他转而解释感官-知觉（尤其是高等动物）和理智思考（尤其是人类）时，事情就变得更复杂、更有趣了。

在解释感官-知觉时，亚里士多德采纳了柏拉图《泰阿泰德篇》中的解释。柏拉图认为，感觉是感觉能力（如视力）和感觉对象（如可见对象）相遇的结果。在柏拉图看来，眼睛看一白色对象和对象自身的白性是同一交互过程的孪生子。对亚里士多德而言，看和被看乃是一回事。他提出了一个总命题：现实的感觉能力和现实的感觉对象具有同一性。

这一起初的晦涩命题实乃亚里士多德之潜能现实论的又一运用。且以味觉为例来说明其含义吧。一块糖的甜（sweetness），即能被品尝之物，是感觉对象；我的味觉，即我品尝某物的能力，是感觉能力。味觉对可感对象的作用，和感觉对象与我的感官接触活动，乃是一回事。也就是说，糖对我而言尝起来是甜的，与我尝到糖的甜味，正是同一回事。糖本身始终现实地是甜的，但在它被放进嘴里之前，糖的甜性尝起来是甜的，还不是现实的，只是潜在的。（糖本身是甜的，是第一现实；尝到糖是甜的，是第二现实。）

味觉不过是诸如品尝甜物之甜的能力。甜味的感觉性质也不过是，某合适的品尝者尝出甜味的能力。所以,亚里士多德说行动中的性质和活动中的能力就是同一回事,这是对的。当然,味觉的能力和被品尝的力量是两种截然不同的东西,一种在品尝者中,另一种在糖中。

这种感官-知觉的解释要优于柏拉图的解释,因为我们可以因此说,世上的事物即使没有被感知到,也仍然实际地确有可感性质。未被看到的事物自身是多彩的,未被嗅到的事物自身是刺鼻的,未被听到的声音也可以是震耳欲聋的。亚里士多德之所以能这样说,是因为他关于潜能和现实的分析,允许他把可感性质实际地解释为某种能力。

当亚里士多德讨论人类灵魂的理性和心智能力时,也得出这种理论。他把火燃烧之类的自然能力和能说希腊语的诸理性能力加以区分。他认为,如果一项自然能力生发的所有必要条件都是现成的,那么,该自然能力就必然生发出来。如果木头足够干,置于火上就会燃烧,而别无其他。但是亚里士多德认为,理性能力本质上是双向的(two-way)能力,是能根据意志而行动的能力。如果一个病人钱不够,拥有治愈能力的医生可以拒绝实行这种能力。他甚至可以用自己的医疗技艺下毒而非治病。亚里士多德的理性能力理论被许多后继者用来说明人类的意志自由。

亚里士多德关于心智能力的学说前后存在变化。有时心智似乎是灵魂的部分,因为灵魂是身体的形式。那么可以据此相信,心智将与身体一起消灭。在其他场合中,他认为,既然心智是掌握必然和永恒真理的能力,那么据此密切联系,它也应是独立和不朽之物。在某种意义上,亚里士多德提出,思考的能力来自身体之外的某种神圣之物。在一个颇令人费解的段落中——这成为后来数个世纪讨论不尽的主题——亚里士多德似乎把心智分成两种能力:可朽的和不朽的。

> 如前文所描述,思想乃是凭借它所生成的(becoming)一切事物,同时它还是凭借它所产生的(making)一切事物。这是一种像光一样的积极状态,在某种意义上,光让潜在的颜色变为现实的颜色。思想在这个意义上是可分离的、漠然的和纯粹的,本质上在变成现实。当它如其所是地分离了,它自身也是不朽的、永恒的。

人类心智的特点，有时会引诱亚里士多德认为它是无形的和神圣的，那就是它追求哲学，特别是形而上学的能力；因此，我们必须最终解释他是如何看待这一崇高学科的本质的。

图12　拉斐尔《雅典学院》中的柏拉图与亚里士多德。
（图片来源：Wikimedia Commons）

形而上学

在《形而上学》卷四部分，亚里士多德说，有一门学问，它研究"作为存在的存在（Being qua being），以及存在本性所应有的禀赋"。这门学问就叫"第一哲学"。亚里士多德在其他地方也将它描述为，关于第一原则和最高原因的知识。其他科学处理某种特定的存在，而哲学家的科学则关注普遍而非部分的存在。然而，亚里士多德在别处似乎也把第一哲学的对象限定为某种特定的存在，也就是那种神圣的、独立的和永恒的实体。他曾在一处说过，有三种理论哲学，即数学、物理学和神学,其中第一位的,或者最值得尊敬的哲学是神学。神学是最好的理论科学,因为它讨论最值得尊敬的存在,它优先于物理学或自然哲学,且更普遍。

到目前为止的两种定义都把第一哲学看成是对存在或诸存在者的关注,也说成是关于实体科学,或诸实体的科学。在一个地方,亚里士多德告诉我们一个古老的问题,何谓存在?这也就是问,何谓实体?所以,第一哲学也可称为第一实体或普遍实体的理论。

所有这些哲学主题的定义都是彼此等价的,或实际上是兼容的吗?有些历史学家认为它们不兼容,并把不同的定义归于亚里士多德不同的人生阶段。但是,我将努力表明这些定义是互相协调的。

在问作为存在的存在是什么之前,我们需要弄明白何谓存在。亚里士多德正在以和巴门尼德同样的方式使用希腊短语存在(to on):存在是任何存在者之所是。在任何时候,亚里士多德总是通过解释动词"einai"(to be)来说明希腊短语"to on"的含义。因此,在最广泛的意义上,存在就是任何能显现之物,在真实陈述中以"is"一词来连接。就此而言,存在的科学与其说是实存的科学,倒不如说是一门真谓词(true predication)的科学。

亚里士多德告诉我们,一切范畴都指示存在,因为所有动词都能用包含"to be"动词的谓词来代替。比如,"苏格拉底在跑",可替换为"苏格拉底是个在跑者"。任何范畴中的一个存在而非实体,都是实体的属性或变体。这意味着只要是一个主语不是指称实体的术语的主谓句,你都能将它变成一个主语确实指称实体的主谓句。该实体是指第一实体,如特定的人或卷心菜。

亚里士多德和巴门尼德一样,将存在(being)简单地等同于实存(existence)是错误的。当他在《形而上学》中讨论"是"的意义时,他甚至都没有提到作为动词"to be"意义上的实存,这种意义是,区分在谓词中将动词带上补语如"成为一名哲学家"(to be a philosopher)的用法。这颇令人感到奇怪,因为他在早期著作中似乎已区别了它们。在《辩谬篇》中,为了驳斥诡辩论认为的但凡被思考的一切,为了被思考之故,则必然实存的谬误,亚里士多德在"to be F"和"to be"之间进行了区分,前者中动词接着谓词,如"被思考"(to be thought of)。在关于曾在的F但现已不在上,亚里士多德采取了类似的立场,例如从"荷马是个诗人"（Homer is a poet）这句并不能得出"荷马（现在）存在"（he is）。

也许想在亚里士多德那里找到一种对实存做单一处理的想法，是错误的。当哲学家提问，何物真正存在，何物不存在时，他们在心中会有三重对比：抽象的和具体的（如智慧和苏格拉底），虚构的和事实的（如飞马和亚历山大的战马），以及现存的和已不存在的（如大金字塔和罗德斯巨型雕塑像）。在不同场合，亚里士多德都论及了这三个问题。当他讨论偶性时，他涉及了关于抽象的问题，即所有的偶性都是实体的变体。任何关于抽象的陈述（如颜色、动作、变化）必定可分析成具体的第一实体。他处理了虚构问题，是通过引入在"是真的"（is ture）意义上的"是"（is）。一种虚构是（is）真实的思想，然而却"不存在"（is not），即不真（not true）。至于现存的和已不存在的，也即实存着和已不再实存的问题，亚里士多德是通过运用形式和质料说来解决的。在此意义上，存在即有某种形式的质料，成为某种类的某物。比如，如果苏格拉底不再是人，那么苏格拉底也就不再存在。对亚里士多德来说，存在包含所有这些方式上的实存。

如果那就是存在之所是，那么何谓作为存在的存在呢？答案是并无这样的事物。可以肯定的是，你可以研究作为存在的存在，也可究其原因。但是这就牵涉到一项特殊的研究，去寻找一种特殊的原因。它不是研究某种特殊的存在，也不是去寻找某种特殊存在的原因。亚里士多德多次地坚持，句子"作为F的A是G"，包含着主词A以及作为F是G的谓项。而不应当认为其谓项仅仅是"是G"，附属于主语"作为F的A"。他的例子是，"善能被认知为善"。他认为该句不能被分析为"作为善的善能被认知"，因为"作为善的善"无意义。

但是，如果"作为F的A"在句子"作为F的A是G"中是个虚假主语的话，同样，"作为F的A"在句子"我们研究作为F的A"中也是虚假宾词。该句的宾词是A，动词是"作为F来研究"。我们不是在讨论如何研究某特殊对象的种类，而是特殊的研究种类，一种寻求"作为F原因"之特殊的解释和原因。比如，当我们研究人类生理学时，我们研究作为动物的人，即我们研究人类和动物共有的结构和功能。这里没有任何作为动物的人这样的对象。追问所有人或只是那些特别野蛮的人是不是"作为动物的人"是愚蠢的。而追问"作为存在的存在"是否意味着所有的存在或某种特殊神圣的存在，同样是愚蠢的。

然而，你可以从存在的任何特定观点去研究存在，即凭借它与所有诸存在的共性来研究存在。也许有人会认为几无什么共同点。确实，亚里士多德本人也说，并没有本质或本性在存在里，即没什么不是别的而恰好是存在本身。但是，研究作为存在的某物，就是研究可以做出怎样的真实的谓词，即从做出真实谓词可能性的角度来切入。同样，亚里士多德的第一哲学也不是研究某种特定的存在，而是研究一切、整体的存在。实际上也正是如此。

现在，一门亚里士多德的科学是一门原因的科学，那么"作为存在的存在"的科学就是一门将关于任何东西的任何真理归因的科学。真有这样的原因吗？理解某特定存在有着作为存在的原因，这并不难。要是我从未出生过，那就不可能有关于我的真理。亚里士多德说，如果苏格拉底从未实存过，那么"苏格拉底是健康的"与"苏格拉底是不健康的"都不可能为真。于是，带我来到世间的父母就是我的原因，作为存在的原因。当然，他们也是作为人类之一的我的原因。同样，我们出自一对夫妇，父母也是如此，父母的父母亦复如是，直到亚当和夏娃。而且，如果还有某物缔造了亚当和夏娃，那么它就是作为人类的一切人类的原因。

从这里，我们就足以清楚地看出，作为创始者的基督教的上帝是如何被看成"作为存在的存在"的原因的。而这个原因，通过其自身实存，即构成它自己的真理；作为创造者，是其他任何可能真理的充足原因。但是，在亚里士多德的体系中，既然没有造物主，那么，什么是"作为存在的存在"的原因呢？

在亚里士多德诸存在者体系的顶点是推动其他存在而自身不动的推动者（unmoved mover），它们是一切生灭的最后原因。它们既然是存在，因此在某方面而言就是一切可感的和可灭的诸存在的原因。涉及不动的推动者的科学研究一切真实谓词的解释，因此也就是在研究每个"作为存在的存在"。在《形而上学》中，亚里士多德解释说，有三种实体：易朽实体（perishable bodies）、永恒实体（eternal bodies）和不变诸存在（immutable beings）。前两者属于自然科学，第三种属于第一哲学。亚里士多德说，任何解释了实体理论的，也解释了一切事物，因为若无实体，积极与消极变化就都不存在了。亚里士多德继续证明不动的推动者的实存，并得出结论，"天体和自然正依赖这种原理"。就是说，永恒实体和易朽实体一样，都依赖于不变诸存在。这乃是神圣之物，神学探究的对象。

不动的推动者先于其他诸实体，诸实体又先于其他一切诸存在。"先于"（prior）在这里并不是时间意义上的，而是指依赖性。如果没有 B，你可以有 A，并且没有 A 就不可能有 B，那么 A 先于 B。如果没有不动的推动者，就不会有任何天体和自然物；如果没有实体，也就没有任何其他诸存在。现在我们能够明白，为何亚里士多德会说先在的比后在的解释力更强，为什么诸神圣存在的科学能被说成是最普遍的科学。因为它们涉及先在之物，就是说，处在依赖链中后端。诸神圣存在的科学比物理学更普遍，因为它说明诸神圣存在和自然存在，而物理学只说明自然物而非神圣存在物。

最后，我们可以说明一下关于第一哲学的不同定义是如何联系在一起的。任何科学要么通过它要说明的领域，要么通过说明它所解释的原则来定义。第一哲学在领域上是普遍的，担负着为一切事物提供一种解释的任务，而一切真实谓词真理的某个原因都可归诸于它。它是关于作为存在的存在的科学。但是，如果我们从这些陈述转向其意义，我们就能说，第一哲学是神圣事物的科学。因为就它所解释的东西而言，它是通过诉诸神圣的不动的推动者来解释的。它并不只是处理某单一种类的存在，因为它不仅说明神圣自身，它还要说明其他实存的一切，或任何其他的一切。它是最卓著的神学，因为它不是像物理学那样诉诸自然来解释一切，而是诉诸神圣。因此，神学和作为存在的存在的科学就是第一哲学。

有人不禁会相信，亚里士多德形而上学的最后一阶，乃是对深邃而神秘的"作为存在的存在"本质的理解。但是，通达这种理解的第一步，是意识到"作为存在的存在"是一空想出来的幽灵，是出于漫不经心地对待亚里士多德的逻辑学而造成的。

第五章
亚里士多德之后的希腊哲学

希腊化时代

当亚历山大大帝于公元前323年在巴比伦去世时,他庞大的帝国被其高级军官瓜分。他们建立了许多独立王国。其中历时最长的是托勒密(Ptolemy)王朝,及其在埃及与利比亚的家族,直到公元前31年安东尼(Antony)和克里奥佩特拉(Cleopatra)被罗马皇帝奥古斯都(Augustus)打败。从亚历山大大帝死到克里奥佩特拉死的几个世纪中,亚历山大诸将军的版图分裂成更小的王国。它们又陆续归并到罗马的统治势力下,并最终变成了帝国的行省。在这几个世纪中,希腊文明在东地中海的整个地域繁荣起来,史学家称之为希腊化时代。

在这段时期,希腊殖民者广泛接触了不同的思想体系。在巴克特里亚(Bactria),即前帝国的远东地区,希腊哲学遇到了佛教。虔诚的印度阿育王(Asoka)在热情宣扬佛教。现存的两段对话记载了希腊王米南德(Menander)谈论佛教的故事。在波斯,希腊人相遇了很古老的拜火教[Zarathustra,他们用希语称之为"琐罗亚斯德"（Zoroaster）][1]。该教视世界为两种强大的神圣原则之间的战场，其一善，其一恶。在巴勒斯坦，他们又相遇了犹太人。公元前538年，被驱逐出巴比伦城的犹太人开始返回，并形成了严格的一神论共同体，致力于耶路撒冷的圣庙崇拜。《圣经》伪经中的《马加比书》（Books of Maccabees）记述了他们在叙利亚安条克四世（Antiochus IV）统治期间为抵制希腊文化同化的斗争。在埃及的第一代托勒密统治者重建了一座亚历山大新城，市民来自希腊各地。他们建造了一个宏伟的编目有序的图书馆。世人羡慕不已，唯有随后在小亚细亚帕加姆城（Pergamum）建立的阿塔罗斯（Attalus）国王图书馆才能与之媲美。正是在亚历山大城，希伯来语的《圣经》被译为希腊语，这个版本被称为《旧约圣经》（Septuagint），意为七十[2]，据说是根据合译者的数量而得名。亚历山大城的一大批才华横溢的数学家及科学家，竞相发展，最终超越了古希腊阿卡德米与吕克昂学园的学者，而正是这些学者继承了创始人柏拉图与亚里士多德的学说。

在雅典，亚历山大死后的那代人中最著名的哲学家并非来自柏拉图或吕克昂学园，而是与其构成竞争的机构创立者：伊壁鸠鲁（Epicurus），他建立了被称为"花园"的学校和芝诺（Zeno），他的追随者被称为"斯多亚派"（Stoics，或曰廊柱学派），因为他在廊柱（stoa）或雕花门廊下讲学。雅典城中学校的大量涌现反映出了一种日益增长的兴趣，即在上流阶层中将哲学看成教育中必要的部分。

伊壁鸠鲁主义

伊壁鸠鲁，生于萨摩斯岛的一个雅典侨民家庭，于约公元前306年在雅典安居，并一直住在那里直至公元前271年去世。花园中的追随者，包括妇女和奴隶，生活俭朴并远离公共生活。伊壁鸠鲁的著述有300卷，但除了一些书信，其他所有作品均告散佚。他的著作《论自然》（On Nature）的残篇在79年维苏威火山（Vesuvius）爆发时被埋于赫库兰尼姆（Herculaneum）的火山灰里，现在要花费很

---

[1] Zarathustra 是拜火教创始人，也翻译成查拉图斯特拉，尼采用其作为书名。拜火教名称也不止一个，或称琐罗亚斯德教、祆教等。——译者注

[2] 所以也叫"七十士译本"。——译者注

大精力来展开并破译这些手稿。尽管如此，迄今我们关于伊壁鸠鲁学说的知识主要依赖于公元前 1 世纪由其追随者卢克莱修（Lucretius）写的一首拉丁长诗，名字叫"物性论"（On the Nature of Things，拉丁文为 De Rerum Natura）。

图 13 《物性论》手稿，一位奥古斯丁派修士为教皇西克斯塔斯四世临摹之作，约作于 1483 年。原稿由人文主义者、教皇秘书波焦·布拉乔利尼（Poggio Bracciolini，1380—1459）发现于 1417 年。
（图片来源：Wikimedia Commons）

伊壁鸠鲁哲学的目标是，通过消除对死亡的恐惧而让幸福成为可能，因为死亡是幸福的最大障碍。因为人们害怕死亡，所以才努力追求财富和权力，指望推迟死亡。人们沉浸在疯狂的活动中以便忘记终有一死。宗教把惧死灌注于我们心中，并向我们呈现出死后遭罪与受罚的情景。然而这些都是虚幻的。卢克莱修雄辩地说明了这一点［依德莱顿（Dryden）译本］：没有必要去害怕死亡、生存或转世。

> 死亡的困扰有什么好害怕，
> 灵魂会像身体一样死掉吗？
> 因为生前我们感受不到疼痛，
> 而迦太基的铁骑正在陆地和海上肆虐，
> 因此，如果我们必死的躯壳四分五裂，
> 那无生命的躯体和思想分道扬镳了，
> 我们也解脱了痛苦和哀伤，
> 我们不会再有感知，因为我们已不存在。
> 虽然海洋中的陆地和天堂中的海洋业已失去
> 我们也不能移动，我们只能被抛起。
> 不但如此，即便我们受到命运的折磨，
> 灵魂在这支离破碎中还是能感受到，
> 这对我们意味着什么？我们是我们
> 唯当灵肉合二为一。
> 而且，虽然我们的微粒会偶然地旋转，
> 物质猛然间会重新如先前般舞蹈；
> 虽然人生和运动可以重新开始，
> 并让身体犹如先前；
> 这一切纷扰让我们获得了什么？
> 这个新人已是另外一人。

为了医治对死亡的恐惧，为了显示宗教所呈现的恐惧仅为神话，伊壁鸠鲁着手对世界的本质和结构给出了阐明。

他对德谟克利特的原子论几乎是略加修饰后全盘吸收。原子是在真空和无限空间中不可分的不变的单元。最初，它们都等速地向下运动，但偶尔会偏离正轨而互相碰撞。就在这样的碰撞中，天与地产生了。灵魂像其他事物一样也是由原子组成，不同之处在于，组成灵魂的原子更小、更精微。死亡来临时，原子就会分解，一切直觉随即停止，因为它们无法在躯体中继续占据合适的空间。像人类和动物一样，诸神也是由原子构成。但由于他们生活在更少纷扰的地方，而无分解之虞。伊壁鸠鲁不是无神论者，但他相信众神对此世的人间事物了无兴趣，他们自在地过着不受干扰的宁静生活。据此，任何对神圣天意的信仰都是迷信，宗教仪式更无任何价值。

不像德谟克利特，伊壁鸠鲁相信感官是信息的可靠来源，并对感知运行给出了原子式的说明。凡间的身体释放细小的原子薄片，身体也如此地构成。原子维持本来的形状，于是充当了其母体的镜像（*eidola*）。当此镜像与灵魂中的原子发生联系时，感觉就发生了。抵达灵魂的事物显现永不会出错，因为它们总与其来源完全一致。如果我们被实在误导，乃是因为我们用这些真实的显现做基础，做出了错误的判断。如果这些显现相冲突，例如在水中弯曲拿出来却是笔直的桨，这两种显现都是心灵必定会给出的诚实的见证。如果显现不能解决这两个互竞理论的纷争（如太阳的真实大小），那么心灵就应悬置批判，因而对两个理论都要给予同等的宽容。

伊壁鸠鲁道德哲学的基石是，快乐是幸福生活的开端与目的的学说。然而，他还是在满足欲望的快乐和所有欲望都满足后的快乐之间做了区分。满足对饮食和性需要的快乐是低等的快乐，因为它们总与痛苦相关。这种欲望本身就是痛苦的，其满足又会导致新一轮欲求。因此，我们应该追求诸如私人间友谊等平静的快乐。

尽管伊壁鸠鲁是原子论者，但他不是决定论者[1]。他相信人类拥有自由意志，并通过诉诸原子随机偏斜来加以解释。既然我们是自由的，那么也就是自己命运的主人。因此，众神就既不会强加必然性于我们，也不会干涉我们的选择。我们

---

[1] 冯译本将"determinist"译成宿命论者，不妥。实际上，决定论是说，任何一个 y，背后必然有一个 x，是 x 决定了 y。而宿命论（fatalist）的重点在于，任何 x 或 y，其结果和归宿都是 z。可见，宿命论和决定论的差别非常明显。——译者注

不能逃离死亡，但如果以真正的哲学观之，死亡也并非邪恶。

斯多亚主义

伊壁鸠鲁死后，伊壁鸠鲁主义依然存在了600年，但除了在卢克莱修那首伟大长诗中发现的无与伦比的表达外，该思想从未像他同代人季蒂昂的芝诺（Zeno of Citium）开创的斯多亚主义（Stoicism）那样流行。芝诺来自塞浦路斯（Cyprus），在那里，他读了一本关于苏格拉底的书，对哲学产生了热情，这促使他与伊壁鸠鲁大约同时期移居雅典。他本来打算跟随一群老师学习，但是他刚到雅典就变成了犬儒派克拉特斯（Cynic Crates）的学生，并得知老师是当代唯一能与苏格拉底相当的哲学家。犬儒主义不是哲学流派，而是一种波希米亚式的（bohemian）生活方式，鄙视物质财富和世俗礼仪。它的创立者是锡诺普的第欧根尼（Diogenes of Sinope），他像狗一样生活在狗窝的澡盆中（"犬儒"意为"像狗一样"）。亚历山大大帝访问他时，问为他可为其提供何种帮助，第欧根尼回答，"别挡着我的阳光"。芝诺和犬儒主义相遇这件事，在他自足理想的哲学中构成显著的意义。

不像第欧根尼那样喜欢嘲笑柏拉图，也不像克拉特斯那样喜欢写讽刺诗，芝诺严肃看待体系哲学。他的作品没有存留下来，所以对他学说的了解就得依赖罗马时期的作家了。比如说尼禄（Nero）时期的宫廷哲学家塞涅卡（Seneca）以及马可·奥勒留皇帝（Marcus Aurelius）。我们确知，芝诺将哲学分成三个主要门类：逻辑学、伦理学和物理学，这也构成斯多亚派的传统。他的后继人说，逻辑学是骨架，伦理学是血肉，而物理学是哲学的灵魂。芝诺本人主要关注的是伦理学，但他也是来自麦加拉（Megara）的迪奥多·科洛纳斯（Dildorus Cronus）和斐洛（Philo）两位辩证法学者的密友。这两人主要接管了吕克昂学园的任务，填补了亚里士多德在逻辑学上留下的空白。

当芝诺去世后，斯多亚的衣钵传递给了克里安提斯（Cleanthes）。克里安提斯曾是拳手，在物理学和形而上学上有过专门训练。他很虔诚，为宙斯写过非凡的赞美诗。其措辞适当，足以让犹太教或基督教一神论信徒用来赞美上帝。

全能的宙斯，

自然的造物主，众人高呼汝之名。

您的律法君临一切，世界声音拜倒在您的跟前。

我们因您而生，万物也是如此

您推动世界，我们才以上帝之形象而得以创生。

圣保罗熟悉这首赞美诗，当他在雅典布道时曾加以引用。

克里安提斯的继任者是克里西波斯（Chrysippus）。公元前232—公元前206年，他是学派的领袖。他将伦理学看成自己特殊的训练，但是他也巩固并拓展了前辈的工作，还将斯多亚主义完全地整合为体系。既然三位早前的斯多亚主义者的作品全部散佚，精确地决定他们中是谁做出了什么贡献就很难了。他们的学说最好还是被整体地加以看待。

斯多亚派的逻辑学在很多方面与亚里士多德的逻辑学不同。亚里士多德使用字母作为变量，而他们则使用数字。亚里士多德推理的典型句子结构往往是"每个A都是B"，在斯多亚派那里则成为"如果第一，则第二"。当然，字母和数字的差别是无关紧要的。重要的是，亚里士多德的变量代表着词项（主词和谓词），而斯多亚派的则指代整个句子。亚里士多德的三段论把我们今天所谓的谓词逻辑形式化了，而斯多亚派的逻辑则将今天所谓的命题逻辑形式化了。斯多亚派思考的典型推理如下：

如果柏拉图活着，那么柏拉图正在呼吸。

柏拉图活着。

所以，柏拉图正在呼吸。

斯多亚派逻辑学的一个重要特点是，论证的有效性并不依赖于单句的内容。根据斯多亚派的观点，下面这个论证的合理性不比上面那个差。

> 如果柏拉图死了，那么雅典就在希腊。
> 柏拉图死了。
> 所以，雅典就在希腊。

如果像斯多亚派一样，我们接受由斐洛首倡的关于"如果……那么……"的特殊定义，那么该论证的第一个前提即为真。据此，一个形如"如果第一，那么第二"的句子就是正确的，除非第一个是真而第二个是假。在日常生活中，当句子的内容因此而连接时，我们往往会用"如果……那么……"的句型。但有时我们的确运用了斐洛的定义——比如，当我们说"如果雅典在土耳其，那么我就是个荷兰人"时，就是以此来反驳雅典在土耳其。这表明，斯多亚派对"假如"所下的最小定义是对于命题逻辑技术性发展来说最有用的定义之一。直到今日，仍然有许多逻辑学家在使用。斯多亚派的命题逻辑，在当今被当作逻辑中的基本构成，而亚里士多德的谓词逻辑则基于它而构成。

在"逻辑"这一标题下，斯多亚派也探究了语言哲学。他们建立了一套精致的符号理论，既研究事物的能指（signifying），也研究事物的所指（signified）。能指的事物分为声音、言辞和话语。声音也许是不清晰的声响，言辞是清晰的声响，但可能缺乏意义，话语则既清晰又有意义。所指事物可能是实体或陈述（*lekta*）。所谓"陈述"不是指句子，而是句子所表达的意思。如果我说"狄翁在散步"，那么"狄翁"一词就指我看见的身体；但我用句子想表达的还不是身体，而是关于身体的陈述。

从这方面而言，斯多亚派的逻辑学和斯多亚派的物理学就有了冲突。其逻辑的陈述是非身体的实体，而其物理学只认可实体而非其他实存。从前，斯多亚派相信宇宙只存在火而无其他。慢慢地，出现了其他元素和熟悉的存在物。后来，宇宙重新变成无边无际的火海，历史将会如此循环往复。所有这一切都是依照一套我们称之为"命运"的法则系统发生着，因为法则决不容许任何例外或"天意"，因为法则是上帝出于善意而规定的。

斯多亚派接受亚里士多德关于质料与形式的区分。但是，作为谨慎的唯物论者，他们坚持说形式也是实体——一种他们称之为"呼吸"（*pneuma*，普纽玛）的细致而精微的实体。人类灵魂和心灵也是由该呼吸组成。上帝作为宇宙的灵魂，也是由此组成。而上帝以其完整性塑造了人这一理性生物。斯多亚派认为，如果上帝和灵魂自身不是实体，那么他们就不能作用于物质世界。

这神圣地设计而成的系统被称为自然（Nature）[1]，而我们生活的目标就是遵照自然而生活。既然世间万物都是被决定的，那么一切都无法逃脱自然法则。尽管存在命运的决定，但人类是自由的和负有责任的。人类必须遵从服从理性的人类天性的引导。正是这种对自然法则的自愿接受构成了美德，而美德是幸福所必需的，也是充足的。既然贫穷、牢狱、苦难不能带走美德，那么也不能带走幸福；一个好人不会受到真正的伤害。那么，这是不是就意味着我们要对别人的不幸不动心（indifferent）呢？诚然，健康和财富在本质上是无关紧要的，但是，斯多亚派为了表示与非斯多亚派的兼容，也不得不承认，有些事情相比之下会更加不值一提。

因为对人类来说社会是自然的，那么斯多亚派为了实现其与自然和谐一致的目标，就要在社会中承担角色并培养社会美德。虽然奴役与自由一样地无关紧要，因为美德在这两种状态都会得到运用，不过，倾向一个而非另一个还是正当的。生活本身是什么？它是不动心吗？有品行的斯多亚主义者，无论生死都不会失去他的德性；但是，面对非斯多亚主义者认为不可容忍的罪恶时，做出离开生命的理性选择是正当的。

怀疑主义

英语语言还保留着伊壁鸠鲁主义和斯多亚主义的痕迹，差别只不过在精确性上而已。一位享乐主义者对伊壁鸠鲁学派规定的普通饮食可能会感到不满，但一位斯多亚主义者对痛苦和死亡的态度则很好地反映了斯多亚哲学的面相。然而，同时期的第三种哲学流派也明确地将自己的印记印刻在了语言上。怀疑主义

---

[1] 注意，表示自然的英语，有时候是"nature"，有时候是"Nature"，显然两者存在差别。前者就是一般意义上的作为认识对象的自然，后者则明显带有神创论的含义。——译者注

（Scepticism）的基本意思自公元前 3 世纪以来，就未曾改变过。

怀疑主义的创立者是埃利斯的皮浪（Pyrrho of Elis）。他曾在亚历山大的军队中服役过，比伊壁鸠鲁那代人稍长。他教导说，无物可知；与此相应，也无书可写。他的教义在 3 世纪早期被其门徒泰门（Timon）和阿尔克西拉乌斯（Arcesilaus）传到了雅典。泰门否认可以找到任何能充当科学基础的自明的原理。基于该公理（axioms）的不存在，所有推理方法都必然是循环的或无穷尽的。阿尔克西拉乌斯在公元 273 年成为柏拉图学园的领袖，并将注意力从对柏拉图后期教条作品的研究，转向苏格拉底早期的对话。他本人像苏格拉底一样，常常将门徒提出的论题全部推翻，因为哲学家的合适态度是悬置一切重要论题的判断。阿尔克西拉乌斯对学园的影响巨大，以至学园在此后的两百年里一直成为怀疑论者的家园。

学园中的怀疑论者把斯多亚派的学说体系当作主要的攻击目标。斯多亚派都是经验论者，就是说，他们宣称所有的知识都源自具体个人的感觉经验。事物呈现给我们诸感官的现象是一切科学的基础，但这些现象会误导我们，那么我们就需要检验或标准，来判定哪些现象是可靠的，可以证实我们对现象的认可。怀疑论者认为，事物对不同的物种显现不同（熊觉得土鳖虫很好吃，人则不以为然），对同种的不同个体显现也不同（有人觉得蜂蜜难吃，有人却觉得很甜），对同一个人在不同时期也不同（吃了无花果喝酒觉得酸，吃了坚果喝酒则觉得甜）。那么如何解决它们之间的冲突呢？

斯多亚派说，知识一定不能以陈旧的现象为基础，而是以一种特殊的现象即"认知现象"（*phantasia kataleptike*）为基础。它来自真实的对象并迫使我们认同。怀疑论者通过反问，我们如何能说清何种现象是认知现象来加以驳斥。既然人们经常被迫认可某些现象，但到头来却被它们误导，所以将其界定为会迫使我们认可的是没用的。斯多亚派回答说，一个真正的智者能够分辨出哪些现象是认知的，哪些不是。可是，谁是真正的智者呢？斯多亚派所寻求的标准似乎注定是失败的：即使我们发现了这条起作用的标准，我们又如何知道自己已经找到了呢？

斯多亚派与怀疑论的辩论持续了好几个世纪。我们今天得到的双方所使用的论证来自公元 2 世纪怀疑论的一位领军人物，物理学家塞克斯都·恩披里柯（Sextus Empirucus）。他的《皮浪学说要旨》（*Outlines of Phrrhonism*）记述了怀疑论体系，并驳斥了非怀疑论或称"教条主义者"（dogmatic）。这个流派在他的卷十一《驳教师》（Against the Professors）中有所记述。

罗马及其帝国

希腊化哲学时期与罗马共和国国力猛增的时代相叠加。自从公元前510年君主制废黜后，罗马城邦由年选的官员治理，两名执政官统领，300名富有的贵族组成元老院作为顾问。亚历山大死后，共和国由占更大部分的意大利本土掌控，但无海外领地，甚至连西西里和萨丁岛也不包括。自从反抗强大的腓尼基人的迦太基帝国（Phoenician empire of Carthage）取得两次胜利后，罗马帝国的扩张开始了，直至支配着西地中海地区。首战（前264—前238）就取得萨丁岛和科西嘉岛。再战（前218—前201）征服了西西里，并接管了西班牙东海岸。从那里，罗马将其统治一直扩展到整个伊比利亚半岛（Iberian Peninsula）和法国的普罗旺斯（Provence）地区。公元前2世纪，罗马与马其顿历任国王挑起纷争。在打败最后一位国王后，公元前146年，罗马占领了整个希腊。同时，经过短暂的第三次战争，罗马摧毁了迦太基城邦，攫取了其在北非的内陆地区。到公元前2世纪后期，小亚细亚的大多数地区也成了罗马的行省和属番。

公元前1世纪的继续扩张与一系列激烈的内战是相伴随的。尤利乌斯·恺撒（Julius Caesar，前100—前44）将罗马的统治由普罗旺斯扩展到英吉利海峡，屠杀了100万高卢人并让100万人为奴。由于受到国内政敌迫害的威胁，他于公元前49年入侵意大利，并不顾元老院的反对自称为罗马人主。公元前48年，恺撒在法萨卢斯（Pharsalus）击败元老院将军庞培（Pompey），然后连续接管了共和国的海外领地，最后返回罗马成为永久独裁者。他拒受皇帝的头衔，却愿意接受神圣荣誉。公元前44年3月15日，他在元老院被以布鲁图斯（Brutus）和卡西乌斯（Cassius）为首的一群阴谋者暗杀。

在反对恺撒的派别中，最杰出的成员之一是演说家马库斯·图留斯·西塞罗（Marcus Tullius Cicero）。在西塞罗二十几岁的后几年，他首先在雅典学习哲学，熟悉了其中不同的哲学流派。随后，在罗德岛（Rhodes）跟随斯多亚派的波西多尼斯（Posidonius）学习。由于是一位自立且成功者，他于公元前 63 年成为执政官。[1] 担任执政官期间，他镇压了一次可能牵连恺撒的反叛。公元前 51—公元前 50 年，他掌管位于小亚细亚的西里西亚省，并在内战期间支持元老院。受到恺撒的赦免，他返回意大利，在恺撒专政期间致力于哲学著述。

作为哲学家，西塞罗不算一流，但从某些方面讲，他在哲学史中是重要的。他为自己设定了编写一本拉丁语哲学词典的任务，以使罗马人能用自己的语言学习哲学。他为教授希腊和希腊化哲学写下了大量的注解。这些著述构成理解其学说的主要资源之一。他的《论神性》（*On the Nature of the Gods*）和《论命运》（*On Fate*），富含很多关于哲学神学和决定论话题的有趣讨论。他的《论目的》（*De Finibus*）是一本包含哲学家论至善本性观点的百科全书。

西塞罗自认为自己是个折中论者。在认识论上，他采纳了温和怀疑论立场。他从学园的最后一位领袖拉里萨的斐洛（Philo of Larissa）那里继承了此立场。在伦理学上，他倾向斯多亚主义，而非伊壁鸠鲁的教义。因为在紧张的动乱年代写作，他指望从哲学中得到慰藉和安宁。他的著述虽不深奥，却也富含温情与优雅。他关于友谊和老年的散文，久盛不衰。他关于道德哲学的主要著作是《论义务》（*On Duties*, *De Officiis*），是恺撒刚一去世时他向儿子的述说。该篇在不同历史时期都被看成是绅士教育中的基本内容。

西塞罗欣喜于恺撒之死。他返回政坛，对恺撒任命的执政官马克·安东尼（Mark Antony）展开一系列尖锐的攻击。他一度曾与恺撒的养子屋大维（Octavian）建立政治联盟。但在公元前 42 年，屋大维和安东尼联手击败刺杀恺撒的凶手布鲁图斯和卡西乌斯。在双方开战时，西塞罗就被安东尼下令处死。

安东尼和屋大维之间的联盟并未持续多久。安东尼曾娶屋大维的妹妹为妻，但为了托勒密末代的埃及女王克里奥佩特拉，他遗弃了自己的妻子。罗马的权贵转而效忠于屋大维。公元前 31 年，屋大维在亚克兴角（Actium）击败了安东尼和克里奥佩特拉，遂成为了罗马帝国的第一位皇帝，更名为奥古斯都（Augustus）。

---

[1] 此处冯译本译成了"担任了 63 年的执政官"，而西塞罗一共就活了 63 岁。实际上是，在公元前 63 年成为执政官。——译者注

拿撒勒的耶稣

奥古斯都在位 45 年，直到公元 14 年他的时代才告结束。正是在他在位期间，拿撒勒的耶稣（Jesus of Nazareth）降生了，也正是在其继任者提比里乌斯（Tiberius）统治期间，约公元 30 年，耶稣被钉死在十字架上。耶稣是犹太教师，住在帝国偏远地区，远离希腊教化的中心。他对柏拉图和亚里士多德关注的话题不感兴趣，但他对哲学的决定性影响不亚于他俩。不过，其教学造成的影响力被延后，且不够直接。

耶稣自己的道德学说，如福音书中所记，并非没有先例。在《登山宝训》（Sermon on the Mount）中，他说，我们不能以恶报恶，然而，这早已是苏格拉底在《理想国》中的教义了。他督促听众要爱邻如己，该说法引自写于数世纪前的希伯来书《利未记》（Leviticus）。他坚称我们必须自制，不仅不做坏事，还要抑制一切会导致恶行的想法和欲念。这点与亚里士多德关于德性既关乎行动又关乎情感是一致的，一个真正合乎德性的人不仅能自制而且还要温和。他还教导门徒说要鄙视世间一切的荣誉与享乐。当然，伊壁鸠鲁主义和斯多亚派也以不同的方式对此有过强调。

耶稣教诲的要旨反映了希伯来《圣经》（Hebrew Bible）的世界观。经云，我主耶和华（Yahweh）创造出了天地万物。犹太人是耶和华的选民，独一无二地特别拥有神圣律法。当以色列首次建国时，神圣律法启示给摩西（Moses）。像赫拉克利特及其他希腊和犹太思想家一样，耶稣也预言世界上存在着神圣审判，将在以宇宙规模的大灾难中应验。不同在于，耶稣认为审判是即将来临的地区性事件，而他自己将在其中扮演关键角色。他是救世主（Messiah），是虔诚的犹太人寻找数世纪的神圣命定的救主。耶稣死后，天地一如常规地继续。其追随者就别的哲学流派不会面临的问题必须达成妥协——因为毕竟没有出现审判之预言。比如斯多亚派，就认为宇宙大剧变只会在不确定的遥远未来谢幕。

耶稣对自己身份的说明，是由他最早的追随者提出并发展的，它孕育着哲学问题。圣保罗的信件是我们现有记述第一批基督徒信仰的最早证据。在信中，保罗见证了把人类从诅咒中解救出来的耶稣被钉死在十字架上。据希伯来圣经一开始的记载，当第一对人类被创造出来时，该诅咒就降临了。保罗把耶稣的死领会为，将其众多门徒无论是犹太信徒还是异教徒，从服从摩西律法详细命令的义务中解放了出来。保罗对耶稣死于十字架的理解，与耶稣死前一夜举行的圣餐仪式是有密切联系的。在保罗的记忆中，直到耶稣死亡，耶稣的追随者一直都重复着圣餐仪式。

根据保罗的观点，只有被上帝选中的人，因其是救世主的忠实跟随者之故，才能成为恩典与荣耀的对象，才能在死后受到祝福。圣保罗所应许的这种未来生活并不是柏拉图意义上的灵魂之不朽，而是一种荣耀化的肉身存在。这犹如耶稣所尊享的，他被钉死于十字架三天后又从坟墓中复活。几个世纪以来，当争论罪恶与恩宠、命运与前定、未来世界的本性问题时，保罗的书信总是被神学家和哲学家所援引。

《使徒行传》（*Acts of the Apostles*）告诉我们，保罗在一次布道旅途中造访了雅典，与伊壁鸠鲁派和斯多亚派的哲学家们进行过辩论。圣路加（St Luke）的布道在保罗口中十分精巧而熟稔，表现出他对各哲学流派之间争论议题都非常了解。

> 我游行的时候，观看你们所敬拜的，遇见一座坛，上面写着"致未识之神"（unto the unknown god）。你们所不认识而敬拜的，我现在告诉你们。创造宇宙和其中万物的神，既是天地的主，就不住人手所造的殿。也不用人手服侍，好像缺少什么；自己倒将生命、气息、万物赐给万人。他从一本造出万族的人，住在全地上，并且预先定准他们的年限和所住的疆界。要叫他们寻求神，或者可以揣摩而得。其实他离我们各人不远。我们生活、动作、存留，都在乎他。就如你们作诗的，有人说，我们也是他所生的。我们既是神所生的，就不当以为神的神性像人用手艺、心思所雕刻的金、银、石。

后来的传说里还提到设想出保罗与斯多亚哲学家塞涅卡的哲学对话。当然，内容并非完全出于幻想。保罗曾在法庭上出现在塞涅卡的兄弟伽里欧（Gallio）的面前，并且他还在尼禄皇帝的宫廷中有许多朋友，而塞涅卡在宫廷颇有影响力。

塞涅卡与保罗约同一时间去世。保罗是在 64 年罗马大火后对基督徒展开的迫害中去世的，而塞涅卡则于 65 年以苏格拉底式自杀而辞世。

基督教福音书也大概是在这个时间写就的。所有的福音书都视耶稣为上帝之子。《约翰福音》(The Gospel of St John) 中称耶稣为上帝的话语 (Word of God)，是其神创的工具。约翰的说法与犹太哲学家斐洛相似。斐洛与耶稣约处同代，写过一些调和柏拉图思想与希伯来圣经的论著。但约翰的根本思想却与斐洛的大异其趣。约翰认为，上帝的话语在世界未创造之前就与上帝同在，与生活并死于加利利 (Galilee)、朱迪亚 (Judea) 的作为人的耶稣是一回事。希腊神话里有众多化身而成的神，亚历山大就宣称自己是宙斯之子。不过以前并没有作为先例的思想认为，一神论的犹太教上帝，作为超验之神会迥然不同于色诺芬尼、巴门尼德和柏拉图的神人同形之神，采取肉身形式，生活在人间。这种基督教肉身转世的信条，为一种精致的新哲学观念提供了肥沃的土壤，从而影响了人们对神性和人类本质的思考。

基督教与诺斯替教

在 2 世纪和 3 世纪，由规训严格的教堂所组建的基督教传遍整个罗马帝国。基督教主要由主教统领在城市和共同体中把控。基督徒称非基督徒为"异教徒"，这个词最早的拉丁语的意思是乡下人。在这期间，基督徒对哲学的看法发生了变化。一些早期的基督教作家，如从柏拉图派皈依基督的殉道者查士丁 (Justin Matyr)，把柏拉图对话的文本引入到基督教的目的中来。他认为柏拉图是受到了希伯来圣经的影响。其他人，比如非洲作家德尔图良 (Tertullian)，声称雅典和耶路撒冷没有任何共同之处，并对所有制造斯多亚、柏拉图和辩证法式的基督教的企图予以痛斥。

但是，正统的基督教神学家在 2 世纪与敌对的异教哲学体系作战，而不是与教会内的团体进行斗争，这些团体勾兑出柏拉图式宇宙论、犹太预言、基督教神学和东方神秘阴谋的混合物。然而，耶稣和保罗向穷人和文盲布道的福音，并不比那些有学问的拉比[1]或博学的哲学家所说的少。而这部分人都称为诺斯替教徒（Gnostics），他们宣称拥有从首批使徒那里秘传而来的神秘知识（Gnosis，灵知），除了单纯的信徒身份，他们还居于特权地位。

诺斯替派信徒并不认为物质世界是由善良之神所创，而认为是一些次级的邪恶力量所为，创世则完全是一场灾难。宇宙由位于行星的邪力统治，一个真正的诺斯替派信徒应力戒参与世间一切事务。死亡来临之际，如果灵魂被诺斯替派仪式净化过，就会飞向神居的天堂，凭借咒语之威力，灵魂能冲破沿途由邪力所设置的障碍。因为世界是邪恶的，所以结婚生子是有罪的。一些诺斯替派信徒过着苦行僧式的生活，另一些人则纸醉金迷。然而无论如何，性都是可鄙的，此乃基本前提。

主流的基督教作家痛斥诺斯替派为异端邪说（"heresy"，对应的希腊词为"hairesis"，表示哲学流派）。他们更容易与教会以外的哲学家相处，比如在罗马皇帝统治下再次找到受众的斯多亚派的成员。然而，那些古典哲学传统的信奉者通常都瞧不起基督教，因为他们往往无法区分诺斯替派异端学说和传统犹太教。当斯多亚派哲学家马可·奥勒留于161年当上皇帝时，对基督徒无情的迫害开始了。

此时，罗马帝国盛极一时。到奥古斯都去世时，其北部边疆沿多瑙河与莱茵河已得到巩固；下一位继任者又旋即将不列颠变成了帝国的行省。帝国的统治一直延伸到整个北非海岸，于是地中海就成了罗马内海。在马可·奥勒留统治下，帝国东线领土拓展至幼发拉底河流域（Euphrates）。

在马克·安东尼（Mark Antony）被打败之后的百年间，罗马帝国由恺撒和奥古斯都家族统治。历代皇帝通过他们自身都不同程度地说明了绝对权力导致绝对腐化的格言。对于那些在帝国时代可以直接接触到皇权的人来说，这是一个极端残酷的时代，不时地伴随着宽恕、折磨和精神错乱。虽然罗马教廷是充斥着邪恶、憎恨与恐惧的渊薮，但帝国的和平却给居于广袤之地的百万生灵带来意想不到的福祉。欧洲、北非、近东几个世纪都享有着前所未有的、过后也不曾有的安宁。

---

[1] 拉比（Rabbi），有时也写为"辣彼"，是犹太人中的一个特别阶层，是老师也是智者的象征。指接受过正规犹太教育，系统学习过《塔纳赫》《塔木德》等犹太教（Judaism）经典，担任犹太人社团或犹太教教会精神领袖或在犹太经学院中传授犹太教教义者，主要为有学问的学者。——译者注

这要归功于那里的 12 万常驻军队，在当地辅助人员的协助下维持着安宁。罗马的市民和法律制度维持了横贯三大洲的共同体秩序。罗马修建的道路网络让旅行者将拉丁文学和希腊哲学带到帝国偏远角落。

在尼禄皇帝于公元 69 年去世时，恺撒王朝走到了尽头。翌年，有三位皇帝先后掌权，经过短暂而糟糕的统治后又相继死去。最后，一位曾在尼禄统治的最后岁月里在巴勒斯坦镇压过犹太叛乱的将军维斯帕西安（Vespasian）稳定了大局。他的儿子泰特斯（Titus）后来继任为皇帝，于 70 年洗劫了耶路撒冷并遣散居民。自此，在整个帝国，基督徒成为了犹太传统及其价值观的主要继承者。

虽然泰特斯的兄弟，即皇位继承者图密善（Domition），与尼禄在虚荣和残忍上不相上下，不过，他之后继位的诸皇帝还是相当可圈可点的。从 96 年至 180 年间，罗马帝国达到鼎盛时期。这段光景行将结束时，协调基督教与希腊哲学的工作有了实质性的尝试。亚历山大的克雷芒（Clement of Alexandria），于世纪之交以桌边闲谈的风格，出版了一套《杂集》（Miscellanies，*Stromateis*）。书中指出，对受过教育的基督徒来说，学习哲学不仅是允许的，而且也是必须的。希腊思想家是世界上青年人的导师，是神指派而来的，引导青年走向成熟。克雷芒让柏拉图成为反对诺斯替主义二元论的盟友，他检验了亚里士多德的逻辑，并赞扬从激情中解脱出来的斯多亚式的自由理想。他对《圣经》，尤其是《旧约圣经》（Old Testament）做了寓言式的说明，解释了为何受过教育的希腊人会发现其内容的粗鲁与不敬。这样，他在亚历山大建立了一个有悠久历史的传统。

克雷芒是位文集编纂者、大众化作家。比其稍小的同代亚历山大人奥利金（Origen，185—254）则是一位地道的思想家，也是基督教殉道者之子。在那个时代的文化气氛中，奥利金比克雷芒更少地感到自在舒坦。虽然饱学希腊哲学，还向亚历山大的柏拉图主义者阿摩尼阿斯·萨卡斯（Ammonius Saccas）问学，但他仍视《圣经》为第一导师，曾付出大量学术精力确立该书的正宗文本。

然而，奥利金还是把许多主流基督教视为异端的哲学思想吸收进了他的体系中。例如，他采用了柏拉图的观点，认为人类灵魂在其出生和孕育前就已存在。上帝最先创造的是自由精灵的世界，当这些自由精灵对无休止的崇拜感到厌倦时，上帝就创造了现世界。此世中，肉身化了的人类灵魂就禀有了不断超升的自由，凭借基督的恩典，通达永恒。奥利金还认为，所有理性存在者，无论是罪人还是圣人，恶魔还是天使，最终都能得到拯救，并获得永福。这点与基督教正统学说相冲突。他修正了保罗的肉体复活学说和教义。据他的一些门徒的说法，奥利金认为，死者会以以太的形式（in an ethereal form）而存在。而根据另一些门徒的说法，重生的肉体会采取球状的形式。因为柏拉图说过，球状是最完美的形状。

在造访雅典时，奥利金宣布了他关于宇宙终极救赎的洞见。埃及主教会议斥责其为异端，于是他被放逐到巴勒斯坦。他说，相比指责他的主教，他再也不希望说任何恶魔邪恶了。在放逐期间，他写了一本护教书，反对异教徒、柏拉图主义者塞尔苏斯（Celsus）。《驳塞尔苏斯》（*Against Celsus*）运用哲学论证，支持基督教对上帝、自由以及来世的信仰，并诉诸预言的实现和奇迹应验来证明基督启示的真实可靠性。在罗马皇帝德西厄斯（Decius）统治期间迫害基督徒的反复折磨下，奥利金于254年去世。

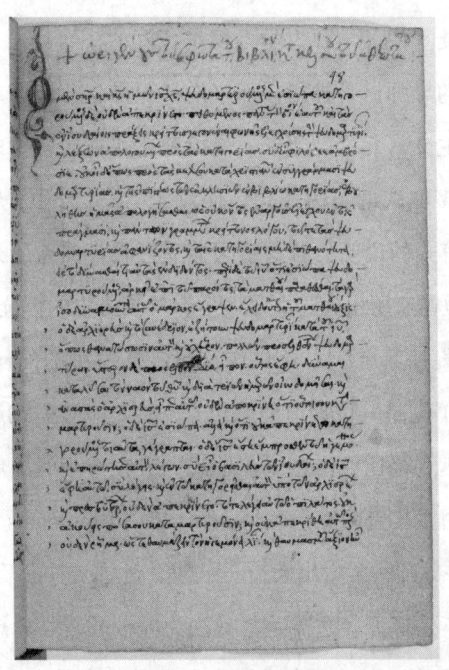

图14　奥利金《驳塞尔苏斯》希腊文文稿，《驳塞尔苏斯》被认为是最重要的早期基督教护教书。
（图片来源：Wikimedia Commons）

新柏拉图主义

与奥利金同时代且都为阿摩尼阿斯·萨卡斯门生的，是最后一位伟大的异教徒哲学家普罗提诺（Plotinus, 205—270）。普罗提诺是柏拉图的崇拜者。他的哲学给人如此一个新印象，以至他不是作为柏拉图主义者，而是新柏拉图主义的奠基人而闻名。在军队短暂服役后，他定居罗马，并在皇室的资助下沉浸于在坎帕尼亚（Campania）建立一个柏拉图共和国的设想。在他去世后，其著作由他的门徒也是传记作家波菲利（Porphyry）编辑整理。波菲利将其论文分为六组，每组九篇，故称《九章集》（Enneads）。普罗提诺的文风紧凑而晦涩，涵盖众多哲学论题：伦理学、美学、物理学、宇宙论、心理学、形而上学、逻辑学和认识论等。

普罗提诺哲学体系中占主要地位的是"太一"（the One）。"太一"在古代哲学中并不是指自然数列1、2、3、4中的第一个数字，而是一个形容词，意为"统一的"或"全部集于一体的"。普罗提诺的这种用法经由柏拉图，来自巴门尼德。巴门尼德认为，"一之一性"（Oneness）是存在的关键属性。严格说，我们并不能说出任何有关"太一"的句子，因为将主谓词分开表述的用法意味着分裂和多元。在其所保留的神秘意义上，"太一"和柏拉图的善的理念是一回事，它是所有实在的基础。作为真正的善（The Good），它是所有价值的标准，但其自身却又是超越一切存在和善（goodness）的。

在这至高且绝言超相的巅峰下，是由心灵或理智（nous，努斯）所控制的次级实在。这是"太一"自身反映的产物，也是柏拉图理念的核心所在。两者之实存都依赖于此，并构成其自身结构的实质部分。在沉思理念中，心灵自我理解。这并非是个枝枝蔓蔓的过程，而是一种无止境的直觉。

心灵的次一层由灵魂占据。和心灵不一样，灵魂在时间中运作。实际上，它是时空的创造者。从两个方向来看灵魂的话：向上是心灵，向下乃自然。在两个方向上，灵魂都看到自己的反映。自然依次又创造了物质世界，充满着奇迹与美，即便其实体只是由诸如梦幻之物所构成。在所有层级中，最低级的是赤裸的质料，构成实在的最外层的限制。

实在的这些层级并非各自独立,而是互相依赖的,每一层级出于某种理由而非临时性地依赖着上一层。在来自太一的持续流溢之单一朝下进程中,一切都有其位置。这个体系令人印象深刻,但无论如何我们会感到惊异:假如把这些提升为学说,那么,普罗提诺是如何使听者相信这些神秘的学说为真的呢?

要想弄明白他是如何做到的,我们必须折回脚步,从基本质料到最高的"一",拾阶而上加以理解。普罗提诺起步于我们已见过的柏拉图和亚里士多德的论证。亚里士多德认为,那变化的终极基座,必定是不含有任何我们见到或打过交道的可变实体的属性。普罗提诺认为,拥有非质料属性的物质是无法想象的,犹如巴门尼德的非存在。

因此,我们一定不能允许出现亚里士多德的质料,这样就只剩下亚里士多德的形式了。这其中最重要的就是灵魂,它是人类的形式。我们能很自然地想到,有多少个人就有多少灵魂。但这里,普罗提诺则诉诸亚里士多德的另一个命题:形式是质料个体化原则。如果我们放弃了质料,就不能将苏格拉底的灵魂和桑提婆的灵魂区分开来。所以我们就得出结论,只有一个单一的灵魂。

为了证明灵魂在与任何特定身体相联系之前和之后存在,且又不依赖于身体,普罗提诺采用了和柏拉图的《斐多篇》相同的论证。他机敏地将灵魂依赖身体的论证翻转过来,因为这不过是身体肌腱的协调而已。他说,当音乐家弹奏竖琴的琴弦时,他弹奏的是琴弦而非曲调。但如果不是为了曲调,乐师也不会拨动琴弦。

但现在问题又来了。一个超然的非物质的世界灵魂,是怎样体现于那易腐坏的复合的身体的呢?为了解决这一问题,他说我们应该翻转这个问题:不要问灵魂是如何进入肉体的,而要问肉体如何能在灵魂之中。回答是,身体为了自身的组织和持存之故而依赖灵魂,并居于灵魂之内。

这样,灵魂就管控着身体世界,并对其颁布命令,运作得智慧而又稳当。但是,治理世间的智慧并非本有的,而必定来自外界。智慧不能来自物质世界,因为正是智慧在塑造物质世界。它必须来自在本性上与理念有关的东西,因为理念才是理智活动的模式或范式。那么,这只能是世界之心灵(World-Mind)了。它既构成了理念,其本身也由理念构成,即它是自身思考的对象。

普罗提诺继续指出,在所有思想中必定存在思想家和与其所思的区别。即便是思想家在思考自身时，还是存在着主体与客体的两重性。而且，作为心灵对象的理念在数量上是多。于是心灵包含着多样性，因而是复合的。和许多古代哲学家一样，普罗提诺也接受如下原理：复合物一定依赖某种更简单的事物。这样在路之尽头，我们向上通达到了无形式之物，那个唯一的"太一"。

虽然在普罗提诺去世后他的学说在罗马即归于寂，但其弟子及再传弟子却将他的观念带到了其他地方。波菲利的弟子杨布里科斯（Iamblichus）在雅典激发了研究新柏拉图学说的风气。勤奋博学的普罗克洛斯（Proclus，410—485），每天都要做五场演讲并写了七百行诗，以《九章集》详注而使其学术之树常青。普罗克洛斯因他所写的 18 篇驳斥有关基督教创世说的独立论文而名噪一时。雅典的新柏拉图学说是异教希腊哲学流派的最后辉煌，也是百科全书式评论亚里士多德的最有名学派之一。在普罗克洛斯去世 44 年之后，即 529 年该学派终结之际，辛普里丘（Simplicius）正在那里做研究。基督教罗马皇帝查士丁尼（Justinian）颁布诏书，按照爱德华·吉本（Edward Gibbon）的话说，"（诏令）使雅典各学说流派永远沉默，并激起了少数对希腊科学和迷信抱有信仰者的悲伤与愤慨"。

第六章
早期基督教哲学

阿里乌斯教与正统观念

当查士丁尼关闭雅典的诸学园时，罗马世界已经正式信仰基督教两百余年了。3世纪时，罗马帝国遭受众多侵扰，开始呈现出瓦解的迹象。284—305年在位的戴克里先（Diocletian）皇帝致力于强化有效治理。作为重整帝国统一运动之一部分，他下令铲除基督教会。但仅在这巨大的迫害10年后，其继任者君士坦丁（Constantine）就签署了《米兰敕令》（Edict of Milan），确立了信仰基督的自由。君士坦丁把他成功获得皇权归因于基督教上帝的帮助，于是在罗马建造了宏伟的教堂，晚年皈依基督教。

戴克里先皇帝的改革已经将罗马帝国一分为二了，即说拉丁语的西部罗马和说希腊语的东部罗马。君士坦丁把东罗马定都在东部黑海口的拜占庭（Byzantium），并重命名为君士坦丁堡（Constantinople）。这个城市作为新罗马而闻名。他还于325年在附近的城市尼西亚镇（Nicaea）主持了新解放的基督教会主教的首次总理事会。

为了正式确立耶稣之神圣性的意义，对基督徒而言召开大会是必要的。所有基督徒都同意，耶稣是神之子，但问题是，圣子是等于还是次于圣父。一个名叫阿里乌斯（Arius）的亚历山大神父认为圣子是次于圣父的：圣父永在，而其子稍晚。作为受造物的儿子，和其他受造物一样也得经受诸变化。阿里乌斯的观点引起了整个教会的争论与分裂。但是当主教们在尼西亚投票时，他们以压倒性的优势谴责了这一观点，并制定了一则信条，或官方陈述。尼西亚信经（Nicene Creed）肯定了正统教义，认为圣子与圣父是相同本体（ousia）的同一（homoousion）。

本体是被希腊哲学家经常使用的一个词。他们的文本在被翻译成英语时经常用"本质"（essence）一词。两个人，如彼得和保罗分享着相同的本质，即人性。而人和狗则有着两种不同的本质。按照这种解释，本质就和亚里士多德的第二实体是一回事了。在尼西亚信经的拉丁文版本中，圣子和圣父的关系被描述为具有相同的本体，或曰同质的。在尼西亚会议上，普世教会第一次但非最后一次通过引入哲学学术来确保基督教义的精确。

帝国的基督教化在几个方面影响了哲学的进程。最重要的，它悖论式地使犹太人的观念成为了一种普遍趋势。基督教和异教的冲突首先是一神论和多神论的冲突。基督教所宣称的一神是耶和华，他挑选出了犹太人并赐律法给摩西。但是，这个神既非巴门尼德的神，也非柏拉图或亚里士多德的神，也非伊壁鸠鲁和斯多亚的神，他从无创造世界，也正如基督教义所教导，他高于一切，要求犹太人以及整个人类对其忠诚和崇拜。

基督教的传播也引起了形而上学的革命，当然也改变了伦理学的品格。犹太人道德的中心是恪守神圣律法的观念，并且与律法观念相联系，如圣保罗所强调，罪的观念就是对神圣律法的违逆。希腊伦理学作品中则毫无类似的观念。圣保罗用来指称罪的希腊词"hamartia"，在亚里士多德作品中实际上是无差别地指代从谋杀到拼写错误之类的任何形式之过错。没错，斯多亚派也提到神圣律法，但基本上是隐喻意义上的。如果问他们律法是在哪儿颁布的，那么他们会困惑不解。但是，如果拿同样的问题去问犹太人或基督教徒，他们就会告诉你那是指《出埃及记》的"十诫"（Ten Commandments）。圣保罗已经教导基督徒忽略《圣经》中的许多具体规定，如饮食的戒条与割礼的要求。但是，神圣的律法在约束着人类，违反律法是最大的恶，这乃是基督教父的共同教诲。

大多数时代的哲学家都在神圣文本框架内进行哲学活动。描述从希腊思想到基督教思想变化的方式之一是，提供与哲学讨论对立的背景幕布的神圣文本《圣经》取代了荷马史诗。当然，基督教哲学家对待他们的神圣文本，要比希腊人对待荷马史诗严肃得多。柏拉图在很多论题上通过援引荷马和赫西俄德，来表达立场并报之以感谢；另一方面，他也能自由审查他们的文本并删掉那些错误的和令人不快的部分。在《圣经》段落中发现诸多疑难的基督教学者，也许可以给出他们神秘或者寓言式的解释。但是，无论怎样解释经文，文本都必须富含真理与教益。更有甚者，哲学家解释的自由也并非不受限制。因为教会不仅宣称有维持经文权威的权利，还能决定在两种冲突解释间如何做出选择。这在犹太教那里就有先例，而在古希腊人那里则没有。希腊哲学家因其信仰之非正统，如阿那克萨戈拉或苏格拉底，可能会遭到贬低。但是他们受到的是城邦普遍法律的惩罚，因为没有谁可以独立于城邦，当然也不会因为有失于维护正统而受到控告。

最后，具体的基督教义引发的具有哲学意味的议题，远超基督教语境下自身所能提出的。哲学追问的是死亡和不朽以及身体与灵魂的关系。但是，基督教关于耶稣将重回人间审判死者而后复活的信仰改变了这种哲学追问。对受洗和圣餐等基督教圣礼的反思，导致了符号的本质与效应的一般理论。这在范围上要比古代语言的语义学研究广阔得多。保罗关于恩典和预定的教义，导致了长达数世纪的对自由意志和决定论两者兼容性的探究。最直接的是，在君士坦丁皈依后的几个世纪，关于耶稣和神性之间关系的深入争论，导致了对个体同一性的理解发展出一系列新概念。

尼西亚会议并没有终结人和基督本质的争论。阿里乌斯的支持者重新集结，并于君士坦丁死后的337年赢得了君士坦丁二世的支持。他们拒绝尼西亚信经关于圣子圣父同质的教义，因为这意味着两者并无真正区分，而仅是同一实在的两面而已。相反，他们提出，两者的本质只是本质相似（homoiousion），而非本质相同（homoousion）。吉本（Gibbon）写道："每个世俗时代对由一个双元音激起的本质相似还是本质相同的激烈争论，[1] 都构成嘲讽。"实际上，嘲讽出于错位。信经里

---

[1] 本质相似（homoiousion）与本质相同（homoousion）在外观单词词形上的区别就是双元音"oi"和"oo"的区别。——译者注

希腊字母"i"的有无,就像联合国决议中"not"之有无一样。有些阿里乌斯主义者甚至不愿意承认圣子圣父本质相似论。在东西部大会上,君士坦丁强制性地做出妥协,在君士坦丁堡的圣索菲亚大教堂(Sancta Sophia)新教堂献礼会上宣读了一个信条:圣子被说成"像"(like)圣父,同时哲学术语"本体"则被省略。在君士坦丁及其继任者统治期间,除朱利安(Julian)皇帝试图恢复异教的短暂统治外,阿里乌斯主义是帝国中占支配性地位的宗教。这种状况一直持续到狄奥多西一世(Theodosius I)于378年就任才有所改观,因为他在西罗马长大,受到了忠于尼西亚信经的教育。

与此同时,一个新的维度加入了这场神学争论。基督教徒受洗礼时采用了"圣子、圣父、圣灵"的说法。在《新约》中经常提到的圣灵,被许多基督教思想家认其为神圣。因此,问题不仅是圣父圣子的关系,还有他们与圣灵的关系。希腊教会逐步倾向的提法是,他们三者是分离的,但有等同的神圣"本质"(*hypostasis*)。普罗提诺曾用该词来指太一、心灵和灵魂,其拉丁对应词为"实体"(*substantia*)。不过,说圣父、圣子和圣灵是三个实体,同时又说圣父、圣子同质,这就令人困惑了。然而,实体的双重含义不过是亚里士多德的第一实体(如苏格拉底)和第二实体(如人性)区分的复活而已。这三者的关系在381年君士坦丁堡会议上被确定称之为"三位一体"(Trinity)。

这次大会重申了尼西亚会议对圣子、圣父关系的理解,恢复其为"同质的"(consubstantial)说法。大会声明,圣灵和圣父、圣子一起受到崇拜;另一方面,圣子出于圣父,圣灵也从圣父而来,至于圣子、圣灵的关系则保持缄默,它也没有用词语"本质"(*hypostasis*)。对该教义的拉丁解释开始倾向用"位格"(persona)一词,该词最初指舞台剧中的面具,但也是我们"人格"一词的起源。

道成肉身的神学

君士坦丁堡会议宣告东罗马帝国阿里乌斯主义的终结。狄奥多西通过迫害来推行他的法令。但是,蛮族哥特人(Goths)中的异教徒则幸存下来。哥特人在成功跨过多瑙河后,很快又占领了西罗马的大部。除了这个教义决议外,君士坦丁堡会议还签署了一项法令，"君士坦丁堡的主教仅次于罗马主教，因为它是新罗马"。

在随后的二三百年里，罗马主教逐渐成为高级主教，即便是那些由使徒所建的安提俄克（Antioch）教堂和亚历山大（Alexandria）教堂也如此接受。罗马主教隔三岔五地干预其他教堂事务也被接受，有时也颇受欢迎。君士坦丁给教皇西尔维斯特（Silvester）提供了一个有尊严的职位，并在罗马拥有一座漂亮的宫殿，这加强了教皇的权威，尽管这并不像后来的教皇伪造的那样，在意大利和西方拥有相当大的统治权。西尔维斯特派出代表参与尼西亚会议，其继任者也坚定地捍卫其教义。但罗马教会憎恨君士坦丁堡成为主教中的第二位的教规，因为这意味着它自己的传统权威来源于它在帝国首都的位置，而不是因为它声称是使徒彼得和保罗所建。

基督教界领导权的竞争也反映了5世纪的教义争论。这个争论并不关注三位一体的位格关系，而是关注耶稣本人的神性和人性的交集问题。如所有人都同意的那样，耶稣是神，玛利亚是耶稣的母亲。但这意味着玛利亚是神之母吗？许多民间传教士都这样认为，但于428年新任君士坦丁堡主教的聂斯托里（Nestorius）不这样认为。在他看来，玛利亚给予耶稣的是人性而非神性，如称其为神之母就会混淆两者。彼时，亚历山大城的主教是西里尔（Cyril），是个残忍且气量狭小的人，他杀害了古代的女哲学家、新柏拉图主义者希帕蒂亚（Hypatia）。他立即痛斥聂斯托里为异端：如果他不相信耶稣之母是神之母，那么他必然不是真正相信耶稣是神。

随着争论的传播，争论也愈发尖锐。狄奥多西二世于431年在以弗所召开了基督教大会。借助神学上的争论、贿赂、恐吓和民粹主义的狂热等多种手段，西里尔说服了一个令人怀疑的夸夸其谈的集会来谴责聂斯托里。与会的主教们接受了西里尔的提议，认为神性和人性在基督身上是确实显著不同的两种本性，然而它们统一成了一个本质。因此，人性（如由玛利亚所生，死于十字架）能够归诸上帝之子，神性（如创造世界和奇迹）则归诸耶稣这个人。[1]

在关于三位一体的争论中，哲学问题在于，如果圣父、圣子和圣灵不是三位

---

[1] 此处可能出现混淆，应该是神性归于神之子，人性归于耶稣其人。——译者注

神,那么他们三者是什么呢?答案是本质或位格。然而,问题又来了:如果耶稣的人性区别于他的神性,那么两者统一于什么?答案还是本性或位格。我们在日常生活中如此熟悉位格概念,则归功于对这父子的神学争论。

正如尼西亚会议没有解决在天国的圣父、圣子的关系之争一样,以弗所会议也没有解决圣子在尘世的道成肉身(incarnation)之争。一些西里尔的亚历山大派支持者认为,西里尔妥协说耶稣有双性也不对,圣子永远只有一个与人本质不相联系的神性。一旦道成肉身,他通过两者联合而拥有单一性(monophysitism)。这些极端主义者在以弗所第二次会议中,得到主张基督单一性的亚历山大派教义的认可。

罗马的利奥(Leo)教皇缺席了这次会议,但他递交了书面声明,即著名的《利奥大卷》(Tome),力挺双本质教义。当他听到会议的结果后,痛斥大会是强盗的巢穴。在《利奥大卷》的支持下,君士坦丁堡回击了亚历山大派。在451年的卡尔西登(Chalcedon)会议上,基督单一性论受到谴责,双本质教义得到重申。基督是完美无缺的神和完美的人,有人的身体和人的灵魂,在他的神性上与父亲同在,在人类中与我们同甘共苦,在没有混乱、变化、分裂或分离的情况下,被承认为两种性质。

自此,第一次以弗所会议与卡尔西登会议教义成为正统文本[1]。但是,它们并未立即被普遍接受。直到今天,一些聂斯托里派和基督一性论团体还在证明失败一方的坚强决心。以哲学观之,早期宗教会议的意义在于:作为其慎思的结果,"本质"(essence)、"实体"(substance)、"本性"(nature)和"位格"这些术语再也无法完全一样了。

奥古斯丁的生平

当三位一体和道成肉身在东罗马通过一系列宗教会议来确定时,西罗马教会的纠结在于,神的目的和人类自由关系的争论。在这些争论中,最有影响的人是希波

---

[1] 原文为"test",疑为"text"之误。——译者注

城的奥古斯丁（Augustine of Hippo），他是所有基督教哲学家中最有影响力的人物。

奥古斯丁于354年生于今天阿尔及利亚（Algeria）的一个小镇上。其母是虔诚的基督徒，其父则是个异教徒。虽然他受到了拉丁文法与修辞方面的基督教教育，但是他小时候却未接受洗礼。在粗通希腊语后，他就获得了修辞学教师资格并在迦太基授课。18岁读到西塞罗的《荷滕西斯》（*Hortensius*）后，他便痴迷地爱上了哲学，特别是柏拉图哲学。他追随摩尼教（Manicheism）约10年。摩尼教是一个融合拜火教、佛教、犹太教和基督教等多种因素的宗教。摩尼教徒相信存在两个世界，一个是由上帝创造的精神之善与光明的世界，一个是由恶魔创造的邪恶的肉欲的黑暗世界。他们对性的嫌恶给奥古斯丁烙上了终生印记，虽然他年轻时曾和情妇一起生活过几年，并与之生有一子阿德奥达图斯（Adeodatus）。

383年，他越过地中海来到罗马，旋即又搬到米兰。米兰后来成为西罗马帝国的首都。在米兰，他对摩尼教再也不抱幻想，开始考虑到帝国行政部门谋职，并放弃了粗鄙的情妇，打算迎娶一位女继承人。他开始结交米兰的安布罗斯（Ambrose）主教。这位主教是高扬宗教与德性的伟大斗士，反对狄奥多西皇帝所代表的世俗势力。安布罗斯和他母亲莫妮卡（Monica）的影响、以及对柏拉图和新柏拉图主义的研究改变了他，使他倾向基督教。经过一段时间的痛苦犹豫后，奥古斯丁于387年接受了洗礼。

在他成为基督徒的最初几年里，奥古斯丁写出了许多哲学著作。关于上帝和人类灵魂的系列对话清晰描述了他拒斥摩尼教的原因，并构想出基督教新柏拉图主义。《驳学园派》（*Against the Academics*）详细驳斥了学园派怀疑论的观点。《论理念》（*On Ideas*）呈现了他对柏拉图理念论的看法。理念不依赖于上帝心灵就不存在，然而，诸理念在上帝之内永恒不变地存在。在他看来，理念与灵魂的相通并非经由前世的回忆，而是通过直接的天启。年轻的奥古斯丁也写有论述恶的起源和自由选择的著作。《论自由意志》（*De Libero Arbitrio*）是许多大学的哲学系仍在使用的读物。

在他的母亲于388年死于奥斯底亚（Ostia）后，奥古斯丁返回非洲，并在他的出生地塔加斯特（Tagaste）创建了一个哲学团体。对他们所讨论的问题以及奥古斯丁的解答，冠之以"论83个不同的问题"（*On 83 Different Questions*）的标题出版。这期间，他还写了六卷本的音乐著作，还有一本力作《论教师》(*De Magistro*)[1]，包含了大量关于词语的本质和功能的富有想象力的反思。他也写了《论真宗教》(*On True Religion*) 一书，认为哲学家从普罗提诺的三位一体转向基督教的三位一体是重中之重。所有这些著作都是在他找到最终使命，即于396年被任命为牧师前完成的。稍后他做了执事，396年成为阿尔及利亚希波城主教。此后他一直居住于此，直到430年去逝。

作为主教，奥古斯丁的著述更为惊人。除了200封书信和500篇布道辞，还有100多卷著作，包括3部对《创世记》(*Genesis*) 中创造概念的论述、15卷的论三位一体等。据说，奥古斯丁的著作产量相当于拉丁文出现以前所有幸存下来的文集总和。

最为著名的著作是他在荣升主教不久后写的自传《忏悔录》(*Confessions*)。该书以第二人称的方式向上帝告白，其造成的坦率和心理张力效果是前所未有的，也几乎从未被超越。在叙述和祈祷之间穿插着许多敏锐的哲学观察。

让我们以下文为例，考察一下奥古斯丁是如何叙述他学说话的。

> 大人并没有像后来教我学字母顺序般地教我说话。主啊，我是凭借你给我的理智自学的。我竭尽全力表达我的内心情感，或大喊大叫、或手舞足蹈地尝试，但是仍不能表达我对每个人想说的一切。于是我采取记忆方法，他们如何指称一物，如何说出对象，我就看着，并记下了当他们想要注意某物时，他们就使用那个名称来说出。一切民族的自然语言都是如此，这些意义明白地体现在他们身体的动作、面部表情、眼睛所视、肢体的姿势和语调上。这些都暗示了心灵的情感：渴求与拥有或拒绝与逃避。这样，通过不断地学习在不同的句子中出现的词语，我就领会了它们的意义。而一旦训练用嘴巴来发声时，我就表达了我的愿望。于是，我开始和身边的人分享我们的意愿。由此，我更深地进入到人类生活的丰富交往中。

---

[1] 冯译本此处翻译成"还有一本语义学著作《论秩序》"，而原文为"an energetic work *On the Teacher*"，颇令人费解。——译者注

图 15　圣奥古斯丁肖像画，17 世纪法国画家菲利普·德·尚帕涅（Philippe de Champaigne，1602—1674）作。
（图片来源：Wikimedia Commons）

直到 20 世纪，哲学家们才通过婴儿如何获得语言的方式，再次表现出如此敏锐的兴趣。

在《忏悔录》卷十一，奥古斯丁对时间的本质提出了著名的追问。该探究针对的是反对者的问题：世界开始之前，上帝在做什么？奥古斯丁没有粗暴地拒斥，"让提出这种好打听的问题者下地狱"，而是回应说，在天地之剖前不存在时间。我们不能问上帝那时在做什么，因为不存在时间就没有"那时"（then）。同样，我们也不能问世界为何不更早些被创造，因为在创世之前，不存在"更早"。说上帝在创世前的某个时间存在是误导人的，因为在上帝那里不存在前后相继。在上帝之内，今天不是代替昨天，也不是导向明天，只有永恒的现在。

为了捍卫对永恒性的说明，奥古斯丁不得不指出：时间不是真实的。他问："时间是什么？""如果没人问我，我还知道。如果我要向提问者解释，我反倒不知道了。"时间由过去、现在和将来构成。但是只有现在存在，因为过去不复存在，将来尚不存在。但只是现在的现在就不是时间，而是永恒了。

我们会说更长些或更短些的时间，但我们如何度量时间呢？假如我们说过去了一段很长的时间，我们是指作为过去过去很久了，还是作为现在过去很久了？只有后者才有意义。但是，任何事物如何在现在中是长久的，既然每个现在都是瞬间？瞬间的总和并不比瞬间更长。任何时间段都不可能共存，那么，它们是如何加总成为整体的呢？任何度量都必须在现在完成，那么，我们如何才能测量已经过去的过去以及尚未发生的未来呢？

奥古斯丁对这些疑难的解决方案是，时间只存在于心灵中。过去不存在，但我现在领会到它，因为此刻它在我的记忆中。将来也不存在，因为它在我们的当下预见中。因此，我们不应该说有三重时间：过去、现在和将来，而应该说，存在过去事物的现在（即记忆）、存在现在事物的现在（即所见）以及存在将来事物的现在（即期待）。时间的长度并非真正的时间长度，而是记忆或期待的长度。

奥古斯丁的解释并没有真正解决他提出的全部疑难，他也没有自称解决了。但他不是提出时间主观理论的最后一位哲学家，并且在对其有利方面，他的论证与任何后来提出的理论都同样精细。

上帝之城与恩典之神秘

在《忏悔录》完成后 13 年，阿拉里克（Alaric）领导下的哥特人洗劫了罗马城。异教徒把这一灾难归咎于基督徒丢弃对自己城邦诸神的信仰。所以在急需诸神时，诸神抛弃了他们。为了回应此论，奥古斯丁用时 13 年写出《上帝之城》（The City of God），对罗马帝国的历史以及古代世界的其他诸方面给出了基督教视角的分析。

奥古斯丁把以耶路撒冷为象征的上帝之城和以巴比伦为象征的世俗之城相对比。巴比伦居民轻蔑上帝，以自爱作驱动力；而耶路撒冷居民忘记自我，以爱上帝作为驱动力。两个城市都以正义与和平为目标，但对这同一目标抱有不同的观念。巴比伦不等于异教徒国家，耶路撒冷也不等于基督徒国家。异教徒的帝国并非一切都是错的，而基督教皇帝也可能是个罪人。比如，安布罗斯把狄奥多西皇帝逐出教堂，惩罚其于 391 年在帖撒罗尼迦（Thessalonica）犯下滔天的大屠杀之罪就表明了这一点。

上帝之城并不等于现实的基督教会，虽然在随后的几个世纪奥古斯丁的著作常被看成是教会和城邦关系的指南。犹如柏拉图的乌托邦理想国一样，奥古斯丁显然也让自己陷入了冲突，因为上帝之城在天国的这一边并无任何实现之地。

奥古斯丁的论述是散漫的，有时也显得冗长，但它包含了许多具有伟大洞察力和感染力的内容。试举一例，正是在这本书中，奥古斯丁规定了后来几代人如何解释圣经"不可杀生"戒律的路向。首先，戒律不允许把自杀当成例外。自杀对基督徒来说是被排除在外的，即使动机是为了逃避罪孽或羞辱。另一方面，不可杀生并不及于人之外的生物。

> 当我们读到"不可杀生"时，我们就认为这不是指草木，因为它们没有任何感觉。也不是指那些非理性的动物，如天上飞的、水里游的、地上走的和爬的，因为它们和我们也没有任何理性的联系，没有被赋予像我们人类一样的理性。因此，正是通过造物主的正当安排，它们的生死是从属于我们需要的。

那么，当我们说到人类对对方生命故意采取的死刑和战争行为的道德时，这又指什么呢？与早期其他基督教思想家的和平主义不同，奥古斯丁认为，战争并不总是错的。如果发动战争是出于神圣的权威，执行死刑是根据城邦的法律，那么禁止杀生的戒律并没有被违反。但是，奥古斯丁也不是一个出于自身之故来美化战争的人。战争的目的仅仅是为了公正的和平，即便如此，至少也有一方表现为罪恶。只有正义占据主导的一方才有权命令士兵去杀生。"如果去掉了正义，一个国家不就是一帮大规模犯罪的暴徒吗？"

《上帝之城》以对两个城市达到各自顶点的说明来结尾：一个在天堂，一个在地狱。基督将在最后的时刻莅临，审判生人与死人，纠正那现存的好人受苦、恶人享福的不公正。耶稣的身体复活后，带着对上帝的爱而死的善良的基督徒将在上帝之城享受天国的永福,而无悔意的基督徒、异教徒和所有未受洗礼之人,无论是成人还是小孩,都将受到诅咒,并在地狱中饱饮永恒的烈焰。挑选什么人来拯救,同样地,选择谁被诅咒,都是上帝先于众生出世,或先于众生做出任何善恶之举前,就做出的决定。

奥古斯丁在最后的岁月主要考虑了神圣的预定和人类的善恶之间的关系问题。罗马被洗劫之后,英国的修道士佩拉纠(Pelagius)逃到了非洲。他坚信即使在神人关系上,人类也享有自由和自治。他认为,亚当的原罪除了给后人树立了坏榜样之外,并未败坏后人的德性。人类在其全部历史中,都充分保有行善或作恶的意志自由。死亡是出于自然的必然性,而非对恶的惩罚。合乎道德地运用自由的异教徒死后也进入至福之地。上帝给了基督徒洗礼之特殊恩典,从而使他们享有天国之更优越的幸福。上帝将这些殊荣分派给他预见的配享之人。

所有这些对奥古斯丁而言都是可憎的谬论。他认为整个人类从某种意义上说都参与了亚当的原罪,因此所有人都从他那里通过有性繁殖,在基因上继承了遗传的罪性与德性。亚当、夏娃被逐出伊甸园后[1],我们堕落了,毫无自由可言,孤立无助而不能为善。我们需要上帝的恩典,不仅是为了升入天堂,也是为了避免一种继续作恶的生活。奥古斯丁曾在年轻时代就从哲学上证明了人类享有选择的自由。现在,他认为人类所拥有的自由只是选择这种而非那种恶的自由。恩典被分派给这些人而非那些人,不是根据任何现实的或者可预见的善功,而只是根据上帝深不可测的美意。作为亚当的后裔,我们都属于受诅的大规模遭毁灭的对象。我们当中只有一些人因上帝的仁慈而受到赦免,对此我们无理由加以抱怨。

佩拉纠的教义在418年迦太基会议上受到谴责,但争论依然继续,而奥古斯丁的地位也在持续巩固。非洲和法国的修道院僧侣们抱怨说,如果奥古斯丁关于人类自由的观点哪怕就是对了一点点,那么规劝和惩戒就都是徒劳的,而且僧侣生活的所有规训也失去了意义。对此,奥古斯丁坚持认为,不仅是基督的最初召唤,甚至最虔诚的基督徒坚毅地走向死亡也纯粹出于恩典。他以一个84岁的僧侣包养情妇为例来说明这点。

---

[1] 原文为"the Fall",依据上下文译为"亚当、夏娃被逐出伊甸园"。——译者注

如果预定对拯救而言是必须的,那么批评者则反问道:这是否就足够呢?一个受到恩典的人能拒绝它吗?如果是这样,那么人类自由将在个体命运中真正发挥重要作用。那么在历史终结时,人类将分成三种等级:因为被赐予并接受恩典而进入天堂的人,因为被赐予但拒绝接受恩典而下地狱的人,因为根本从未被赐予恩典而下地狱的人。奥古斯丁最终否认了人类哪怕是一丁点的选择:恩典不能被拒绝,也不能被克服。只有自由和决定论互相兼容时,人类在拯救上才有自由。最终只存在两种等级的人:即被赋予恩典的与未被赋予恩典的,或预先被选定的和道德堕落的。但是为什么一个人是预先被选定的,而另一个人是堕落的,这是个无法回答的问题。

如果我们以两个小孩为例,他们同样受缚于原罪,而追问为何一选一弃;如果我们以两个有罪的成人为例,追问为什么一个受召而另一个没有,每种情况下上帝的判定都是不可理解的。如果我们以两个圣洁者为例,追问为何一个得永生而另一个没有,上帝的判定就更难理解了。

所有这些关于原罪、恩典和预定的教义都是以圣保罗的文本特别是《致罗马人的圣使徒书》(*The Epistle to the Romans*)为根据的。但是,奥古斯丁比保罗更进一步,他关于预定的教义致使他或多或少以令人信服的方式捍卫《提摩太前书》(*First Epistle to Timothy*)的观点:上帝意愿所有人都得到拯救,并获得真理的知识。

奥古斯丁死于 430 年,其后继者则跟佩拉纠及其追随者们继续论战,直到 529 年奥兰治会议(Council of Orange)谴责并对佩拉纠主义做了相当的调整才告结束。令人费解并饱受攻击的预定论神学家与平易近人的《忏悔录》自传作者大不相同,但是,正是年老的奥古斯丁才在整个教会历史上占据更大的重要性。在整个天主教的中世纪里,奥古斯丁比任何其他基督教父都享有更高的威望。而在宗教改革时期,他的影响力不降反升。约翰·加尔文(John Calvin)进一步砥砺与巩固了奥古斯丁的教义,犹如奥古斯丁砥砺与巩固了保罗的教义一样。即便是在现在,当越来越多的人讨厌他而非阅读他时,奥古斯丁对基督徒思想的影响也是不可避免地难以磨灭的。他的天才思想继续吸引或排斥着基督教传统之外的许多人。

波爱修斯与菲洛波努斯

激发《上帝之城》创作的哥特人洗劫罗马事件，其实只是蛮族人对西罗马帝国及其首都发动的系列攻击的第一波。奥古斯丁弥留之际，汪达尔人（Vandals）已兵临希波城门下，不久他们就成了非洲大部和西班牙的主人。5世纪中期，匈奴人（Huns）侵占了高卢和意大利。凭借利奥教皇的雄辩术，他们才没有进攻罗马。法兰克人（Franks）占领了高卢，盎格鲁－撒克逊人（Anglo-Saxons）占领了不列颠。476年，西罗马帝国山穷水尽，末代皇帝罗慕路斯·奥古斯图卢斯（Romulus Augustulus）遭放逐。意大利成了阿里乌斯派基督教皇帝统治的一个哥特人的行省。

最有活力的意大利哥特王是493—526年在位的狄奥多里克（Theoderic）。他的一位大臣就是罗马贵族和元老曼利乌斯·塞维里努斯·波爱修斯（Manlius Severinus Boethius）。波爱修斯年轻时曾援引希腊文献写过几本音乐和数学的手册。他还计划翻译柏拉图和亚里士多德的所有著作。该计划虽未完成，但正是波爱修斯对亚里士多德逻辑学著作的翻译，才确保了西罗马在中世纪早期有可能接触到这些学问。波爱修斯对普罗提诺的学生波菲利的逻辑学导论给予了正统地位，并添加亚里士多德的《工具篇》作为附录。他还通过为几本亚里士多德著作作评注的方式，将亚里士多德的著作与斯多亚派发展的命题逻辑联系在一起，为这一事业贡献了自己的绵薄之力。

波爱修斯的逻辑学著作已成为许多学者最近研究的对象，而他关于三位一体的神学论著也有富含哲学意味的内容。从整个历史来看，他的最著名的单行本是写于524年的《哲学的慰藉》（*The Consolation of Philosophy*）。当时他因被怀疑参与反阿里乌斯的阴谋，已被狄奥多里克判处死刑而下狱。这本书受到广泛传阅，首先很大程度上是因为其文字优美；其次是因为它对人类自由和神圣预见问题的对立做出了最为精细的分析。但是，人们在这位面临殉道的虔诚天主教徒身上丝毫没有看到所期望的内容，该书详述了哲学提供的慰藉，而毫不涉及基督教带来的任何安慰。

《哲学的慰藉》一书共分五卷，每卷均有韵文与散文相间，讲述他在狱中与哲学女神的对话。他在卷一申辩自己的无辜，而哲学女神让他想起了苏格拉底的遭遇，并鼓励他像苏格拉底那样超越尘世。卷二发展了斯多亚派的主题，即与他自身价值相比，个人命运范围内的东西是不重要的。他已经从命运那里获诸多善物，那么他也必须安处命运所予之厄。然后，幸福不从财富、权力和名声中获得，这一观点通过柏拉图和亚里士多德而得到加强。于是，真正的幸福只有在上帝那里才能获得。事实上，得到幸福即是获得神圣性。虽然上帝在本性上是唯一的，但每个幸福者都是神。卷四以"为何恶人反倒发达"之问讨论了恶的问题，他的论证与柏拉图所呈现的方式是一致的，即恶人的发达只不过是外在的。

从卷一到卷四，哲学女神大量提到幸运女神。但卷五则远离这种哲学兴趣，转而反问，在神圣天命统治的世界里，存在运气和偶然之事吗？虽然波爱修斯能够区分随机事件和人类选择，但是他也承认，人类的选择即便不是出于随机，也难与预见将来发生一切的上帝相协调。"如果上帝预见到了一切，且无论如何也不可能犯错，那么，凭借所预见之天意之故，这一切就必然发生。"

波爱修斯的问题不同于奥古斯丁，他所讨论的不是预定（上帝意愿人合乎德性，并获重生），而是关乎预知（上帝知道人类将做或不做什么）。如果我们认为人类行为自由，而不是以上帝所预知的方式行动，那么他们似乎就有证明上帝为错的权能了。因为"如果人类的行为可以不顾预知而以不同的方式进行，那么就不再有关于未来的确定预知，而只有不确定的意见了"。波爱修斯承认，一个真正自由的行为不可能确定地被预知，即使是上帝也不例外。于是他转而诉诸神圣永恒概念，说上帝的预见并非真正地预见。

> 同样是未来的事情，当其关乎神圣的知识时，它就是必然的。但是，当从其本性来思考时，它又是相当自由和独立的……上帝把将来出于自由意志而发生的事件视为现在。

波爱修斯解释说，存在着两种必然性，一种是明白的直接的必然性，用命题说明即为：

> 所有人都必有一死。

另一种是有条件的必然性,用命题说明即为:

> 如果你知道我正在散步,那么我必然在散步。

上帝视之为现在的将来之事件并非直接的,而是有条件的必然性。

尽管波爱修斯以极度清晰的方式处理这一两难,但问题仍然存在。当然,有些事情确如上帝所预见的那样,因此如果上帝现在就预见到明天的海战,那么它就已经是现在。然而,波爱修斯的理论为随后几个世纪解决该问题保留了经典方案。

波爱修斯被誉为"最后一位罗马人,第一位经院学者"。无疑,在其著作中,他将古典哲学和中世纪学派专门的哲学联系起来,相比奥古斯丁有过之而无不及。但他并非古代的最后一位基督教哲学家,文法家约翰才是,即约翰·菲洛波努斯(John Philoponus),作为东罗马帝国的学者,他与波爱修斯构成区别。

菲洛波努斯的盛年在查士丁尼皇帝统治时期。查士丁尼于527年即位,即波爱修斯被判处死刑后的第三年。查士丁尼关闭了雅典的学园,并以主持罗马法的法典化而闻名。不久,他的将军就占领了前西罗马帝国的大部分地区。当时,亚历山大城的基督徒菲洛波努斯并未受到关闭雅典的异教徒学园的惊扰,而且还对看到其中最著名的学者、亚里士多德的注释家辛普里丘(Simplicius)的衰败而感到满意。因为菲洛波努斯正是作为亚里士多德最激进的批评者而名声大噪,遭遇辛普里丘可谓棋逢对手。

首先,菲洛波努斯抨击亚里士多德世界永恒存在的学说。在世界永存因果性地依赖上帝的意义上,一些异教徒哲学家愿意承认上帝是创世者。在我们所知的有秩序的宇宙于某个特定时间来自混沌的意义上,另一些异教徒哲学家也愿意接受世界存在一个开端。但当时所有异教徒哲学家都相信物质永恒,而基督教哲学家则认为这与天地产生于空无的创世说是不相容的。在其《论世界的永恒》(On the Eternity of the World)一书中,菲洛波努斯进一步认为,这和亚里士多德本人的无物能遍历有限数量的时间周期观点也构成矛盾。因为世界若无开端,那么它必然历经了无数年，更糟糕的是遍历了无数个365倍的天数。

其次，菲洛波努斯也攻击亚里士多德的力学。亚里士多德的自然与剧烈运动理论在解释抛物线运动时遭遇到一个难题。如果我抛出一个石子，脱手后，是什么在推动它向上且向前运动？它的自然运动是向下的，而我的手为了推动它向上运动，也已经不再作用于石子进行强迫运动了。亚里士多德的解释是，石子在每个给定的点上都被紧跟其后的空气所推动。菲洛波努斯揭示了这个解释的缺陷，他认为抛掷者施加给了抛物线一种内在动力或推动力。

在亚里士多德那里，自然运动的概念与自然位置的概念是紧密相联的。一物的自然运动是朝向其自然位置的运动。菲洛波努斯认为，唯有我们把宇宙看作一个整体，犹如动物有头、四肢和其他身体部分一样，那么自然位置的概念才是恰当的。进而，唯有我们把宇宙看成是一个造物主所设计的时，这个观点才是可信的。

在其著作《论创世》（*The Manufacture of the Universe*）中，菲洛波努斯将其动力理论广泛应用于整个宇宙。例如，天体在各自的轨道运行不是因为它们有灵魂，而是因为上帝在创造它们时给它们以合适的动力。动力理论清除了亚里士多德天文学中物理学与心理学的混杂。它使一种统一的动力理论成为可能，这对亚里士多德的理论无疑是个巨大改进。菲洛波努斯的理论一直未被超越，直到伽利略（Galileo）和牛顿（Newton）时代惯性理论的问世。

菲洛波努斯也拒斥亚里士多德的天体是由非陆地的元素、不朽的精华而构成的观点。如果动力理论扩展到天体和地球，那么这个拒斥就是必然的。但是，对于虔诚的基督徒来说，在人类可栖居的地球与上帝关系的意义上，它同样也可以稳妥地推翻太阳、月亮和星星等的世界是超自然之物的观点。

菲洛波努斯是一个哲学家，也是个神学家。他后来写了大量论基督教教义的著作。不幸的是，他对三位一体的处理导致他被指控为三神论（tritheism，即相信存在三位神），而他关于道成肉身的论述又明明白白地捍卫基督一性论。当查士丁尼为了捍卫自己的道成肉身理论而召他到君士坦丁堡时，他却未能出现。在他死后，当教会权威审查他的三位一体教义时，他的观点被定为异端。他对基督教思想的影响最终少得可怜，但他的影响超出了古老的罗马帝国领域，而恰恰在查士丁尼和征服者威廉之间的世纪里，最重要的哲学家就伫立在那里。

第七章
早期中世纪哲学

约翰·司各脱

自菲洛波努斯去世后的两个世纪，哲学史上乏善可陈。然而，期间的两大事件使得孕育出古典哲学和教父哲学的世界改变了模样。一是伊斯兰教的传播，二是神圣罗马帝国的出现。

在先知穆罕默德（Muhammad）去世后的 10 年即 633 年，伊斯兰教通过征战从阿拉伯本土传播到周边的波斯帝国及罗马帝国的叙利亚、巴勒斯坦和埃及等行省。698 年，穆斯林夺取迦太基，并于 10 年后成为整个北非的主人。711 年，他们跨越直布罗陀（Gibraltar）海峡，轻取哥特人的基督教国家，并横扫西班牙。到 717 年，其帝国已经从大西洋延伸到中国长城。唯有在 732 年，查理·马特尔（Charles Martel）带领法兰克人于普瓦捷（Poitiers）取得胜利，才中止了他们向北欧推进的步伐。

马特尔的孙子查理曼（Charlemagne）于 768 年成为法兰克王。他将穆斯林驱逐回比利牛斯（Pyrenees）山脉，但他对穆斯林在西班牙统治的触及不过是点到为止。其在法兰西的军事政治野心使其更想往东线施展。他征服了伦巴底、巴伐利亚和萨克森，并册立其子称王意大利。从一次罗马革命中解救出教皇利奥三世

（Leo III）后，查理曼于 800 年圣诞节在圣彼得大教堂被教皇利奥三世加冕为罗马帝国皇帝。当查理曼 814 年去世之际，西欧大陆几乎所有的基督教民都在他的统治下联合起来了。作为将军，他令人敬畏；当被激怒时，他又残酷无情。但作为整个基督教界的统治者，他对自己的使命抱有远大理想。他最喜欢的著作之一就是《上帝之城》。他渴望恢复文教事业，遂召集欧洲各地的学者，联合博学多才的约克的阿尔昆（Alcuin of York），一起主持位于亚琛（Aachen）的学校。虽然其中主要成员在从事其他学科研究，但有时也在哲学上表现出一种业余兴趣。

正是在查理曼的孙子即秃头查理的宫廷里，我们发现了 9 世纪最重要的西方哲学家约翰·司各脱（John the Scot）。约翰不是出生在查理曼的属地，而是爱尔兰。为了避免混淆，他在自己的名字后加姓"爱留根纳"（Eriugena），意为爱尔兰之子。他第一次从事哲学研究是在 852 年，当时他受兰斯（Rheims）的大主教之邀，撰文证实博学而悲观的僧侣戈特沙尔克（Gottschalk）之异教观点。戈特沙尔克被指控有罪是基于他认为存在一个双重的神圣预定：有位圣徒将被送上天堂，有位圣徒受诅而下地狱。他认为这一教义是足够合理的，以至奥古斯丁也暗示过此论。就像奥古斯丁时代的僧侣一样，辛克马尔（Hincmar）大主教认为这种教义对风纪不利，故请爱留根纳出场。

但在辛克马尔看来，爱留根纳对预定论的反驳，其疗效反倒比罹患疾病更烈。首先，他反对戈特沙尔克的论证是愚蠢的。不存在双重预定，因为上帝是单一不可分的；压根就不存在预定这回事，因为上帝是永恒的。其次，他认为并不存在物理意义上的地狱，这就拔出了受诅者宿命之毒刺。恶棍想从上帝那里逃向非存在，故上帝的惩罚只是出于不让其灭亡。《福音书》中提到的烈火审判是不分好人坏人的，区别在于，受到祝福者成为永恒的以太，而受诅者只是成了空气。戈特沙尔克和爱留根纳二人都受到了宗教议会的谴责，前者在 853 年的齐泽（Quiersy）会议上，后者则是在 855 年的瓦伦斯（Valence）会议上。

尽管如此，秃头查理还是委托爱留根纳将大法官狄奥尼索斯（Dionysius the Areopagite）的著作翻译成拉丁文本。共有四本论著，内容上属于新柏拉图主义，可能写于 6 世纪，向来被误认为是雅典某皈依使徒保罗者所著。爱留根纳的希腊知识表明了 9 世纪爱尔兰文化的发达水平，他努力投入工作，完成了翻译和评注。

这项任务也促使了他创立自己体系的欲望，于是他写出了5卷本的《论自然》（*Periphyseon*，*On Nature*）。他把自然分成四部分：能创造且不被创造的自然，能创造且被创造的自然，被创造且不能创造的自然，不被创造且不能创造的自然。很明显，第一自然就是上帝。第二个能创造而且被创造的自然是理智的世界，是柏拉图的理念，是上帝之子。第二自然创造了第三自然，即被创造而且不能创造的自然，这就是处于时空中，诸如动物、植物、石头等我们可见可感的事物所构成的日常生活世界。第四个不被创造且不能创造的自然，仍然是不被创造的上帝，但是，在这里，他不是造物主，而是万物最终的归宿。

爱留根纳对上帝保持着高度不可知论的语调。上帝非人类语言所能描述，他不适用于亚里士多德的十范畴。因此，上帝超越一切存在，说他不存在比说他存在也许更对。爱留根纳尽力将自己从彻底的无神论中拯救出来，他说，上帝的现在所做要好于现存之物。他认为，我们不能从《圣经》的字面上来理解上帝的话语，相反，犹如孔雀的羽毛有无数种颜色一样，他的每句话有数不清的含义。

弄清人类在爱留根纳四重图式中的适当位置并非易事。人类似乎横跨第二与第三自然之间。我们能动的躯体似乎明确归于第三自然，但它们又是我们的灵魂所创造，而灵魂与第二自然的对象更亲近。爱留根纳也曾一度表明，整个人类的家园栖息于第二自然，"人是某种理智的观念，为神圣心灵所永恒创造"。他必然思考了人的理念，因为他以柏拉图的方式系统地认为，属（spices）比其成员更真实，普遍比个别更真实。随着世界的终结，时空也归于消灭，所有受造物都将在不被创造且不创造的自然中获得拯救。

尽管受到希腊思想渊源的影响，爱留根纳的观点往往还是富于原创性和想象力的，但其教义与基督教正统显然是难以相容的，所以《论自然》一书屡遭申斥就不足为怪了。其论著出版三个半世纪后，一位教皇下令应当烧毁他作品的所有复制品，不过，此令并未得到有效实施。

阿尔金迪与阿维森纳

令人不解的是，在西方中世纪哲学的先驱中，基督教的爱留根纳与今天伊拉克和伊朗国内的一批穆斯林思想家相比，反倒显得不那么重要了。穆斯林除了是自身意义上的哲学家，还为西部拉丁世界广泛接触希腊思想提供了路径。

4世纪时，一批叙利亚基督徒认真研究了希腊哲学和医学。5世纪末，芝诺皇帝（Emperor Zeno）以异端为名关闭了他们的学校，于是他们迁徙到波斯。在伊斯兰教征服波斯和叙利亚之后，他们深蒙开明的巴格达的哈里发（Caliphs of Baghdad）之荫庇，恰好这也是《一千零一夜》（Arabian Nights）所处的年代。750—900年，这些叙利亚人将亚里士多德的文献译成阿拉伯语，并使得穆斯林世界可以接触到欧几里得、阿基米德、希波克拉底及盖伦的科学和医学等论述。同时，数学和天文学著作从印度引入，阿拉伯数字已被采纳。

阿拉伯思想家迅速开发希腊学术遗产。爱留根纳的同代人阿尔金迪（Alkindi）写成了亚里士多德《论灵魂》（De Anima）[1]的注释本。他对亚里士多德提到的令人困惑的两种心灵的部分做了杰出的阐释。所谓两种心灵是指创造事物的心灵和成为事物的心灵。阿尔金迪说，创造的心灵是单一的超人类的理智，为了产生人类的思想，它作用于个体被动的理智（形成的心灵）。950年死于巴格达的阿尔法拉比（Alfarabi）跟随这一解释，当然，作为伊斯兰教苏非派（Sufis）一员，又添加了该解释的神秘意蕴。

这个时期最重要的穆斯林哲学家是伊本·西纳（Ibn Sina）或称作阿维森纳（Avicenna，980—1037）。他生于布哈拉（Bokhara）附近，是个早熟的学者，十几岁时就掌握了逻辑学、数学、物理学、医学和形而上学。20岁时，他出版了一本涉及这些学科的百科全书。他的医术精湛而广受欢迎，后半生成了伊斯法罕（Isfanhan）王的御医。他以叙利亚语著作较少，用阿拉伯语的则很多，一百多部得以留存，或为原著，或为拉丁译本。他的《医典》（Canon of Medicine）是精心将希腊和阿拉伯的临床资料结集并融入自己的观察而成，欧洲从业医生一直到17世纪还在使用此书。正是从阿维森纳那里，人们了解了四气质说或体液说（血液、黏液、黄胆汁和黑胆汁），它们决定了人的健康和性格，依情形而成为乐观

---

[1] "De Anima"，冯译本误译作《动物志》。英文版维基百科有"On the Soul"（希腊语为 Περὶ Ψυχῆς，Peri Psychēs，拉丁语为"De Anima"），拉丁语"Anima"和英语"Animal"词形接近，但是也仅仅是接近而已。——译者注

的、冷静的、易怒的或抑郁的。

图 16　保存在耶鲁大学医学史图书馆中的阿维森纳《医典》手稿首页，约临摹于 1597 年。（图片来源：Wikimedia Commons）

阿维森纳的形而上学体系以亚里士多德为基础，但也做了修正，这对后来的亚里士多德主义意义重大。他采纳了质料和形式说并以自己的方式进行阐述。任何有形实体都由实体性形式下的质料构成，从而形成物体（即"形式的具体化"）。一切有形生物都属于特定的种属，但是任何物体（如狗）都不止有一个而是多个实体形式，比如，动物性使它成为动物，狗性（caninity）使它成为一条狗。

对亚里士多德主义者而言，灵魂是形式。据此理论，人有三种灵魂：植物灵魂（负责营养、生长和繁殖），动物灵魂（负责运动和知觉），以及理性灵魂（负责理智思维）。没有一个灵魂是先于身体而存在的，两种低等的灵魂是可朽的，但是高级的灵魂是不朽的、超越死亡；灵魂要么是幸福，要么是挫折，这与它所过的生活是一致的。根随阿尔法拉比对亚里士多德的解释，他区分了两种理智能力：通过各种感官获得信息的被动理智（receptive intellect），以及关涉人类掌握普遍概念和原则的能力单一的非凡的主动理智（active intellect）。

主动理智在阿维森纳的体系中居于中心地位：它不仅照亮了人类灵魂，而且是人类灵魂自身存在的原因。世界的质料和各种形式都是由主动理智流溢出来，但其自身则处于永恒不变的第一因（即上帝）流溢序列的末端。

在描述上帝的独特本质时，阿维森纳引入了本质（essence）和实存（existence）的著名区分。这是他从对通名如"马"的描述中得出来的。在物理的世界中只有个别的马，然而"马"一词却可以用于众多不同的个体。本质的"马性"（horseness）与这两种都不同，它既非一也非多，而是介于任何实际的马之非实存和实存之间，不偏不倚。

无论我们用何种存在物为例，我们都不可能找到说明该种事物实存的本质。即使我们对可以显示其存在的某物之种属做最详尽的考察，亦复如是。因此，如果我们发现某类事物存在，我们就必须找到把将实存添加至本质的外在原因。这样的原因可能有一个序列，但也并非是无穷的。序列的尽头必须是可以解释实存本质的一实体，其实存不是源自任何外在于它的某物，而是其本质所决定的。这样的存在被阿维森纳称作必然的实存（necessary existent）。当然，只有上帝才能满足之。正是上帝将实存加诸一切其他存在的本质上。因此，上帝的实存除了他自己的本质以外什么也不依赖，并永恒存在。阿维森纳总结说，既然上帝是永恒的，那么从他流溢出的世界也是永恒的。

阿维森纳是虔诚的穆斯林，他认为，先知的教诲和要求是唯一来自主动理智的启示，他小心翼翼地将自己的哲学体系与之协调。正如希腊哲学在荷马史诗的背景下产生，《旧约》和《新约》为犹太-基督教哲学提供了舞台，而穆斯林哲学则以《可兰经》（Koran）作为背景。但阿维森纳对圣书的解释在保守派看来是非正统的，因而他在基督教当中的影响比在穆斯林中还要大。

封建制度

阿维森纳去世时，基督教世界正历经巨大变化。查理曼对欧洲的统一并未维持很久，他之后的几任神圣罗马帝国皇帝，几乎都没能对德国以外的地区进行有效统治。然而，他们占据了层级复杂的金字塔型社会与政治结构（即封建制度）

的顶点。整个欧洲的大小庄园由地方领主统治，并拥有自己的法院和军队。他们又效忠于上一级更大的领主，承诺给予他们军事和财政上的支持，作为受其保护的回报。这些更大领主依次又是国王的下属或封臣。在很长一段时间里，这种封建制度为割据的欧洲维持了和平，但是封臣之间争夺封地的战争也时有发生。征服者诺曼底公爵威廉（Norman William）于1066年入侵英格兰的理由就是基于，前任萨克森王哈罗德（Harold）既已宣誓效忠于他，然后却又违背誓言在英格兰自封为王。

当地方土地所有权和封臣个人对最高领主效忠成为世俗社会的基础时，教会组织就越发变得高度集中了。的确，修道士所处的大修道院是大土地所有者，修道院院长和主教构成有权势的封建领主。当进入11世纪时，在罗马教廷（Holy See in Rome）的统治下，他们的地位更加显赫了。在10世纪和11世纪早期，几个招人反感且无能的教皇让路于一系列改革者。这些改革者力图根除神职人员的诸多无知、放纵和腐败，并通过强化独身制度来终结教士同居之乱象。首当其冲的改革者是教皇格列高利七世（Gregory VII），他对教权权威的强调令他与同样有雄才大略的德皇亨利四世（Henry IV）发生了冲突。

几乎所有中世纪思想家都认为，教会和国家是相互独立的，各有其神圣的来源，双方的权威都不源自对方。尽管存在大量较为基层的制度——国家的封建领主和君主制、主教辖区、修道院以及教会里的教级——但是都承认其普遍权威，即神圣罗马帝国皇帝和教皇。两个机构的目的是彼此区分的：国家为其公民提供世俗的安全和福利，教会则是辅助信仰者通往天国的精神需要。因此，原则上，二者的管辖范围是互补而非互竞的。当然，事实上也存在很多重叠之处，因而有引起冲突的可能。

格列高利和亨利之间的争执关乎主教的提名和任命。这显然是教会的关切，因为主教是神职，但主教往往也是殷实的领主，受到封建追随者的拥护，世俗的统治者对于他们的任命通常也兴趣浓厚。亨利四世曾不顾教皇禁令，个人任命了德国的主教，而拥有废黜君主权力的格列高利教皇又放逐了他，就是说禁止他参加任何教会活动。这样一来的后果就是，免除封臣对皇帝的效忠义务，而要恢复它，皇帝必须亲自到卡诺萨（Canosa）在雪地里向教皇求情。

圣安瑟尔谟

在英国，情况也同样如此。在征服者威廉继任者的统治下，教会与王权的关系也时常紧张。教皇和国王之间的争执，在 11 世纪最重要的哲学家坎特伯雷的圣安瑟尔谟（St Anselm of Canterbury）生活中占据重要地位。安瑟尔谟是在阿维森纳去世前出生的，作为哲学家，他在好几个方面与阿维森纳有些相似，但其哲学的出发点却与阿维森纳有很大的不同。安瑟尔谟生于意大利，在诺曼底的贝克（Bec）修道院研习奥古斯丁著作，他的老师是后来成为征服者威廉的坎特伯雷大主教的兰弗朗克（Lanfranc）。安瑟尔谟在贝克从僧侣开始，最后成为贝克修道院院长。他写了一系列简短的哲学与沉思式著作。在《论语法学家》(*On the Grammarian*) 一书中，他反思了语法和逻辑的结合处以及能指与所指的关系。例如，他比较了名词和形容词、实体和属性的区别，并撰文分析这一对比关系。在他的《独白》(*Monologion*) 一书中，他提出了上帝存在的一系列证明。其中有一个是这样的。任何存在物都通过他物而存在，但并非一切都通过他物而存在，因此必须有某种东西是通过自身而存在的。这个论证曾引发了阿维森纳的兴趣，但安瑟尔谟发现它并不完全令人满意。在一篇冠之以《宣讲》(*Proslogion*) 的致上帝的沉思中，他提出了一个不同的论证，并因此在哲学史上一举成名。安瑟尔谟对上帝说：

> 我们相信，你是这样的一个存在，我们无法构想出一个比你更无与伦比的存在了。或者，根本就不存在这样的本性，犹如愚人心里说没有神一样？（《诗篇》14:1）但无论如何，这位愚人，当他听到我所说的这个可设想的无与伦比的存在，理解了他所听到的、他所理解的就在他的理解中存在，尽管他并不理解它的存在。因为，一个事物在理解中存在是一回事，而理解一个事物存在是另外一回事……这个愚人相信，在理解中有物存在，至少也胜过那可构想的无与伦比的存在。因为当他听到，他就理解了。任何被理解了的东西都存在于理解中。当然，可构想的无与伦比的东西是不能仅存在于理解中

的。因为，假如它只存在于理解中，那么，我们可以构想一个可以存在于现实中的，这更伟大。

因此，如果可构想的无与伦比的存在只存在于理解中，那么，我们还可以构想出比它更伟大的东西。显然这是不可能的。所以，毫无疑问，可构想的无与伦比的存在既存在于理解中，又存在于现实中。

阿维森纳首次提出上帝的本质关涉着他的存在，而安瑟尔谟主张上帝的概念就显明了他的存在。如果我们知道当我们谈论上帝的时候我们所指为何，那么我会自然地知道存在一个上帝；如果你否认他的存在，则你就不知道你在说什么。

安瑟尔谟的论证有效吗？直到现在，答案仍有争议。安瑟尔谟的同时代人、僧侣高尼罗（Gaunilo）说，用同样的路径可以证明最不可思议地美丽的海岛必定存在，不然人们可以想象出另一个更加不可思议地美丽的海岛。安瑟尔谟回答说，这两种情况不同，因为即使是最美丽的海岛我们也可以想象其为不存在，因为我们可以想象它不再存在，然而上帝不能以这样想象的方式变成不存在。

要注意，安瑟尔谟并不是说上帝是可想象的最伟大的东西，这一点很重要。实际上，他明白地说过上帝是不可想象的，他比任何其他可以想象之物都更伟大。从表面看，说一个可构想的无与伦比之物太伟大到概念无法规定它，这并非自相矛盾。我可以说，任何比我的《宣讲》版本大的东西，我的口袋都装不下。这没错，但这并不意味着我的口袋能装下《宣讲》。实际上它太大，口袋装不下。

对于安瑟尔谟来说，真正的困难在于，怎样说明一个不能想象之物可以存在于理解中。诚然，我们理解"无与伦比的事物"这一短语中的每个词。但这足以确保我们知道整个短语的意思吗？如果是，那么即使我们对他没有详尽的了解，我们似乎也真的可以想象上帝了。如果不是，我们甚至不能确保，那可构想的无与伦比之物能在理智中存在，或"可构想的无与伦比之物"表达出一个可理解的观念。20 世纪的哲学家讨论过这个表达式"最小的自然数不能用少于 22 个音节来命名"，这听起来是对一数字的非常可理解的命名——直到我们发现其中的悖论：

这个表达本身只有 21 个音节。[1] 然而，即使哲学家认为安瑟尔谟的证明无效，对于其错在哪里却并未形成一致认同。每每这一观点好似被最终反驳时，又就有人以新面貌令其复活。

具有同等原创性且影响深远的是，安瑟尔谟在《上帝何以化身为人》(*Cur Deus Homo*) 中尝试为道成肉身的基督教义给出的合理化证明。该书的名称意味着："上帝为何竟成为人？"安瑟尔谟的答案诉诸这样一条原则：正义要求哪里有冒犯哪里有清偿。罪行的严重程度是根据被冒犯者的重要性来判断的；满足的程度是由清偿者的重要性来判断的。亚当的罪责无限，因为那是冒犯上帝。任何人类所做的偿还都是有限的，因为这是来自有限的人类。所以，就人类而言，若无帮助，就不可能弥补亚当所犯之罪。唯当由人（亚当的后裔）与神（能做出无限清偿）共同完成时，清偿方才足够。因此，如果要消除原罪、救赎人类，上帝的道成肉身即为必要。

安瑟尔谟的理论直到宗教改革后很长一段时间还影响着神学家，他的清偿观念也被吸收进惩罚合理的哲学理论。

在写《上帝何以化身为人》时，安瑟尔谟已经接任兰弗朗克成为坎特伯雷的大主教。他的最后时光，大都被处理国王威廉二世（William II）与教皇乌尔班二世（Urban II）的管辖权之争占据。这在一定程度上是几年前格列高利七世和亨利四世之争的再现。安瑟尔谟于 1109 年在坎特伯雷去世，并安葬于那里的大教堂。

阿伯拉尔与爱洛依丝

安瑟尔谟去世时，彼得·阿伯拉尔（Peter Abelard）刚好 30 岁。1079 年，阿伯拉尔生于布列塔尼（Britany）的一个骑士家庭。他在图尔（Tours）接受的教育，1100 年到巴黎就读由香浦的威廉（William of Champeaux）主办的巴黎圣母院（Cathedral of Notre Dame）附属学校。由于和老师不睦，遂到默伦（Melun）自己

---

[1] 原文 "The least natural number not nameable in fewer than twenty-two syllables"，含有 21 个音节。——译者注

办校，后来又在巴黎的圣热纳维耶夫山（Mont Ste Geneviève）建立学校与之竞争。自 1113 年起，他接任威廉负责巴黎圣母院附属学校。教学期间，他寄宿在神父富尔伯特（Fulbert）家，并成为其侄女爱洛依丝（Héloïse）的家庭教师。约三年后成为爱洛伊丝的情人，在其怀孕后，与她秘密结婚。爱洛依丝本不想结婚，故婚后不久就去了修道院隐居。富尔伯特对阿伯拉尔深感愤怒，派了两名亲信乘夜潜入阿伯拉尔房间，阉割了他。阿伯拉尔成为巴黎附近圣丹尼斯（St Denis）修道院修士，而爱洛依丝也在阿让特伊（Argenteuil）做了修女。我们关于阿伯拉尔生活的了解到此为止都来自《我的苦难史》(*History of my Calamities*) 一文。这是他多年后写给爱洛依丝的自传体长信，当然也是继奥古斯丁《忏悔录》之后最为生动的自传作品了。

图 17　阿伯拉尔与爱洛依丝，英国画家埃德蒙·布莱尔·莱顿（Edmund Blair Leighton，1852—1922）作于 1882 年。
（图片来源：Wikimedia Commons）

阿伯拉尔在圣丹尼斯继续教书（部分是为了供养爱洛依丝），并开始了他的神学写作。但是，他的处女作《至善的神学》（*Theology of the Highest Good*）在1121年的苏瓦松（Soissons）会议上被指为对三位一体的曲解。短期牢狱后，他被遣送回圣丹尼斯，但已不受欢迎，遂不得不离开巴黎。1125—1132年，他任圣吉尔达斯（St Gildas）修道院院长，那是布列塔尼偏远地区的一个腐败而喧闹的修道院。他在那里生活悲惨，还因为试图改革而遭受谋害之威胁。与此同时，爱洛依丝已成为阿让特伊修道院副院长，但她和她的修女们在1129年却沦落到无家可归的境地。阿伯拉尔为她们建立了一个新的修道院，即香槟地区的圣灵学院（the Paraclete）。直到1136年，他重返巴黎，还在圣热纳维耶夫山上讲学。他的教学引起了圣伯纳尔德（St Bernard）的警惕。伯纳尔德是克莱尔沃（Clairvaux）修道院院长、西多会（Cistercian order）的第二创始人、第二次十字军东征的传道士。圣伯纳尔德在教皇面前揭发了阿伯拉尔的教学，使他在1140年的桑斯（Sens）会议上受到谴责。阿伯拉尔向罗马教廷申诉，但未获成功，反倒令他放弃讲学退居克吕尼（Cluny）修道院。两年后，他在那里平静地结束了生命。德高望重的克吕尼修道院院长彼得致信爱洛依丝，描述了他富于启示意义的死亡。

阿伯拉尔在哲学史上有着不寻常的地位，也拥有世上最负盛名的爱情，虽然他悲剧性地被迫独身。不过无论是在中世纪抑或现代，独身都是大哲学家更典型的特征。但是，在文学经典中，他并非作为哲学家，而是作为一个情人，命运悲惨的兰斯洛特（Lancelot）或罗密欧而被称颂的。在蒲柏（Pope）的《爱洛依丝致阿伯拉尔的信》（*Epistle of Héloïse to Abelard*）中，爱洛伊丝在冰冷的修道院回廊里，回想阿伯拉尔那可怕的一天。她的爱人赤身裸体，绳索绑缚，鲜血淋漓，呈于面前。她祈求他不要放弃他们的爱情。

> 来吧！用你的目光和你的话语，抚平我的哀伤；
> 至少这些还是你能给予的。
> 还有你那让我迷恋的胸膛让我依偎，
> 从你那双眼、轻颤的嘴唇与跳动的心房
> 爱意流淌，让我甘之如饴，
> 给我你的所有吧，我还要在梦中品尝未给我的一切。

哦，不，还是用别的欢乐来教我珍惜吧，

用别的美好来抚慰我那偏私的双眼，

用所有光辉的天国来填满我的视野，

让我的灵魂以便暂离阿伯拉尔而属于上帝。

阿伯拉尔的逻辑学

作为一名哲学家，阿伯拉尔的意义首先在于对逻辑学和语言哲学的贡献。当他开始教学生涯时，西方逻辑学主要研究亚里士多德的《范畴篇》和《解释篇》，外加波菲利的导论和西塞罗与波爱修斯的一些著作。亚里士多德的主要逻辑学著作还不著名，其物理学和形而上学著作亦复如是。因此，阿伯拉尔的逻辑学研究比起阿维森纳等人，就显得资源不足。但是，他有着杰出的洞察力和创造才华。1118—1140年，他独立地撰写了三本逻辑学著作。

12世纪逻辑学家的主要兴趣是普遍（或共相、通名）问题，比如"人"一词在诸如"苏格拉底是人"以及"亚当是人"等句子中的地位。阿伯拉尔极好论战，他立论的议题是，在这类句子中，亚当和苏格拉底的共性是什么，为此他驳斥了几位老师对该问题的回答。他的第一位老师罗瑟林（Roscelin）说，共同点在于它们都是名词，发"人"的读音。罗瑟林被后来的哲学家称作唯名论者（nominalist，因为英文的"noun"在拉丁语中为"nomen"）。阿伯拉尔的第二位老师香浦的威廉说，重要的共通点是某物（thing），即人的种属。他后来被称为实在论者（realist，因为英文的"thing"在拉丁语中为"res"）。

阿伯拉尔反对两位老师的解释，给出了一条介于两者的中间道路。一方面，说苏格拉底和亚当只具有名词上的共性是荒谬的，该名词适用于二者之任何一个，乃是由于两者有着客观相似性。另一方面，该相似性并不像一匹马或一棵卷心菜那样是实在之物，只有个体才有，而认为全部人类之种属体现在每一个体中也是荒谬的。因此，我们必须既反对唯名论，也反对实在论。

当我们说事物之间的相似性并非为一物时，我们必须防止认为，好像它们之间没有任何共同点的错误，因为事实上我们认为两者在人类上彼此相似，即他们都是人。我们仅仅是指，他们都是人类，在这一点上彼此无差别。

他们同为人类，但并非为一物，这是用名词指称个体的共通理由。

阿伯拉尔表明，唯名论者和实在论者的对立二分并不充分。除了词与物，我们还必须把我们自己的理解与概念考虑在内。正是我们的理解与概念使我们能谈论事物，将声音化为有意义的语词。普遍的名词"人"与普遍的"人"没有区别；但我们的理解把"人"的发音变成了普遍的名词。同样，阿伯拉尔说，就像雕刻家把一块石头变为雕像，我们也可以说，我们的心灵创造了通名，犹如雕刻家创造了雕像。

给予语词以意义的是我们的概念，但是对阿伯拉尔来说，意义本身并非一个简单的概念。他区分了一个词的指称和指代。以"男孩"为例，只要在句子中出现该词，它都指称相同之物（年轻的男性）。在"一个男孩跑过草地"中，它出现在主语的位置上，指代一个男孩；不过，在"这个老人曾是个男孩"中，它出现在谓语的位置上，但它并不指代任何东西。粗略地说，只有在给定的语境中，"男孩"才代表某物。在该语境中，我们问"哪个男孩"才有意义。

阿伯拉尔对谓词的处理显示了许多原创性的逻辑洞见。亚里士多德以及其后的许多哲学家都在为"苏格拉底是聪明的"或"苏格拉底是白的"等句中系词"是"的含义而殚精竭虑。阿伯拉尔认为这大可不必：我们可以把"是聪明的"或"是白的"视为一个动词单元，将系词"是"（to be）作为谓语的一部分。当"是"等同"存在"（exist）时会如何？阿伯拉尔说，在"有位父亲存在"一句中，我们不能认为"有位父亲"指代了任何东西，应该说该句子等同"某人是位父亲"。阿伯拉尔的这个建议包含了逻辑发展的巨大可能性，但在中世纪并未得到恰当地推进，直到19世纪才被重新激活。

阿伯拉尔的伦理学

阿伯拉尔在伦理学上也是一位创新者，毫不亚于他在逻辑学上的创新。他是第一位把作品冠之以"伦理学"名称的中世纪作家,也不像他的后继者们,他没有以亚里士多德的《伦理学》作为出发点。正因为这样,他的创新在当时是令人不快的。他反对当时普遍的说教,如杀人和通奸是错误的。他说错误并不存在于行动,而在于行动时的心灵状态。但只是说关键在于一个人的意志,而这里的意志是指出于自身之故而欲求某物,这也不正确。可以有罪过而无意志(如逃犯因自卫而杀人),也可以有恶意而无罪过(如不可抑制的性欲)。的确,所有的罪行在可以避免的或皆为某种欲望或其他(如逃犯想要逃跑)的后果的意义上,都是自愿的。但阿伯拉尔说,关键在于罪犯的意图或认知。他大致指的是,罪犯对自己所作所为的知识。他认为,既然一个人会无辜地犯禁,比如在不知情的情况下娶了自己的妹妹。罪恶必定不在行动中,而是在主观赞许中。"上帝所衡量的不是做了什么,而是出于何种心灵这样做,对行为者的抛弃或赞扬不是根据他的行为而是根据他的意图。"

因此,阿伯拉尔说,恶意可能毁掉善行。两个人绞死罪犯,一个出于正义的热情,另一个出于根深蒂固的憎恨,行为都是正义的,但一个为善而另一个为恶。善良意图可以为违禁之举辩护。那些被耶稣治愈者违背他保持秘密的禁令是善的,因为他们公开的动机是好的。当上帝自己命令亚伯拉罕杀掉以撒(Isaac)时,他是以正确的意图做了错误的行动。

未付实施的善意可能与善行一样是值得称赞的。比如,你决心建一所救济院,但因遭受打劫而损失了钱财。类似地,恶意与恶行一样要受到谴责。那为什么只惩罚行为而不惩罚意图呢?阿伯拉尔回答说,人类的惩罚只要没有过错就可得到辩护;一个妇女无意地用襁褓闷死了婴儿而受罚,只是为了提醒别人要更加小心。我们惩罚行动而非意图的理由是,人类的脆弱会把明显的恶看成更大的恶。但是上帝则不会这样判断。

阿伯拉尔的教导并未确切达到"只要你是真诚的,无论你做什么都没有关系"的地步,但也非常接近结果证成手段的观点了。[1] 令他同辈最为惊讶的是,他声称

---

[1] 这里,肯尼自己似乎未表达清楚。前文说意图是评判道德的依据,这里说结果是评判依据。——译者注

出于善良信念而迫害基督徒，包括杀死基督的人是无罪的，因为他们并不知道自己在做些什么。此论是受到桑斯会议谴责的话题之一。

阿伯拉尔在神学中的尝试也同样是勇往直前的。一个例子足以证明：他对上帝的全能伟力做出了全新的处理。他提出：上帝能否创造出比他已创造的更多或更好之物？上帝能否克制不那样做呢？他说，无论如何回答，我们都会发现自己陷入了困境。

一方面，如果上帝能够创造出比他已创造的更多或更好之物，但他没有这样做，这岂非太小气了吗？毕竟，对他来说，这是不费吹灰之力的！上帝所做的和他未做的都是对的、正义的。这样，让上帝去做超出他已做之外的事是非正义的，因此他只能如其所为地那样行动。

另一方面，如果我们从一个罪人被罚入地狱来看，很明显，他本可以比当前更好；因为如果不是这样，他就不会因其罪责而受责罚了。但是，只有上帝使之更好时，他才能做得更好，因此，至少有一些事情，上帝可以做得比他更好。

阿伯拉尔首次触及了这一进退两难的问题。以现在没有下雨为例。既然这是出于全智的上帝的意志，那么现在必定不是下雨的好时机。如果我们说上帝可以让现在就下雨，那么我们就把做蠢事的权能归于了上帝。上帝想做什么就能做什么。但他如不想做某事，那么他无法那么做。

批评者反对说，该论证是对上帝万能的损害：就连我们这些卑微的受造物都能以不同于我们所做的来行动。阿伯拉尔回答说，以不同于我们所做的行动之能力并不值得骄傲，而是虚弱的标志，犹如走路、吃饭和犯错的能力。如果我们只能做该做的，我们都将活得更好。

只有上帝拯救罪人，他才可以获救，因此如果他得到拯救，则上帝就能救他，这是何种论证呢？阿伯拉尔拒斥了该论证的逻辑原理，就是说，如果 p 必然包含 q，那么可能的是，p 可能包含 q。他给了个反例：如果一个声音被听到，那么有人听到了这个声音，但是这个声音是可听见的，即使无人听见它（也许在可听到的距离内没有人）。

阿伯拉尔关于全能的讨论是辩证法的辉煌篇章，但是还未能对概念给出令人相信的解释。他确实没能说服他的同辈，尤其是圣伯纳尔德。桑斯会议中受到谴责的命题之一是这样的：上帝只能以一定方式或在一定时间，做其所做或不做其未做之事，别无他法。

阿威罗伊

阿伯拉尔是 12 世纪最才华横溢的基督教思想家。同时代其他重要的哲学家还有阿拉伯的阿威罗伊（Averroes）和犹太人迈蒙尼德（Maimonides）。两人都是穆斯林西班牙科多巴（Cordoba）人，这个城市后来成为整个欧洲最重要的艺术和文化中心。

阿威罗伊的真名是伊本·鲁西德（Ihn Rushd），1126 年生，父亲和祖父都是律师和法官。对他的受教育状况，我们知之甚少，但他获取的医学知识后来被纳入了一本叫"医学通则"（*Kulliyat*）的教科书。他到过摩洛哥马拉喀什（Marrakesh），并得到了苏丹（Sultan）的保护。在那里，他看见一颗在西班牙看不到的星，这让他确信亚里士多德的地圆说。他对亚里士多德的全部哲学产生了极大热情，哈里发鼓励他对哲学家的学说进行系统的评注。

1169 年，阿威罗伊被任命为塞维利亚（Seville）的法官，后来他回到科多巴，荣升为大法官。然而，他仍然与马拉喀什保持着联系。在被指疑为异端后，他重返那里，直到 1198 年去世。

在其早年，阿威罗伊不得不反对一位更保守的穆斯林思想家安萨里（Al-Ghazali）来捍卫自己的哲学活动。安萨里曾著有《哲学家之自相矛盾》（*The incoherence of the philosophers*）一书，攻击宗教中的理性主义。阿威罗伊以《矛盾之矛盾》（*The incoherence of the Incoherence*）来回应，维护人类理性考察神学事务的权利。

阿威罗伊在哲学史上的地位源自他对亚里士多德的评注。评注按篇幅分为短、中、长三种。有些著作三种评注都有，有些兼具两种，有些则只有一种。有的还以阿拉伯文原本幸存至今，有的只留存希伯来文和拉丁文译本。阿威罗伊虽也评注过柏拉图的《理想国》，但对亚里士多德的万般钦佩（"他的思想是人类思想的至高表达"）并没有延及柏拉图。实际上，他以注解亚里士多德为己任，以便将亚里士多德从新柏拉图主义的笼罩下解放出来，但事实上他不知不觉地保留了更多的柏拉图主义成分。

阿威罗伊不像阿维森纳那样是位原创性的思想家，但其百科全书式的著作为中世纪拉丁世界了解亚里士多德提供了可能。他试图将亚里士多德从后来的人为添附中剥离开来，这种愿望使他与阿维森纳在很多方面拉开了距离。于是，他摒弃了阿维森纳从第一因导向主动理智的流溢说，并否认主动理智创造可见世界自然形式说。但是就某方面而言，他比阿维森纳更偏离了最为合理地解释亚里士多德之路。经过一番犹豫之后，他得出了这样的结论：主动理智和被动理智都不是人的能力；被动理智与主动理智同样是单一的永恒的无形的实体。这种实体以某种神秘的方式介入人类个体的精神生活。只是因为我们思维中个体有形的想象作用，你我才认为我们有各自的思想。

因为思想中真正的理智因素是非个人的，个体的人并不存在不朽性。死后，各自的灵魂也灰飞烟灭。阿威罗伊的论证与柏拉图在《巴门尼德篇》中第三人论证的方式相类似。

> 扎伊德（Zaid）和艾玛尔（Amr）在数量上不同，但在形式上则是同一的。例如，如果扎伊德的灵魂之于艾玛尔的灵魂在数量上不同，犹如扎伊德之于艾玛尔在数量上不同一样，那么扎伊德的灵魂和艾玛尔的灵魂在数量上是两个，而形式上则是一个。这样，此灵魂就会拥有彼灵魂。因此，必然的结论就是，扎伊德的灵魂和艾玛尔的灵魂在形式上同一。一个同一的形式内在于一个数量，就是说，一个可分的多样性是通过事物的多样性才可能。如果身体死亡而灵魂不灭，或者如果灵魂含有不朽的成分，那么当它离开身体时，灵魂必然成为一个数量统一体。

灵魂在身体死亡时进入普遍理智，犹如水滴汇入大海。

阿威罗伊至少在主观意图上是一个正统穆斯林。他在《论宗教和哲学的和谐》（*On the Harmony between Religion and Philosophy*）中谈到进入真理的几种进阶。各阶层的人们都需要且能够吸收先知的教诲。简单的信仰者接受老师所讲解过的经文的字句含义。受过教育的人们也许能体会支撑启示的"辩证"论证。最后，只有少数人，那些天才的哲学家需要而且也能够发现引人入胜的真理的证明。这个观点被阿威罗伊后世阐释者粗鲁地误解为双重真理论：有的东西在哲学中是真理，在宗教中则不是真理，反之亦然。

阿威罗伊对他穆斯林同侪的影响甚小，他的哲学风格很快不受待见。但当他的著作被译成拉丁文后，影响就巨大了：他为包括托马斯·阿奎那（Thomas Aquinas）在内的 13 世纪的主要思想家制定了议程。但丁（Dante）在他的《地狱篇》（*Inferno*）中给了阿威罗伊以崇高的地位，称他为伟大的评注家。亚里士多德主义的学者在好几个世纪里直接称他为"评注家"（*the* Commentator）。

迈蒙尼德

拉比摩西·本·迈蒙（Moses ben Maimon）为以后的作家更为知晓的名字是迈蒙尼德（Maimonides），他比阿威罗伊小 9 岁。他在 13 岁时离开了出生地科多巴。本来穆斯林西班牙是宽容犹太人的，但是被狂热的阿摩哈德（Almohads）推翻，迈蒙尼德只好举家迁到了非斯（Fez），后来又到了巴勒斯坦。他的最后 40 年一直生活在埃及，1204 年卒于开罗。

迈蒙尼德用希伯来文与阿拉伯文写作，在犹太法学和医学方面著述甚丰。他作为哲学家而闻名的著作是《迷途指津》（*The Guide for the Perplexed*），该书旨在调和困扰信仰者的哲学和宗教之间的明显冲突。他认为，若按字面来解释，大部分《圣经》内容将是有害的，故有必要用哲学确定其真意。关于上帝，我们无法说出肯定之物，因为他与我们这样的被造物没有任何共同之处。他是单一的统一体，没有诸如正义和智慧这样鲜明的属性。当我们将谓语联系到那个神圣之名时，当我们说"上帝是智慧的"，我们实际上是说上帝不是什么，我们意指上帝不愚蠢。（愚蠢，自然不像神圣的智慧，对此我们有着丰富的经验。）

"知识""目的""预见"，如果归诸我们，其意义与其归诸上帝时是不同的。如果把两个"知识""目的"和"预见"的意义相混同，那么困难和疑问就出现了。而另一方面，众所周知的是，当我们归诸上帝的任何东西与可归于我们的都是不同时，真理就显现了。这种归诸上帝与归诸我们的不同在

"我的道路非同你们的道路"(《以赛亚书》55:8)这句话中表达得很清楚。

图 18 《迷途指津》标题页。
(图片来源：Wikimedia Commons)

这种"否定神学"(negative theology)在基督教和犹太哲学家中都产生了巨大影响。

人类可能获得的关于上帝肯定的知识——即使像受特别优待的摩西——也只是关于上帝统治下的自然世界运作的知识。然而，我们不能认为，上帝在治理中对世界中的每个事件都予以关切。神意关切每一个体的人，对其他受造物只关切总体。

> 神意只是注目着属人的每一个体，只是于此种类中，一切个体的境遇以及降临到他们身上的善恶皆为应得。但至于所有其他的动物、植物和别的东西，我与亚里士多德的观点一样。因为我根本不相信这片叶子的坠落是出于上帝安排……也不相信宰德(Zayd)吐出的唾沫掉到一只特定的小昆虫身上，并杀死了它是出于上帝的法令……这一切在我看来纯粹是偶然的巧合，这与

亚里士多德所认为的相一致。

迈蒙尼德对自然界的结构和运作的描述，主要采用亚里士多德"人类理智的顶点"（the summit of human intelligence）这一立场。犹太教义认为，世界是出于在规定时间内完成某种神圣目的而被创造的。作为这种设计论的信仰者，他反对亚里士多德之所有物种固定不变且必需的永恒宇宙观。他说，认为上帝不能使苍蝇的翅膀长得更长些，这种想法本身是很不光彩的。

对迈蒙尼德来说，生活的目的就是去认识、赞美和模仿上帝。先知和哲学家都能获得关于上帝的一切知识，但是先知能更迅速、更确定地做到。知识导向赞美，而赞美在对上帝行为的冷静模仿中找到自身表达，我们又可以在《圣经》关于先知和立法者的描述中发现这些行为。但那些不具先知和哲学家知识禀赋的人，会被那些并不严格可信的信仰所左右，比如，认为上帝能立即回应祈祷者，会对罪人行径感到愤怒。

就像作为基督徒的阿伯拉尔、作为穆斯林的阿威罗伊一样，迈蒙尼德也被他的同教者指责为不虔诚和亵渎神明。这是12世纪的宗教思想家进行哲学思辨的共同命运。13世纪的基督教界则颇有改观：一系列一流的哲学家在宗教团契中也被尊为圣徒。

第八章
13世纪的哲学

革新时代

13世纪是中世纪基督教发展的顶峰。在12世纪，基督教界的宏大事业是十字军东征之军事冒险。这一世纪以十字军从撒拉逊人（Saracens，阿拉伯人的古称）手中血腥地夺回耶路撒冷的第一次十字军东征拉开帷幕，以第四次十字军东征的布道宣告这一世纪的结束。然而，这次东征的唯一成就不过是对希腊基督教中心君士坦丁堡的洗劫罢了。这期间，无论是圣伯纳尔德在第二次十字军东征中的火热布道，还是狮心理查（Richard the Lion Heart）在第三次十字军东征中的军事雄心，都未能阻止圣城耶路撒冷重回穆斯林统治。总之，十字军东征是一场令人羞耻的精神消耗。虔诚的远征意图被贪婪、奸诈、残忍和杀戮所扭曲，直到成为非正义战争的典型。

13世纪基督教界的发展比12世纪更显蓬勃。十字军东征仍在继续，但不再像第一次和第四次那样丑陋地展现出无所节制。皇帝弗里德里希二世（Frederick II）于1229年签署了一个将耶路撒冷暂归基督教界统治的条约。他的远征相比其他任何一次远征花费都更少，成果也更大，即便它并没算在传统的东征里。第五次十字军东征占据了法国圣路易（St Louis）国王的大部分生命，比其前辈们发动的远征还要残酷得多，而且也并不更成功，直到他在 1270 年去世时也没能到达圣城，临终前唇齿还在低吟着"耶路撒冷、耶路撒冷"。

13 世纪早期，专横的改革者教皇英诺森三世（Innocent III）召集了西方第一次基督教大会——1200 名高级教士出席了拉特兰（Lateran）会议。这次会议确定了教规的改革，规定基督教徒应当每年向牧师忏悔，并在复活节参加圣餐仪式（Eucharist）的规则。这个惯例现被纳入到天主教的七圣事或正式仪式中。这表明教徒在从摇篮到坟墓的整个信仰生命中，通过主要事件来满足其精神需要：婴儿期的洗礼，童年时期的坚信礼，婚礼，宗教或非宗教职业的圣职礼，净化与培养灵魂的苦修与圣餐礼，最后是慰藉疾病与死亡的临终涂油礼等。圣礼制度是体制化教会的主要职能。如果信徒希望获得神圣的生活或至少在临终时的神圣，那么圣礼就是必不可少的。据此，可以获得天堂的永生，避免地狱中的永罚。

正是在 13 世纪，遍布欧洲大陆的教堂和大教堂建筑展示了拱顶所能发挥的功能，这一特征也把哥特式建筑和古典建筑区别开来。一方面，扎实的拉丁散文写作和末日审判（*Dies Irae*）性质的拉丁诗歌依然继续；另一方面，意大利白话文学开始成长，而但丁的《神曲》（*Divine Comedy*）在该世纪的最后一年登峰造极。世纪转折之际，但丁的朋友乔托（Giotto）开始用全新的方式进行绘画，成为连接往日拜占庭肖像画风与未来意大利文艺复兴画风之间的纽带。在相对和平的基督教世界，独立的民族初具雏形，并建起各自的国家机构。1215 年，英国签署了《大宪章》（*Magna Carta*）；1258 年，西蒙·德·蒙德福特（Simon de Montfort）召集了首次英国议会。

北欧的大学始建于 13 世纪。巴黎大学在 1215 年获得特许，而 12 世纪时阿伯拉尔在他学术生涯的鼎盛期也不过是位校长。一年前，教廷特使也承认了处于初期的牛津大学的地位。萨勒诺大学（University of Salerno）和博洛尼亚大学（University of Bologna）则分别专攻医学和法学，它们比巴黎大学、牛津大学都更古老，但在中世纪最发达时期，它们没有取得类似的优势地位。

如果"大学"一词是指一群专业而全职地从事教学和拓展知识总量者的团体，以公认的教学大纲、教学方式和职业标准将知识教给学生，那么大学就是中世纪的发明。典型的大学有四个部分：大学文科本科学院以及三个高级学院，即神学、法学和医学学院，每个都与某种职业相联系。准许在某一大学任教的人可以在任何大学执教，而在所有学术都以使用拉丁语为共同语言的时代，毕业生的人员流动是相当可观的。教学计划围绕指定的经典文本。如我们所见，在文科方面，亚里士多德的拉丁译本被奉为圭臬。医学的教材丰富多样。在法学方面，查士丁尼编纂的《罗马法》（Roman Law）构成了大纲的核心。神学授课的教材除了《圣经》外，《四部语录》（Four Books of Sentences）也很有名，它是由12世纪的巴黎主教彼得·隆巴德（Peter Lombard）编写的，内容采自《旧约》、《新约》、教会会议和教父们的权威文本，依照论题次序，针对具体神学论题把赞成或反驳的各种观点加以结集。

中世纪大学的学生既要听高年级学生授课，随着学问之长进，也要向低年级学生讲课。学术辩论是一种特别受到赞赏的学习方式。老师将他的一些学生集中到一起，可能是一个高年级的学生加上一个或多个低年级的学生，就某个论题进行辩论。高年级学生往往是捍卫某个论题，比如，世界不在时间中创造，或者世界是在时间中创造的。其他人会反驳这个论点，提出相对立的论点。在交互辩难中，学生必须遵守严格的逻辑形式规则。当双方都陈述完毕后，老师尽力找出立论一方的正确之处，以及反方批评的合理之处，对双方辩论加以总结。

像议会一样，大学也是中世纪的遗产，并让我们持续从中受益。在短期内，还有一件对当时理智和信仰生活同等重要的事，就是托钵（mendicant）天主教修士会的建立，主要包括方济会（Franciscans）和多米尼克会（Dominicans）。

阿西西的圣弗朗西斯（San Francis of Assisi）在1210年因为为小型游方教士团体所制教规获得教皇的认可。在中世纪所有的圣徒中，他在教会内外都最受欢迎。他是苦行僧却充满快乐，是自然诗人，也是圣诞马槽（Crib）的发明者；他向小鸟传道，亲历救世主在十字架上所受之痛。他甚至拜访苏丹，通过更接近于福音传播而非十字军行动的方式，试图劝其皈依基督。

另一方面，圣多米尼克（St Dominic）在其教会之外未受多少青睐。他大部分时间都致力于反对异端，尤其针对当时兴盛于普罗旺斯的阿比尔教派（Albigensian），一个复苏的摩尼教派。为此，他建立女修道院用来祈祷，组建贫苦的游方修士社团进行布道。但是高层教会更喜欢铁血的方式，阿比尔教派成为又一次十字军东征的新目标。在生命的最后几年，多米尼克游遍欧洲，建立男女修道院，1216 年，他的修会得到教皇的认可。与方济会（Friars Minor，小兄弟会）一样，多米尼克会（Friars Preachers，天主教传教士）也是靠救济过活，但是从一开始，它的气质就是浪漫不足而学术有余。不过多米尼克会最后参与了宗教裁判所，这特别会让人产生阴郁恐怖的联想。

圣弗朗西斯死后，圣方济会在学术上很快获得了与多米尼克同样的成功。到 1219 年，两个教派都在巴黎大学确立了自己的地位，一直维持到宗教改革，几乎所有最杰出的哲学家和神学家都出自这两个修会，鲜有例外。13 世纪，两位思想家在其中尤为杰出，一位是圣方济会的圣波那文图拉（St Bonaventure），一个是多米尼克会的圣托马斯·阿奎那（St Thomas Aquinas）。两人恰好是同代人：都生于 13 世纪 20 年代，前后相隔不到几年，同一天在巴黎大学获得学位，又都在 1274 年去世。然而，无论在哲学还是在神学上，两人都存在重大区别。

圣波那文图拉

波那文图拉是一个意大利医生的儿子，据说圣弗朗西斯曾治愈了他的幼疾。1243 年，他成为托钵修士，在黑尔斯的亚历山大（Alexander of Hales）门下学习。黑尔斯的亚历山大是巴黎方济会学校的第一位领袖，并编写有作为教会教材的卷帙浩繁的神学选集。波那文图拉于 1248 年获得任教资格，为《四部语录》写过出色的评注，并于 1253 年成为巴黎方济会的领袖。奉职仅 4 年后，他就被推举为方济会牧师总执事（Minister General of Franciscans）。圣弗朗西斯于 1226 年去世，教会由于各种摩擦而陷于某种混乱，不同的派别都宣称自己是圣弗朗西斯精神的唯一正宗继承者。波那文图拉是个能干的行政领袖与模范苦修者。他统一并重组了修会，撰写了官方的圣弗朗西斯生平，并努力罢黜其他各家之说。1273 年，波那文图拉荣升红衣主教，翌年死于里昂（Lyon）会议，该会议曾使分裂的希腊教会和拉丁教会有过短暂统一。晚年繁重的行政职务使波那文图拉难以腾出精力从事研究，但其哲学兴趣依然不辍。他最出名的著作是一简短而神秘的论文《通向上帝的心灵之旅》(*The Journey of the Mind to God*)。

波那文图拉接续奥古斯丁的传统进行写作，显然是位柏拉图主义者。他乐于接受众多源自希腊化时期和阿拉伯资源的新柏拉图元素，他是根据黑尔斯的神学选集才知道这些内容的。柏拉图的理念作为"永恒的理性"只存在于神圣的心灵中，但它们却构成人类知识的主要对象。只有在彼岸世界中，当受祝福者与上帝面对面相遇时，人类的心灵方能直接明了这些理念。在现世生活中，人类心灵只能从其反射之光中获得必然的永恒的真理之知识。因此，我们的心灵受到不可见的上帝的启示，这正如我们的眼睛借阳光可见万物，即便我们无法直视太阳本身。

波那文图拉认为，我们确实通过感官获取信息，但这本身还不足以产生真知所必需的明晰性和确定性。只有我们凭借关于上帝及其永恒理性之先天知识，我们才能获得不变的真理。波那文图拉认可主动理智与被动理智的区分，但与阿拉伯哲学家不同的是，他认为它们都是个体灵魂的功能。两种功能一起才足以使人类思考理智思想——理解我们语言的语句。但是，只有通过神圣的启示，我们才能决定这些思想对错与否，以及是否与外在于我们心灵之物相对应。

光，无论在字面意义还是在隐喻意义上，在波那文图拉的形而上学中都扮演着重要角色。"要有光"是《创世记》中的上帝的第一个命令，意味着光是给予原初质料的第一形式，是一切有形体的基本实在形式，对应着其他人所谓的形体的形式。有形的受造物还包括多种其他形式。以人类为例，除了基本的光的形式和最高的理性灵魂形式外，还有使之成为生物与动物的形式。另一方面，质料一开始就不是形式的空的容器，它包含遗传倾向（*rationes seminales*，理性种子），在胚芽中包含了它未来发展的历史。上帝以外的所有事物都由质料和形式组成，即使是缺乏形体的天使精灵，它也含有"精神质料"，虽然这个观念显得粗糙而自相矛盾。

波那文图拉虽然意愿运用来自亚里士多德的概念，但是对大学文科中流行的亚里士多德主义却抱以高度怀疑。在12世纪后半叶，许多不知名的亚里士多德文本被译成拉丁文。13世纪早期，这些新译本涌进了西欧的图书馆。到1159年，《分析篇》《正位篇》问世，这些文本作为一种"新逻辑学"补充了《范畴篇》《解释篇》。《范畴篇》《解释篇》作为传统逻辑学的一部分源自波爱修斯。威尼斯的詹姆士（James of Venice）翻译了新逻辑学的一部分，并将《物理学》《论灵魂》和

《形而上学》的一部分也译成了拉丁文。译本不仅仅出自希腊文。克雷莫纳的杰勒德（Gerard of Cremona）前往西班牙将亚里士多德阿拉伯版本的科学著作翻译了出来。13 世纪 20 年代，迈克尔·司各脱（Michael Scot）不仅将余下的《形而上学》译成了拉丁文，而且也翻译了大部分的阿威洛伊对该书一些文本的评注。《尼各马可伦理学》几个译本也突然出现。第一个完整的版本是 13 世纪中期由罗伯特·格罗塞特斯特（Robert Grosseteste）完成的，他是牛津大学的第一任名誉校长，自然也是位出色的哲学家[1]。最后也是最重要的翻译者是穆尔贝克的威廉（William of Moerbeke），他在 1260—1280 年间重译或修订了已知的所有作品，完整补充了尚未译成拉丁文的其他著作。

因为这些新材料将改造拉丁哲学，巴黎大学刚开始并不欢迎这笔财富。1210 年，大学出台了一条法令，禁止关于亚里士多德自然哲学的任何授课，其著作也被命令烧毁。这个责难出自教皇的法令，但好像旋即就成为一纸空文。到 1255 年，巴黎大学彻底翻转，不仅亚里士多德的物理学，而且他的形而上学和伦理学，事实上是所有已知著作都成了文科教学大纲的必修部分。

13 世纪的逻辑学

在新环境中繁荣起来的第一批学科之一就是形式逻辑，亚里士多德全集的发现加快了其新的发展，这一点可以从两本 13 世纪巴黎大学的教科书中看到，一本出自英国人舍伍德的威廉（William of Sherwood），另一本出自西班牙的彼得（Peter of Spain）。

这些书展示了亚里士多德的三段论法则，并提供了打油诗以便容易记忆和操作。其中最著名的一首是这样的：

  Barbara, Celarent, Darii, Ferio, Baralipton.

---

[1] 原文为 "and himself no mean philosopher"。"no mean" 并无否定含义，而是表示 "很不错的" 的意思，即是位出色的哲学家。维基百科也对此人有所介绍，显示为 "哲学家"。——译者注

每个单词展示了一种有效三段论的特殊类型，元音表示构成三段论的三个命题的性质。例如，字母"a"代表全称肯定命题，"e"代表全称否定命题。因此 Barbara 式三段论，包括三个全称命题（比如，"所有幼犬都是狗；所有狗都是动物；所以，所有幼犬都是动物"）。相比之下，Celarent 式三段论则有一个全称否定命题和一个全称肯定命题的前提以及一个全称否定命题的结论（例如，"所有狗不是鸟；所有幼犬是狗；所以，所有幼犬不是鸟"）。单词中的辅音也有其功能，表示三段论的类型划分以及它如何转变成相等同的其他三段论。这种韵文在文艺复兴时期被嘲笑为粗鄙的（barbaric），但就记忆的目的而言，它们确实是大有帮助的。

逻辑学更为重要的发展是中世纪逻辑学家对词项的处理，词项是构成命题的要素。首先，他们将词项分为范畴词（categorematic term）（赋予句子以内容，如"狗""幼犬""动物""鸟"）和非范畴词（syncategorematic term），即功能词，如"与""或""非""如果""所有""每个""有些""只有"和"除了"，体现句子结构和论证形式。非范畴词才是逻辑学的专门主题。

中世纪逻辑学家对具体的范畴词的含义没有什么兴趣，而对这些词项有意义的不同方式讨论了很多。从我们现代术语学的角度来看，他们研究的东西应该是词的语义属性，以划分词项可能的不同用法。他们最为彻底地研究过的一个属性就是所谓的"指称"。大致说来，词项的指称就是它代表的东西，不过这也不是一桩易事。

首先，我们必须把实质指称（material supposition）和形式指称（formal supposition）区分开来。在现代语言中，这个区分用引号标注完成：如果我们希望提及一个词，而不是它平常的用法，我们将它放进引号中。可以思考"water"（水）这个词。"水"有两个音节，名词。在这样的句子中，中世纪人会说，"水"这个词有实质指称。我们只是在谈论物理符号，而不是它的意义或它代表什么。当我们以普通方式用"water"来指水时，我们使用的是它的形式指称。（声音是它的质料，含义是它的形式。）

然而，形式指称可分几种类型。中世纪人区分了简单指称（simple supposition）和人称指称（personal supposition）。这个区分在英语（而非拉丁语）句子中相当于一个名词前是否有不定冠词。在"man is mortal"（人有一死）中没有任何冠词，名词"man"是简单指称；但是在"a man is knocking at the door"（一个人在敲门）中，"man"就是人称指称。更多的专门术语被引入以标注这样的区别："胡椒是辣的"和"胡椒在罗马有售"（每一粒胡椒都是辣的，但并不是每一粒胡椒都在罗马出售），"人是动物"和"一只动物闯进花园"（在第二种情况下，问"哪只动物"有意义，而在第一种情况下不可以这样问）。

中世纪对词项性质的分类，关注于真正的逻辑意义的语法差异，它们至今依然关乎严肃的语义学研究。由于中世纪拉丁诺不是我们的母语，所以其术语在我们看来是负累。这部分归功于中世纪逻辑学家的反思，即在我们从小就学习的现代语言中，我们能够有其他更精简的方式来区别这些差异。

中世纪逻辑学家推进亚里士多德逻辑学的另一路向是在模态逻辑（modal logic）的发展上，即集中于"必然"和"可能"意义的论证逻辑。这个领域是以波爱修斯的著述为基础的。如我们所见，像波爱修斯一样，中世纪哲学家试图用模态逻辑来解决上帝的全能和人类的行动，以及自由和决定论这些棘手的问题。

阿奎那的生平与著作

在 13 世纪巴黎大学的教授中，有一位比任何其他人都更能使基督教哲学接受亚里士多德思想，他就是圣托马斯·阿奎那（St Thomas Aquinas）。

托马斯在约 1225 年生于意大利阿奎诺（Aquino）附近的罗卡塞卡（Roccasecca）。他在卡西诺山的本尼狄克修道院（Benedictine monks of Monte Cassino）中接受教育，后在那不勒斯大学（University of Naples）学习文科。他不顾家人的强烈反对，于 1244 年加入多米尼克会，并在巴黎和科隆学习哲学和神学。他在一位年长的多米尼克修士、博学的大阿尔伯特（Albert the Great）指导下学习，大阿尔伯特后来启动了评注亚里士多德著作的庞大计划，对有些著作还不止评注了一次。

阿奎那是大阿尔伯特的得意门生，后者很快发现了他的才华。1254—1259 年，阿奎那在巴黎大学讲学，并于 1256 年成为全职教授（regent master）。1259—1269 年的 10 年间，阿奎那在意大利教会的职位更迭频繁，为奥维托（Orvieto）、罗马和维特博（Viterbo）的主教服务。1269—1272 年，在神学和哲学争论的活跃期，他再次执教巴黎大学。1273 年，他的教学生涯因为健康不佳而告终。1274 年 3 月 7 日，阿奎那死于福桑诺瓦（Fossanova），正值去里昂参加旨在联合希腊教会和拉丁教会的宗教会议途中。

尽管阿奎那的写作时间只有 20 年不到，但也卷帙浩繁。由于他的著作属于首批被处理成可机读形式的，所以我们能说他写作字数达 8,686,577 字。其中最为著名的是哲学和神学的两部大部头综合性著作，约 325,000 字的《反异教大全》(*Summa contra Gentiles*，《驳异教徒的错误》) 和 1,500,000 字的《神学大全》(*Summa Theologiae*)，后者以更长的篇幅阐明了他的成熟思想。这些百科全书式的著作虽以神学为目的，并以论题为主，但也包含了大量哲学的内容和方法。托马斯最早的一部神学综合著作是对彼得·隆巴德《四部语录》的注释。一个世纪之后，托马斯的这本书从哲学上讲已无足观览。最有哲学性质的是对亚里士多德的一系列注释，和在巴黎逗留期间为教学和论辩所写的众多小册子。比如，《论存在与本质》(*De Ente et Essentia*) 是一本关于存在与本质的著作；《论理智的统一性》(*De Unitate Intellectus*) 批驳了阿威罗伊主义认为人类只有单一理智的观点；《论世界的永恒性》(*De Aeternitate Mundi*) 论证了哲学不可证明宇宙在时间上有个开端的观点。阿奎那遗著中最有活力的是《问题论辩集》(*Quaestiones Disputatae*)，该书生动记录了关于各种各样的哲学和神学的学术争辩。即便在他对《圣经》的评注中，我们也可以找到具有哲学意味的内容，比如他对《约伯记》(*The Book of Job*) 的说明。

阿奎那的拉丁文书写紧凑、易懂，不带感情色彩，虽然依照文艺复兴时期的品味被评论者斥为粗鄙，但仍堪称哲学论说的典范。《神学大全》的每一章节的结构都是按照学术辩论的方式。每提出某一具体论题，他的出发点总是给出他所能想到的反对这个理论的最强理由，有时候是权威文本，更多时候是基于概念的分析证明，因为这些概念是值得怀疑的。然后是"反证"(*sed contra*)，给出他认为是正确的观点的理由，这通常不过是一些熟知的套话和布道文。接着是阿奎那陈述自己立场的真正理由，构成文章的主体部分。最后，文章回应开头就给出的否定并得出结论。这种结构一开始并不容易理解，但任何人只要熟悉了它，就会发现这是一种很好的思维训练。

阿奎那对哲学的第一个贡献就是让亚里士多德的作品为他的基督教同侪所接受，对保守神学家终生所反对的给予反驳。比如波那文图拉等，他们怀疑一位通过穆斯林评论过滤过的异教徒哲学家。阿奎那对他的朋友穆尔贝克的威廉（William of Moerbeke）的翻译加以评注，使得西方大学生熟悉了亚里士多德本人的观点。在他的神学著作中，他表明了在何种程度上可以将亚里士多德哲学观和基督教神学结合起来。虽然阿奎那的重要哲学主题和方法是亚里士多德式的，但他不仅仅是附和亚里士多德，这犹如亚里士多德也不是柏拉图的传声筒一样。除了找出亚里士多德和基督教的关系之外，阿奎那还在哲学自身的意义上发展和修正了亚里士多德的诸多观点。

自然而然地，阿奎那的自然哲学被自然科学的进步所废弃，其对逻辑学的处理与19世纪和20世纪的数理逻辑学发展相比，也早已显得陈旧。但是，他对形而上学、宗教哲学、哲学心理学以及道德哲学的贡献使他在世界一流哲学家中占有永恒的地位。

伯特兰·罗素写道："阿奎那谈不上什么真正的哲学精神。他不像柏拉图的苏格拉底，一开始就跟随论证走而不论方向。（阿奎那）在开始哲学思考前，他已经知道了真理，真理就在天主教的信条中……为事先就有的结论寻找证明不是哲学，而是一种特殊的诉求。"很多人认为，这最后的评论出自一个在《数学原理》（Principia Mathematica）中花了几百页来证明1+1=2的哲学家（我们稍后会讨论）之口显得奇怪了点。实际上，阿奎那的很多结论在他那个时代是新颖的，其中有几个对保守派来说也甚为可疑。而且，他在评价别人的论证时是非常有鉴别力的，他从不仅仅因为别人的论证支持自己所接受的观点而赞成它。因此，他驳斥了安瑟尔谟关于上帝存在的证明，也反对了那种认为仅凭推理就可以证明世界在时间上有个开端的观点。

阿奎那的自然神学

阿奎那对宗教哲学最著名的贡献就是"五路证明"（Five Ways），即关于上帝存在的五种证明，这早在《神学大全》里就已提到了。阿奎那认为，世界的运动只有以存在一个先在的第一推动者（unmoved mover）才可理解；世界的一系列动力因必然导致第一因（uncaused cause）；偶然的与可朽的存在者必须依赖于独立的与不可朽的必然存在；世界上等级不同的实在和善必然趋近一个实际存在的最大的实在和善；宇宙中无意识的行为者之不变的目的论需要一个智慧的普遍的设计者之存在。五路证明中有几种似乎依赖于过时的物理学，而且它们中没有一种是以消除谬误的方式被重申的。最近，哲学兴趣转向《反异教大全》中上帝存在之冗长而复杂的证明，弄清楚它能否重述得让怀疑者信服将是件饶有兴趣之事。

　　阿奎那宗教哲学中最有价值的部分是，他对传统上帝属性的检视，如永恒性、全能、全知、全善。他努力阐明并解决由此引发的许多哲学问题。在更广的宗教哲学领域，阿奎那最有影响的贡献是，对哲学与神学关系的阐明以及对哲学独立性的捍卫。根据阿奎那的说法，信仰是一种与知识一样不可动摇的信念，但与知识不同的是，它不是建立在理性的洞察力之上，而是取决于对某种事物的接受，而这些事物本身就是上帝的启示。信仰的结论与哲学不相冲突，因为信仰既不从哲学推理而来，也非哲学论证的必要基础。然而，信仰是心灵的合理的、合乎德性的状态，因为即使它无法演证它所揭示的真理，也能表明接受神的启示的正当性。

　　现代哲学家熟悉的关于自然神学和启示神学的区分，对阿奎那而言，也是必须的。假设一位哲学家为某个神学结论提出论证，我们不禁要问，它的前提是否宣称记录了神的启示，所给的前提是出于神圣经文，抑或是属于私下的断言？或者相反，是出于观察事实，还是出于理性的直接真理？如果属于前者，我们就在讨论启示神学；如果属于后者，那就是自然神学了。自然神学属于哲学的一部分，而启示神学则不是，虽然神学家也许会寻求哲学的技术来深化他们对经文的理解。

　　阿奎那相信，有些神学真理无须诉诸理性之运用就能获得，如上帝的存在。有些神学真理或诉诸理性或诉诸信仰，如神意和善。有些神学真理则只能诉诸启示，如上帝的三位一体和耶稣的道成肉身。阿奎那相信，世界有一个开端的创世真理则只能诉诸启示，他对该问题的哲学处理之精明可谓空前绝后。通过耐心的考察，他不仅驳斥了亚里士多德对世界永恒存在的证明，而且驳斥了穆斯林和基督徒们所提出的世界在时间中被创造的论证。他认为，这两个命题都不能通过理性来证明，哲学在这个问题上是不可知的；我们应该相信，所谓世界在时间中被创造只因《创世记》曾如是说。

质料、形式、实体与偶性

在形而上学方面，阿奎那是亚里士多德忠实的但非奴隶式的追随者，正如关于永恒世界所示的那样。他认可诸如以形质论分析有形体，并将变化解释为同一事物中不同的相继形式的接续。他也认同了亚里士多德关于质料是个体化原则的学说：如果海边的两颗鹅卵石在任何方面都相似，它们在形式方面则无不同，但是它们是两颗而非一颗，因为它们是两块不同的质料。

鉴于《圣经》所谓天使在基督教传统中被视作非形体存在，故而亚里士多德的这些观点也引发了问题。阿奎那认为，波那文图拉关于天使也有质料（即精神性的质料）的观点是难以置信的。相反，他认为天使是纯粹非物质的形式。但如果质料是个体化的原则，那怎么可能有一个以上的非物质的天使呢？阿奎那的答案是，每个天使都是一种（kind）不同的形式，每一属（species）对其自身而言都是全部。所以，米迦勒（Michael）与加百利（Gabriel）之间的区别不像彼得与保罗的区别，而是作为羊与牛之别。

质料与形式的概念被亚里士多德主义者用来分析实体的变化，即一物是如何变成另一物的。实体与偶性的概念则用来分析一些不那么剧烈的变化，如同样的一物得到或失去了一个暂时的性质（如长高和晒黑）。阿奎那对亚里士多德概念最非凡也最有影响的运用是对圣餐性质的说明。这种圣餐仪式将耶稣的最后晚餐永存化，耶稣拿起面包时说"这是我的身体"，还说酒是他的血。阿奎那主张，当牧师重复耶稣的话语时，面包和酒作为一种实体转化成了另一种实体，即基督的身体和血。这个变化叫作"圣餐变体论"（transubstantiation）。

阿奎那说，变体论是一种独特的转化，这种一物转化为他物是无与伦比的。在其他情况下，当 A 变成 B 时，总有某些原料开始是 A 的（A-ish），后来成了 B 的了。用亚里士多德的话说，同样的质料开始具有 A 性（A-ishness），后来具有 B

性。但是，在圣餐转变中，并没有一丁点开始属于面包后来变成属于耶稣身体的质料，不光一种形式让位于另一种，而且每一种质料都让位于另一种质料。在通常的变化中，形式 A 让位于形式 B，这是形式变换（transformation）。而在圣餐仪式中，不仅一种形式让位于另一种形式，而且一种实体也让位于另一种实体，故不仅是一种形式转变，而且还是实体转变。

我们也许想知道"转化"在这里的意义，以及将这个概念引入关于圣餐讨论的原因。经文中从未提到过一物向他物的转变，阿奎那这里的理由何在？

这一概念之所以被引入，唯一可能的解释是，耶稣于面包和酒的表象之内的存在。在献祭之后，我们真就可以说耶稣就在某某地方，如在博尔塞纳（Bolsena）教堂的祭坛上。阿奎那说，只有三种可能说某物开始存在于它之前并不存在的地方：或移动，或被创造，或将一物变成另一物。但基督的身体并没有移到圣餐里去，也没有被创造进入圣餐里，因为他本来就存在。因此只有一种可能：某物（即面包和酒）转变成了他的身体。

阿奎那说，祭坛上剩下的可见和有形物是面包和酒的偶性，如其形状、颜色等。这些偶性已无内在实体。阿奎那不相信献祭之后偶性会存在于基督身体的质料中，否则，比如面包曾有的大小和形状会变成基督的了，这将意味着基督是圆的，直径 2 英寸（约 5 厘米），等等。

圣托马斯给圣餐变体论赋予巨大的重要性，对圣餐的虔诚不仅表现在其神学散文中，还表现在他为基督圣体节（Corpus Christi）所写的虔诚的赞美诗中。其中的一节由杰拉德·曼利·霍普金斯翻译如下：

看，触摸，品尝，都是骗人的；
虔敬的倾听又如何？那是该相信的：
神之子告诉我的，我将奉为真理；
真理自身在道说，不然就没有真理。

霍普金斯的诗句比阿奎那更中规中矩，但它确切地表达了原意。这些诗句令人惊讶，因为阿奎那的正式论点是，在圣餐仪式中没有感官上的欺骗，诸感官如实地记录了偶性的在场，但判断实体却不是它们而是理智的工作。在这非同寻常的情形下，理智也许会被误导着去判断面包的在场，但如果它听到了来自上帝的话语，那就不会被误导。

没有实体的偶性概念是逻辑自洽的吗？一方面，离开了猫来谈论柴郡（Cheshire）猫笑似乎是荒谬的。另一方面，从阿奎那自己的例子来看，在圣餐礼中，酒喝完了它的香味还在。天空的颜色也许是无实体的偶性的实例，因为天空的蓝性（blueness）不是任何实体的蓝性。

然而，没有实体的偶性概念也给阿奎那的解释留下了一个可能致命的问题。地点范畴属于亚里士多德的偶性范畴，例如，"在祭坛上"就是一个偶性谓词。但是如果在献祭之后，一度属于面包的偶性不再属于基督的实体，那么很显然，也不能从主持者在祭坛上的存在直接推出基督在祭坛上的在场。于是，当初引入变体论的目的最后还是没有实现，就是说，还是不能证明基督的身体真实存在于圣餐的表象之下。

阿奎那论本质与存在

当然，变体论概念的困难并没有给实体和偶性之一般概念的神学使用造成麻烦，毕竟那是一种特殊的，或许是反常的神学运用。但是，阿奎那考虑的是，亚里士多德对变化的分析所产生的其他疑难。如果偶性变化被理解为同一质料呈现不同的偶性，实体变化被理解为同一质料呈现不同的实体形式，那么，我们是否应该认为物质世界自身的起源是一种本质从非存在过渡到存在这回事呢？当然，亚里士多德不会面临这样的问题，因为他不相信从无可以创造，但是后来的一些亚里士多德主义者提出了这个问题并给予了肯定的回答。阿奎那坚决地反对这个观点：创世完全不同于变化，不能通过绑定于本质来理解存在。

尽管如此，阿奎那接受了本质和存在的术语，并频繁地使用在他的形而上学中。他认为，在一切受造物中，本质和存在各不相同。但在上帝那里，两者是一回事：上帝的本质就是他的存在。这常被认为是一个卓越的形而上学洞见。实际上，这个论点似乎基于某种混淆。

我们应该将种的（generic）本质和个体的（individual）本质区分开来。如果从种的意义上理解本质（在现实中相当于这样的谓语"……是上帝""……是人""……是只拉布拉多犬"），那么于一切受造物中本质和存在确实是不同的。就是说，对某个特定的种而言，有没有属于它的个体是一回事，而这一个体的构成性特征是什么则是另一回事。例如，有无独角兽与独角兽是否哺乳动物，就不是一回事。但是，如果我们从这种意义上来理解本质，那么对上帝而言，本质与存在的同一论就是一派胡言了，这相当于问上帝属于哪个种，回答是"上帝存在"。

另一方面，如果我们在个体的意义上理解本质，据此，我们可以谈论苏格拉底和个别化了的苏格拉底所拥有的人性，那么，受造物之间真实的区别就变得模糊而无依据了。阿奎那往往也认为，一个人的存在就是他持续地作为人的过程。彼得的存在与彼得持续地拥有他的本质是一回事，如果他不再存在，那么他也不再是个人，而他的个体化本质也从事物的本质中消亡。

阿奎那的心灵哲学

在处理人类心灵时，阿奎那有严格的任务：他想表明接受亚里士多德的心理学而不追随阿威洛伊否认个体灵魂的不朽是可能的。与波那文图拉一样，阿奎那也不赞成阿拉伯哲学家的人类共享一个普遍理智的理论。将人类从动物中分离出来的理智可以看成是一种能力——这也不太违逆阿奎那的思想——该能力对思想加以思考，这些思想则是唯有使用语言者才可思考的。对阿奎那而言，这种能力是个体灵魂的功能。依照亚里士多德的传统，阿奎那也区分了主动理智和被动理智。他认为，我们本具有这两种理智。主动理智是形成普遍性的观念和获得必然真理的能力；被动理智是已获得的观念与知识的宝库。

根据阿奎那的观点，理智通过反思感观经验获得概念。我们并无内在观念，日常知识也非来自神的启示。经验对形成概念是必要但不充分的，这就是我们之所以具有特殊的形成概念的能力即主动理智的原因。阿奎那认为，我们需要它是因为我们所居世界的物体本身并不适合成为理智理解的对象。一个柏拉图式的普遍的、无形的、不变的、唯一的理念，或许是理智的对象，但在我们的世界中并没有柏拉图的理念这样的东西。即使在上帝的心灵中存在这些,我们的现实生活中也无此类存在。所以,阿奎那的结论是,我们需要一种能力来创造他所谓的"事实上可思考的对象",以便从我们的世界经验中抽象出观念。该能力就是主动理智。

阿奎那通过视觉和思想的对比来说明他的意思。颜色对视觉来说是可感知的,但在黑暗中,诸颜色的可感知性只是潜在的而非现实的。唯当一个人看见了颜色,视觉感受才成为现实——光的存在才使得颜色现实地可感知。类似地,阿奎那说,物理世界的事物本身只是潜在地可思考或可理解。与我们有同样感官的动物,也如我们一样感知物质对象,但它们并没有关于对象的理智思想——比如,它们不能对事物本性产生科学的理解——因为它们缺乏主动理智的光照。因为我们可以从自然世界的物质状态中抽象出观念,所以我们不仅能够感知,而且能够思考和理解世界。

正是通过这种观念,心灵才理解世界,但这并不是说观念是心灵所反映的外物的复制品或图像。因为观念是普遍的,外在事物是具体的,但对阿奎那而言,这并不意味着没有此类纯粹的个体的智性知识。阿奎那接受了亚里士多德的两个论点:理解某个事物就是不论其质料而把握其形式,以及质料是个体化的原则。

正如阿奎那所认为的,如果柏拉图是错误的,那么在心灵之外不存在人性本身这样的东西,只存在个体的人性,如汤姆的、迪克的和哈里的个体人性。但因为个体的人性是嵌在质料中的形式,它不可以成为纯粹理智思想的对象。要知道汤姆的、迪克的和哈里的人性,我们需要感官和想象力的帮助。用阿奎那的术语说,个体的人性是"可思考的"(因为它是一种形式),但不是"现实地可思考的"(因为它存在于质料中)。就是说,因为它是形式、理解的合适对象,但是如果要在心灵中被现实地思考,它需要经过变形(metamorphosis)。正是在我们对个体人性的经验的基础上,主动理智创造出这样的理智对象,人性就是这样的对象。这样的人性并不外在于心灵。

研究人类心灵的理论家有时被分为经验论者、唯理论者和观念论者。粗略地说,经验论者相信所有关于世界的知识都来自经验;唯理论者认为重要的知识是天生的;观念论者认为人类心灵中的知识只能及于它本身的观念。阿奎那的立场与他们都不同,但与他们又有共同之处。像经验论者一样,他也反对天生的知识;没有经验的心灵是一快白板(tabula rasa),一张白纸。但是他也同意唯理论者反对经验论者的一面:单凭人和动物共有的经验无力在那张白纸上写下任何东西。与观念论者一样,他相信纯粹理智思想的直接对象是它自己的创造,即普遍概念;但不同于很多观念论者的是,阿奎那相信人类通过普遍概念,辅之以感官和想象力,可以获得超越精神世界以外的真正的知识。

阿奎那的道德哲学

阿套那的伦理学体系在《神学大全》第二部分中占据庞大的篇幅。这近乎900,000 字的论述分为两部分:第一部分是伦理学通论;第二部分是具体的个人道德话题的教诲。这部著作在结构和内容上都是以亚里士多德的《尼各马可伦理学》为摹本的,阿奎那同时也对这部著作逐行做了评注。

该部分的大部分观点与亚里士多德是趣味相投的。与亚里士多德一样,阿奎那将人类生活的最高目标确定为幸福,同样,他也认为幸福不能等同于快乐、财富、尊严或任何身体的善,而是必须存在于与美德一致的活动中,尤其是理智德性。理智活动要达到亚里士多德对幸福的要求,只有在对上帝本质的沉思中才会完美呈现;现实生活条件下的幸福注定不完美。即便在亚里士多德的术语看来,真正的幸福只有在天国受祝福的心灵中才能找到。圣徒们在适当的时候将得到幸福的奖赏,但令亚里士多德始料未及的是,这种奖赏是以身体光荣复活而实现的。在将这些教导与特别的神圣律法和神恩的神学话题联系起来之前,阿奎那详述并证明了亚里士多德对美德、行动和情感的解释。

阿奎那关于人类行为的长篇大论,与亚里士多德或任何以前的基督教思想家相比前进了一大步。亚里士多德在其伦理学中引入了"自愿"(voluntariness)的概念:如果行为出于一个行为人,不带有强迫或错误,那么它就是自愿的。在其道德体系中,"有目的的选择"(prohairesis)的概念也扮演了很重要的角色:对一个行为的选择是整个生活计划的一部分。亚里士多德对自愿的定义非常笨拙,有目的的选择的定义又过于狭窄,以至无法区分构成日常生活的道德选择了。(英文

中没有与 "*prohairesis*" 对等的词这一事实就表明了这个概念的尴尬，而亚里士多德的大多数道德术语都已经纳入了欧洲语言。）阿奎那一方面保留了亚里士多德的概念，另一方面又引进了一个新概念，即意图（intention），填补了两个概念之间的空白，大大有助于道德思考。

在阿奎那的体系中，行为有三种类型。有些行为是出于其自身，它们本身就是目的，例如对哲学的求索。有些行为是作为目的的手段，比如吃药是为了健康就符合这种情况。正是在这种行为中，我们体现了意图：我们意欲通过手段达到目的。最后还有一些行为（可能是无用的、多余的），它们是我们有意图行为带来的后果和副作用，它们不是出于意图，仅仅是自愿的而已。这样，自愿就成了最广的范畴，任何有意的行为都是自愿的，反之则不然。意图自身在涵盖范围上就比自愿狭窄，因而意图就比亚里士多德有目的选择概念更广。

阿奎那以如下方式详解了意图和道德之间的关系。人的行为可分为几种，有些是善的（如使用自己的财产），有些是恶的（如偷盗），有些是无关善恶的（如在乡间散步）。每个具体的行为都是在特定的环境中，带着特定的目的。对于成为一个善的行为，它所属的种类必然不是恶的，环境也必须是适当的，意图也必须是高尚的。任一要素缺失，该行为都是恶的。结果，恶意会毁掉善行（出于虚荣而施舍），但善意也不能补偿恶行（偷盗而济贫）。

阿奎那考虑了良知犯错（erroneous conscience）问题，即行为者对其行为的善恶抱有错误信念的情况。他说，做一件自认为错的行为总是错的；意志与理性不一致总是不好的，即使理性犯了错。因此，良知犯错总使我们盲目。然而，它并不总是能为我们开脱。如果错误是出于疏忽，那么行为者不能受到原谅。通奸不能因为合法就被原谅，因为这项罪恶是对上帝律法的有罪的无知。但是，一个男人不是出于疏忽，而是出于错把人妻当成自己妻子而与之发生性关系，那他就并未犯罪。

阿奎那同意阿伯拉尔关于善行之善性源于行为所出的善意的观点，但是，他又认为只有得到理性认可的意志方为善良意志。而且，他还坚持，除非其行为的时机来临时付诸行动，否则善意也不能被认为是完全真实的。如果行为的失败与道德无关，那么该行为也是非自愿的。因此，阿奎那就避免了阿伯拉尔自相矛盾的结论，阿伯拉尔的意图论曾因此而蒙受不誉。

阿奎那说，行为的道德会受其结果的影响。他区分了可预见的故意伤害和可预见的非故意伤害。对于前者，阿奎那举了凶手和小偷的例子；对于后者，他是这样说明的："一个男人走过一片更易私通的田地，他可能会踩踏地里的庄稼；虽明知会踩踏庄稼但他无意去损害。"在这些例子中，恶行有恶果。因此，在每个情形中，罪恶都加重了。但是，当善行产生了恶果时，行为者应如何担责呢？阿奎那在讨论自卫而合法杀人时谈及到该问题。奥古斯丁曾教导过，这对基督徒来说是严禁的；但是权威的法律条文规定以暴制暴是合法的。阿奎那说，一行为可有两结果，一种是故意的，另一种与故意无关。这样，本人的自卫行为可有两个结果，一是保全了自己的生命，另一个是杀死了袭击者。假定没有使用超过必需的暴力，那么这个行为是可允许的；然而，除非基于公共权威，如士兵和警察，否则故意杀人总是非法的。

阿奎那的后继者通过评论发展出著名的双重后果论（doctrine of double effect）。一种就其自身而言非恶的行为既产生了善果也产生了恶果，这种情况是允许的，如果条件是（1）恶果不是出于故意，以及（2）善果不是因恶的手段而生，并且（3）两相权衡，善果超过恶果。双重后果论在日常生活中有诸多应用，比如，任命最佳人选担任职务，你虽知道这样做会给其他候选人带来痛苦。该原则对严肃的伦理思考来说是根本性的。但是出于稍后将要谈到的原因，现代早期的伦理学家对此则抱有争论。

在第二部分，阿奎那依次分析了各种具体德性以及与它相冲突的恶与罪。这里，他也追随亚里士多德，但也有重要的补充和调整。在古希腊四主德即智慧、勇敢、节制和正义的基础上，基督教传统又增加了三种"神学的"美德，即信、望和爱。相应地，阿奎那讨论了信念之德与怀疑、异端以及叛教之恶，希望之德与绝望及放肆之恶，仁爱之德与仇恨、忌妒、争斗以及煽动之恶。

阿奎那的美德德目与亚里士多德的并不完全吻合，虽然他也努力将《尼各马可伦理学》所表现出的更具异教特征的内容加以基督教化。例如，对基督徒来说，最重要的美德之一就是谦卑。亚里士多德是个好人，但另一方面，他又远非谦卑：他具有一颗伟大的心，即自知自己优越于他人而有着高度的自我优越感。在论述谦卑概念时，阿奎那评论了圣保罗的原文："要尊重别人多于尊重自己"。这如何可能呢；如果可能，它为什么是一种美德？阿奎那明智地说，相信自己是罪人中最坏的人不可能是一种美德：如果我们都这样做了，那么除了我们中的一个人，所有人都会相信一个谎言，宣扬错误的信仰也不可能是美德的一部分。因此，他这样注解原文：我们每个人的善行都来自上帝，我们真正能称是自己的就是我们的罪孽。但他说，谦卑并不要求某人把上帝对自己的恩赐看得比对别人的恩赐少。

阿奎那将谦卑定义为，对欲求超出恰当理性限度之事的克制之德性。谦卑是野心的节制之德，而不是相反。谦卑是基于（尽管不等同于）一种对个人不足之处的正当评估。最后，通过一招非凡的智力戏法，阿奎那不仅将谦卑变得与具有伟大灵魂者所谓的大度美德相一致，而且近乎与此相似了。他说，谦卑确保了人们将野心置于对自己不足的恰当评估上，而大度则被置于对自己天赋的合理评估上。

阿奎那渴望将基于美德的（virtue-based）亚里士多德伦理学与基督教道德体系中神圣律法的角色统一起来。在亚里士多德那里，正是理性设定了行为的目标，设定了判断行为的标准；而根据《圣经》，标准由律法设定。但它们并不冲突，因为律法是理性的产物。人类的立法者、共同体或其代表，运用他们的理性为各个国家的共同利益设计法律。但世界作为整体是由上帝的理性来统治的。作为宇宙统治者的上帝，神意统治的永恒计划才是真正意义上的律法。内在于所有理性生物的自然法就是要去追求适合他们行为和目标的一种自然倾向。自然法只是理性存在物对上帝永恒法的分享。它要求我们爱上帝和邻人，接受真正的信念，并崇拜之。

阿奎那多次回到《尼各马可伦理学》的最后一卷，这卷将沉思的生活看得高于行动的生活。他从几个不同的方面处理该问题，其中最有意思的是他将亚里士多德的教诲用于不同教会的使命的论题。他说，所有的教会都是出于仁爱目的而组建，包括爱上帝和邻人。沉思要求把时间只花在上帝上，而行动则要求服务同胞的需要。那么，沉思或行动哪一个更好？阿奎那区分出两种行动的生活。一种是完全只包括外部的行动，如施舍或救助路人；但还有另一种由教导和布道组成的行动生活。在这些活动中，宗教信仰者利用过去沉思的果实，将其掌握的真理传给别人。倘若纯粹沉思比纯粹行动的生活更受偏爱,那么最值得偏爱的宗教生活就是说教和布道。"正如照亮别人比独自发光更好一样,与别人分享沉思的成果比独自沉思要好。"圣托马斯并未具体指明他心中的教会是哪一个,但是他的"默想所得,与人分享"（contemplata aliis tradere）话语则成为了多米尼克会的会训。

在生前以及死后很长一段时间,阿奎那都未被认为是唯一权威的天主教思想家。在他死后 3 年,诸多与其所持观点相似的论点曾受到巴黎和牛津教会权威的谴责,直到半个世纪以后,他才普遍被看成具有神学的可靠性。即便在 1323 年被册封为圣徒后,在他自己的教会里,阿奎那也没能享有天主教新近赋予的殊荣。19 世纪,教皇利奥十三世（Pope Leo XIII）在教会通谕中正式承认他基督教最重要神学家的地位。20 世纪,教皇皮乌斯十世（Pope Pius X）给予他的哲学以类似的嘉奖。在天主教以外,教会的这种认可对阿奎那的声名与其说有帮助,倒不如说有损害。但在当代,他那非凡的天才思想也逐渐为世俗哲学家们重新发现。

第九章
牛津的哲学家

14 世纪的大学

阿奎那去世后,其批评者中有众多与牛津大学相关的方济会人士。13 世纪,巴黎大学无疑统治了学术界。直到 13 世纪末,由于许多学者在巴黎大学和牛津大学之间的交流,两地几乎像一个大学的两个校园。但到 1320 年,牛津大学已成为颇为独立的学术中心,实际上取代了巴黎大学在欧洲经院哲学中的霸权地位。巴黎大学不断地培养出杰出的学者,比如,1340 年的教区长让·布里丹(Jean Buridan)——他再次引入菲洛波努斯的冲力说(theory of impetus),以及 1356 年纳瓦拉大学(University of Navarre)的校长尼科尔·奥雷斯姆(Nicole Oresme)——他把亚里士多德的大量著作翻译成法文,并秘密探究地球每日绕轴自转的假说。然而,比较而言,在 14 世纪的思想家中,对哲学史做出了最大贡献的都是来自牛津大学的学术同行。

有两件乍一看自相矛盾却又引人注目的事,构成了 14 世纪大学的特征,牛津大学则为典型。一是课程设置时间之长,二是机构设置之年轻化。文科课程持续 8～9 年,在第五年获得 BA(文学学士)学位,在七年后获得 MA(文学硕士)

学位。获得文学硕士学位的学生或者是相当的神学院学生还要花4年听《圣经》和《四部语录》的讲座，3年后自己可开设讲座。首先（作为学士）讲授《四部语录》，然后（作为训练有素的学士）讲授《圣经》。约经历11年的神学研究才成为神学主讲教师。在学业完成之前，至少还需再开2年《圣经》讲座并指导学生。这样的大学学习课程会从学生的14岁持续到36岁。

漫长的训练过程会使人们可想而知地产生老人统治（gerontocracy）的想象。然而，这个时期没有任何人可以在大学待到40多岁，原因是当时大学的师生不存在为现代人学所熟悉的严格分别。讲课和指导由学生自己在学习的特定期间内完成。在14世纪的牛津大学，像阿奎那这样从事长期教学和写作直到50岁去世的人是非常罕见的。

文学院和神学院的关系并不总是简单的，在13世纪的最后几年，牛津大学与巴黎大学相似，一直受到奥古斯丁派神学家反对亚里士多德派哲学家的干扰。用艾蒂安·吉尔松（Etienne Gilson）的话说："短暂的蜜月后，神学和哲学发现，它们的联姻一直都是个错误。"神学家的首要目标是让学者们以阿威罗伊风格去解释亚里士多德，但是他们又攻击阿奎那哲学的部分教导，而不理会阿奎那本人所表现的对阿威罗伊教义的反对。

1277年，牛津大学的圣会正式谴责了30篇修辞学、逻辑学、自然哲学的论文。阿奎那教义说，每一个体仅是单一形式，即理智灵魂，而这些论文中有几篇遭到谴责就属于这种推论的必然结果。圣会谴责了这种观点，例如，理智灵魂进入胚胎后，感觉灵魂和植物灵魂即不复存在。神学家关注的问题并不恰好就是哲学家关注的，因为阿奎那的观点可被理解成暗示耶稣的肉体在坟墓时，于耶稣死亡和复活之间，除了在纯粹质料方面还与其存活时的身体相同之外，再无其他什么共同之处。长期的争议之后，胜利属于如圣波那文图拉的一方，他们相信在一单个人中存在形式的多样性。支持圣托马斯的一方虽然试图向罗马教廷申诉，但遭到失败。

谴责单一形式论的牛津圣会当时由坎特伯雷大主教罗伯特·基尔沃比（Robert Kilwardby）主持，他像圣托马斯一样是位多米尼克会修士。不久，作为主教，他被传唤到罗马，其大主教职位也由牛津方济会的约翰·佩克汉姆（John Peckham）

接替。佩克汉姆更热衷于迫害支持阿奎那立场的人。牛津一度出现了由方济会思想家把控的局面,尽管他们稔熟亚里士多德的思想,然而在很多不同问题上仍然拒斥阿奎那对亚里士多德主义的独特解释。

邓·司各脱

这些思想家中最杰出的是约翰·邓·司各脱(John Duns Scotus),他于约1266年生于特威德河畔贝里克郡(Berwick-upon-Tweed)附近的邓斯(Duns)小镇。司各脱在1288—1301年间求学于牛津大学,1291年受命成为牧师。墨顿学院(Merton College)习惯称其为研究员,但现在一般来看,该说法并无根据。他在牛津大学讲过《四部语录》,1302—1303年在巴黎大学开设相似的课程,一年后可能还在剑桥大学待过。在短暂生命的最后一年,他在科隆大学讲课,直到1308年在那里去世。留存下来的关于他的讲课记录都是不完整的、混乱的,既有他自己修改的手稿,又有学生的笔记。其作品的规范版本仍然有待完善。他的语言是晦涩的、技术化的、桀骜不驯的。但是,透过这些壁障识别出其不平常的教益总是可能的。司各脱确实能配享"精明的博士"(The subtle doctor)的称号。

图19 邓斯小镇公园中的邓·司各脱雕像。
(图片来源:Wikimedia Commons)

几乎在每个主要的争论点上，司各脱都采取同阿奎那相反的立场。他的内心认为，如果不是出于历史的原因，他对另一位学长根特的亨利（Henry of Ghent）的反对也有相同的重要性。亨利是13世纪80年代一位独立的巴黎教师，其立场介于奥古斯丁主义和极端亚里士多德主义的中间。司各脱一直渴望通过在与亨利立场的关联中确立自己的位置，正是通过亨利的眼睛他才看到了诸多先贤。

亚里士多德把形而上学定义为研究"存在之为存在"的学问。司各脱充分利用了这种定义，并把范围无限扩大，包括无限的基督之神的存在。根据司各脱的观点，某物存在（be）是因为它有某种真实的述谓，无论肯定还是否定。任何属于亚里士多德范畴之物，无论是实体还是偶性，都是存在的部分。但是，存在比这更广大，因为任何属于亚里士多德范畴之物都是有限的，而存在包含无限。如果我们希望把存在细分为部分，首先要划分的就是区分出有限和无限。

阿奎那也曾谈论存在，但理解的思路不同。每一种类的事物皆有其自身种类的存在：例如，对于有生命物，存在即是生存。在众多有生命的事物中，存在的不同种类与生命类型的不同种类一样多。这并不意味着动词"to be"（存在）在运用到不同种类之物时有不同的意思。当我们说"知更鸟是鸟"以及"绯鱼是鱼"时，我们并没有把动词"are"（是）变成双关语（pun）。按照阿奎那的话法，动词"to be"既不像双关语一样地模棱两可，也不像直接述谓如"黄色"一样地意义明确，它乃是类似。在此意义上，其类似于"好"这个词。我们能说好草莓和好刀，而不是把"好"用作双关，尽管使草莓好的特质不同于使刀好的特质。相似地，我们能够清晰地说出许多不同事物存在，尽管它们的存在构成各个不同的情况。

这里，司各脱同阿奎那开始有了分歧，因为他的"存在（是）"（being）并不是指类似，而是意义明确的：无论运用于任何事物，其意义都是严格相同的。这意味着不管用在上帝还是跳蚤上，意思都是一样的。实际上，存在是一个析取谓词（disjunctive predicate）。如果你列出从A到Z的所有可能谓词，那么动词存在就等同于"是A或B或C……或Z"。因此，"to be"的意思就依赖于其所述谓的内容，在任何一种意义上都不依赖其出现句子的主词。司各脱认为，如果一个人运用矛盾律，而且通过演绎论证来运用，那么谓词必须意义明确。

司各脱认为，存在包含无限。他是如何知道的呢？于众多存在事物中，他如何能确定一个无限的上帝呢？他提出大量一眼看上去与阿奎那相似的证据：例如，其中的一个证据是利用因果性概念证明第一因的存在。设想我们能够使某物存在，那么，什么使此物存在呢？它必定是某物，因为无不能生物。它必定是非自身的某物，因为无物能生自身。姑且让我们称之为某物 A，A 是它自身引起的吗？如果是，它就是第一因。如果不是，那么 B 是引起 A 的原因。我们可以从 B 开始重复同样的论证。那么，要么我们可以永远这样下去，但这绝不可能；要么我们就抵达绝对的第一因。

人们会据此认为司各脱可能要说："那就是所有人所谓的上帝"。但情况并非如此。同阿奎那把世上因果秩序的实存作为理论出发点不同，司各脱只是把因果联系的可能性作为理论出发点。于是，该争论仅证明第一因的可能性：我们还需要证明它的实存。实际上，司各脱做得更出色，他证明了第一因的必定存在。证据相当简练：第一因在定义上不能由其他任何他物产生；因此，它或者存在或者不存在。若不存在，为什么不存在？倘若存在是可能的，就没有什么造成其非存在。但是，我们已经表明第一因是可能的，因此它肯定存在。而且它必定是无限的，因为不存在任何能限制其能力的他物。司各脱认为，耳朵能迅速地测知不和谐音，睿智的人更易发现不相容性——这些早已得到查明。

司各脱更倾向于他的证明而不是阿奎那的五路证明，因为第一因并不始于自然之偶然事实，而是纯粹始于抽象的可能性。他相信，如果你只从物理学出发，就绝不会超越有限的宇宙；在任何情况下，你都可能导致你的物理学步入歧途（阿奎那就是如此犯错的）。

无限的上帝把其自身的本质，看作能用不同的可能的部分的方式去重现和模仿，即在创世前，事物的本质已经产生。诚如司各脱设想的那样，这些本质本身既不是一也非多，既不是普遍也非特殊。它们（并非通过偶性）与阿维森纳的马性（horseness）相似：既不等同于任何一匹单一的马，也不等同于心灵中马的普遍概念。通过意志的至高无上与不可解释的行为，上帝强令这些本质应当被例示出来，于是世界就如此被创造了。

对司各脱和其他一些经院学者而言，世间的受造物通过占有不同的形式而相互区别。苏格拉底占有人的形式，与驴子布朗尼（Brownie the donkey，方济会哲学家最钟爱的一个例子）的形式迥然不同。但在这点上，司各脱引入了一种新形式，或曰准形式（quasi-form）。据阿奎那的观点，有彼得和保罗两人，彼此差异不是依据其形式，而是基于他们的质料。司各脱拒绝此说，设想出个体有各自明显的形式因素：他的个性（haecceitas, thisness）。彼得与保罗有不同的个性，驴子布朗尼不同于（驴子）爱约雷（Eeyore），亦复如是。

根据司各脱的观点，在如苏格拉底的个体中，既有共同的人性又含有个体化的原则。苏格拉底和柏拉图有着共同的人性，这是真实的。若不真实，苏格拉底就更像一条画过黑板的直线，而不像柏拉图了。同样，个体化原则必定也是真实之物，否则苏格拉底和柏拉图就完全相同了。本质和个体化原则必定彼此统一，一方离开另一方就不能实存。我们不会在世界上遇到一种不是任何个人本性的人性，也不会遇到一个其本性既非此类也非彼类的个体。然而，我们不能分辨出带有个性的本质，如果驴的本质和驴子布朗尼的个性是一样的，那么每一头驴就是驴子布朗尼了。

本性真的不同于个性吗？看起来我们进入了死胡同：双方都有充足的论证，为了解决这个问题，司各脱启用了一个新概念——客观形式的区分（distinctio formalis a parte rei）——他也因此声名鹊起。在苏格拉底和柏拉图是有区别的意义上，或在我们的左右手也是有区别的意义上，本质和个性并不真的是有区别的。他们也不只是在思想上有别，好像苏格拉底只是柏拉图的老师似的。司各脱说，对于他们而言，其不同先于他们的任何思想，他们在形式上是有区别的。他们是同一个事物中的两种不同的形式。这个术语的引入如何说清楚这个需要解决的问题，这对我而言尚不清楚，犹如司各脱的许多追随者也不是很明白一样。司各脱不仅把他的术语运用于该语境，而且还广泛地运用在其他地方，例如，同一个上帝的不同属性之间的关系，以及植物的、感觉的和人类理性的灵魂之间的关系。

引入个性概念影响到了司各脱的人类理智概念。阿奎那已经否定个体纯粹理智知识的可能性，因为理智不能如此把握质料，而质料是个体化原则。个性尽管不是形式，但与质料有别，故个性足以像一种呈现在理智里的形式。根据司各脱的观点，由于每一事物在其之内都有一可理解的原则，所以人类理智可以把握千奇百怪的个体。

司各脱还把理智的范围延伸到不同方向。阿奎那坚持认为，日常生活中的理智通过从经验中抽象的方式，最适于获取有形物本性的知识。司各脱说，用这种方式界定适当的理智对象，犹如用烛光照亮客体一样地界定可见对象。天国的圣者享受着神的理智观照；如果我们将未来与当下的生活综合考虑，我们就必须说，理智的恰当对象犹如存在本身一样广泛。事实上，司各脱并不否认我们所有的知识都源于经验，但他认为理智依赖于当下生活诸感觉可能出于对罪恶的惩罚。

司各脱把直观知识和抽象知识加以区分。鉴于抽象源自对象是否存在的问题，所以抽象知识是关于对象本质的知识。直观知识是关于客体持存的知识：它分为两类。当对象现存时即为完全直觉，当对象保留在过去的记忆或未来的期望时，即为不完全直觉。

在理智与意志的关系上，司各脱在几个方面再次偏离圣托马斯的立场。哲学史家称他为"唯意志论者"（voluntarist），即力挺意志以反对理智。这究竟何意？司各脱问，在意志中是否还存在某种意志之外的东西有效影响意志行为？他回答道，除了意志外别无他物是意志的全部原因。阿奎那曾认为，意志自由源于实践推理的犹豫不决。对于一个好的目的，理性能决定不止一种选择同样都是好的手段，所以让意志自由地加以选择。司各脱则坚持认为，任何此类偶发事件必定来自只能属于意志自身的未决原因。但是，在让意志成为其自身自由的原因中，司各脱的理论有导致自由选择的无穷回退之虞。就是说，自由选择依赖于先前的自由选择，而先前的自由选择之自由复又依赖于更先前的一个，如此下去，以致无穷。

这并非是个司各脱尚未意识到的危险。在他讨论上帝对自由行动的预知时，他引入了一种新的潜能，即一种人类自由选择的独特特征，这就避免了无穷回退的可能性。

司各脱说，我们以一项自由行动为例，自由与可做相反之事的显见能力

（obvious power）相伴随。没错，意志在既意愿（will）X 同时又不意愿（not-will）X 时无能无力——这将变得无意义——但在意志中存在着不意愿之后的意愿能力，或接续相反行动的意愿能力。这就是说，当 A 在时间 t 时意愿 X，那么，A 在时间 $t+1$ 时就能不意愿 X 了。他说，这是在后一时间中做不同类行动的显见能力。

但司各脱说还有一种非显见能力（non-obvious power），它不带有任何时间序列。他通过想象一种形成的意志只是一瞬间存在的情况来阐明这种能力。瞬间之际只存在单一意志，但是即便如此，意志也可能不是必然的，而是自由的。此种自由中涉及的相继性缺乏，在设想的瞬间意志情况下是非常显然的，但实际上又总是如此。就是说，当 A 在时间 t 意愿 X 时，不仅是 A 在时间 $t+1$ 时有能力不意愿 X，而且 A 在 t 那一刻还有能力不意愿 X。这是一个明确的创见，一个非明证的公设，我甚至可以称之为神秘的能力。

司各脱小心地把这种能力和逻辑可能性区别开来。它是伴随着但不等同于逻辑可能性的某物。这不是一个简单的此刻在 A 非意愿 X 中无矛盾的事实，它是某种更高、更超越的东西——一种真实的积极力量——它是人类自由的核心。

"正意愿 X 的意志能不意愿 X"可从两个方面来理解。一方面（在综合的意义上）它意味着"意愿 X 的意志，不意愿 X"可能为真，但这本身是假的。另一方面（在切分的意义上）意味着，在时间 t 正意愿着 X 的意志，有能力在时间 $t+1$ 时不意愿 X，这明显为真。

但"时间 t 时正意愿 X 的意志，能在时间 t 又不意愿 X"又作何解呢？这里再一次地，根据司各脱的创见，我们能区分综合意义和切分意义。情况并不是说：该意志在时间 t 意愿 X 的同时又在时间 t 不意愿 X 是可能的。但真实的情况是：在时间 t 时不意愿 X 可能存在于在时间 t 时实际上意愿 X 的意志里。

在这点上，司各脱区别了时间的瞬间（instants of time）和本质的瞬间（instants of nature）：在同一个时间的瞬间中可能有多个本质的瞬间。这里，我们在哲学上首次遇到了被后来逻辑学家称作"可能世界"（posssible worlds）的概念。就此而论，同一个时间的瞬间也许有几种同时的可能性。这些共时性的可能性不需要彼此相容。譬如，恰好存在这样的情况：它们在不同的可能的世界中是可能的，而不是在同一个可能的世界中是可能的。

不管怎样，可能世界的概念在哲学史上将有个显赫的未来。司各脱先前对世界起源的说明是，把上帝创世看成是在无限多个可能的宇宙中，选择一个加以实现的事情。后来的哲学家从创世概念中分离出了可能世界的概念，在更抽象意义上理解"世界"一词，以便任何可共存情境的总体都构成一个可能世界。由此，这一抽象概念被用来作为解释每种能力和可能性的手段。通常地，可能世界概念的引入归功于莱布尼茨（Leibniz），但实际上它应属于司各脱。司各脱不愧被称为"精明的博士"，此概念之精微已获最长久的生命。

尽管作为哲学家，司各脱天赋非凡，但他在著作中系统地限制了哲学的范围。阿奎那区分出唯通过信仰而获得的关于上帝的真理，如三位一体，以及通过理性而获得的真理。阿奎那还总结道，在后一等级的知识中包含了上帝的所有主要属性，如全能、无限、全在等。相反，司各脱认为，理性不能证明上帝的全能、公正或仁慈。他认为，一个基督徒知道全能包含生育圣子的能力，但这与纯粹理性能证明上帝具有此能力是两回事。相似地，被阿奎那放在哲学领域加以处理的诸多论题，又被司各脱提升到神学领域进行处理。

在神学方面，司各脱因其首倡无玷始胎（immaculate conception）信仰而最为著名。这种学说并不是通常认为的那样，相信玛丽以处女之身生育耶稣；而是相信当玛丽怀孕时，就已从原罪继承的玷污中摆脱出来。（当今，不相信原罪者，自然地相信玛丽的无玷始胎。）这个学说在哲学史上之所以重要，是因为它关涉到长期的哲学分争。阿奎那不承认玛丽怀孕之纯洁，跟随亚里士多德的思路，他不相信刚怀上的胎儿在头几个礼拜内就具有理智灵魂。司各脱相信灵魂在婴儿刚一怀上时就进入了身体，无玷始胎最终被教堂接受是其理论的胜利。这个哲学的纷争显然关乎当今天主教徒对流产问题采取的态度。

杰拉德·曼利·霍普金斯，当代最著名的司各脱主义者，专门赞美了司各脱无玷始胎观点的胜利。霍普金斯把司各脱列为最伟大的哲学家之一。他这样描述司各脱：

> 人间稀有的纷争廓清者；
> 有着无与伦比的洞察力，比肩意大利和希腊；

为了纯洁玛丽，斗战法兰西。

奥卡姆的语言逻辑

司各脱限制哲学研究范围的倾向被其后继者威廉·奥卡姆（William Ockham）向前推进了。威廉同司各脱一样都是方济会修士，他来自萨里郡（Surrey）的奥卡姆，约1285年生，在司各脱离开牛津大学不久后，他就到了牛津求学。1317—1319年，奥卡姆讲授《四部语录》，由于一直讨厌学校校长约翰·路特维尔（John Lutterell），故从未获得文学硕士学位。后奥卡姆前往伦敦，在那里于14世纪20年代写下了他的牛津讲课笔记，并成了一本系统的逻辑学著作和对亚里士多德以及波菲利的评注论著。1324年，他被传唤到阿维尼翁（Avignon），因为路特维尔指控他的学说为异端。不久，他便放弃了对理论哲学的兴趣。

许多奥卡姆的逻辑学和形而上学立场要么是对司各脱的发展，要么就与其对立。尽管他的思想比不上司各脱精致，所幸他的语言更清晰。同司各脱一样，奥卡姆也把存在看成单一名词，如同适用于受造物一样地适用于上帝。然而，他的体系范围要小得多，虽然受造物的多样性也在其中；他把亚里士多德十范畴化约为两个：实体和性质。同司各脱一样，奥卡姆接受了抽象知识和直观知识的区分，认为只有通过直观知识，我们才知道是否能获得偶然事实。然而，奥卡姆超越司各脱的是，允诺上帝能通过他无上全能，让我们对不存在的对象产生直观知识。他认为，上帝能通过第二因（secondary causes）直接做任何事。因此，如果上帝能通过让白墙与我们的眼睛相遇，从而使我们知道墙是白的，那么上帝可以让我们产生相同的信念，而无须任何白墙真的存在。这种观点明显为怀疑主义打开了方便之门，很快遭到奥卡姆追随者的反驳。

奥卡姆同司各脱最重大的分歧是关于宇宙本质的问题。他完全拒绝了在我们用通名称呼的诸个体中有共同本质的存在。心灵之外，并无共相（universal）存在；世上的一切都是独特的（singular）。奥卡姆提出了许多论点反驳共同本质，最生动的例子是：

与这一观点随之而来的是，基督的部分本质将是可怜的、应受谴责的了，因为实际存在于基督的相同的共同本质也存在于犹大之内，因而也应受谴责。

图 20　剑桥大学冈维尔与凯斯学院保存的奥卡姆《逻辑大全》手稿。
（图片来源：Wikimedia Commons）

共相除了是符号，什么也不是，单个符号代表众多事物。有自然的符号，也有约定的符号。自然的符号是我们心灵中的思想，约定的符号是我们构造以表达这些思想的词汇。

奥卡姆的共相观常被称为唯名论（nominalism），但在他的体系中，名称与概念都是共相。然而，该称谓有某种倾向性，因为奥卡姆把心灵中的概念看成了语言系统的构成，一种所有人的共通语言，先行于所有不同的日常语言。如此一来，奥卡姆说只有名称是共相倒是正确的了；但我们必须在名称中不仅指明自然语言的名称，而且也要指明我们心理语言（mental language）中未说出的名称——一种如奥卡姆描述的语言，该语言被证明与中世纪的拉丁语有相当大的结构相似性。

在奥卡姆一生的不同阶段，他对心理语言的名称和世上的事物之间的关系，给出了不同的说明。根据他早期的理论，心灵塑造心理意象或表象，它们与实际事物相似，奥卡姆称其为"虚构"（fictions）。这些虚构在心理命题中起着诸要素的作用，占据着它们所相似之物的位置。从许多不同的事物有等同的相似性而言，虚构即为共相。后来，奥卡姆不再相信这些虚构，认为在心理语言中的名称只不过是思考的行动，是在个体心理学史中的项目。这些心理的名称出现在心理的语句中（大概是作为语句思想的连续阶段）；如果发生在其中的连续名称是同一事物的名称，那么一种思想或句子就是真实的思想或句子。因而，苏格拉底是一个哲学家的思想就是真实的思想，因为苏格拉底既被称为"苏格拉底"，又被称为"哲学家"。就此解释而言，如何理解一个句子如"苏格拉底不是一条狗"的真理条件并不易看清，但奥卡姆在处理这些疑难时——尽管他很自信——也遇到了麻烦。

奥卡姆最出名的是，"如无必要，勿增实体"（Entities are not to be multiplied beyond necessity），尽管这并非他的原话。该原则一般被称为"奥卡姆剃刀"（Ockham's Razor），在其作品中并未发现这一表达。尽管他说过同样的意思，如"能少做的多做了是无用的"或"如无必要，不应考虑繁多"。实际上，这种情绪在奥卡姆之前就已存在，但是，这句名言确实总结了他对前辈们技术化的哲学发展的还原论态度。有时，这种态度使他能斩断虚构实体，当然，这多半也导致他忽视了哲学上有重要意义的区分。

奥卡姆的政治理论

奥卡姆被传唤到阿维尼翁并未导致他被指责为异端，即便一个委员会花了几年审查他对《四部语录》的评注。然而，在阿维尼翁的时间确实给他的事业带来了一个全新的转折。当时的教皇约翰二十二世同方济会在关于贫困的两个问题上发生了冲突：基督和使徒曾生活在绝对贫困中的历史问题和当代方济会财产权的现实问题。奥卡姆卷入了这场争议，使他不受教皇待见。于是，他不得不与方济会的领袖切塞纳的迈克尔（Michael of Cesena）一起，从阿维尼翁逃到慕尼黑（Munich）。他们在那里寻求神圣罗马皇帝巴伐利亚的路德维希（Ludwig of

Bavaria）的庇护。据传，奥卡姆曾说过："陛下，用你的剑保护我，我将用我的笔保护你"。无论真假，奥卡姆由此深陷有关教皇和皇帝、教会和国家关系的更广泛的争议问题中。

为了解释这个受争议的问题，我们必须及时做一返回。关于主教任免权的冲突，在11世纪的教皇格里高利七世和皇帝亨利四世的争执上突显，在接下来的年月中，多次上演这种争执。在英格兰，正如我们所见，圣安瑟尔谟作为大主教与威廉二世（William II）在这个问题上的冲突，他的继任者托马斯·贝克特（Thomas Becket）与亨利二世的冲突，这导致他的殉教并被追圣，成为坎特伯雷朝圣名单之一员。

第二个导致教会和国家不和的主要问题是，出于世俗目的向牧师征税。在13世纪末，公平法王菲利普（King Philip the Fair of France）为了发动对英格兰的战争而获取资金支持，打算对牧师的财产征税。在1296年的互相倾轧中，教皇波尼法爵八世（Boniface VIII）试图寻求制止征税，尽管他在菲利普出于报复起见禁止向法国输出货币以支付教皇的赋税时，也不得不表示让步。冲突持续进行，邓·司各脱彼时正在巴黎，由于支持教廷而遭流放。宣传册子之战随即而来。罗马的吉尔斯（Giles of Rome），圣托马斯的拥护者，陈述了极端的教皇立场：世俗事务中的世俗权力应服从于教会权力。巴黎的约翰，国王的支持者则反驳说，教皇并不是所有者，仅是教会财产的监护人，他服从于宗教总理事会的更高权威。

这场争论最杰出的贡献者是诗人但丁。在《论世界帝国》（*De Monarchia*）中，他重申了传统的平行权威（parallel authorities）概念，即在追求世俗和永恒目的时，各自按照神圣命令运用不同的利剑。但是，实际的问题已经昭然若揭，并不是靠哲学争论而主要是靠武力才能决定了。1303年，菲利普派军队在阿纳尼（Anagni）绑架了教皇波尼法爵，试图让他在法国受到委员会的审判。尽管他的这个企图未果，但是当波尼法爵不久死去之后，他成功地确保法国主教当选为教皇。新教皇克莱门五世（Clement V）在1309年把教皇驻地迁到阿维尼翁，并在那里维持70年之久。

教会和国家之间第三次巨大激烈的冲突吸引了奥卡姆。阿维尼翁教皇谴责激进的方济会派禁欲式财产观的教义。约翰二十二世以前曾干涉过一次有争议的皇帝选举，反对最终成功当选的路德维希四世。1324 年，教皇开除路德维希的教籍；作为回应，路德维希诉请宗教大会，谴责教皇对方济会的异端态度。1328 年，路德维希进入罗马，自己加冕为皇帝，焚烧了约翰的肖像，任命了伪教皇。在罗马，他的资深顾问是帕多瓦的马西琉斯（Marsilius of Padua），著有《和平的护卫者》（Defender of the Peace）。这是一部出现在中世纪最有影响力的政治哲学力作。

马西琉斯在巴黎完成此书，他一度当过大学的校长。同奥卡姆一样，作品甫一问世就不得不逃亡，以寻求路德维希的庇护。在书中，他持续攻击教皇和教会干涉他认为是合法的自治和自给自足的国家（观点）。马西琉斯认为，混乱、腐败、冲突、战火在意大利流行，正是教皇的傲慢和野心导致的结果。但是他的立场并不限于地方事务，还包括普遍原则。他纵览《圣经》、亚里士多德、古典作家和教父作家，力图证明国家是"完美的"社会，即是说，国家在自己领域内既是最高权威又是自足的。

对马西琉斯而言，存在两类政府：由与臣民意见一致的统治和与臣民意志不一致的统治；前者是合法的，后者是暴政。国家法律的权威源于公民或者源于他们中的精英，国家可以委托立法机构成立团体或建制，在不同国家合法地有着不同的形式。君主是国家的执行首脑。如果他是被选的官员，那公民的同意就是成就其统治的最好表达；但还有同意可以清楚表达的其他合法方式。一个不守规则和软弱的储君应该被立法机构罢免。

马西琉斯坚持认为，基督和使徒都不该主张世俗权力，教皇对最高权力的声明也无《圣经》权威为凭。教会由全部基督信仰者的团体组成，最能反映其结构的机构是宗教大会。但即便是宗教大会也只能实施世俗权力批准的决定。如果异端要受到检举，那也只能是国家而不是由教会来发起。

奥卡姆同情马西琉斯的诸多观点，但也有所保留。无论如何他都不是系统的政治思想家。他的政治作品仅是论辩性的小册子，而非政治理论的教科书。因此，同教皇在使徒财产观方面的冲突导致奥卡姆形成了自然权利理论（theory of natural rights）。他区分了两类情况：合法放弃的权利（比如私人财产权）和不可让渡的权利（比如人的生命权）。奥卡姆在这场教会与国家的权力争论中最重要的贡献出现在他的《对话录》（Dialogues）中——也是不同小册子的汇编。相反，马西琉斯的政府观念明显地受到该时代意大利城邦国家的塑造，而奥卡姆急切关心的重点更聚焦于神圣罗马帝国。

他认为，王权并非来自教皇，而是以帝国的选帝候为中介而来自人民，合法性源于民众，而不是源于教皇。适用于国王的一切，经过必要修正（mutatis mutandis），也适用于其他世俗主权。选择统治者的权利是人的自然权利之一。如果人们希望通过设立一世袭君主来行使这些权利，他们就会那样做；但是如果这个君主滥用权力，人民就有权罢免他。

奥卡姆对教皇的敌意远没有马西琉斯激进。他不怀疑事实上的（de facto）教皇之至高无上性是以专制方式来行使的；但是他希望允许一种法理上的（de jure）至高无上性，将其构思成一种君主立宪制。教皇的权力应该受到宗教大会限制，这一点类似于议会民主的代表大会，其成员由地方选区和宗教团体选举产生。

牛津的算学家

当奥卡姆于1349年在慕尼黑死于黑死病时，他已离开牛津大学有四分之一个世纪了。期间，牛津大学无可争辩地变成了经院派哲学的智识中心。尽管存在托马斯主义反对司各脱主义、唯名论反对实在论等论争，但简单地把它看成学派思想斗争的战场是错误的。在这段时间内，阿奎那在牛津并不很受欢迎，甚而多米尼克教派（又称多明我会）也对其很冷淡。司各脱主义也不占统治地位，虽然在14世纪的前半期领衔思想家都来自方济会。甚至在奥卡姆之后，牛津也没出现突出的唯名论者。在法国的唯名论者如米尔库尔的约翰（John of Mirecourt）和奥特库尔的尼古拉（Nicholas of Autrecourt），把他的说教发展成极端怀疑主义，就是说，上帝的无限力量使人类宣称确知任何绝对真理都是可疑的。

在1320—1340年间，牛津培养的一群朝气蓬勃的和独立的思想家推动了课程的诸方面发展。许多学者出版了逻辑学论作，把传统逻辑扩展到许多新领域，尤其是探究了关于运动和变化、膨胀和紧缩、量度和时间诸命题。最重要的逻辑学家是沃尔特·伯利（Walter Burley）。他的《逻辑的纯粹艺术》（Pure Art of Logic）标志着中世纪逻辑学形式化的一个高点。

形式化在神学上也显得重要了，神学据说也因此而达到了数学化的程度。最大值和最小值问题，连续是否可无限可分和可无限延伸问题，这些一度可能被看成为数学家而非神学家的问题，首次以如下形式加以展开：在信念灵魂中对恩典增加进行分析，以及对天国圣徒的无限至福进行测量。

不管这些探究是否有助于神学进步，但它们在物理学研究上被证明是有高度价值的。一门新的数学物理学，尤其是在墨顿学院，已经明显发展起来。牛津的这些"算学家"（calculator）的探究方法是对"元智"（sophismata，即逻辑疑难与悖论）的呈现和解决。诸如"苏格拉底比柏拉图开始变白无限地更白"的命题被提出与分析，估算其可能的真理与错误。这种方法对现代读者而言看起来颇显怪异。正是在解决这些元智问题中，数学的比率（ratio）和比例（proportion）概念得到了演化。而且，新概念用线段来表示图形，这在测量运动、时间和距离的相互作用上被证明是有用的。利用这种方法，物理学革命的基础被奠定了，更著名的名字诸如伽利略也与此相关。

墨顿学院最著名的算学家之一是托马斯·布拉德沃丁（Thomas Bradwardine），他发展了一种比率理论，用来表达作用力、反作用力和速度在运动中是如何相互作用的。该理论很快地不仅在牛津，而且也在巴黎［奥雷姆（Oresme）接受这一理论］取代了亚里士多德的运动法则。布拉德沃丁是14世纪中期牛津另一种新奥古斯丁主义复兴运动的代表人物。当然，奥古斯丁一直被尊为引证的权威，但是，这时学者们开始更多注意其作品的历史语境，而且对其后期反佩拉纠主义著作最为关注。布拉德沃丁在其巨著《论上帝之因》（De Causa Dei）中，围绕预定论和自由的问题，提出了奥古斯丁式方案。在这段时期，神学兴趣已经从三位一体和基督论问题转向了恩典、自由和万能的有限性等话题上。例如，如果你能拒绝一小时的罪恶，你就能一生拒绝罪恶吗？上帝能命令他应该遭到仇恨吗？如果上帝向一些人启示其未来将罚入地狱，又该如何对待？

约翰·威克利夫

在布拉德沃丁之后（短暂担任坎特伯雷大主教后，于1349年去世）的一代中，奥古斯丁主义复兴人物中最耀眼的是约翰·威克利夫（John Wyclif）。1360 年，他获得牛津大学贝利奥尔学院（Balliol College）硕士；1372 年获博士学位时，就写出了大量哲学著作，最重要的一部是《存在者大全》（*Summa de Ente*），其中包括一篇关于共相的论文，旨在捍卫实在论，以反对唯名论的批评。

威克利夫最喜欢的共相的例子是种（species，如狗）和属（genera，如动物）。实在论简单地把属定义为，许多不同事物在种上的述谓。唯名论把自身陷入了复杂的饶舌修辞："属是可断言的称谓，或者属的相对物是可断言的；属的诸多称谓可以指称很多事物，而这些事物又是具体地可区分的。"唯名论不会说会被实际地断言的一个称谓是本质性的。也许周围就没有任何事物可做任何断言。它也并不会说，任何特殊称谓——任何特殊的声音或意象或纸上的标志——必须可被断言；绝大部分符号对多样的断言而言持续时间都不够长（由此才说"相对物"）。因为试图以称谓（即某一响声或纸上的标记）来指代属，以便给出定义，唯名论最终不得不放弃这个努力，即种和属仅仅是标记，承认具体的差别是不属于标记而是属于所指代的事物的东西。威克利夫坚持认为，当我们谈到属种概念时，我们并没有谈到纸上的墨点。如果我们是这样的话，那么我们就能通过改变称谓的意义的方式，把一个人变成一头驴了。当然，我们无法像改变单词的含义一样通过命令来改变事物的属种。

威克利夫的实在论论证在本质上是简单的。他坚持认为，任何相信客观真理的人已经承诺了真实共相的信念。假设你意识到，个体 A 相似于另一个体 B，这就必然存在 A 在 C 方面相似于 B。但是，在"看到 A 在 C 上相似于 B"同"看到 A 和 B 的 C 性（C-ness）"是一回事。这等于想象出了 C 性，作为 A 和 B 的共相。因此，任何能判断相似性的人自动就知道什么是共相。

威克利夫对共相实在的热情，使他远远超越了逻辑学和形而上学的狭隘基础，而深入到伦理学和政治学的基础了。他声称，所有统治世界的罪恶是由理智和感情关于共相的错觉而引起的。唯名论倾向于更少而不是更多的善，也不在超越一个人同类之人性意义上期待着评价他自己。从早期的形而上学萌芽中，他后来发展了一种成熟的共产主义理论。

1374 年，威克利夫短暂地应招为英王服务，并受邀参与老生常谈的争论，即世俗统治者向牧师征税的权利。在他的《论公民的治理》(On Civil Dominion)一书中，他提出两个令人吃惊的论题：罪人无权拥有财产；处于神恩状态者拥有宇宙所有的诸善。

对第一个观点的证明是简洁的。除非你能正义地使用某物，否则你无法正义地拥有它。但是，罪人的每一个行为都是不正义的，因此，没有一个罪人可以正义地使用和占有财产。

第二个观点需要进一步的证明。一个公正的人被上帝接纳为子女，因此是上帝之国的领主。当上帝施予恩典时，上帝也给予自己荣耀，他也在荣耀之中。在他之内是一切受造物的完美实在，他们的实际存在只不过是附属性的而已。但是，每位出于神恩之内的基督徒都是所有基督徒的领主，那么，其成立条件只能是他在荣恩状态与所有其他人分享他的权威。

> 上帝所有的诸善应该是共有的。这一点可以这样来证明。每个人都应该在神恩状态中。如果他就在神恩状态中，他即是世界的主人，即拥有世界的一切。因此，每个人应该成为宇宙的主人。但这同许多人的共在并不一致，除非他们应当让一切共有。因此一切都应该共有。

尽管其含义激进，威克利夫关于统治权的写作并没有像看起来的那样，一开始就给他和上级的关系造成麻烦。世俗权威用他的理论来支持剥夺牧师权利，普通信徒对此也未加重视。教会权威仅是暂时地受到削弱，因为自1378年起，教会就陷于分裂，出现了两个互竞的教皇，一个在罗马、一个在阿维尼翁。每一个教皇都声称拥有最高权力，都叫嚷着把对方开除教籍。由于受到最近丑闻的刺激，威克利夫发动了一系列针对罗马教皇的猛攻，其程度远超奥卡姆和马西琉斯对教会的责难。

然而，导致威克利夫思想衰落的不是他对教皇的攻击，而是他关于圣餐的说教。当他谴责教皇，质疑教廷主张的合法性时，他尚能在高级教士中找到支持者。当他呼吁剥夺教会的财产时，诸多普通教徒和托钵修士也与其情投意合。但是，当他痛批圣餐变体论学说时，托钵修士、贵族和主教都转而反对他，甚而他所在的牛津大学也驱逐了他。因此,当他在 1384 年的路特沃斯(Lutterworth)去世时,空有一身自由,但却颜面扫地。

图 21　出现在波西米亚泥金装饰手抄本(illuminated manuscript)上的威克利夫肖像。
(图片来源:National Library of the Czech Republic, Prague,经授权使用)

教会的分裂持续多年:调和路线互竞的两个教皇(罗马教皇和阿维尼翁教皇)最勇敢的尝试导致在比萨(Pisa)出现了第三个可疑的教皇。直到 1415 年的康斯坦茨大公会议(the Council of Constance),才确定了教皇的选举应该得到整个基督教世界的同意。同时,会议重点转向了长期搁置的对威克利夫异端思想的处置。(到这个时候,其理论传播开来,远及波希米亚,政治影响极大。)威克利夫的学说数年前就在牛津遭禁止,现在威克利夫的诸多理论都被整个基督教世界所诅咒。

威克利夫最出名的时期是在他生命的后期,此时他作为作家或者至少是一个鼓动家,首次把《圣经》翻译成英文。基于此,以及他反对变体论和教皇的著述,他作为宗教改革的晨星获得人们的敬意。但是,他同样也是经院哲学的暮星。数个世纪以来,他的哲学著作无人问津。新教作家对其经院哲学的烦琐感到厌烦;天主教作家则宁愿聚焦于有一个正统目的的经院哲学著作。近些年来,其主要著述的出版明确了一点:这位牛津经院哲学家是一位颇具哲思的思想家,是堪居司各脱、奥卡姆之后的第三位大家。

第十章
文艺复兴时期的哲学

文艺复兴

中世纪和文艺复兴时期的分界线并非泾渭分明，更不用说我们可以确定一个前者何时结束后者何时开始的具体日子了。带有文艺复兴时期特色的发展，在不同的领域呈现不同的速度，在不同的地区呈现不同的时代特点。这些变化对哲学的影响是片段的和零散的，因此哲学史并无清晰的线索。的确，从许多大学历史的课程来看，人们可以得到这样的印象：在奥卡姆哲学于15世纪和16世纪沉寂之后，一直到笛卡尔（Descartes）时代，哲学才完全以另一种样式再度兴起。

这或许有点夸大。真实的情况是，那些伟大的中世纪大学培养不出像13世纪的巴黎大学与14世纪的牛津大学那样有影响力的哲学家了。在15世纪和16世纪，重要的人物分散在欧洲，许多不同团体的成员和独立的思想家乐于得到地方富豪的资助。因而没有人取得、配享犹如最伟大的中世纪哲学家那样持久的国际影响力。在17世纪，当再次出现一流哲学家时，我们发现没有一个是以大学教授的身份而获取其名声的。

在巴黎大学和牛津大学的辉煌时代，它们都是国际性的大学。拉丁语的普遍使用使学术沟通与交流变得容易，那些属于托钵修会的教师，享受着大陆学术共同体交流的便捷。到 14 世纪末，情况发生了变化。在所有的欧洲国家，方言文学（vernacular literature）开始繁荣，尽管拉丁语仍然充当学术语言，但它不再是表达思想最有力的工具了。例如，在英格兰，威克利夫的同事开始用英语写作和布道。在其同时代人中，最优秀的人物诸如乔叟（Chaucer）、朗兰（Langland）和高尔（Gower）都把英语作为表达的媒介。英法百年战争让牛津大学和巴黎大学渐行渐远，两所大学的发展道路也分道扬镳，各自日渐式微。

政治变迁和语言变化是并肩而行的。教皇的核心权威由于大分裂（the Great Schism）而受到致命的削弱。神圣罗马皇帝仅在德国和奥地利尚且有效。在康斯坦茨大公会议（曾重建单一教皇）上，与会代表开启了一个由各个国家组团来投票的先例。到 15 世纪末，经过内部倾轧与混乱，在英格兰、西班牙和法兰西分别建立了强有力的、独立的以及集权化的君主政权。意大利北部由一些蒸蒸日上的自治城邦国组成，由王朝世袭的寡头或财阀统治。在阿维尼翁流亡和长期的教会分裂之后，教皇毫无竞争地在罗马确立，其统治涵盖意大利中心城市。接下来的很多年，他们主要致力于小国的诸事务。在一半的欧洲因宗教改革而失去对新教教会的控制之后，他们对整个天主教会的权威才得以重拾。

正是在意大利，特别是佛罗伦萨和罗马，文艺复兴首先开始繁荣。当时被视为文艺复兴核心方面的是古代经典学问的复活。这就是"人文主义"（humanism），当然不是关乎人类种族意义上，而是在致力于"人类学问"的意义上的人文主义。这在实践上意味着，对异教的拉丁作者的偏爱要胜过基督教拉丁作者，还意味着去阅读希腊权威思想家原文而非译文的雄心。该雄心由两个政治事件孕育而来。日渐衰弱的希腊君士坦丁堡帝国，由于遭到奥斯曼土耳其人（Ottoman Turks）的连续打压，需要西方基督徒的军事援助。教皇尤金尼厄斯四世（Pope Eugenius IV）在 1439 年与拜占庭国王、族长在佛罗伦萨签订了一份事关东西方教会的盟约。这次联盟同先前 1274 年那次联盟一样短命，但同希腊学术之间的联系则影响深远。1453 年，当君士坦丁堡落入土耳其人之手后，流亡学者带给西方的不仅是他们关于古典希腊的知识，而且还有古代作家的珍贵手稿。该时期的教皇尼古拉斯五世（Nicolas V），一个大规模藏书好者，死后留下约 1200 本希腊与拉丁文手稿，这使他成为梵蒂冈图书馆的实际创始人。

自由意志：罗马与鲁汶

在尼古拉斯宫廷里的一位人文主义者是洛伦佐·瓦拉（Lorenzo Valla），著有拉丁优雅风格的手册，影响力巨大。该手册批评了通行拉丁文《圣经》译本的风格。作为技艺精湛的语言学家，瓦拉于1441年证明了《康斯坦丁的捐赠》（*Donation of Constantine*）因为年代错误，乃是虚构，很多世纪以来的教皇都据此而自封为世俗统治者。尽管如此，教皇尼古拉斯在1448年还是公正地任命他为教皇秘书。瓦拉对哲学很感兴趣，但是认为哲学没有修辞学重要。他写了一些挑衅性的作品讽刺阿奎那，并置伊壁鸠鲁于亚里士多德之上。

他最让人感兴趣的哲学著作是一篇关于自由意志的简短对话，该对话批判了波爱修斯的《哲学的慰藉》。该书从一个熟悉的问题开始："如果上帝预见到犹大会变成叛徒，犹大不变成叛徒都不可能，就是说，犹大的背叛是必然的，除非——应该与我们无关——我们设想上帝不具神意。"对话的绝大部分篇幅都服从于经院讨论中习以为常的一系列立论和辩难。这篇对话读起来同司各脱的著作一样，适合作为中学教材。但是，在结尾处，出现了两个令人吃惊的论点。

首先，两个异教的神出现在这篇经院哲学对话语境中。阿波罗预言罗马皇帝塔昆（Tarquin）会被流放并因傲慢和罪恶受到死刑的处罚。为了回应塔昆的诉苦，阿波罗说他希望他的预言是更幸福的，但是他仅知道宿命，而不决定宿命。如果一切秩序井然，那么最好去谴责朱庇特（Jupiter）。

> 朱庇特，他造成了狼的凶猛、兔的胆小、狮子的勇敢、驴的愚蠢、狗的野蛮和羊的温顺；他让一些人铁石心肠，一些人柔和；他让一些人注定邪恶，也让一些人禀有美德；而且，他让人有改过迁善的能力，也让人不可救药。对你，他安排了无法改过迁善的邪恶灵魂。因此，你（出于你天生的性格之故）会作恶，朱庇特根据你的行为以及它们的罪恶后果，会严厉惩罚你。

首先，阿波罗和朱庇特的引入似乎是一种无聊的人文主义噱头，但是这种设计使瓦拉不带任何渎神意味地分离出了全知的智慧和不可抗的意志两种属性，而这两者在基督神学中是不可分割地内在于一位真神的。如果自由被废除，它也不是出于神的预知，而是出于神的意志。

现在说说第二个令人惊奇的立论。瓦拉没有在神的预知和人的意志之间进行哲学调和，而是引用了《罗马书》关于雅各（Jacob）的预定命运和以扫（Esau）斥责的一段。他以保罗的话语作掩护，"哦，神的丰富，智慧和知识，是何等高尚！他的判断是何等难测，他的道路是何等难寻！"这样的立论完全能从奥古斯丁或者加尔文（Calvin）那儿期望获得。但是，作者根本不会指望从某个享有人类意志独立与自由的一流人物盛誉的人文主义者那里听到。该对话以对以亚里士多德为首的哲学家的指责而结束。因此，在他同路德（Luther）的圆桌谈话中，路德把他描述为"我所见过或发现的最好的意大利人"就毫不奇怪了。

瓦拉的对话录自15世纪40年代始。几年后，他所论述的主题又成了鲁汶大学（University of Louvain）激烈辩论的话题。该大学是北欧新兴的大学之一，建于1425年。1465年，文科教员彼得·德·里沃（Peter de Rivo）受学生之邀，讨论了这个问题：在基督说了"你要三次不认我么"后，彼得还有认基督的能力吗？他说，这个问题必须做肯定的回答：如果我们承认基督言说的话语为真，那么肯定回答将不可能。因此，我们必须坚持认为，它们既不真也不假，相反，其有着第三真值（a third truth-value）。为了支持这种可能性，里沃诉诸亚里士多德的权威。

亚里士多德《解释篇》（*De Interpretatione*）的章九似乎是论证，如果每个关于具体事件的将来时命题（如"明天会有一场海战"）或为真或为假，那么每件事情必然地发生，无须多虑或感到麻烦。根据最一般的解释，亚里士多德的论证意味着归谬法（*reductio ad absurdum*）：如果关于单一事件的将来时命题已经为真，那么宿命论则随之而来。但宿命论是荒谬的，因此，既然许多未来之事尚未确定，那么关于这些事件的陈述则既非真也非假，尽管此后结果确实如此。

里沃引入的第三真值受到其神学同事亨利·范·佐默伦（Henry van Zomeren）的攻击。亨利说，《圣经》中充满了单个事件的将来时命题，即预言。犹如彼得所言，指望这些命题都成真，依据是不充分的。除非它们已经为真，否则先知就在说谎。彼得对否认第三真值可能性的反应沦为决定论。康斯坦茨大公会议把决定论谴责为威克利夫主义邪说之一。不久，人文学院和神学院陷入唇枪舌战。

在鲁汶大学，资深的大学权威似乎支持里沃。佐默伦决定向教皇申诉。在罗马他有个朋友贝萨利昂（Bessarion），作为希腊主教之一，贝萨利昂参加了佛罗伦萨宗教大会。贝萨利昂留在了罗马，被选为红衣主教。贝萨利昂在同意支持佐默伦之前，首先咨询了一个方济会的朋友弗朗西斯科·德拉·罗维尔（Francesco della Rovere）。当时罗维尔写信向他咨询关于逻辑论题的经院评价。罗维尔基于异端因为否认信条将来时条款而受谴责这一点，反对接受第三真值。他们只能因为坚持谬误才能受到公正的谴责，但是，如果将来时命题不为真而是中立的，那么，其内在的矛盾也不为错因而也是中立的。

直到 20 世纪，三值逻辑概念还被逻辑学家进一步探讨，罗维尔阐明的逻辑法则开始受到认真地对待。然而，在 15 世纪的语境中，有两件事情是引人入胜的。其一，正是在经院哲学的鲁汶而非人文主义的意大利，重点放在了自由意志而非神权上。对三值逻辑的接受是对人的自由和公开选择的格外肯定。关于人类行为的将来陈述非但不必为真，而且根本就不真。其二，里沃的例子完美地说明了哲学上的专断如何构成了中世纪和文艺复兴的划分。罗维尔为这场典型的学院争论贡献良多。人文主义者普拉廷纳（Platina）曾被教皇西克斯塔斯四世（Sixtus IV）擢升为梵蒂冈的图书馆长。艺术家梅洛佐·达·福尔利（Melozzo da Forli）曾有壁画，刻画了教皇在任命普拉廷纳时望着我们的神情。罗维尔正如这里的教皇。

教皇西克斯塔斯 1471 年的当选对里沃来说实际上是个灾难。三年内，教皇下了诏书《论基督的权力代理》(*Ad Christi Vicarii*) 谴责他的五个论点是丑闻，是在天主信仰之路上的逡巡不前。最后两条是这样写的："对将来可真的命题而言，其所说应该属实，这还不够。它必须是无法阻遏地属实。我们对这两件事必须说出一样：在关于将来信念的条文中，要么不存在现在的和事实的真理，要么他们所说的是某种连神权都无法阻止的东西。其他受到谴责的三个论点，包含了彼得为了逻辑的三值体系在经文中尽力寻找证明的论题。

柏拉图主义的复兴

主教贝萨利昂虽然把未来的教皇引入了这场争论,但他不是亚里士多德的论敌。他用拉丁文新译了《形而上学》。但他本人则卷入到亚里士多德和基督教教义关系的不同争论中。在教庭的希腊学者可以读到拉丁文的柏拉图著作,不过部分学者相当不情愿这样。其中之一是特拉布宗的乔治(George of Trebizond)。他出版了一篇情绪激昂的小册子,申斥柏拉图在各方面都不及亚里士多德(他写的小册子具有一种高度基督教化的风格)。贝萨利昂以一篇《反对柏拉图的诽谤者》(*Against the Calumniator of Plato*)来回应,同时用希腊文和拉丁文出版。他辩称,柏拉图和亚里士多德二人都未与基督教教义达到完全一致,二人之间的冲突几乎没有;而且柏拉图和基督教的共同点,与亚里士多德和基督教的共同点至少是一样多的。他的小册子是西方古代以来出现的首次坚定地以柏拉图哲学为基础的解释。

然而,恰恰是在佛罗伦萨(自 1396 年起希腊语开始在此教授)而非在罗马,柏拉图主义最为强劲地繁荣起来。到佛罗伦萨宗教会议时,从事银行经营的美第奇(Medici)家族在这个城市成为望族。家族领袖美第奇,出于宗教会议主要人物(*dramatis personae*)的杰出代表之故,与他的孙子罗伦佐(Lorenzo)和朱利亚诺(Giuliano),以及希腊国王和元老,出现在贝诺佐·戈佐利(Benozzo Gozzoli)的美第奇宅邸麦琪(Magi)小教堂的壁画上。正是他命令他的宫廷哲学家马尔西利奥·费奇诺(Marsilio Ficino)翻译了柏拉图的全部作品。该任务在 1469 年完成,是年,罗伦佐(Lorenzo the Magnificent)继任为美第奇家族的领袖。费奇诺周围聚集了一群研究柏拉图的富有的学生,费奇诺把这些人称为他的"学园"。费奇诺不仅抬高柏拉图,使其超过了亚里士多德,他的一些批评者甚至声称其还高于摩西和基督。当然,费奇诺相信,如果欲使彼时知识分子接受基督教,那么柏拉图思想的复兴就是必然要求。在其《柏拉图的神学》(*Platonic Theology*)一书中,他开始对灵魂及其起源、命运给予新柏拉图主义的阐释。

在费奇诺的群体(佛罗伦萨的柏拉图主义者)中,最令人们感兴趣的成员是乔瓦尼·皮科·德拉·米兰多拉（Giovanni Pico della Mirandola）。皮科的希腊语和希伯来语造诣非凡，作为一个年轻人，他为犹太教密契主义中的喀巴拉（mystical cabbala）和赫米斯·托利司梅吉思托司（Hermes Trismegistos）的希腊文本（刚被费奇诺翻译的炼金与占星作品集）中的神秘元素所吸引。他渴望把希腊、希伯来、穆斯林、东方和基督教的思想进行一种柏拉图式的综合。24岁时，皮科申请去罗马，发表并捍卫自己的体系，该体系具体表述为900个论题。然而，争论遭到禁止，其诸多论题也受到谴责，其中之一是对"没有任何一门科学比巫术与密学给予基督的神圣更多的确定性"的肯定。

皮科并不是一位对古代伪科学不加区分的追慕者。他写了一套12卷的丛书，反对占星家的虚伪：天体能够影响到人的肉体但不是心灵，没有人能够确切知道洒满天宫的星象对人的具体影响。另一方面，他坚持炼金术和象征性仪式能给予一种合法的神秘力量，从而和通过乞求恶魔的权能而操作的黑魔法区别开来。在皮科作品中一以贯之的驱动力是力图高扬人性力量。占星术是该遭到反对的，因为其决定论限制了人类的自由；善意的法术应受鼓励，因为其扩张了人的力量，使人成了创造的"君王与主人"。

罗伦佐死于1492年，他的最后一年是在悲伤中度过的，因为其弟朱利亚诺被教皇西克斯塔斯四世和他的侄子所唆使的一些心怀仇恨的佛罗伦萨人杀害。罗伦佐死后两年，美第奇家族遭流放，而改革派修士萨沃纳罗拉（Savonarola）使佛罗伦萨迅速变成了清教共和国。皮科成了萨沃纳罗拉的追随者，在1494年虔诚地寿终正寝。他最后的著作是《论存在和唯一性》（*De Ente et Uno*），把柏拉图主义和亚里士多德形而上学加以调和。

马基雅维利

由于萨沃纳罗拉失宠，1498年作为异端被处以火刑，但佛罗伦萨共和国却因此幸存了下来。当美第奇家族重新掌握了城市的权力时，家族中的一位官员也是位外交官叫尼可罗·马基雅维利（Niccolò Machiavelli），他曾于1498—1512年担任大臣。在他的从政生涯中，他成了恺撒·博尔吉亚（Cesare Borgia，教皇亚历山大六世的非婚生子）的友人和崇拜者。教皇亚历山大六世是西班牙人，在1492年荣升为主教。博尔吉亚出于讨好爱好娱乐的父亲，通过贿赂和暗杀来为博尔吉亚家族巧取豪夺了意大利中部。马基雅维利相信这就是一个事实：当亚历山大死于阻止博尔吉亚达到目的时，博尔吉亚本人正处于死亡之门。

在美第奇家族重回政坛之际，马基雅维利被怀疑参与了一场阴谋，遂遭受刑讯并受到软禁。这期间，他写了《君主论》(*The Prince*)，文艺复兴时期最出名的政治哲学著作。

这本薄薄的小册子与经院学者论政治的文章非常不同。该书并无从所谓第一原理导出理想城邦的本性以及贤明君王的想法。它反倒是为了一位将来的统治者而做的一本书，故其结论落脚于他自己（未来君主）追求成功的选择与方法。根据意大利城邦国家的最近历史以及希腊和罗马历史中的一些实例，马基雅维利描述了一些地区的政治得失，以及如何得到最好的控制。博尔吉亚被视作运用政治技巧的典范。"回顾公爵所有的行动，我发现一切均无可指责；相反，我肯定，如我所见，他是效法的楷模。"

《君主论》通过冷峻的犬儒言辞为君主提供建议。然而，一些人对其道德性感到惊愕，一些人则因其卸下伪装而大加赞赏。其坚定的主题是，君王应该竭力显得而非实际上真的有德。要想当君主，他必须显得开明，但一旦掌了权，开明应该力求避免。一位君王应该欲求着被看成仁慈而非残忍，但实际上，令人害怕比受人爱戴远为安全。但是，在向其臣民施加恐惧时，他应该力戒遭到憎恨。

> 只要一个君主不干涉财产、不骚扰其公民和臣民中的妇女，那么他可能令人畏惧而非受人憎恨。如果不得已要动用死刑，他就应该在其有明显的原因或合理的理由时才可以。但是，最重要的是，他必须戒取他人的财产，因为相比忘记他们的财产损失，人们忘记其父亲的死亡要快得多。

马基雅维利提出了君主是否应该信守诺言的问题。他回答，信守诺言会对他有害，以及当他做出保证的原因已经不再了，他就既无法守信，也不应当守信。他说，没有君主会因为合理的理由来掩饰爽约而遭受损失。但是，人们怎么会相信一个经常违反诺言的君主呢？这仅仅是欺骗技巧的问题。教皇亚历山大六世在这个方面可被单独挑选出来，赢得赞扬。"没人会以更有效的方式做出郑重声明，或以更严肃的声明而做出承诺，或者更少地遵守它们。然而，因为他懂得人性的这一面，所以他的欺骗总能成功。"

那么，总的来讲，一个君主应该言而有信，以便让人有所观察与听从。别人可能认为他是仁慈、信义、正直、人道和宗教的化身。但是，为了保住他的王位，他不得不频繁地破坏所有的规则，要与信义、正直、人道和宗教背道而驰地行动。

马基雅维利特别挑出作为"基督教界最高的君主"、那个最近的君主，阿拉贡的费迪南（Ferdinand of Aragon）。这位国王的丰功伟绩确实是令人敬畏。费迪南同他的妻子卡斯提尔的伊莎贝拉（lsabella of Castile）经过多年内战，一统西班牙，确立了和平。他终结了格兰纳达（Granada）的摩尔人（Moorish）王朝，鼓励哥伦布（Columbus）在美洲为西班牙获得殖民地。他把犹太人和摩尔人赶出西班牙。从教皇西克斯塔斯四世那里建立独立的西班牙宗教裁判所，从亚历山大六世手中强行划分西班牙和葡萄牙之间的"新世界"，西班牙获得优势份额。马基雅维利所挑选出来加以颂扬的品质，正是费迪南的"虔诚的残忍"（pious cruelty）。

马基雅维利把《君主论》的一章献给教会君主。他说："这些君主自身拥有无须捍卫的领土，无须治理的臣民。但是，他们的领土不会因其不保护而丧失，臣民也不会因为不统治而不关注他，或者导致考虑放弃他们的忠诚，他们也不具那么做的权能。相应地，这些君主自身是安全的、幸福的。"

马基雅维利归因于"神圣宗教法令"（the venerable ordinances of religion）的状态，在裘力斯二世（Julius Ⅱ）主政期间几乎从未获得过。这位好战的教皇继任了亚历山大六世并结束了博尔吉亚的希望。正如马基雅维利本人所描述的，"他致力征服博洛尼亚（Bologna），再征服威尼斯人，把法国人赶出意大利，所有的这些雄心均告成功"。

裘力斯二世是教皇西克斯塔斯麾下德拉·罗维尔的侄子，与其说他是个牧师，倒不如说他是位君主。但他并未完全满足马基雅维利的箴言，即君主除了战争，别无挂碍或想念。他是伟大艺术家的赞助人。拉斐尔（Raphael）在梵蒂冈为他装饰的房间，就包括一些最受人欢迎哲学家的画像和艺术史上的哲学主题。裘力斯二世雇用米开朗基罗（Michelangelo）来装饰他叔叔的西斯廷教堂（Sistine Chapel）的天顶，委派布拉曼特（Bramante）建造一座新的圣彼得教堂，自己拿着锤子开始凿毁旧罗马教堂的廊柱大厅。裘力斯二世甚至于 1512 年在拉特兰（Lateran）召开宗教大会，讨论为适应普遍宗教改革之巨大需要而修缮教堂。

在会议召开后不久，裘力斯二世便去世了，首任美第奇家族教皇继位。新教皇为罗伦佐的儿子，取名为利奥十世（Leo X）。由于是位温和的快乐主义者，利奥十世对改革几乎没有任何热情，宗教会议的主要功绩是界定了个体灵魂的不朽，与帕多瓦（Padua）的亚里士多德主义者构成对立，后者为了回应柏拉图主义的复兴，便对此加以否认。

帕多瓦学者中最重要的是皮特罗·彭波纳齐（Pietro Pomponazzi），其论作《论灵魂不朽》（On the Immortality of the Soul）在宗教大会开始后即问世。该书的主题是，如果一个人严肃地对待亚里士多德把灵魂看成身体的形式，那么相信死后灵魂不朽就是不可能的。所有的人类知识都源自感觉，所有的人类思想都需要实在的意象。自我意识并非人类的特权，猛兽也分有它，它们爱自己与同类。人的自我意识不少于动物，依赖于灵肉的统一。灵魂不朽的证明，不能诉诸为善恶行为提供裁判的来世之必然性。在当下的生活中，道德是对自身的回报，邪恶是对自身的惩罚。如果这些内在动机不够，那么就通过刑罚制裁来加以补足。

莫尔的《乌托邦》

彭波纳齐的书很快就受到谴责，尚未造成巨大影响。但在同一年，出现了另一本更流行的著作:《乌托邦》（Utopia），出自托马斯·莫尔（Thomas More）之手。莫尔三十几岁时已是伦敦的律师，为享利八世提供皇家服务。他是个敏锐的人文主义者，渴望提升英格兰的希腊和拉丁文学的研究水平。其密友德西德里乌斯·伊拉斯谟（Desiderius Erasmus），是位伟大的荷兰学者，当时忙于希腊文《新约》学术版本的工作。《乌托邦》用拉丁文写成，描述了一个充满活力的虚构共同体，听众是渴望来自海外新发现消息的人。

乌托邦（"乌有之乡"）是由 6000 户人家的 54 座城市组成的岛屿，每一城市都有自己的农业内陆区,城市的居民轮批被派去乡村进行为期两年的耕作。在城市,每 10 年靠抽签来交换房屋;没有私人财产,无物需要上锁。每个公民,除了耕作,还要学习一门手艺;人人必须工作,但工作日长为每天 6 小时。不存在像欧洲那里的游手好闲者,因此,众人劳动令人工作轻松,大量的闲暇用于文化活动。仅有很少的人可免于手工劳动,如学者、牧师或者是当选的城市管理员,他们要治理共同体。

图 22　莫尔 1518 年版《乌托邦》插图,德国画家安布罗修斯·霍尔拜因（Ambrosius Holbein,约 1494—约 1519）作。
（图片来源：Wikimedia Commons）

在乌托邦,与柏拉图的理想国里不一样的是,社会的基本单位是家庭。婚后的妇女搬到男方家里,而男性通常在出生的家中,由最年长的父辈来治理,只要他还适于此事。每户成年人保持在 10～16 人之间,多余的成员应被转到另外数量不足的家庭。如果一个城市户数超限,而其他城市也无法容纳,那么就在未被占领的海外建立殖民地,如果那里的当地人拒绝迁居,乌托邦人会用武力来强制建立。

乌托邦城市的内部来往以通行证加以调节。一旦被授权，旅行者会受到其他城市的欢迎，犹如回到自己的家中。但是无论在哪儿，任何人不完成他日常工作量就不得食。乌托邦人无须使用货币，使用金银只为打造夜壶和罪犯的脚镣。钻石和珍珠被用来制造孩子的摇铃和玩偶。乌托邦人不理解为其他民族高度评价的骑士荣誉，也不理解掷骰子游戏或田猎之乐。

乌托邦人不是禁欲主义者，他们把身体的羞耻看作某种自身就是邪恶之物。但他们尊崇过着无私生活的人，那些人承担着别人因厌烦而拒绝的工作，比如修路和照顾病人。部分乌托邦人过着独身和素食生活，而另一部分则吃肉并过着正常的家庭生活。乌托邦人认为前一种生活更神圣，后一种生活方式更智慧。

男性22岁、女性18岁就可以结婚，禁止婚前性行为。但在婚礼前，新郎新娘必须完全赤裸地互相检查。乌托邦人实行一夫一妻制，原则上婚姻持续一生。但通奸会破坏婚姻，在那种情况下，无辜的一方而非通奸方就允许再婚。通奸会被严厉处罚，多次通奸将被处以死刑。乌托邦人相信如果允许乱交，那么就无人愿意接受一夫一妻制的约束了。

乌托邦人不把战争看成光荣的，但他们也非和平主义者。男女都接受军事训练，奔赴战场是为了驱逐侵略者和解放被暴政奴役的民族。相对于卷入激战，他们更倾向于通过暗杀敌方首领来赢得战争。如果海外远征不可避免，他们会使用外国雇佣军。在自卫战争中，丈夫和妻子并肩在前线，或者男人并排防御。"如果丈夫失去妻子独自回家或者妻子失去丈夫独自回家，都将被视为极大的耻辱和不忠。"

绝大部分乌托邦人都崇拜一个唯一不可见的最高存在——"众人之父"。有一些结了婚的男女牧师，还有极为神圣的男女，"因此人数也更少"。乌托邦人不把宗教信仰强加给他人，宽容是规则，任何对信仰改变的骚扰行为，比如基督徒地狱之火的布道，都将被处以流放。然而，所有乌托邦人都相信不朽和来生至福。他们认为，死者作为不可见的保护者会再访其生前友人。出于私人动机的自杀是不被允许的，但是那些无法治愈和剧痛的病人，可以在牧师以及官员建议下，结束其生命。一个人的葬礼被看作至高环节（highest moment），那些不愿死去者会被低调下葬，而那些死时乐观者则伴以愉快的歌声火化。

同柏拉图的理想国一样，乌托邦包含吸引人与令人厌恶的特征，也包含用似乎切合实际的替换不合实际的筹划。像先前的柏拉图一样，莫尔描述了一个虚构的社会作为政治哲学的理论工具，去批判当时的社会建制。还是像柏拉图一样，莫尔经常让他的读者猜想：他描述的设想在多大程度上是个严肃的政治建议，抑或是在多大程度上它们仅是表达了一种嘲讽，影射现实生活社会的扭曲。

宗教改革

莫尔成长的社会即将迎来巨变，在他看来多半是变得更糟。1517 年，维滕贝格（Wittenberg）的一位神学教授向教皇的自大提出了挑战，这种自大曾导致了半个欧洲拒斥教皇权威。马丁·路德（Martin Luther），埃尔福特（Erfturt）修道院的一个奥古斯丁主义修士，研究了《罗马书》，导致他对文艺复兴时期天主教教义的精神气质从根本上产生了质疑。他提出公开抗议的缘由是赎罪券（indulgence）布告，即为建造罗马的新彼得大教堂而出售赎罪券。就是说，豁免罪恶的惩罚竟是天主教践行的正常部分，但是，这样的特殊赎罪券以如此不合规且廉价的方式推进，即使从当时松散的标准看也是一桩丑闻。

马丁·路德对天主教做法的攻击不久就超出了赎罪券。到 1520 年，他对教会七圣事中的四项的地位提出了质疑，论证只有洗礼、圣餐和苦行才可获得福音的认可。在他的著作《基督徒的自由》（*The Liberty of Christian Man*）中，他表明了他的主要学说：对罪人释罪急需之物是信，或相信基督的善功；不信则一无所获；信则一切皆有可能。教皇利奥十世在 1520 年力推的《主起来吧》（*Exsurge Domine*）中谴责他的说教。当这份谴责到了路德手里时，他在众人面前焚之。1521 年，他被逐出教会。国王亨利八世（Henry VIII）在莫尔和他的朋友的帮助下，出版了《七圣礼之声明》（*An Assertion of the Seven Sacraments*），反驳路德的学说，利奥教皇感激不尽，遂授予他"信仰守护者"的头衔。

路德住在属于神圣罗马帝国的萨克森（Saxony），帝国当时由奥地利哈布斯堡（Habsburg）家族的皇帝查理五世（Charles V）统治。查理由于继承了他的祖父母费迪南和伊莎贝拉的领地，也成为西班牙领地的国王，统治大部分欧洲和部分美洲。他传唤路德到沃姆斯（Worms）的帝国会议，要求一见。这位改革家拒绝撤回他的任何学说，以致被判逐出帝国。但萨克森公爵为他提供了避难所，以把他软禁在瓦特堡（Wartburg）为掩护。

在随后的几年时间里，路德奋笔疾书，把《圣经》翻译成清晰而有激情的德语，为以其他语言翻译《圣经》的未来译者树立了典范。他草就一封书信回复给亨利八世，语含轻蔑与痛斥。莫尔以国王的名义，反唇相讥，用语之粗俗不在路德之下。路德的学说坚持认为，人本身并不能自由选择善与恶，但该学说一直遭到伊拉斯谟的《论自由意志》(*On Free Will*) 小册子的攻击，小册子与瓦拉的对话录在诸多方面较为相似。伊拉斯谟比瓦拉更具人文主义情怀，但作为哲学家则不是瓦拉的对手。路德以《论意志的绑缚》(*On the Bondage of the Will*) 回应，给出了更好的论证。路德本不是哲学家，也没希望当哲学家。他公开指责亚里士多德，尤其针对亚里士多德的伦理学，称其是"神恩最坏的敌人"。

路德发起的运动并不一直处于他的控制之下。独立的改革者团体，特别是在法国和瑞士，在加尔文和乌利希·茨温利（Ulrich Zwingli）的领导下，与路德共同反对教皇，但在圣餐与荣恩分配上又与路德拉开了距离。1524年的农民起义表明，对教会的等级制的不服从可以导致对国家体制的反叛。1530年，新教地区之间的和解提议，由路德的和平助理梅兰希顿（Melanchthon）在奥格斯堡（Augsburg）签署。

新教徒数量增加了，天主教君主们争吵不休，教皇不知所措。1523年，经过一段短暂的教职干预，利奥十世的职位由其美第奇家族的侄子克莱门七世（Clement VII）继任。当欧洲最雄厚的银行家连续控制两代教皇时，教会对高利贷的反对就成了一纸空文。查理国王同亨利八世结盟，反对法兰西的弗朗西斯一世（Francis I）。教皇克莱门不能决定该支持查理还是弗朗西斯。他的暧昧不清惹恼了查理，于是在1527年，圣城（Holy City）被天主教皇帝的路德会军队洗劫一空。亨利八世也要求克莱门废除他同查理阿姨阿拉贡的凯瑟琳王后（Queen Catherine of Aragon）存在已久的婚姻。克莱门勉为其难，这导致亨利八世1533年与圣城绝交。

托马斯·莫尔不愿协助亨利国王离婚，从而失去了皇帝的宠信而被砍去头颅，1535年牺牲于维护教皇的最高权威之下。在同路德教徒的争议中，他度过了他生命的最后岁月。特别是威廉·丁道尔（William Tyndale），他接受路德的许多学说并把路德作为榜样，在1526年以高度白话的形式翻译《新约》，成为此后所有《圣经》英语版本的模板。

莫尔和路德教徒之间的争执生动展示了人文主义教育消极性的一面。他们争论的主题，已为经院学者争论几个世纪了；即便经院争论在某个时间暂息了，那往往也是出于清醒与礼貌之故。在人文主义的教育中，研究形式上的论证范式已经被系统地追求修辞效果取代。将西塞罗作为该风格的典型加以膜拜，意味着人文主义争议者对待他们的对手，犹如律师威胁有敌意的证人一样。与路德进行笔战的托马斯·莫尔早已远离托马斯·阿奎那的风格，莫尔总是焦急地将最可能的解释置于那些他不赞同的立场上。路德和托马斯·莫尔一样，不屑于新近的经院哲学，并赞同莫尔把精巧的修辞学大量使用在经典模式上的热情。人文主义者争强好胜的习性，是导致宗教改革双方立场僵化的一个因素。

天主教的反改革运动在教皇保罗三世（Paul III，1534—1549）掌权期间展开。他本人是博尔吉亚狂飙岁月的幸存者，现在他升为一群有可能会改革教廷严格禁欲主义者的主教。1540年，他批准了对于耶稣会新的宗教条令，该条令由退伍士兵伊格纳修斯·罗耀拉（Ignatius Loyola）根据对教廷绝对服从和忠诚的原则而确立。1545年，教皇保罗召开特伦特（Trent）宗教大会，大会断断续续，一直开到1563年。大会改革了教会戒律，并确定建立神学院来培养牧师。大会谴责了因信称义的路德主义学说，宣布人的自由意志从来都不会因为亚当的堕落而不复存在。大会再次肯定圣餐变体论和传统的七圣事，强调与《圣经》经文并行的教会传统之权威性。

到此时，宗教会议已完成它的任务，加尔文灯枯油尽，而路德已作古。查理五世也一样，他在一场反对新教君主的毫无结果的战争后，于1555年在奥斯堡（Augsburg）和平地接受了路德教和天主教二分德国的事实。英格兰在亨利八世统治下，一路蹒跚而行，从支持天主教分裂，发展到其子爱德华六世（Edward VI）的加尔文主义，再到其长女玛丽和她丈夫（西班牙的菲利普二世，Philip II）反宗教改革的天主教，最后到他幼女伊丽莎白一世（Elizabeth I），终于与圣公会（Anglican）达成妥协。

在教皇彼乌斯五世（Pius V）统治下，反宗教改革运动达到了高潮。彼乌斯是16世纪教皇中野心最大、最不肯妥协让步的一位。正是在他的统治时期，土耳其向地中海的扩张被勒班陀（Lepanto）海战阻却。他强化教皇审查制，并列出了一系列禁止阅读和收藏的天主教书籍索引。他建了一座庞大的宫殿，作为教会的官方思想警察结构，即宗教法庭或裁判所。他开除伊丽莎白王后的教籍，解除了她的臣民服从她的义务。促使这个判决生效的严肃计划源于一桩悲痛，当时，菲利普二世的西班牙无敌舰队（Spanish Armada）在1588年被打败、击沉。

16世纪是哲学的荒原。在中世纪，许多最优秀的人才致力于形而上学，而文艺复兴把我们的注意力带向了文学，宗教改革和反宗教改革又把文学转向了教派争执。基督界的分裂从宗教观点看，是一桩不必要的悲剧。把路德和加尔文从天主教反对者中分离出来的神学问题，在中世纪就被反复争论过了，但并未导致教派战争。如果未经神学专业训练，20世纪的天主教徒和新教徒，几乎无人觉察到圣餐、恩典、预定等对立理论的差别，正是这些差别才导致16世纪的彼此交恶和屠杀。例如，令绝大部分天主教徒吃惊的是，他们发现他们注定要相信：未被预定者就无法升入天堂；同时又几乎没有新教徒能解释天主教变体论和路德派的实际在场说的确切区别。这个世纪的专业神学家表示，如果在宗教改革时代能很好地处理教义问题，秉持善意和耐心细致（这是最佳经院学者的特点），那么，在各种立场之间找到一致方案，从而代替顽固的不妥协，是没有什么困难的。

当然，质疑权威就容易理解了，而裁决比质疑更难。但是，基督教界的统一本可以在对宗教大会负责的立宪教皇下得以维持，比如，奥卡姆曾如是建议过，而在15世纪也曾实行过；再如莫尔，他生命的绝大部分时间都相信（这种架构）是神对教会的设计。

当然，不是神学，更不是哲学，构成欧洲宗教团结破裂的主要力量；相反，这是国王和教皇的野心和贪婪，以及对国际控制不满的民族主义情绪的增长。但是，宗教改革和反宗教改革对哲学的影响在几个方面还是相当显著的。

首先与直接的影响是破坏了思想自由。无可否认，异端邪说在中世纪就遭到迫害，许多穷人因为听从非正统牧师而饱受折磨，因为非正统牧师彼时被视为既定社会的威胁。然而，当局在处理大学教师的大胆革新时，一直是相对宽容的。

威克利夫在提出他的学说多年以后才被牛津大学停止其教职，如换作16世纪早就被投入宗教裁判所监狱了。中世纪大学的课程，尽管受到固定文本的限制，但在后特伦托主教会议的神学院（post-Tridentine seminaries）也允许评论者有相当大的思辨自由，而非严格的课程规定。印刷术的发明使各种思想比过去得到更广泛的传播，但是禁书目录又对能被传播的思想设置了更严格的限制。

思想控制的程度在天主教国家尤为显著，就算在诸多新教辖区，甚至在相对自由的荷兰，这一点都可以明显感受到。不再有单一正统标准的事实，部分抵消了地方宗教势力增长（的消极后果）。当不同宗教派别立场的哲学家能够阅读对方的著作时，他们就会明白宗教审查的局限性。但是这样做的好处只有经过较长时期才能感受到。[1]

后宗教改革时期的哲学

宗教改革运动的争执也影响到了哲学家所聚焦的领域。我们可以从三个实例来说明这点：形式逻辑、怀疑主义和自由意志。

形式逻辑在中世纪得到了持续的发展，其建立在亚里士多德和斯多亚派的基础上。该研究在16世纪大学里持续进行，人文主义学者却对此不再有耐心，将其术语看成是粗鲁的，将其复杂性理解成讲歪理。巴黎人彼得·拉莫斯（Peter Ramus，1515—1572）根据亚里士多德所教均为错误的传说来作为其硕士论文的答辩，并用法语出版了一本新的逻辑学课本作范本，声称该书呈现了思想的自然运动。现代逻辑史学家从该书中根本发现不了任何价值，该书最好的地方似乎仅仅是对亚里士多德的删节。然而，拉莫斯在1561年改宗新教后，死于圣巴托罗缪日（St Bartholomew's day）可怕的巴黎异教大屠杀，殉道者的地位为其作品赢得了声望，如果单凭其作品是不可能荣获的。这类作品的流行造成未来几个世纪的逻辑学变得贫乏。直到20世纪，许多中世纪的逻辑学发展才被数理逻辑学家独立发现。

---

[1] 中世纪的宗教、政治与思想的纠缠非常复杂，其文献多为拉丁语，中国人研究起来困难重重，一方面可能是古典学造诣不够，另一方面可能是因为历史语境差别也不小。肯尼教授对此有着独到的见解和体会，读者对这一部分应当多加咀嚼。——译者注

当思辨哲学为文艺复兴带来不誉时，教义神学由宗教改革带入了矛盾的战场，沉思的头脑开始感受到怀疑主义的魅力。当古代怀疑论著作如塞克斯都·恩披里柯的理论在世纪中叶被重新发现后，这种怀疑倾向加强了。散文作家米歇尔·德·蒙田（Michel de Montaigne）在其《向雷蒙德·西邦德致歉》（Apology for Raymond Sebond）一书中，用华丽的法国散文展现了反对真知获得之可能性的古代证明：感觉带有欺骗性，区分梦和现实生活的困难，酗酒和疾病可产生幻觉，人的判断力具有多样性，以及哲学体系之间存在冲突。

蒙田对他所在时代的人文和科学的成就评价很低，对他同代人最热衷的信念表示怀疑。他把开化了的欧洲人的缺陷和新世界居民的简朴和高尚加以对比。他并不怀疑基督教，相反，他坚持，在所有古代哲学中，怀疑论最契合基督教。正如圣保罗所说，基督宗教对于智者一直都被遮蔽，而对于无知者则是敞开着的。神恩和信仰，而非哲学，向我们展现了通往真理的唯一道路。

耶稣会（Society of Jesus）的建立激发了一大群新教哲学家与多米尼克会、方济会并肩作战，共同反对异端。就其纯粹的智力而言，耶稣会会士弗朗西斯科·苏亚雷斯（Francisco Suarez）曾强烈地声称，他是该世纪最强有力的哲学家。但是，在哲学史上，他并没有获得与其天赋相应的地位，因为其作品的绝大部分都是中世纪命题的重述和精致化，而非探索新领域。他的作品仅是一个提示：尽管经受了所有的批评和竞争，但亚里士多德主义在整个16世纪的大部分时间里继续繁荣。

区分天主教和新教阵营最纯粹的哲学问题是人的自由意志，以及在特伦特宗教会议上已经宣布的反对路德决定论的现实。苏亚雷斯和他的耶稣会同伴路易·德·莫林纳（Luis de Molina）带着极大的热情投入该问题。他们提出了一个自由行动者公式，后来成为了经典："说行动者是自由的是指，在所有行动的必要条件都出现时都可以行动或不行动，或者是能做一件事情同时也能做相反之事"。因此，自由是根据可以选择的能力来定义的，就是众所周知的"无差别的自由"（liberty of indifference）[1]。

---

[1] 实际上，笔者认为，在中文语境下，该短语还可以翻译成"两可的自由""漠不关心的自由"等。——译者注

莫林纳对哲学原创性的贡献是他对神圣预知的解释。司各脱曾说过,上帝知道人类会通过他自己的神圣法令来做什么,这也是路德的解释。莫林纳相信,这个理论同人的自由信念是不相容的,实际发生的是完全不同之事。当这个世界尚不真实,而且还有很多可能的世界时,我们就不得不在思想上回到上帝创世的律令。上帝知道任何可能的受造物将在任何可能条件下自由地行动。通过知道这点,通过知道他意欲创造何种受造物,以及意欲在何种条件下安置他们,上帝就知道受造物实际地会做什么。

莫林纳说,上帝有三种不同类型的知识。首先是他自然的知识,借此他认识到自己和所有对他可能的事物(或通过他自己的行动,或通过可能自由的受造物的行动)的本性。然后是上帝的自由知识。这种知识是指,在创造某种自由的受造物并将其置于特定的环境中之后,他们对真正会发生的事情的知识。在这两者之间是上帝的"中间知识"(middle knowledge):关于任何可能的受造物,在任何可能的世界里都会做的事情的知识。莫林纳声称,中间知识是调和神圣预知和人类自由的关键。因为中间知识是基于受造物的假设性决定,所以人的自主性从而得到维护;因为中间知识先于上帝创造的决定,所以上帝关于现实世界的全知得以保持。

莫林纳的天才解决方案,并未在他宗教同侪中流传开来。多米尼克会和路德派以及加尔文派一样,过分推崇人的自由,贬低了神权。耶稣会与多米尼克会之间的争论议题变得如此激烈,以至1605年教皇克莱门八世不得不颁布了禁令以平息争论。具有讽刺意味的是,莱顿(Leiden)的一个改革派牧师阿米尼乌斯(Arminius)开始替与莫林纳非常相似的教义辩护。这导致1619年多特会议(the Synod of Dort)宣布,这些教义不适用于正统加尔文主义者。

布鲁诺与伽利略

16世纪巨大的智识进步不在于哲学本身,而在于自然哲学和物理学进步而导致的分离。两个学科都致力于理解同一个主题,但是物理科学是靠观察和假设来进行的,而非先验(*a priori*)思辨和观念分析。随着物理科学的进步,哲学在这个领域就像科学哲学本身一样,仅维持着一种日趋衰弱的地位。

物理学和自然科学之间的对比,可从世纪末两位活跃的思想家那里生动地展现出来,他们是乔尔丹诺·布鲁诺(Giordano Bruno)和伽利略·伽利雷(Galileo Galilei)。两人都受到过尼古拉·哥白尼(Nicholas Copernicus, 1473—1543)作品的巨大影响。哥白尼在一本献给教皇保罗三世的书里提出地球绕日旋转的假设,即是太阳而非地球才是这个行星系的中心。然而,他俩各自在发展哥白尼革命性的观念时,又存在着很大的差别。

布鲁诺(1548—1600)是位意大利的漫游学者,一度曾是多米尼克会的成员,其理论出发点是新柏拉图主义立场。我们在世界中看见的现象,是世界灵魂驱动自然并使它成为单一有机体的结果。在布鲁诺的思想中,上帝有时看起来很遥远且不可知,另一些时候上帝看起来与自然世界完全同一。根据布鲁诺那庄严但又非完全可理解的表达,上帝是产生自然的自然(*natura naturans*),而所产生的自然也在自然中显露自身,并且自然中的自然也由自然产生(*natura naturata*)。

对布鲁诺而言,自然的世界是无限的,它无边界、无表面、亦无限制。在无限的空间中,有许多太阳系,而太阳仅是其中的一颗,没有哪一颗恒星可以被叫作宇宙的中心,因为所有的位置都是相对的。地球并没有独特的优势,因为我们知道在宇宙中其他地方也有智慧生命。太阳系出现、发光、消失,推动着每一单一有机体的生命脉动,而该有机体的灵魂也都是世界灵魂。宇宙由精神的和物质的原子组成,每个人都是一个有意识的不朽的原子,自身就是整个宇宙的反映。

布鲁诺的观点没有赢得教会的好感,这也毫不奇怪。他被从一个宗教裁判所移交到另一个宗教裁判所。因为他拒绝撤回主张,最后于1600年被烧死在罗马。他的理论以一种使人兴奋的方式,预示着以后的科学发现和思辨活动,如今仍然广受科学家的欢迎。但他的理论本身是思辨性的,我们知道他并未致力于观察和实验。

图 23　展示乔尔丹诺·布鲁诺被宗教裁判所审判的青铜浮雕，来自罗马鲜花广场布鲁诺纪念碑，埃托尔·法拉利（Ettore Ferrari，1848—1929）1886 年绘。
（图片来源：Wikimedia Commons）

当我们把目光转向比布鲁诺更年轻的同时代人伽利略（1564—1642）时，情况就非常不同了。伽利略是帕杜瓦大学（Padua University）的长期教授和托斯卡纳（Tuscany）美第奇大公爵的宫廷数学家。他实际上是位杰出的科学哲学家，比先前任何重要的物理数学家都有更强的把握能力。他写的关于宇宙的书，在我们了解其文字和语言风格以前是无法读懂的。"它是用数学语言写成的，而且它的文字关乎三角形、圆形和其他几何图形，不了解它们就不可能理解任何一句。"不过，不是他的哲学，而是他的实验著作，使他同他的前辈区别开来，并超越了他们。

利用新发明的望远镜，伽利略能远观到月球的群山与太阳的黑子。这表明，天体不是亚里士多德所谓的完美典范（quintessence），而是与地球同样的物质所组成。他对金星相位的观察为哥白尼的日心说假设提供了新证据。通过斜面和自由落体实验，他找到并确立了惯性定律，而且表明自由落体的加速度保持不变。他用时不长就通过实验推翻了亚里士多德物理学许多方面的结论。亚里士多德的这些方面虽一直受到自约翰·菲罗帕纳斯（John Philoponus）以来哲学家的批判，但都不是从实验角度加以否定的。

伽利略的工作自然地让他在学术圈受到冷落，尤其是那些对亚里士多德主义抱有既定兴趣者。但是，使他与宗教裁判所发生冲突的是，他对日心假设和描述太阳在天空运动的经文的评论。伽利略声称，在这些段落中，经文作者不过是采用了流行的方式，这些必须让位给科学确定性。耶稣会主教贝拉尔米内（Bellarmine）反驳说，日心说虽然得到少量肯定性证据的支持，但依然是个假设，而未能得到确立。在这一回合中，存在一个啼笑皆非的讽刺：物理学家表明他们自己是更好的《圣经》批评者，而主教则表明自己是更好的科学哲学家。但是，没有哪一方赢得了荣誉，伽利略撤回了他的理论，裁判所判他终生监禁。尽管教皇乌尔班八世（Urban VIII）宣布了减刑，但从那以后，这一插曲始终是反宗教改革运动对科学研究有害影响的一个主要例子。

弗朗西斯·培根

在文艺复兴时期，最杰出的科学哲学家本身并非是个研究者。与伽利略几乎同龄的散文家弗朗西斯·培根（Francis Bacon，1561—1626），依次在剑桥大学三一学院、格雷律师会馆（Gray's Inn）接受教育，后在律师协会工作，随后进入下议院。1591年，他成为伊丽莎白女王最宠信的埃塞克斯（Essex）伯爵的顾问，之后在埃塞克斯被证明犯有叛国罪时，他带头做了指控。1603年，他被詹姆士一世（James I）授予骑士爵位，成为副检察长。1605年，他写出了第一本主要哲学著作《学术的进步》（The Advancement of Learning），详细区分了所有可能的科学。他很快被提升为首席检察官，最后在1618年做了大法官，即维鲁拉姆男爵（Lord Verulam）。1620年，他出版了第二本重要著作《新工具》（Novum Organum），打算作为巨著《伟大的复兴》（Instauratio Magna）的一部分，该巨著试图把所有的知识都作为其考察范围。在1621年，因为议会质询，他接受了行贿的有罪指控，被逐出宫廷，受到临时监禁。1626年，据说是因为做实验，用雪塞满一只鸡来观察冷冻鸡肉的保质效果，结果得了感冒，于海盖特（Highgate）去世。

培根把心灵分为三种官能（faculty）：记忆、想象和理性。每一官能对应一个知识的领域：历史、诗歌和哲学。历史不仅包括"文明史"，培根还把亨利七世统治的叙事归入其中；而且还包括"自然史"，自然史分成三个部分：正常的自然发展、超常奇迹以及第三种的工业技术。培根本人为自然史汇编了两本研究资料：

《风的历史》(*History of the Winds*)和《生命与死亡的历史》(*History of Life and Death*)。在亚里士多德的《诗学》流行后，他把诗歌描述为"制作史"，包括散文小说和韵文诗歌。韵文可以是叙事的、戏剧的或寓言的。最后一种在《伊索寓言》得到了展示。最后我们来谈哲学，其分化和区别来自他的《学术的进步》。

哲学被分成三类。首先是神圣哲学（divine philosophy），即别人所谓的自然神学（natural theology），而培根对此则一笔带过。他费墨更多的是自然哲学和人文哲学。这三类就像一棵大树的分支，树干就是第一哲学，即人们所谓的形而上学。对培根本人而言，它是思辨的自然哲学的一部分，处理形式因和终极因。另一部分叫物理学，处理动力因和质料因。除思辨的自然哲学外，还存在操作性的自然哲学，大致被称为技术。技术进一步被分为机械学和巫术（magic）。机械学是物理学的实际应用，巫术是形而上学的实际应用。

传统的亚里士多德的"四因说"的术语和碍眼的词语"巫术"都有误导性。培根告诉我们，自然巫术是为了显著区分出炼金术和占星术的"令人上当的、迷信的欺骗"。而且，尽管是形而上学的实际应用，自然巫术对终极因没有实际作用。培根告诉我们，他所谓的"形式"指规律：热和光的形式与热和光的规律是一回事。

> 探究狮子、橡树、黄金、水以及空气的形式是徒劳的追求：但探究感觉、意志运动、植物、颜色、重力和重量、密度、稀薄、冷和热以及所有其他东西的本性和属性的形式，就像字母表（的形式）一样，不是很多，所有受造物组成了其本质（由物质所支撑）。探究这些存在的真实形式，乃是我们现在所定义的形而上学的部分。

培根的世界字母表[1]的形式，与伽利略以数学形状和符号表示的世界字母表相比，具有晦涩的特点。正是培根科学哲学的系统性缺陷，让他低估了数学：在他

---

[1] 所谓世界字母表，即"world alphabet"，意指世界秩序。因为字母表的字母排列是以 a，b，c 等的次序进行，a 开头的字母不排完，就不会排 b 开头的字母。——译者注

的分类中，数学只是自然哲学的附属品。

哲学的另一重要分支即人文哲学，对应于解剖学、心理学，以及现在所谓的社会科学。逻辑学和物理学被作为心理学的分支，规范学科和经验科学之间的分类存在粗心的混乱。政治理论是公民哲学的一部分，属于哲学的分支，关乎着人类从社会生活中获得的利益。

在《学术的进步》中，培根观察到当时逻辑发展的不足，因为其缺乏科学发现的理论。

> 犹如没有首先发现航海指南针，那么西印度群岛就绝不会被发现，尽管一个是巨大的区域而另一个只是微小的运动。因此，如果科学没有进一步的发现，如果发明与发现的技艺不存在了，那么就不会有新奇的发现了。

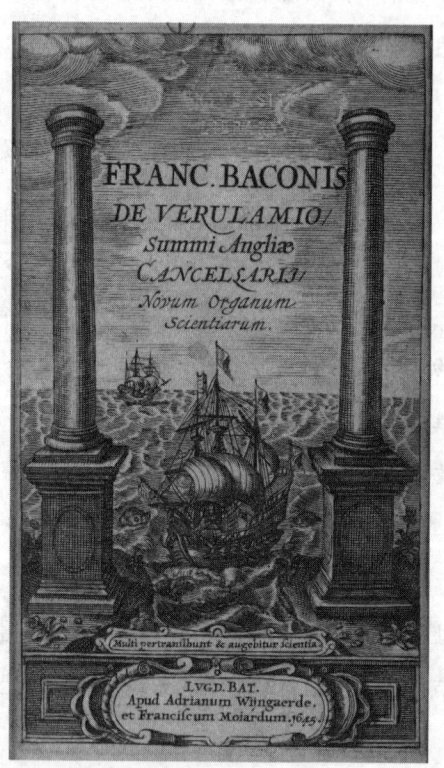

图24 培根《新工具》标题页。
（图片来源：Wikimedia Commons）

培根用他的《新工具》来寻求弥补这个缺陷。所谓"新工具",顾名思义,意欲替换亚里士多德的逻辑,用一些不同的和更有用之物取而代之。

功用(utility),对于培根而言,实际上是科学的首要目标。调查的目的是为了拓展人类克服自然的能力。三段论不产生新概念,也不扩展知识。我们所需要的是归纳(induction),但它不是从一些不充足的自然样本中做出草率的概括,而是谨慎地设计程序,是从特殊例子逐步上升,直到逐步增加一般性并达到公理。

为了把准则引入到科学总结的技艺中去,我们必须首先觉察可能把偏见带入观察的诸因素。这就是培根所谓的"假象"(the idols):种族假象、洞穴假象、市场假象和剧场假象。种族假象是所有人普遍共有的诱惑:根据表面现象判断事物并默认既定观点的倾向。洞穴假象是特殊品质类型的怪癖,例如,一些人天生就过于保守,另一些人太易被新奇的事物吸引。市场假象是隐藏在我们所使用的语言中的陷阱,因为语言中包含无意义、模棱两可和不清楚的成分。剧场假象是虚假的哲学体系,是否如亚里士多德一样"诡辩",如威廉·吉尔伯特(William Gilbert)过分"经验"(实际上,吉尔伯特是个相当有声望的科学家,是磁极的发明者),如新柏拉图主义者一样迷信而不能有效区分神学和哲学。

培根建设性的建议比起他对他人的指责更有帮助,虽然不那么生动。归纳是研究隐藏事物的形式,所以它必须从确切和有规律的观测记录开始。例如,如果我们希望发现热的形式,我们必须给出一个热呈现的实例表格(如太阳的光线、火石的火花),热不呈现的实例表格(如月亮和星星的光线),以及以不同程度表现的实例表格(如不同时间不同条件下动物的热度)。当我们比较这些表格时,我们会发现当热呈现时什么总是存在,当热不呈现时什么总是不存在,以及什么会随着热的呈现而变化。这种方法能被总结出来。

麦考利(Macaulay)虽然是一位培根哲学的极度崇拜者,却嘲笑归纳法是最起码的常识。他想象一个胃部在一段时间内出现了如下功能紊乱的人,"我在周一和周三吃了肉馅饼,我却因为不消化整夜不能入睡。在周二和周五我没吃任何东西,我的状态很好。在周日我吃得很少,在晚上我就有点不舒服。但是在圣诞节我几乎什么也没吃,我就病得处于极大的危险中。这肯定不是我一直喝白兰地所致,因为多年来我每天都喝白兰地病情却没有恶化"。虽然同培根的原则严格一致,但病人会总结出:肉馅饼不适合他。

麦考利没有意识到,培根的方法中最重要的步骤是,因其与所寻求的形式相同之故,使用他的表格排除其他多种选项。在建立规律时,反例比正面的例子更重要。众所周知,培根是第一个指出自然规律不能被最终验证,但能被最终证伪的人。

在一个过多强调个体天才的时代,培根是首先意识到自然科学可以依靠大范围的合作努力而取得进步者之一。在《新大西岛》(*New Atlantis*)一书(去世时尚未完成)中,他描绘了有个叫"所罗门宫"(Solomon's House)研究所的岛屿,实为一研究机构,于其种种事务中,还包括致力于从事研究电话、潜艇和飞机。该研究所的所长是这样描述其目的的:

> 我们所设立的机构的目标是掌握关于原因的知识,探究事物运动的奥秘,拓展人类活动的疆界,以及影响一切可能之事。

这总结了培根的自然观和科学的目的。该愿景被他的爱国同胞接受,并在35年后建立了英国皇家学会(Royal Society)。

第十一章
笛卡尔的时代

宗教战争

17世纪前半叶的欧洲通过政治和军事手段产生了宗教改革的诸后果。这是宗教战争的时代。在法兰西,天主教与加尔文派的30年内战于1598年结束。加尔文派领袖亨利·德·纳瓦拉(Henri de Navarre)皈依罗马并继位成为国王亨利四世(Henri IV),以南特敕令(Edict of Nantes)确立了在基督政权下的加尔文教宽容政策。1618年,神圣罗马帝国皇帝费迪南二世(Ferdinand Ⅱ)组成天主教联盟,反对德国的新教君主,在布拉格(Prague)附近的怀特山(White Mountain)战斗中击败新教选帝侯弗雷德里克五世(Frederick V),在波西米亚地区强化了天主教权威。紧接着这次天主教胜利的是,新教的瑞典国王古斯塔夫·阿道尔夫(Gustavus Adolphus)一系列的胜利。在他死后,三十年战争由1648年的威斯特伐利亚和约(Peace of Westphalia)宣告结束,确立了在帝国内两种宗教信仰的并存。

在不列颠,自1588年击败西班牙无敌舰队后,来自苏格兰加尔文派的詹姆士一世于1603年登上英格兰王位。尽管1605年出现了火药阴谋(Gunpowder Plot)计划,英格兰几乎没有可能重回天主教。但是,导致詹姆士的儿子查理一世(Charles I)在

1649年被处决的英国内战，在许多参与者心目中，既是国王和议会之间的冲突，也是英格兰教会和其他新教教派之间的冲突。但在1650年后，欧洲被分成两大敌对的天主教和新教军事阵营的说法已告终。实际上，在三十年宗教战争后期，法兰西的路易十三（Louis XIII）在红衣主教黎塞留（Richelieu）授意下，同新教的瑞典国王联合，反对奥地利的天主教皇帝。此时已宣告敌对阵营的对垒结束了。

宗教战争期间，第一次出现了从战争伦理角度出发的全面的哲学分析，主要体现在雨果·格劳秀斯（Hugo Grotius）在1625年出版的《战争与和平法》（On the Rights and Wrongs of War and Peace）一书中。尽管在整个欧洲未被权威普遍地认同，格劳秀斯坚持在国家之间有共同的法则，在和平与战争期间都有效力。战争并未终止或悬置交战各方的道德关系，唯有某种道德原则受到谨慎地遵守时，战争才可正义地采取。

尽管存在一些中世纪的理论先驱，格劳秀斯依然能被称为正义战争理论的重要作者。根据这一理论，战争用于修正某一具体的错误时才可发动：此乃赋予战争的正当性（ius ad bellum）。仅当其他矫正引起不满或阻止侵略的方式失败后，作为最后的手段，才能发动战争。必须还要有获胜的良好希望，通过纠正错误而获得利益，必须超过选择战争作为手段而造成的损害。最后，在实际战争行为中，人们必须遵守某种规则，即是说，战争自身的正义（ius in bello）。有意地杀戮非战斗人员和虐待战俘，就可能会导致自始有充分理由的战争成为非正义的战争。由格劳秀斯和他的追随者所阐明的体系，直到今天对于讨论战争伦理都是最令人满意的理论建构。

笛卡尔的生平

在三十年宗教战争期间，在那些以天主教立场战斗的人物中，最重要的一位是17世纪哲学家勒内·笛卡尔（René Descartes）。笛卡尔于1596年生于一个现在叫作拉·海伊·笛卡尔（La-Haye-Descartes）的村庄。他在耶稣会学校受教育，终生都是天主教徒，但他选择在新教的荷兰度过其绝大部分成年生活。他是一个世界名人，一个运气很好的悠闲绅士。他没上过大学，主要为一般读者写作。他最出名的著作是《谈谈方法》(*Discourse on Method*)，该书不是用学术拉丁文而是用流畅的法语写就，因此阅读起来很容易，正如他说的，"甚至适合女人（来阅读）"。

在国王的军队服役时，笛卡尔获得了一个信念，矢志成为哲学家。1619年冬的一日，他构想要单枪匹马地完成一项人类学术的改进，让所有学科成为一门单一奇妙科学的分支。当他睡觉时，凭借对事业的热忱，他做了三个梦，他视之为神圣事业的预兆。

在追求他的目标的过程中，笛卡尔是许多学科的改革者。如今，他的哲学作品也是最为广泛阅读的。在他的时代，其名声主要建立在他的数学和科学著作上。他是解析几何学的奠基人，取名于他拉丁姓氏（Cartesius）的笛卡尔坐标，把数学和几何学方法联系起来。在他三十几岁时，他写了一篇关于折射光学的重要论文，根据眼和光的本性进行仔细的理论和实验研究的结果而写成。他还写了他的第一篇关于气象学的科学论文，其中提出了关于彩虹本质的理论。

他的早期科学著作的顶峰是一篇叫"世界"（*The World*）的论文。在文中，他对宇宙的起源和性质以及人体的工作原理给出了透彻的科学解释。同伽利略一样，他接受了日心说的假设，但在完成工作前，他得知了对伽利略的谴责。他决定不再出版，于是秘密地持有日心说。这个决定无疑是出于谨慎，而不是出于信念。当然，怀疑他的基本宗教信仰的真实性是没有必要的。

1637年，他决定出版三篇短论，分别是关于折射光学、几何学和气象学的，并以对《谈谈方法》的简单介绍作为序言。这三篇科学论文如今仅被一些科学史专业人士阅读。但是该序言已被翻译超过一百种语言，仍被数以百万计的人们饶有兴趣地阅读。该序言用自传的风格写成，并细微地展现了对他的科学体系和哲学方法的总结。它是笛卡尔优雅梳理复杂的哲学学说之卓越天赋的明证，以至首次读到时就能充分理解，而且还为最高层次专家的反思提供了素材。他很自豪于他的著作能够"像小说一样"被阅读。的确，他的主要观点能被如此精确地表达，以至它们被写在明信片的背面。然而，这些观点是如此富有革命性，以至它们改变了数世纪的哲学进程。

如果你想把笛卡尔的主要观点写在明信片的背面，你只需这样的两句话：人是有思想的心灵，物质是运动着的广延。在笛卡尔体系中，一切都能用心灵和物质的二元论加以解释。的确，我们应该归功于笛卡尔的是，我们把心灵和物质看成我们所在宇宙的两个伟大的、互相排斥又互相包容的部分。

对于笛卡尔来讲，人是一种有思想的实体。他拒绝了亚里士多德关于灵魂是肉体的形式说，从而推出灵魂是无身体的存在，如果可能的话，那么灵魂就是不完整之物了。但是，对中世纪的亚里士多德主义而言，人是理性的动物；对笛卡尔而言，人的全部本质在于心灵。在《谈谈方法》中，他说，"我认识到，我的全部本质或本性在于思想实体，思想则不要求空间，也不依赖任何质料"。他同意，在我们的现实生活中，我们的心灵与肉体天生是紧密统一的。不是我们的肉体才让我们是我们之所是。而且，在笛卡尔的体系中，心灵完全以全新的方式来构造：人的心灵的本质不是智慧而是意识，意识到自己的思想及其对象。

与心灵相对的是物质。对笛卡尔来讲，物质是运动着的广延。所谓"广延"意味着具有形状、大小、可分性等几何性质，这些是笛卡尔在根本的维度上归诸物质的属性。在其一度遭禁的著作《世界》中，当然于有生之年他也出版了修订本，他提供了关于不同大小和形状的微粒运动中的热、光、颜色和声音现象的所有解释。

图25 笛卡尔肖像画，荷兰肖像画家弗兰斯·哈尔斯（Frans Hals，约1582—1666）作。（图片来源：Wikimedia Commons）

同培根一样，笛卡尔把知识比作大树，但是他认为树根是形而上学，树干是物理学，结满果实的枝条是伦理学和实用科学。在《谈谈方法》之后，他自己的作品遵照了这里表明的次序。1641 年，他写了他的形而上学著作《第一哲学沉思集》(*Meditationes de Prima Philosophia*)；1644 年，他完成了《哲学原理》(*Principles of Philosophy*)(《世界》的修订本)；1649 年，他写成了《论灵魂的激情》(*Treatise on the Passions*)，这基本上是伦理学论文。17 世纪 40 年代是他一生中最后的、最富有哲理成果的 10 年。

怀疑与我思

笛卡尔坚持认为哲学的第一要务是，去怀疑所有能被怀疑的东西，使自己摆脱所有的偏见。哲学家的第二个任务是，提出这些怀疑在于要防止陷入怀疑主义。这种策略能在《第一哲学沉思集》中清晰地找到。正如书名所示，这部著作本不是作为学术论文来阅读的。它意味着要在宗教静修的心境下跟随，犹如圣伊格纳修斯·罗耀拉的灵性练习（Spiritual Exercises）一样。它提供了一种思想治疗的形式，就像宗教沉思把灵魂与世界和身体剥离开来一样，该论作把心灵从通往真理的错误方式中剥离出来。

在该智识领域，感觉的解放成了问题，首先根据感觉欺骗来考虑，然后通过走出梦境加以论证。

> 就我所接受的最为（par excellence）真实之物而言，或者从感觉中得来，或者以感觉的方式得来。现在我有时发现感觉在欺骗我，一个聪明的人决不会完全地相信曾经欺骗过他一次的人。
>
> 但是，尽管感觉有时因片刻即逝或者遥远的对象欺骗了我们，但是还有许多其他的事实证明怀疑是不可能的，尽管这些都出自同一个来源。例如，我在这儿，靠火坐着，穿了一件冬天的披风，手里拿着这张纸，等等。
>
> 很精彩的论证！尽管我不是一个习惯在晚上睡觉的人，而且在睡眠中有着和这些人醒来时一样的印象（甚至更疯狂）！每每在宁静的夜晚，我有着熟

悉的信念：我在这儿，穿了一件披风，靠火坐着——尽管我实际上已脱掉了衣服，并躺在床上。

但是，即便感觉有欺骗性，因而醒着的生活也像做梦一样是幻觉，那么只有确切的理性是可依赖的，科学知识如数学才是确切无疑的！

无论我是醒着还是睡着了，2和3加起来就是5，一个正方形只有四条边，这样明显的真理似乎不可能被怀疑是假的。

但在我的脑海中，有一种根深蒂固的观念，那就是，有位上帝可以做任何事，他让我成为我所是。但如果地球、天空、广延的物体、形状、大小和空间真的不存在，我怎么能知道上帝没有造出它们呢？尽管它们现在都如其所显地存在着。而且，我断定，别人有时在极为清楚的事情上犯错。无论什么时候，当我把2与3相加时，或数出正方形的边时，或者做任何能被设想的更简单之事时，上帝是不是也不愿让我们犯错？但是，也许欺骗我不是上帝的意志，他毕竟被称为至善。

但是，尽管上帝不是欺骗者，我怎么能知道不存在某个邪恶的灵魂，能力和智慧冠绝，尽其所能地欺骗我呢？如果我打算避开赞同虚假的可能性，我必须考虑所有外部对象都是虚妄的梦境，在梦中，我没有身体，而只有有虚假的信念。

笛卡尔为自己的存在提出的著名论证结束了这些疑虑。不管这个邪恶的天才在多大程度上欺骗了他，它永远也不能欺骗他，让他认为他存在，而他却实际上不存在。"如果他欺骗我，我则毫不怀疑地存在，所以就让他尽其所能地欺骗我吧。当我思考我是某物时，他绝不会让我什么也不是。"当"我存在"被思考时，它就不可能不为真；但该思考必须被把握为在怀疑。一旦这一点清楚了，"我存在"就是毋庸置疑的了，因为无论何时我试图怀疑它，也就自动意味着这（我存在）是真的。

笛卡尔的论证常被用更精简的形式表达，如他在《谈谈方法》中所说的："我思，故我在"（"*Cogito, ergo sum*"，用英语表达为"I am thinking, therefore I exist")。从这简单的几个词中，笛卡尔不仅得出他存在的证据，而且寻找发现他自己的本质，证明上帝的存在，并为指引心灵寻求真理提供了标准。毫不奇怪，"我思"这句话中的每个词都被哲学家考虑了上千次。

"我在思"（I am thinking）。在这里，什么是"思"（thinking）呢？从笛卡尔在其他地方的所说可以看到，很明显，任何内在意识行为的形式都可被看作思想（thought）；当然，这里处于被询问中的思想是他正在考虑着的自我反思（self-reflexive）的思想。"我"在"我在思"中有多重要呢？在日常生活中，"我"这个词通过与那个言说的身体相连接而获得意义。有人怀疑自己是否有资格在自言自语中使用"我"吗？一些批评者认为，他实际上本应只能说"思考在进行"。

接下来是"故"（therefore）。这个词使我思看起来是从前提到结论的论证。笛卡尔在其他地方说过，他自己的存在是某种能直接直观到的。于是，就我思是一个推断还是直觉，就引发了太多的争论。可能笛卡尔的意思是直接推断，而非一种预定的某种更普遍的原则，诸如"无论什么在思考之物都存在"。

"我在"（I exist）。如果该前提本该是"思考（thinking）在进行"，难道结论不只是"存在（existing）在持续"吗？批评者认为，正在怀疑的笛卡尔无权得出存在一个持续的实体性自我的结论。也许他本应该出于短暂的思想之故而得出存在一个转瞬即逝的主体的结论，甚或可能存在无主的思想。[1] 笛卡尔能假定，通过方法论上的怀疑所揭示的"我"，与未被怀疑纯化的对"笛卡尔"之名加以应答的人，是同一人吗？一旦灵肉联系被切断，任何人怎样确定《第一哲学沉思集》的思考者的同一性呢？

在过去两个世纪的哲学中，这些问题一直受到强烈的追问。在笛卡尔的时代，被问到"我思故我在"同"我走路故我在"的区别时，笛卡尔的回答是，在论证上，第一个问题同第二个一样精彩，但第一个问题的前提是无可怀疑的，第二个问题的前提是脆弱的，经不住怀疑。如果我没有身体，那么我就不在走路，尽管我相信我存在；但是无论我怎么怀疑，通过正在怀疑的事实则完全可以证明我在

---

[1] 这句话读起来有些晦涩，其意思是说，"我思"之"我"的瞬间短暂无法保证"我在"之"我"的持续稳定，而只能推出一个瞬间短暂的"我"，甚至没有"我"，因为只有纯思在运作、进行。——译者注

思考。但"我认为我在走路，故我在"则又是完全有效的"我思"形式。

心灵的本质

在《第一哲学沉思录》的其他部分，笛卡尔继续回答这个问题，即"我是什么，我所知道的存在是这个我吗？"。直接的回答是，我是一种能思的存在（res cogitans）。"能思的存在是什么？它是怀疑、理解、构想、确证、否定、意欲和拒绝之物，也是想象和感知之物。""思"是在广义上使用的：对笛卡尔而言，去思并不总是思考某物或他物，思考不仅包括理智沉思，也包括意志力、感情、痛苦、快乐、心智意象和诸感觉。以往没有任何作者赋予该词如此丰富的外延。但是，笛卡尔并不认为他在改变这个词的意思：他把它应用到新项目上，因为他认为，如果正确理解它们，就会发现它们具有一个特征。这个特征是当下直接的意识，对他而言就是思想的决定性特征。"我用这个词来包括我们内在的一切，使我们立即意识到它。因而，所有意志、理智、想象和感觉活动都是思想。"

能思之物是一种"理解、构思"之物。对于笛卡尔以及中世纪的哲学家来说，掌握概念和构思清晰思想意味着，清晰而有别的理智、思想或感觉的运作，对思者而言是理智卓越的运作。但笛卡尔在理智和判断之间比起其前辈做出了更为清晰的区分。笛卡尔并不把心灵对它思想本身的意识作为判断的例子；仅简单地记录心灵的内容，一个观念或一组观念，并不意味着下判断。

理解"115+28=143"这个命题是理智的觉察；但是做出该命题为真的判断和坚持 115 加 28 等于 143，根据笛卡尔的观点，则不是理智而是意志行为。理智提供作为内容的观念，意志又根据内容下判断。在很多情形下，意志可能对理智提供的观念控制而不做判断，但当理智知觉清楚明白时，情况则不是如此。一个清楚明白的知觉是构成强迫意志的知觉，一种无论人们怎么努力都无法被怀疑的知觉。这就是由我思产生的关于一个人自己存在的知觉。

除了理解和感知以外，一个思的活动还包括肯定、否定，意愿、反对。意志对命题（关于何事）和任务（关于做何）会说"是"或"否"。人的意志力量在某种意义上讲是无限的。"我在我自身中所经历的意志或选择的自由是如此重大，以至我无法想象出一种任何更强大的官能的观念，可以超出此范围。"出于这种无限性，人类的意志是上帝的特别意象和相似。

然而，把笛卡尔看成非决定论者，如像耶稣修士对自由漠不关心（liberty of indifference）[1]似的，就错了。最为笛卡尔看中的自由形式不是超然的自由，而是自发性自由（liberty of spontaneity），意指一种想做就做的能力，遵从我们欲求的能力。清楚明白的知觉让意志只有赞同而别无他法，可以消除超然的自由，但无法消除自发性自由。"如果我们想清楚地看到一些对我们是有好处的事情，因此阻止我们欲望的进程是困难的，根据我的观点，这是不可能的，只要一个人持续处在同一思想中。"对于笛卡尔而言，当自发地而不是超然地赞同清楚明白的知觉材料时，那么人类的心灵就是最佳的。

最后，能思之物的"想象和感觉"。笛卡尔对想象和感觉的理解有时是宽泛的，有时则是狭隘的。以宽泛的理解为例，感觉和想象不可能没有肉体，因为感觉涉及机体器官的运作，甚而想象（起码在笛卡尔看来）涉及脑内图像的检视。但从狭义的角度理解，犹如"能思之物"的定义所示，感觉和想象只不过是思想的样式，而不是别的。正如笛卡尔指出的，当他从怀疑中摆脱出来时："现在我看到了光，听见了声音，感觉到热。因为我睡着了，所以这些东西是不真实的。但至少我似乎在看、听、感到热。这不可能是不真实的，并且这些就是我们恰当地称之为我的感觉的东西"。笛卡尔在此剔除了无可怀疑的直接经验，不会弄错地"似乎看到了光"（seeming-to-see-a-light），对真实与虚幻的经验来说，这都是共同的内容。对笛卡尔而言，它正是"严格意义上的感觉"，也是一种纯粹的思想。它并未牵涉任何判断，相反，作为笛卡尔式怀疑的一部分，我可以不做任何判断。

上帝、心灵与身体

笛卡尔式怀疑与我思的结果，导致了笛卡尔得出他是一思考之物、有意识的

---

[1] "漠不关心的自由"（此前的注释已经略加提及过），意思是对 A 与 B 的差别不在意、不关心，持有无差别的态度，即主体超越对象的差别，类似于中国道家尤其是庄周式的自由。笔者根据不同上下文会翻译成"漠不关心的自由"或"超然的自由"等。——译者注

存在的结论。但那就是他的全部吗？在这个阶段，这是他唯一能确定的。"思想存在，这点且只有这一点我无法被剥夺。我思，我存在，这是确定的。但这能持续多久呢？因为只要我在思考（那么我就存在）；也许如果我完全停止思考，我就该完全立即停止存在。就目前而言，我仅承认必然为真的东西。有这样的资格，我只不过是一种能思之物。"后来，笛卡尔总结说，"事实上，我的本质完全在于我是一能思之物"。

当然，现在不确定的是，我有不同于思想以外的任何本质，这与确定我除了思想就没有任何本质，完全不是一回事。学者仍然在讨论，是否笛卡尔没有区分这两者。但在他的《第一哲学沉思集》中，鉴于灵肉关系的最后一句，所以我们必须等待他思考上帝的存在与本质。

在《第五个沉思》中，笛卡尔告诉我们，他于自身之内发现了上帝这一最完美的存在；还告诉我们，他清楚明白地知觉到，永恒存在属于上帝的本质。这种知觉同在算术和几何学中的任何东西一样地清晰。如果反思它，我们就会明白上帝必然存在。

> 存在决不能离开神的本质，就好比众多三角形的三个角（即相当于两个直角）离不开三角形的本质，或者山谷的观念离不开山的观念一样。因此，认为上帝（即一种最高的、完美的存在）不存在（即缺乏某种完美）同思考一座没有山谷的山一样荒谬。

对该论证（常常被叫作笛卡尔关于上帝存在的"本体论证明"）的第一反应是，这是一种简单的关于上帝存在的乞题。但是，笛卡尔清楚地认为，关于三角形的公理可以得到证明，无论世界上是否真的存在三角形。因此，相似的是，关于上帝存在的公理也能得到证明，而无须考虑是否真的存在上帝。公理之一乃是，上帝是最完美的存在，即他包含着所有的完美性。但是，存在本身就是一种完美，由此，包含所有完美性的上帝就必定存在。

在笛卡尔出版他的《第一哲学沉思集》之前，他让他的手稿在许多学者中流传，以获得他们的评价，他对评价给出必要回应后，最终出版了目前所见到的版本。批评者之一是数学家皮埃尔·伽桑狄（Pierre Gassendi），他反对把存在的问题以这样的方式来处理。

> 不是在上帝或任何他物中存在完美，相反，没有存在就没有完美……实存不能说成像完美一样存在于某物，如果某物缺乏实存，那么，它就不仅仅是不完美，或缺乏完美，而是说它根本就什么都不是。

对于这个反驳，笛卡尔没有最终给出很有说服力的回答。以非乞题（non-question-begging）的方式陈述关于三角形的公理意味着，如果存在任何东西叫三角形，那么它就有相当于两个直角的三个角。相似地，以非乞题的方式陈述关于完美的公理意味着，如果有任何东西是完美的，那么它存在。这也许是真的，但那与根本不存在任何完美之物，是完全兼容的。但是，如果没有任何事物是完美的，那么就没有什么神圣之物，甚而根本没有上帝，因此，笛卡尔的证明失败了。

我们刚才呈现和批判的论证，简单地从上帝观念的内容出发，寻求证明上帝的存在。在其他地方，笛卡尔寻求表明上帝存在不单源于上帝的观念的内容，而且源于观念的发生，该观念伴随着像他自己一样的有限心灵中的内容。因而，在《第三个沉思》中，他认为，尽管他的绝大部分观念（如思想、实体、持久性和数目）源于自身，但存在一种上帝的观念，仅仅这个观念则无法形成上帝本身的缔造者。他认为，我不能从反思诸如我自己一样的有限的、依赖的、无知的、无能的受造物出发，得出无限性、独立性、全智和全能的属性。但一种观念的原因肯定不会比观念本身缺乏真实性；只有上帝才能产生上帝观念的原因，因此，上帝不会比我和我的观念之存在更缺乏真实性。这里，论证的弱点似乎在于"实在性"（reality）概念的模糊性。这就像在"宙斯不是真的（real），但是神秘的"与"宙斯是一个十足的（real）恶棍"两句话中，宙斯的实在性不同。

笛卡尔的证明与阿奎那的证明不同，阿奎那的五路证明从我们所生活的世界的特征来论证上帝的存在。当笛卡尔仍然在怀疑，除了自身和他的观念，是否还有他物存在时，《第一哲学沉思集》的两个论证都意在加以展开。这是一件重要的事情，因为上帝存在是笛卡尔确立外部世界存在的必要步骤。只是因为上帝是真实的，那么不依赖我们心灵的身体现象不可能都是虚假的。出于上帝的真实可靠，我们可以确定，无论我们清楚明白地知觉到了什么，它都是真实的。如果我们坚持存在清楚明白的知觉，我们将不会被我们周围的世界误导。

安托万·阿尔诺（Antoine Arnauld）是受笛卡尔之邀对《第一哲学沉思集》进行评论的人之一。安托万认为，他发现在笛卡尔诉诸上帝作为清楚明白的知觉真理中，存在一个循环论证。"我们能确定上帝存在，仅仅因为我们清楚而自明地感知到他确实存在。因此，先于确知上帝存在之前，我们需要肯定我们所清楚而自明地感知到的都是真的。"

事实上，在笛卡尔的论证中并无任何循环。要看到这一点，我们必须在特殊清楚而明白的知觉（例如，我存在或 2+3=5）和一般原理（我所清楚明白地感知到的为真的东西）之间做出区分。只要我继续清楚明白地感知对象，个体直觉就无可怀疑。但先于证明上帝存在之前，对于我来说，去怀疑我所清楚明白地感知到为真的这个一般命题总是可能的。

再者，当我不再注意对象时，我在过去所直觉的命题能够被怀疑。现在我很惊讶，我在 5 分钟前所直觉的是否确实为真。当对象呈现在心灵面前时，就不需要通过任何论证来确立它们，因为单纯的直觉是不能被怀疑的。的确，对笛卡尔而言，直觉作为获取真理的方法之一，优于论证。仅在涉及关于普遍原理和特定命题的怀疑时，诉诸上帝的真理性才是必要的。因此，笛卡尔并未陷入安托万所指称的循环论证。

在《第六个沉思》中，笛卡尔说，如果他能清楚明白地知道一件事，而不是另外一件，那么，这就表明两件事是彼此区别的，因为至少上帝能区别它们。既然他知道他存在，但除了他是一能思之物外，并未观察到任何东西可归于他的本性。于是，笛卡尔总结到，他的本性或本质仅仅在于能思之存在，他从自己身体中区分出自己（的心灵），故心灵可以无须身体而存在。

不过，他确有一个与他密切联系的身体，但相信这是身体的理由是，他现在知道存在一个上帝，还知道上帝不会欺骗。上帝赋予他一种本性（自然）[1]，教会他他有一个受伤害时会感知到痛苦的、饥渴时需要吃饭喝水的身体。本性还教会他，他不像水手在船上一样地在他身体上，而是紧紧绑定在身体上，从而与身体形成一个单元。如果这些本性的教导是错误的，尽管清楚而明白，那么，作为自然之主宰的上帝结果就被证明是一个欺骗者，流于荒谬。因此，笛卡尔的结论是，人是身体与心灵的复合。

但是，这一结构的本质，即这种身心之间"亲密的联合"，是笛卡尔体系中最令人困惑的特点之一。当我们知道，除了大脑中的松果腺（pineal gland），心灵不直接受到身体的任何部分影响，情况就更晦涩不明了。所有的感觉都由身体中的运动组成，这些运动通过神经传递到这个腺体，并向大脑发出一个信号，从而唤起某种体验。

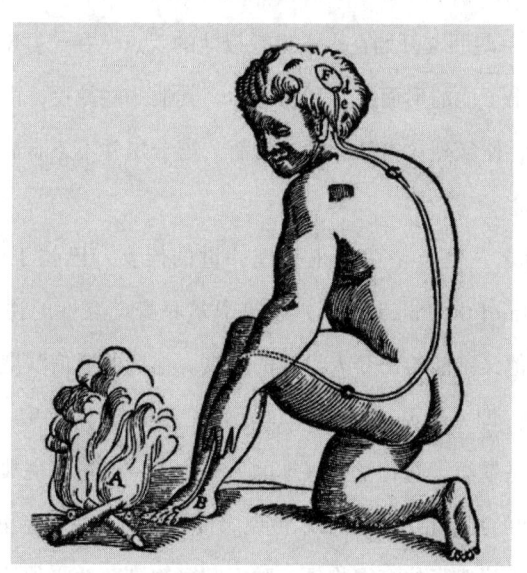

图 26　笛卡尔关于心灵如何通过松果腺中的机制感受到疼痛的素描，来自笛卡尔《论人》（*Treatise of Man*）中的插图。
（图片来源：Wikimedia Commons）

---

[1] 这部分的"nature"，既可以翻译成本性，也可以翻译成自然。在笛卡尔的语境下，两者是一回事。——译者注

在松果腺中，身心界面上的处理活动是高度神秘的。存在物质作用于心灵抑或心灵作用于物质的因果行为吗？当然没有，因为在笛卡尔的体系中，物质因果性的唯一形式是交互运动，而心灵显然不是那种在空间中运动之物。或者，心灵与大脑之间的交流，类似于人类中人与人之间的交往，此时心灵解读大脑提供的讯息和符号，是这样吗？如果是，心灵在效果上就被构想成一个小人（homunculus），即人中之人。引入松果腺的概念后，身心问题（mind-body problem）并未得到解决，只不过把问题最小化了而已。

物质世界

笛卡尔的《第一哲学沉思集》使他在整个欧洲都获得了盛誉。他开始与当时绝大部分学者进行通信和争论，尤其是与博学的方济会修士马林·梅森（Marin Mersenne）。他的一些朋友开始在大学里教授他的观点。在《哲学原理》中，他以教科书的形式提出了他的形而上学和物理学。其他一些教授，由于看到亚里士多德体系受到威胁，便猛烈攻击新学说。然而，笛卡尔并不乏有影响力的朋友，因此他从未陷入危险。

他的通信者之一是英格兰国王查理一世的侄女，巴拉丁的伊丽莎白公主（Princess Elizabeth of the Palatine）。她就笛卡尔心身交互性的说明提出许多有见地的反对，对此他又不能给出令人满意的答复。他们的通信演变成了笛卡尔全部作品的最后部分，即《论灵魂的激情》。然而，当这本书出版时，笛卡尔并未献给伊丽莎白，而是献给了对哲学感兴趣的另一位王室成员、瑞典女王克里斯蒂娜（Christina）。与他的判断相反，笛卡尔被说服接受任命，成为克里斯蒂娜女王的宫廷哲学教师。女王派遣了位海军将领，驶一艘军舰到荷兰将他接走。女王坚持在早上5点钟讲授哲学课。屈于权威，一生都是晚起的笛卡尔最终成为瑞典严冬的牺牲品，于1650年去世。

笛卡尔学说中最重要的一些内容并未完全出现在他出版的著作中，而是直到他死后大量的通信被出版后才变得清晰。其中之一就是永恒真理创立的学说；另外一条是动物是无意识的机器的理论。

1630 年，笛卡尔写信给梅森：

你所谓永恒的数学真理已经被上帝确定，并完全依赖他而存在，不亚于他的其他造物。事实上，要说这些真理是独立于上帝的，那就是把他当作木星（Jupiter）或土星（Saturn）来谈论，并使他服从于冥神（Styx）和命运（Fates）。无论何地请毫不犹豫地维护和坚持，正是上帝在自然中确立了这些法则，犹如国王在他的王国中确立法则一样……可以说，如果上帝已经建立这些真理，他也能改变它们，犹如国王更改他的法律一样。对此，回答乃是："是的，他能，只要他意愿改变。""但是，我将它们理解成永恒不变的。""我对上帝做出了相同的判断。""但是他的意愿是自由的。""是的，但是他的权能是不可思议的。"

让逻辑与数学真理建立在上帝意志上，这是一个创新。以前哲学家认为真理并不完全独立于上帝。在大多数思想家看来，真理独立于上帝的意志，但实际上从某种意义上说，又依赖并等同于上帝的本质。笛卡尔是第一个让数学世界成为一个分开的受造物的人，犹如物理世界依赖上帝最高意志成为分开的受造物一样。

笛卡尔说，这个学说是他物理理论的必要基础。他系统地反驳了亚里士多德式关于实在性质与实体形式的构造，他把二者视之为幻想的实体。他认为，事物的本质不是亚里士多德构想的形式，它们就是永恒真理，包括惯性定律和其他的运动定律，以及逻辑和数学的真理。在亚里士多德的体系中，正是形式和本质为现象的流变提供了稳定的要素，使之成为普遍有效的科学知识。由于拒绝了形式和本质，笛卡尔需要为他意欲构建的不变的物理学寻找新基础。如果没有实体形式，是什么把此物持存的一个片段与另一个片段相联系呢？笛卡尔的回答是：此乃不变的上帝意志，别无他物。为了让我们相信自然规律不会在某一点上发生变化，我们再一次诉诸上帝的真实可靠，如果他让我们的归纳误入歧途，那么他就是一个欺骗者了。

在笛卡尔的体系里，我们有一个被决定了的自然法则所支配的物理世界，同时也有独立意识的精神世界。人类作为身心的复合，不安地在这两个世界中观望。

非人的动物（non-human animals）何处容身呢？

根据笛卡尔之前的大多数思想家的观点，动物区别于人类是因为缺乏理性，但在拥有感性上是相似的。笛卡尔关于感觉本质的解释，很难在把感觉归于人的意义上，将感觉同样地归于动物了。根据笛卡尔的观点，在人类中，感觉有两种要素：一方面，存在一种思想（例如，一阵痛疼，或仿佛看到一束光的经验）；另一方面，在引起思想的人体之内，存在着机械运动。相同的机械运动可发生在动物身上，就像发生在人身上一样。如果我们愿意，在广义上，我们可以将其称之为感觉；但是动物无法产生思想，严格说来，这恰恰是感觉构成的思想。笛卡尔紧接着指出，动物没有痛觉，虽然动物身体的机制会使之像在人身上表达痛觉一样地反应。正如笛卡尔写给一个英国贵族的信所示：

> 我没有发现动物有思想的证明，除了它们有眼睛、耳朵、舌头以及其他如我们般的感官这一事实。看上去非常可能的是，它们有和我们相似的感觉，同时，既然思想被包含在我们的感觉模式里，那么，相似的思想似乎也可归诸它们了。这种论证是非常显而易见的，它已经从人类最早时代起就俘获了所有人类的心灵。但还存在其他论证，更强的以及更大量的论证，对每个人不如此显然，这些另外的论证都极力主张相反的立场。

这种学说，在笛卡尔同时代的人看来，并不像现在大多数人那样令人震惊。但当他的一些信徒声称，人类像动物一样仅是复杂的机器时，他们对此深感恐惧。

笛卡尔的两大基本原理——人是思想的实体（substance）以及物质（matter）是运动着的广延——受到了极大的误解。在他有生之年，出现了无法用运动中的物质来直接解释的现象。正如英国医生威廉·哈维（William Harvey）所发现的那样，血液循环和心脏活动需要弹力等作用力，这在笛卡尔的体系里是找不到的。不过，他对世界的起源和本质的科学说明，则在他死后流行了约一个世纪。不久，其他更富有成果的科学的自然概念，必须在与此有关的意义上规定它们的立场。

笛卡尔关于心灵本质的观点，比其物质观影响更持久。的确，在整个西方，它仍然是在那些受过教育的、非哲学专业人士中最广为传播的心灵观。如我们所见，这个观念之后就受到康德（Kant）的尖锐批评，也受到20世纪维特根斯坦（Wittgenstein）的决定性反驳。维特根斯坦表明，甚至当我们思考我们最私密与最具精神性的思想时，我们也正在使用一种无法与公共和身体的表达相割裂的语言中介。在最终分析的意义上，笛卡尔式心物二分法是站不住脚的。但一旦掌握，它的影响力是不能被全部摆脱的。

与其他任何哲学家相比，笛卡尔都作为一位独树一帜的天才脱颖而出，他用自己的头脑创造了一个支配他的知识世界的思想体系。的确，他的作品中几乎没有一个哲学论点，在他以前的哲学家著作中没有被读到过，不是在这里，就是在那里。但是，没有任何其他人曾展现过这样的能力：把这些思想整合成一个单一体系，既为普通读者提供一种可供某个下午阅读的文本，又为往后几十年的沉思提供了素材。

第十二章
17 世纪的英国哲学

托马斯·霍布斯的经验论

笛卡尔《第一哲学沉思集》的应邀评论员之一是托马斯·霍布斯（Thomas Hobbes），他是同时代英国哲学家中最重要的一位。英语世界（Anglophone）的哲学和大陆哲学之间的早期相遇并未出现预期效果。笛卡尔认为，霍布斯的反对流于细枝末节，而据说霍布斯曾说，"如果笛卡尔让自己完全投身几何学，那么他就是世界上最好的几何学家，但他的脑袋不适合思考哲学"。

霍布斯比笛卡尔年长 8 岁，生于 1588 年，此时，西班牙无敌舰队正好抵达英格兰。在牛津大学完成学业后，霍布斯被卡文迪许（Cavendish）家族雇为家庭教师，并在大陆度过了大部分时间。英国内战期间，正是在巴黎，他写出了最著名的政治哲学著作《利维坦》（*Leviathan*）。国王查理被处死 3 年后，霍布斯返回英国，住在他以前的学生，也就是后来的德文郡伯爵（Earl of Devonshire）家里。霍布斯出版过两卷自然哲学著作，年轻时译过修昔底德（Thucydides）的著作，晚年时他将荷马的全部著作译成英文。霍布斯于 1679 年去世，享年 91 岁。

霍布斯直接而又率真地坚持上自奥卡姆后至休谟的英国经验论传统。"人类心灵的概念没有一种不是首先，全部或部分地，通过感觉器官发生作用而产生的。"霍布斯认为知识有两种：事实的知识（knowledge of fact）和推理的知识（knowledge of consequence）。事实的知识由感觉或记忆给予，这是一种需要见证的知识。推理的知识是从哲学家而来的知识。在我们的心灵中，存在着恒常的连接或思想的链条，从而构成了心理话语（mental discourse）。在哲学家那里，这个链条受到寻求原因的支配。这些原因在语言中通过条件法则表达，形式为"如果 A，那么 B"。

霍布斯认为，哲学家把握语言的本质是非常重要的。言说的目的是将我们的思想链转换成语词系列链，有四种用途：

第一，通过所思来表达我们发现的任何事物的原因，无论是现在的抑或过去的。我们发现现在或过去之事会发生，或起作用。总的说来，就是关于获得的技艺。第二，向别人表明我们已获得的知识。就是说，互相讨论与传授。第三，向别人表达清楚我们的意志、目的，以便彼此协作。第四，出于欢乐或取悦之故，通过语言游戏自娱、娱他。

霍布斯是坚定的唯名论者。像"人""树"这样的共相称呼并不构成对世界上任何事物或任何心灵观念的命名，而是对众多个体的命名。"世界上除了名称外并无共相，因为所命名的对象，在诸多对象中都是个体与单一。"句子是由结合在一起的前后衔接的名称组成的。当前后衔接的各个成分是同一事物的名称时，句子即为真。因此，寻求真理者必须对他所用的名称多加小心，尤须避免使用空名或无意义的声音。霍布斯注意到，经院哲学家将前后不一的名称放在一起，制造了大量的空名或无意义的声音。他举例说，"非物质实体"（incorporeall substance）就像"圆的四边形"（round quadrangle）一样荒谬。

该例子被选为具有挑衅性的唯物论宣言。所有的实体必然是物体，当哲学寻求物体变化的原因时，它所发现的普遍原因只有一个，即运动。于是，霍布斯的观点与笛卡尔哲学中关于物质的那半部分非常接近。但与笛卡尔哲学的另一半对立的是，霍布斯否认笛卡尔意义上的心灵存在。对于霍布斯的唯物论是否牵涉对上帝存在的否定，或仅意味着上帝是某种无限的、不可见的物体，历史学家还不能达成一致。但无论霍布斯是否为无神论者（似乎也不可能），他确实否认笛卡尔意义上人类精神（spirits）的存在。

笛卡尔夸大了人与动物的区别，而霍布斯则将人兽之别最小化，并从人类活动是动物行为的特殊形式来加以说明。霍布斯说动物有两种运动：维持生命的和自发的。维持生命的运动包括呼吸、消化和血液流动。自发的运动是"以在我们心灵中首先构想过的方式进行的行走、言说以及移动肢体"。感觉是由外物对感官直接或间接的压力引起的，"这种压力以人身的神经以及其他经络和薄膜为中介，继续向内直至大脑和心脏，从而引起抵抗、反压力或心脏搏动等自身表达。这种倾向由于是外向的，所以看起来好像没有物质参与似的"。正是这些表象构成了颜色、声音、味道和气味等，推动物体的只有运动，而不是别的。

如此描述的活动对应于亚里士多德归因于植物与感觉灵魂的活动。那么，亚里士多德所谓的区分人兽理智与意志官能之理性灵魂呢？在霍布斯这里，这一切都为想象力取而代之。所谓想象力就是一切动物共有的官能。霍布斯对想象力的运作也再次给予了机械性的解释，任何种类的思想都只是大脑中的细微运动。由语词或其他信号引起的具体想象被称作"理解"（understanding），这也是人兽共同的。"训练习惯后，狗也能理解主人的呼唤或呵斥，其他兽类亦复如是。"人之理解的独特之处在于，"当想象任何事物时，我们都探寻该事物可能产生的一切结果，就是说，当我们拥有它的时候，我们想象我们能用它做什么。除了在人类身上之外，我在任何时候都没有在别处发现这一点"。

霍布斯没有把这种差异归因于人类理智，而是诉诸包括多种多样激情的人类意志，而其他动物不具备此种意志。和动物欲望一样，人类意志本身就是机械力量的结果。"能审慎的兽类也必然有意志。"实际上，意志只是经过审慎之后的欲望，人类的意志自由并不比动物更强。"这种自由，作为逃离必然性的自由，在人与兽的意志中都找不到。但如果我们把自由的能力或力量不理解成意志，而是理解成做想做的事，那么，我们肯定得承认人兽同等地拥有这种自由。"

霍布斯的政治哲学

霍布斯的决定论使他对因果法则的寻求从自然哲学（探索自然实体现象的原因）扩展到公民哲学（探索政治实体现象的原因）。《利维坦》就是以此为主题的，这本书不仅是政治哲学的杰作，而且是最伟大的英文著作之一。

《利维坦》从描述诸力量的相互作用而导致国家（State）的建立，或按霍布斯的术语即联邦（Commonwealth）的建立入手。霍布斯首先描写了人们在联邦之外的自然状态下的生活状况。由于自然能力大致相等、同样自利，人们就会为财物、权力和荣誉持续争吵与无序竞争。这可谓自然的战争状态。霍布斯说，在这种状态下，不会有工业、农业或商业：

> 地貌知识、时间记载、艺术、文学、社会等都将不存在。最糟糕的是，人们不断处于暴力死亡的恐惧和危险中，人的生活孤独、贫困、卑污、残忍而短寿。

图 27　霍布斯肖像画，英国肖像画家约翰·迈克尔·赖特（John Michael Wright，1617—1694）作。
（图片来源：Wikimedia Commons）

霍布斯说，无论历史上是否曾经存在过这样一个国家，我们都能在当今的美洲看到这样的实例；我们也可以从文明国度中人们对他人的防备措施中发现证据。

自然状态下，不存在真正意义上的法。但存在着以理性的自利为原则与以生存机会最大化为方法的"自然法"形式。这种法迫使在自然状态下的人们寻求和平，放弃自己不受拘束的自由以换取他人同等的让步。这些法致使他们放弃除自我保护（self-defence）外的所有权利，并把这些权利交给能通过惩罚来强化自然法的中央权力。这个中央权力可以是个人，也可以是机构；无论是单个人还是多数人，它是最高的君主，即一个代表共同体每个成员意志的单一意志。

这个君主是基于每个人之间的契约（covenant）而确立的，所有人都在其他人也让出自己权利的条件下让出自己的权利。"做到这一点，像这样统一在一个人格之中的一群人就称为国家。这就是伟大的利维坦的诞生——用更尊敬的方式来说，这就是活的上帝的诞生；我们在永生不朽的上帝之下所获得的和平和安全保障就是从它那里得来的。"

君主与契约同时获得存在。君主本身不是订约方，因而不存在破坏契约的情况。这个应被遵守的契约是自然法（law of nature），但"无强制力保证的契约不过是一纸空文"，君主的职能就是维护契约的实施，它不仅包括建立国家的初始契约，也包括臣民之间订立的诸多个人契约。

不仅自由订约可以产生国家，战争也可以产生国家。在这两种情况中，恐惧（fear）都是臣民服从君主的基础。而且在这两种情况下，君主都享有同等的、不可让渡的权利。每个国民都是君主行动的授权人，"因此抱怨君主对其进行侵害，就是抱怨自己授权的事情"。

君主是法律和财产权的来源，也是教会的最高统治者。君主拥有解释经文和确立教义的权力，而不是长老会或主教。狂热教派的傲慢解释引发了英国内战，但以宗教的名义对主权加以最大的篡夺发生在罗马。"人们如果看一看这庞大教权原来的情况，就很容易觉察到，教皇之位不过是已死罗马帝国的鬼魂，戴着皇冠坐在帝国的坟墓上。"

在如此强大的君主统治之下，臣民还有什么自由呢？一般而言，自由不过是法律的缄默罢了。国民可以自由地做任何君主没有费心立法加以反对之事。霍布斯也不无矛盾地说，没有人应该在君主的命令下被迫去杀害自己，或自证其罪，甚或参加战斗。此外，如果君主不能履行其保护臣民的主要职能，那么臣民对他的义务也即消失。可想而知，霍布斯脑海中的这些公理，是其作为保皇党人流放至巴黎，并写完《利维坦》之后，于 1652 年与克伦威尔（Cromwell）言和时写成的。

霍布斯从来不是王权神授的支持者，他也不信奉极权国家。国家的存在不为别的，而是为公民的利益；君主的权利不是来自上帝，而是来自那些交出权利而成为臣民的诸个体。神圣权力理论成为哲学家的议题，不是在内战时期，也不是在联邦时期，而是在斯图亚特（Stuart）王朝复辟之后的查理二世统治时期。这场争论开始于 1680 年罗伯特·费尔默（Robert Filmer）爵士《父权论》（*Patriarcha*）的出版，该书主张王权来自高贵的亚当权威的父权式世袭，因而不受议会的限制。这为 17 世纪最有影响力的政治哲学家约翰·洛克提供了一个易于攻击的靶子。

约翰·洛克的政治理论

约翰·洛克（John Locke）生于 1632 年，受教于西敏公学（Westminster School）后，1658 年在牛津大学基督教堂学院获得文学硕士学位。洛克也取得了行医资格，并做了国王查理二世内阁成员沙夫茨伯里（Shaftesbury）伯爵的医生。1660 年，在反对克伦威尔暴政和严酷的声浪中，国王查理流放归来。然而，随着查理统治的继续，王权不再受大众喜爱，尤其王位继承人是国王的兄弟詹姆士，一个坚定的天主教徒。沙夫茨伯里领导的辉格党（Whig）旨在把詹姆士排除在继承人之外。1683 年，沙夫茨伯里因涉嫌一起反对皇室兄弟的阴谋而不得不逃离英国。洛克陪沙夫茨伯里一起到了荷兰，在流放期间，洛克写下了他最伟大的哲学著作《人类理解论》（*An Essay Concerning Human Understanding*），该书在洛克晚年曾多次再版。

1688 年，"光荣革命"赶走了詹姆士二世，奥兰治的威廉（William of Orange）取而代之。他用《权利法案》（*Bill of Rights*）提高了议会的地位，将英国君主政体置于新的法律基础之上。洛克跟随威廉来到英国，成为新政体的理论家。1690 年，洛克出版了《政府论》（*Two Treatises of Civil Government*），成为自由主义思想的经典之作。17世纪90年代，洛克一直在贸易委员会工作，于1704年去世。

在《政府论》的第一篇中，洛克简要地讨论了费尔默关于王权神授的观点。费尔默的根本错误在于否认人与生俱来的自由和平等。在第二篇中，洛克提出了自己的自然状态说明，与霍布斯的自然状态理论构成有趣的对比。

洛克主张，在有任何制定法令的国家之前，人们就知道自然法。自然法告诉人们，所有人都是平等和独立的，没人可以伤害他人的生命、健康、自由和财产。无人于世俗中有凌驾他人的权威，人人处在自由状态，而非为他人特许的状态。除了受到自然法的限制，人类也拥有自然权利，特别是生命、自卫和自由的权利。他们也有义务，尤其是不放弃其权利的义务。

一项重要的自然权利就是财产权。上帝没有给予任何特定的人特别的财产，但是私人财产权的存在是上帝为世界安排的一部分。在自然状态下，人们通过打水、采集果实和耕种土地等对自然物的"混合劳动"而获得财产。洛克相信，不仅获取私有财产是一项自然权利，而且继承私有财产也是一项自然权利。

显然，洛克对自然状态的态度没有霍布斯那么悲观。洛克的观点更像后来蒲柏（Pope）在《人论》（*Essay on Man*）中的观点：

> 在自然的国度，他们散漫，踯躅；
> 自然的国度属于天主：
> 自爱与交往同上帝一起诞生，
> 万物因之相连，众人因之共行。
> 那时并无傲慢，也无傲慢扶持的艺术；
> 同行，都是上帝荫庇的住户；
> 同餐进食，共榻安眠；
> 不为衣食而谋害其他生灵。
> 在同一殿堂，回音缭绕的丛林之地，
> 歌唱者们共同咏颂平等的上帝。

然而，在自然状态下，人们对任何财产都只是不稳定地拥有，与兽类分享的荫庇相比，只是稍稍稳固些而已。每个人都可以从自然中获得教益，违背自然法就该受罚。但在自然状态下，每个人都必须自己决定自己的事，没有人有足够的力量去惩罚违规者。正是这一点导致了国家的建立。"人们结为联邦，使自己置于政府之下，最大和最主要的结果是保护他们的财产，因为在自然状态下许多东西都是匮乏的。"

国家由社会契约产生，人们把他们的权利转移给政府，以便让自然法得到实行。人们把为共同利益制定法律的权利交给立法机构，把实施法律的权利交给执法机构。洛克意识到政府这两个权力的分开是有正当理由的。立法和执法机构的具体形式，由多数公民（或至少由财产所有者做出）决定。

洛克的社会契约与霍布斯的社会契约在一些方面存在不同。不像霍布斯的君主，洛克的统治者本身就属于原初契约方。公众委托选定的政府保护他们的权利，如果政府违背了公众对它的信任，人们可以推翻或更换政府。如果政府行事专断，或政府的某一部门侵占其他部门的职能，那么这个政府就可以被终止，反抗就是正当的。这里，洛克在内心显然是指斯图亚特王朝的专制统治和1688年的光荣革命。

难以置信的是，洛克相信他所说的社会契约都是历史事件。但他坚持认为，统治者无论以何种方式维持，都依赖于每代公民的持续同意。洛克承认，这种同意是很少明示的，但无论是继承遗产还是仅仅在高速公路上行驶，享受这种社会利益本身的人，就给予了统治者默许同意（tacit consent）。税收尤其必须以同意为基础："未经本人同意，最高权力不能拿走任何人的财产。"

洛克的政治理念并非原创，但是影响力巨大。在人们不再相信自然状态理论及其支撑的自然法后，这种影响仍然持续了很久。任何知道《独立宣言》（The Declaration of Independence）和美国宪法的人都会在其中发现洛克的观点，以及非常相似的话语。

洛克论观念与性质

洛克的影响绝不局限于政治领域。他的《人类理解论》常常被看成是英国哲学的基本章程。哲学史家经常这样比较 17 世纪和 18 世纪的英国哲学和大陆哲学：大陆哲学是唯理论，相信理性思辨；英国哲学是经验论，把知识建立在感觉经验的基础上。笛卡尔和洛克往往被推为这两个对立学派的创始人。实际上，尽管存在着差异，这两派哲学共享很多预设。一旦考察唯理论和经验论彼此冲突的试金石，即天赋观念（innate ideas）之可能性的著名争论，就能看出这一点。

洛克永远都在谈论"观念"（ideas）。他的"观念"与笛卡尔的"思想"（thoughts）非常相似。实际上，笛卡尔本人也时常在观念的意义上谈论思想。两者都诉诸当下意识：观念和思想是我们内省时所遇之物。在每种情况下，往往都很难说"观念"是意味着所思之物（被思考之物），还是思考活动（思考本身包含或等同之物）。洛克说，观念是"运用心灵所思的任何东西"。"运用心灵所思"（what the mind is employed about）一语具有破坏性的含混，既可以意味着心灵所思之物（对象），也可以意味着心灵之所用（活动）。

经验论和唯理论的区分也并非全无基础，洛克对哲学问题的回答与笛卡尔的回答经常彼此冲突。尽管答案不同，但洛克的问题就是笛卡尔的问题。动物是机器吗？灵魂总在思考吗？存在无物质的空间（真空）吗？存在天赋观念吗？

最后一个问题可以有很多含义，一旦分解这个问题，我们就会发现，洛克和笛卡尔的立场之间并无巨大鸿沟。

第一，这个问题可以意指"子宫中的胎儿有思想吗？"。笛卡尔和洛克都认为，未出生的胎儿有简单的思想或观念，如疼痛、温暖的感觉。笛卡尔和洛克都不相信胎儿拥有哲学意义上的复杂思想。

第二，这个问题也会被认为无关乎思考活动，而单指思想能力。存在人类特有的、与生俱来的、普遍的理解力吗？笛卡尔和洛克都相信这是存在的。

第三，这个问题也可无关乎普遍的理解力，而是对某种特定命题的同意，例如，"1+2=3"或"同一事物不可能既存在又不存在"。笛卡尔和洛克都同意，我们对这些自明真理的赞同不依赖经验。然而，洛克强调，学习过程必须先于对这些命题的掌握。而笛卡尔则认为并非所有的天赋观念都是一经理解就能赞同的原理，有些天赋观念只有在苦思冥想之后才变得清楚明白。

第四，我们会问是否存在一律要求普遍同意的原则，无论其是理论的还是实践的原则。洛克认为不存在,即使有,也没有充足理由推断这种原则为天赋的,因为这种原则只能被解释为由一个普遍的学习过程得来。但是,笛卡尔却认为,普遍同意不需要天赋,反过来,天赋也不需要普遍同意。一些人,也许是大部分人,是出于偏见而不认同天赋原则。

洛克和笛卡尔的论证实际上是擦肩而过的。洛克坚持认为,不依赖经验的天赋概念对人类知识的现象无法做出充分的说明;笛卡尔则认为,不含有天赋成分的经验对我们所知无法做出充分的说明。两种观点都有可能是对的。

洛克声称,唯理论的论证将可能使人"假设我们的颜色、声音、味道、形状等观念都成了天赋。这样便不存在理性与经验相对立这回事了"。笛卡尔不会把这些结论看成是完全荒谬的,因为即使洛克也有理由完全同意,我们对于诸如颜色、声音和味道这些性质的观念完全是主观的。

洛克把所发现的物体的性质分成两类。第一类是"第一性质"(primary qualities),诸如硬度、广延、形状、运动、静止、体积、数目、质地以及尺寸。洛克认为,"无论我们是否感知到它们",这些性质都存在于物体之中。按照洛克的观点,第二类的性质被称作"第二性质"(secondary qualities),诸如颜色、声音和味道,这些性质"丝毫不属于物体本身,而是依靠第一性质于我们心中产生诸种感觉的能力"。所有的性质,无论第一性的或第二性的,都在我们的心灵中产生观念。按照洛克的观点,不同之处在于,显示出第一性质的物体性质与它们所产生的观念是相似的,然而通过第二性质在我们心中产生的观念无论如何也不与产生它们的性质相似。

洛克的这种区分有很多先行者。亚里士多德传统区分了诸如形状的性质和诸如味道的性质,前者不只是被一种感官所感知("共通可感性"),后者则只是被某个单一感官所感知("特有可感性")[1]。伽利略和笛卡尔对这一区分的预先考虑比洛

---

[1] "common sensibles",即共通可感。比如形状,通过视觉和触觉都可以感知。"proper sensibles",即特有可感。比如味道,只有通过品尝才能感知。首先,共通可感不同于文学修辞的通感,通感反倒是特有可感的切换,比如冷暖色调,就是以肤觉来指代视觉。其次,共通可感也不同于伦理学或美学说的"共通感",共通感是指不同主体之间、不同年代或地域的主体对善恶或美丑概念原初的共同的感受性体验。——译者注

克更为充分。笛卡尔曾说，对感知的生理学说明只需要第一性质作为解释性因素：当我们看、听和尝时，我们体内发生的只不过是有形物的运动。即使这些被证明是真的，也无法证明第二性质是纯主观的、不属于那些看似在世界上拥有它们的物体。但洛克对这一结论的论证，比任何他的先驱所做的论证都更为有力。

洛克的第一个主张是，只有第一性质与其主体不可分离：所有物体不可能不具有形状或大小，犹如有的物体不具有气味或味道。例如，如果你把一粒小麦不断分割，它会失去第二性质，但每一部分仍保留硬度、广延、形状和可移动性。我们该如何评论这一论证？没错，一个物体一定具有形状或其他性质，但是任何特定的形状都肯定可能会丢失，犹如一块蜡可以由立方形变成球形。洛克对第二性质的描述也可用于某些第一性质。虽然运动是第一性质，但物体也可以是静止的。只有我们把运动和静止看成"移动性"单轴上的一对可能值时，我们才能说存在一个与物体不可分割的性质。但在相同意义上，我们可以把热和冷看成是温度计上的单刻度值，并说物体一定具有温度或其他什么性质。毕竟，物理学家罗伯特·胡克（Robert Hooke）在1665年已经确立了温标刻度。

洛克说，第二性质只是在我们之内产生感觉的能力。让我们先假设这是真的，或至少是接近真理的。这并不意味着第二性质是纯主观的，就是说，它们不是看似拥有它们的物体的真正性质。举一个相似的例子，有毒只是对动物产生一定效果的能力，但它是客观的物质，一个在事实上可查明其是否有毒的物质。我们同意洛克所说的第二性质通过它们与人类感知的关系而被定义，但唯当性质具有完全的客观性时，性质才是相关的。"比勃朗峰（Mont Blanc）高"是一种关系属性，而干城章嘉峰（Kanchenjunga）是否高于勃朗峰这一问题，就是个简单事实。

洛克认为，在我们之中产生第二性质观念的东西，只不过是有能力（power）的对象的第一性质而已。例如，热感是由导致我们身体微小部分运动增减的微粒产生的。不过，即便第一性质可用微粒解释，我们为何应该得出结论说，热感只不过是"我们神经元中一些微粒的某种程度的运动"呢？这里，洛克似乎在诉诸同类相生（like causes like）的古老原则。但接受这个原则的理由是什么呢？显然，自身无病之物，是能导致疾病的。

洛克认为，若未被感知就不存在第二性质。但这与他认为第二性质是能力是不相符的。它们是当它们在感知者那里引发感觉时被运用的能力。但能力在没有被运用时是存在的——大多数人能够背诵《三只瞎老鼠》(Three Blind Mice),但我们很少真的去背诵它。因此,我们有理由说,第二性质是持存的能力,而不是说只有当其被感知才被运用的能力。糖总是甜的,但只有在某人尝它时它才实际上有甜味。这里,亚里士多德比洛克更清楚:对我来说的糖的甜(tasting sweet)和我尝到糖的甜性(sweetness)是一回事;但感觉性质(sense-quality)和感觉官能(sense-faculty)是两种不同的能力,缺少一方另一方可以继续存在。洛克主张物体在黑暗中没有颜色,但这是他的命题结论,而不是对他命题的论证。

洛克否认白性(whiteness)和冷性(coldness)真实存在于物体之中,因为他说这些第二性质的观念与在物体本身中的性质并不相似。如上所述,这个论证在洛克的观念概念里显得含混。如果对X的观念就是感知X,那么就等于期望感知一种颜色像那种颜色,犹如期望吃土豆像土豆,两者都是没有理由的。但另一方面,如果对X的观念就是对X的意象,那么我们必须回答说,当我看到飞燕草(delphinium)[1],我所看到的不是蓝性(blueness)的意象,而是蓝性本身。除非洛克通过假定他正在着手证明之物,他才可以否定这一点。

最后,洛克从感觉(feeling)与感知(sensation)的类比上加以论证。如果我把手放入火中,火既引起热也引起疼,疼不在物体中,为什么我们认为热就在物体中呢?又一次,类比被带入歧途。火既是热的,也是令人疼痛的。说火令人疼痛,没人会指火感到了疼痛。同样,说火是热的,没人会指火感觉到自己的热。如果洛克的论证有效,这将会反过来反对他自己。当我用刀割自己的时候,我感觉到疼,也感到了刀的斜切。那么这个刀的运动是刀的第二性质吗?

洛克认为第二性质是使人产生感觉的能力,这基本上是对的。他为我们熟悉的论证表明,由相同对象产生的感觉会随环境而变化(温水对于冰凉的手会显得热,对于热的手会显得冷;在显微镜下看到的颜色是非常不同的)。实际上,第二性质确实是人类中心的(anthropocentric)与相对的,但这一事实并不推出它们是主观的或在任何意义上是幻想的。在爱尔兰化学家罗伯特·波义耳(Robert

---

[1] 飞燕草,因其花形别致,酷似一只燕子,故名之,呈蓝色或紫蓝色。——译者注

Boyle）提供的一幅醒目的图片中，第二性质是适合打开特定锁的钥匙，所谓的锁即指不同人类的感官。一旦我们掌握了它，我们就可以不管洛克的观点，从而接受草实际上就是绿的，雪实际上就是冷的。

实体与人格

在亚里士多德的传统中，性质和其他偶性都属于实体。在笛卡尔的体系里，实体概念也是首要的。洛克说，实体概念源于我们对于某些观念恒常结合的观察。人们对实体没有清晰的观念，但"只是对支撑这些性质的未知东西的一种假设，而它们又能在我们心中产生简单观念"。

诸如马或金子，这些特定种类实体的观念不是简单观念，而是复杂观念。洛克称之为类观念（sortal ideas）：同时出现的简单观念的集合，加上某物的模糊不清的一般观念，以及观察该物后我们所不知道的一些性质。特定实体是归属于这些不同种类的具体个体，它们属于物质和精神这两种一般范畴：物质实体，以第一性质为特性；精神实体，则以拥有理性、意志和引起运动的能力为特性。

人和树这样的实体具有本质（essence）。作为一个人，或一棵橡树，就是有人的本质或橡树的本质。但对洛克来说，存在着两种本质。名义的（nominal）本质，负载一个特定的名称，很大程度上是人类语言的任意创造。但事物也有真正的（real）本质，是大自然的杰作而非人为的。我们一般对此知之甚少，至少也是超出了实验探究的范围。

洛克的实体概念极为晦涩。他似乎是主张，实体自身不可描述，因为它没有性质。但谁能很严肃地认为，因为实体承载诸性质，所以实体反倒不具有性质呢？根据洛克本人对观念起源的说明，对这种混淆不清的一般实体概念的出现很难加以解释。出于让诸项归属于主体的需要，或使诸项成为存在（inhere in）的需要，似乎才悬设一个实体。但在洛克的体系里，如何理解这样的存在（inhering）？是"性质"吗？但在洛克的体系里，性质是隐藏在它们和感觉者的观念之幕后的。那么可以说是"观念"吗？但观念已经有某物固属其内了，即感觉者的心灵。这为贝克莱（Berkeley）后来对整个物质实体概念进行毁灭性批判打开了一条小径。

在亚里士多德的传统中，不存在无性质的实体，即不可能存在特定个体可不诉诸任何类别而被认识。菲多（Fido）只有在它仍然是狗时，只有在"狗"类能正确地适用于它的情况下，才是个别实体。如果不问 A 是否在个体 F 上与 B 一样，这里 F 构成某个类的范围，而问 A 是否与 B 为同一个体，这种问法就没法听懂，在这个意义上所有的同一性都是相对的。（A 可以和 B 是同书的不同版本，或者是同版的不同印次。）洛克含混的实体概念使他陷入无法解决同一性和个体性的窘境；但也激发他在对人格同一性问题的讨论上写了一些有趣的哲学著作。

关于同一性的哲学问题在许多不同的语境中都有。有些是宗教语境，我们谁能在肉体死亡后存在？如果不朽的灵魂死后仍在，它是否还是那个人？一个灵魂能否可以相继地寓居于两个不同的肉体？两个灵魂或精神能否同时共居于同一肉体？其他的是科学和医学语境。当单个人在不同时期表现出不同的认知能力和对立的行为模式时，很自然会被说成是分裂或双重人格。但单个身体果真能在不同时间是不同人格吗？如果大脑两个半球的连接被切断，单个人体的两部分的能力和行为就会变得不协调。这是两个人格共在于同一个身体的例子吗？像这样的问题就要求反思身体、灵魂、心灵和人格概念，并对符合这些概念的同一性（identification）和再同一（re-identification）标准进行反思。

然而，为洛克的讨论提供背景的是宗教问题。基督徒相信，死者将会在末日复活：是什么连接了现在死后入土的身体和将来荣耀复活的身体呢？诚如天主教徒所相信的，在死亡和复苏之间，脱身个体后的（disembodied）[1]灵魂在天堂享受喜悦或者在地狱或炼狱受难。基督派亚里士多德主义者，努力使其与他们关于物质是个体化的原则之哲学信仰相协调。但是，由于脱身后的灵魂是非物质的，什么可以区分彼得和保罗各自脱身后的灵魂呢？

洛克很清楚地看到，只有人们承认同一性是相对的，人格同一性的问题才能得到解决。就是说，A 作为 B，属于同一个 F，而不是作为 B 为同一个 G。洛克说，一匹小马驹，长成一匹马，时胖时瘦，但始终是同一匹马，尽管已经不是同

---

[1] "disembodied" 一词的意思其实很清楚，表示"脱离肉体的，脱离实体的，无身体的，不具形体的"，相当于汉语中的"超升"、离身之魂灵。这里，笔者尝试翻译成"脱身"。——译者注

一物质。"在大量的质料（a Mass of Matter）和活生生的身体两种情形下，同一性不适用于同一物。"

植物和动物的同一性在于其持续的生命与器官特有的新陈代谢相统一。但洛克问，同一个人的同一性存在于何处呢？（当然，这里的"人"，洛克意指包括男女在内的"人类"。）一个类似的回答会这样说：一个人就是"一个被组织得当的身体，不论你从哪一瞬间来观察它；它都在一个生命组织下持存，历经着统一于身体的物质分子的持续生灭变化"。只有这个定义可以让我们接受一个胎儿和一个成年疯子是同一个人，而不需被迫认为苏格拉底、比拉多（Pilate）和恺撒·博尔吉亚是同一个人。如果我们说，拥有同一个灵魂就足以成为同一个人，我们无法排除灵魂转世和再生的可能性。我们不得不说，人是某种动物，真正说来，是种具有某种形态的动物。

但是，洛克区分了人（man）和人格（person）的概念。一个人格就是一个会思考、推理和有自我意识的存在，人格的同一是其自我意识的同一。"在回忆过去的行动或思想时，这个意识追忆到多远程度，人格同一性亦就达到多远程度。现在的自我（self）就是以前的自我，而且以前反省自我之自我，就是现在反省自我之自我。"

这里，洛克的原则是：有相同自我意识的地方，就有同一个自我的意识。但这一段包含一个致命的模糊。我当前意识的什么回溯到过去呢？

如果我当前的意识追忆到：这个意识具有一个持续的历史。问题仍有待回答：什么使这个意识成为那一个体意识之所是的？因为洛克已经把人和人格加以区分，所以，这里洛克把这个意识是这个人的意识排除在外了。

另一方面，如果我当前的意识回溯至我所记得的，那么如果我忘了，我的过去就不再是我的过去，我就可以否认这些我无法回想起的活动。洛克有时看起来已经准备好接受这一点，我不具同一个人格，只是做了我已经忘记之事的同一个人。我不应该为它们受罚，因为惩罚应该直接对人格，而非人。然而，洛克似乎不愿沉思更进一步的结果，如果我错误地认为：我记得我作为希律王（King Herod）下令屠杀无辜，那么我就应当为他们的谋杀行为而受罚。

按照洛克的观点，我在同一时间是一个人、一个精神、一个人格，也就是说，一个人类动物、一个非物质实体、一个自我意识中心。这三种实体（entities）都是互相区分的，并在理论上可以不同方式结合。我们可以想象一个灵魂在两个身体里，例如，邪恶的皇帝黑利阿伽巴卢斯（Heliogabalus）的灵魂进入猪的体内。我们也可以想象两个灵魂统一在一个人身上，例如，现在皇后镇（Queensborough）的市长还拥有苏格拉底的意识。或者我们可以想象两个人格统一在一个灵魂中。这就是洛克的一位基督教柏拉图主义朋友所相信的，他的灵魂曾经是苏格拉底的灵魂。洛克继续发展了更为复杂的诸组合，诸如举例说明一个人格一个灵魂的两个人，或两个人格一个灵魂的一个人，这些我们在此不必一一讨论了。

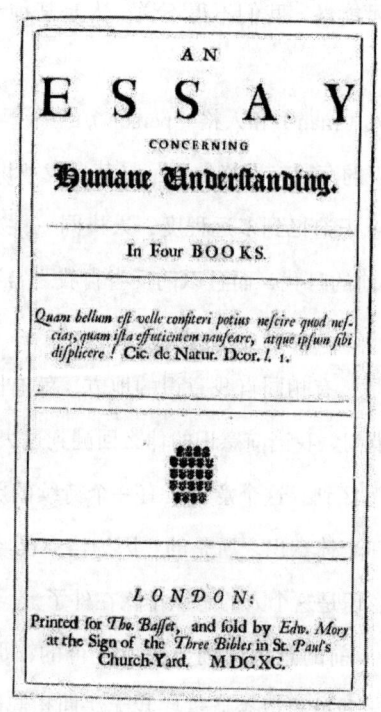

图 28 洛克《人类理解论》标题页。
（图片来源：Wikimedia Commons）

我们从洛克的灵魂、人格、人的三一论能得出什么结论呢？不仅在洛克的体系里，领会非物质实体存在诸多困难，当今的洛克崇拜者也几乎无人在使用这个概念了。但与自我意识相关联的人格同一性仍然在某些方面大受欢迎。18世纪的约瑟夫·巴特勒（Joseph Butler）主教提出，这一观点的主要困难在于其与记忆概念的关系。

如果史密斯声称记得做过了某事，或到过某处，从常识观点看，我们可以通过看史密斯是否事实上做了此事，或是否在某个场合出现过，来检查这个记忆的对错。我们可以通过观察史密斯的行踪和活动来进行调查。但是，洛克对人格和人的区分意味着，这种观察不能使我们对史密斯的人格有所了解，而只是知道史密斯这个人。史密斯本人也不能内在地区分真正的记忆和对过去事件的当前意象，说不定过去的事件欺骗性地向自我提供了记忆。洛克这种构想意识的方式，使得区分真实的和欺骗的记忆根本就是困难的。只有在我们愿意把洛克所分成碎片的东西连接在一起，从而辨认出诸人格就是此人时，区分才能给出。

洛克作为理论哲学家并不像他作为政治哲学家那样具有影响力，不过他的影响依然深远，尤其是把他与他的同胞、同时代稍年轻的牛顿相联系时，其影响就更加深远了。1687年，艾萨克·牛顿爵士出版了《自然哲学的数学原理》（*Philosophiae naturalis principia mathematica*）。这本书所导致的科学革命比随后一年发生的光荣革命，其影响力更为持久。

在诸多科学进步中，牛顿的伟大之处在于发现了万有引力定律，它表明物体间具有引力，其大小与物体质量成正比，与物体之间的距离成反比。这使牛顿不仅把地球上的自由落体运动纳入进单一的定律，连绕地的月球以及绕日的行星运动也一同纳入进来了。通过显示地上和天上的物体都服从同一定律，牛顿最终给予亚里士多德物理学以致命一击。他也驳倒了笛卡尔的机械论体系，因为重力是高于并超越于广延物质的纯粹运动的。实际上，笛卡尔考虑过物体之间吸引的概念，但由于这个概念类似于亚里士多德的终极因，意味着把意识归因于惯性质量，笛卡尔遂拒绝了这个概念。

因此，牛顿物理学与被其取代的竞争性体系相当不同，而且在后来的200年里，物理学完全是牛顿物理学的天下。由伽利略开创的物理学与自然哲学的分离现在完成了。牛顿与其后继者的工作不是哲学史的领域，而属于科学史。

第十三章
路易十四时期的大陆哲学

布莱士·帕斯卡

笛卡尔的《第一哲学沉思集》出版两年后,国王路易十四(Louis XIV)继位。在其统治的头 18 年里,他只是小角色,统治权实际上掌握在他母亲奥地利的安娜(Anne of Austria)和她的首相枢机主教马扎然(Cardinal Mazarin)手中。1661 年,马扎然去世后,路易十四开始自己掌权,并成为欧洲专制君主中最专制的一个。在法国,一切政治生活都集中在路易十四的宫廷内。"朕即国家"(L'é tat,c'est moi)是他的名言。他在凡尔赛修建了宏伟的宫殿以显示他像太阳神一样的辉煌。他废除南特敕令,迫害国内新教徒,同时让他的天主教神父拒绝履行教皇主张的诸多管辖权。在其统治期间,高乃依(Corneille)和拉辛(Racine)为法国戏剧贡献了完美的杰作;普桑(Poussin)和克劳德(Claude)的作品使法国绘画得到了最辉煌的呈现。

路易十四把法国军队治理到无与伦比的程度,成为欧洲最有力的专制统治。他对邻邦荷兰和西班牙采取侵略性政策,通过分化潜在敌人,吸收英格兰的查理二世加入同盟,对荷兰开战,这显示了他在早期的执政技巧。只有其他欧洲政权结成联盟才能阻止他的领土野心。即使遭到英国马尔伯勒（Marlborough）公爵领导的盟国军连续打击而节节败退，他的野心也没法被阻止。1713 年的乌德勒支和约（Peace of Utrecht）使他所在的波旁（Bourbon）家族的一个分支成为西班牙君主。但当他在 1715 年去世时，留下的国家却几近崩溃。

路易十四统治期间，哲学思想都以笛卡尔的遗产为中心。我们已经看到笛卡尔的自然哲学是如何被英国科学家摧毁的，但英国哲学家仍然有意无意地接受笛卡尔的心物二元论。（英吉利）海峡对岸，笛卡尔的仰慕者和批评者更多地聚焦于二元论中的张力，以及在他的体系中心灵、身体和上帝之间的关系。笛卡尔之后这一代人中，三个重要的大陆哲学家都以不同方式虔信宗教。他们是布莱士·帕斯卡（Blaise Pascal）、斯宾诺莎（Spinoza）和马勒伯朗士（Malebranche）。

和笛卡尔一样，帕斯卡既是哲学家又是数学家。实际上，帕斯卡是否把自己看成哲学家都是值得怀疑的。他 1623 年生于奥弗涅（Auvergne），积极从事几何学和物理学研究，直到 1654 年他经历了一次宗教皈依，这让他与与皇港（Port-Royal）女修道院联系密切的苦行修士建立了联系。这些人被称为詹森教派信徒（Jansenists），他们崇敬詹森主教的往事。这位主教曾写了一篇奥古斯丁的评注，在教会权威的眼里，评注与加尔文的风格过于接近。与詹森教派信徒贬低人类堕落本性的能力一致，帕斯卡也怀疑哲学的价值，尤其是与上帝知识相关的哲学。帕斯卡曾写道："我们认为，为整个哲学工作一个小时都不值得。"当他在 1662 年去世时，人们发现一张纸条缝在他的外套里，上面写着："亚伯拉罕的上帝，以扫的上帝，雅各的上帝，都不是哲学家和学者的上帝"。

詹森派信徒出于对人类自由意志的不看好，故而总是与捍卫人类自由意志的耶稣会会士发生争论。帕斯卡在他的《致外省人信札》（*The Provincial Letters*）中攻击了耶稣会会士的道德神学与散漫，他指称耶稣会甚至还在世俗信众中鼓励这种散漫。帕斯卡的一个特定攻击目标是耶稣会奉行"意图指导"（direction of intention）。帕斯卡书中想象的耶稣会说："我们的指导方法是，作为行动的目的，向自己提出一个允许的对象。在我们所能做到的范围内，让人远离禁止之物，但当我们无法阻止行动时，至少我们净化了意图。"例如，我们允许为报复受辱而杀人。"你所要做的就是把你的意图从复仇的欲望中转出来。复仇是犯罪，而捍卫荣誉的欲望则是允许的。"非常显然，这种意图导向只能是想象的行动，而与真正的意图毫无关系，因为真正的意图表现在为了目的而选择手段上。正是这种学说，以及帕斯卡对它的攻击，使我们发现阿奎那的双重效果说声名狼藉，据此，一个人的行为的意欲效果和非预期效果之间存在着重要的道德上的区别。如果双重效果论与耶稣会的意图指向相结合，它就只不过是一种伪善的幌子，通过目的来证成手段正当。

与赫拉克利特一样，帕斯卡是一个格言大师，他的很多话成了我们耳熟能详的引语。"人只是一根芦苇，大自然中最脆弱的东西；但他是一根会思考的芦苇。""人终有一死。""如果克莉奥佩特拉（Cleopatra）的鼻子短一些，整个世界的面目都会不一样。"但和赫拉克利特不同的是，帕斯卡为他的话语设置了语境，它们出自合辑而成的《思想录》(*Pensées*)，该书原打算作为基督护教论文，但到帕斯卡去世时仍没有完成。结合语境读他的话，我们有时可以发现帕斯卡的意思不是我们所理解的表面意思。这些话中最有名的一句是"心（heart）有其理由，而理性（reason）对这些理由一无所知"。如果对帕斯卡的"心"的使用进行研究，我们会发现，他在这里并不是把情感置于理性之上，他是在用演绎知识来对比直觉知识。帕斯卡告诉我们，正是心教给我们几何学的基础。

然而，帕斯卡确实注意到一个事实：有理由相信一个命题，却没有证据证明它的真实性是可能的。他对那个时代数学概率论的发展抱有兴趣，并积极参与其中。而且他可以被称作博弈论（game theory）的创立者之一。他对这一新兴学科的最有名的应用就是关于上帝的存在。信仰者向不信仰者说：

上帝或存在或不存在。我们将选择哪一个立场呢？理性在这里什么也决定不了。一个无限的深渊阻隔了我们，但穿越这个无限的距离，我们可以博弈，掷铜板解决问题。你赌哪一面？

赌不赌，你都没有选择；这个游戏已经开始，这不由你决定。理性表明，机会对每一面都是同等的。假如你赌上帝存在：如果你赢了，上帝存在，而且你获得无限的幸福；如果你输了，上帝不存在，你什么也不会失去。所以打赌是个不错的选择。但我们应该押上多少来赌呢？假如你以当前的幸福来赌上帝存在，赢了的话就可以获得三生幸福——如前所述，假设输赢的机会各占百分之五十。拿整个生命来赌上帝存在没有意义吗？但实际上，你可以得到一个永恒的幸福生活，而不仅是三生的幸福，因此这个赌局具有无穷的吸引力。即使输的可能性巨大，只要它们是一个有限的数，与现世所能提供的幸福相比，无限幸福的分量使得赌上帝存在一定是好的选择。

帕斯卡的赌注就像众所周知的安瑟尔谟对上帝存在的证明，无论有神论者还是无神论者都能感觉到这个论证是有错的，但不能确切知道是哪里出错了。在这两种情形中，如果其方法确实有效，看起来确实极为有效，可以使我们不仅接受上帝的存在，而且可以接受许多伟大的纯想象事物的存在。在这个赌注情形中，赌上帝存在到底意味着什么根本就是不清楚的。帕斯卡无疑想说，赌上帝存在大致相当于过一种禁欲的詹森教派信徒的生活。但正如帕斯卡所想的那样，如果单纯的理性本身不能告诉我们关于上帝存在或本质的任何事情，我们怎么能够确信这就是上帝将奖赏给我们的永恒幸福？或许我们正在被诱导着去赌的存在，不是上帝的存在，而是詹森教派上帝的存在。但若如此，如果有人让我们赌耶稣会的、路德的或穆斯林的上帝存在，那我们该怎么办呢？

斯宾诺莎与马勒伯朗士

笛卡尔最重要的大陆继承者关心的问题是笛卡尔哲学与希伯来的上帝之间的关系。巴鲁赫·斯宾诺莎（Baruch Spinoza）出生于阿姆斯特丹（Amsterdam）一个说西班牙语的犹太家庭。他接受了正统犹太教徒的教育，但他很早就拒绝了一些犹太教义。1656 年，斯宾诺莎 24 岁时，他被逐出教会。一开始斯宾诺莎在阿姆斯特丹，后来去了莱顿（Leiden）和海牙（Hague），以磨制眼镜和望远镜镜片为生。他终身未婚，过着思想者的孤独生活。虽然有人曾向斯宾诺莎提供海德堡（Heidelberg）大学教席，但他拒绝任何学院任命，同时与包括皇家学会秘书亨利·奥登伯格（Henry Oldenburg）在内的大量博学之士保持通信。1677 年，他死于肺结核，部分是因为吸入玻璃粉尘，那是磨镜片的职业病。

图 29　巴鲁赫·斯宾诺莎肖像画，S. 范霍赫斯特拉滕（S. van Hoogstraten）约作于 1665 年。
（图片来源：Wikimedia Commons）

斯宾诺莎的第一部也是唯一一部以他自己名字出版的著作，是几何学形式的《笛卡尔哲学原理》（*Descartes' Principles of Philosophy*）。这部早期著作受笛卡尔影响，恪守几何学的严格性，这些特征在他的成熟大作《伦理学》（*Ethics*）中仍可以看到。《伦理学》写于 17 世纪 60 年代，但直到他死后才出版。在这两部著作中间，他还匿名出版过一本神学－政治论著作《神学政治论》（*Tractatus Theologico-Politicus*）。这本书论证的是对《旧约》各书的一种晚出而自由的阐释。该书表达的政治理论是，从自然状态下霍布斯式的人的观点出发，推导出民主政府、言论自由和宗教宽容的必要性。

斯宾诺莎的《伦理学》就像欧几里得的几何学。它的五部分分别处理上帝、心灵、感情、人的奴役和人的自由。每个部分都由一套定义和公理开始，接着对标出的命题进行形式论证。每一论证都毫无例外地包含我们相信的公理与定义，并以"证毕"（QED）结束。斯宾诺莎相信，这是哲学家让初始假定清晰，并阐明各论题间逻辑关系的最好方式。但对逻辑关联的阐明并不仅仅服务于思想的清晰性,对他来说,逻辑关系就是我们将世界把握为一体之物,因为观念的秩序和关系与事物的秩序和关系是一样的。

斯宾诺莎哲学的核心是他的一元论,也就是说,只有一个实体,这个无限神圣的实体就是自然(Nature)[1]:上帝或自然(*Deus sive Natura*)。上帝和自然的同一性可以以两种相当不同的方式来理解。一方面,如果把其体系中的"上帝"当作一种代码方式,指代自然界的有序系统,那么斯宾诺莎就不过是个不够坦率的无神论者。另一方面,如果认为斯宾诺莎的意思是说,当科学家谈论"自然"时也总是在谈论上帝,那么斯宾诺莎就像是克尔凯郭尔(Kierkegaard)所说的"醉心于上帝的人"(God-intoxicated man)。

斯宾诺莎一元论的正式出发点是笛卡尔对实体的定义,即"只是出于自己并无须他物而存在"。字面上看,这个定义只适用于上帝,因为所有其他事物都由他创造也由他消灭。但笛卡尔认为实体不只是上帝,还有被造的物质和有限的心灵。斯宾诺莎比笛卡尔更严肃地对待这个定义,并得出结论说,只有一个实体就是上帝。心灵和物质不是实体,思想和广延作为心灵和物质的特性,实际上只是上帝的属性(attributes),因此上帝既是有思想的存在,也是有广延的存在。他认为,因为上帝是无限的,故必然有无限多的属性,但我们只知道思想和广延这两种属性罢了。

除上帝外,再无别的实体,如果有别的实体就会使上帝有局限性,上帝就不会如他所是的无限了。个体的心灵和身体不是实体,而是思想和广延的两个神圣属性的样式(modes),或特定结构。出于这一点,任何个体的观念都包含上帝之永恒和无限的本质。

在传统神学里,所有有限实体都依赖作为创造者和第一因的上帝。斯宾诺莎的工作是,呈现上帝和创造物之间的关系不是物理形式的因果性,而是逻辑形式的主谓性。任何关于有限实体的清晰陈述,事实上都是一个关于上帝的述谓:指

---

[1] 再次提请注意,这里的"自然"对应的英文词是"Nature",要和科学、物理世界的"nature"区分开来。——译者注

涉像我们这般被造物的正确方式，不是用一个名词而是用一个形容词。

对斯宾诺莎来说，既然"实体"有如此深刻的意义，我们不能想当然地认为确有一个像实体这样的东西。斯宾诺莎本人也没有想当然地说：实体的存在不是他的公理之一。实体最初不是以公理而是以定义出现：它是"在自身内并通过自身而被认识的东西"。另一个初始定义是把上帝定义成一个无限实体。他的伦理学的第一个命题致力于论证至多有一个实体，直到命题十一才向我们提出至少有一个实体。所以，它就是无限的，因而就是上帝。

斯宾诺莎关于实体存在的证明是上帝存在的本体论证明的一个翻版。斯宾诺莎的论证如下。一个实体 A 的存在不能是另一事物 B 导致的，因为如果是，B 概念就会是 A 概念的必要条件，因而 A 就不能满足上面提出的实体定义。所以，任何实体必定是自己的原因，并包含自己的说明；存在（existence）必定是其本质（essence）的部分[1]。现在假设上帝不存在。在这种情况下，他的本质不包含存在，因而他就不是实体。但这是荒谬的，因为上帝根据定义就是一个实体。因此，通过归谬法（reductio ad absurdum）可知上帝存在。

这个论证中最大的弱点似乎是声称，如果 B 是 A 的原因，那么 B 概念必须是 A 概念的一部分。这导致诉诸因果关系和逻辑关系无法保证同一性。我们不知道何谓肺，就不可能知道何谓肺癌。但不知道肺癌的原因，难道就真的不知道何谓肺癌吗？通过实体的原初规定，即存在与被感知浑然一体，因果和逻辑的同一性就被夹带进来了。

虽然斯宾诺莎关于上帝存在的证明没说服几个人，但很多人同意他把自然看成一个单一的整体，在自身中包含对自身的所有说明的统一体系。许多人也同意他的结论：如果世界包含对其自身的解释，那么所发生的一切都是被决定了的，除实际的事实次序外，而别无其他。"自然中没有任何偶然之物；一切事物都受神圣本性的必然性所决定，以一定方式存在和运行。"

尽管自然以必然性运转，他仍声称上帝是自由的。这并不意味着上帝可以任

---

[1] 冯译本漏译此句。另外，与前几章译者不同，冯译本本章译者的绝大部分翻译质量相当考究，笔者在翻译时，多有参考。——译者注

意选择，而只是说他通过合乎自己本质的纯粹必然性而存在，而不受外部事物决定。上帝和造物都是被决定的，但是上帝是自我决定的，造物是被上帝决定的，纵然人也有不同程度的自由。《伦理学》的最后两章是"论人的奴役"和"论人的自由"。人的奴役就是被我们的激情绑缚，人类的自由就是通过我们的理性而解放。

　　人类错误地相信自己拥有自由的不受决定的选择，这是因为我们不知道我们所做选择的原因，于是就假设没有原因。对我们来说，唯一真实的解放就是让自己意识到隐藏的原因。斯宾诺莎教导我们，所有事物都在自己存在之内努力持存（persist），事物的本质实际上就是使自身得到持存的冲动。对人类来说，这种倾向伴随着意识，该意识趋向就被称作"欲望"。快乐和痛苦就是转向心灵与身体中更高或更低完美程度的意识。其他激情都来自欲望、苦乐这些基本情感，但我们必须区分积极和消极的情感，像恐惧和愤怒这样的消极情感，产生于外力；积极的情感产生于对人类处境的心灵领会。一旦我们对消极情感有了清楚明白的观念，它就变成积极情感；积极情感取代消极情感，这就是通向解放的道路。

　　特别地，我们必须放弃恐惧的情绪，尤其是对死亡的恐惧。"一个自由的人绝不是更少地想到死亡，但他的智慧在于沉思生命而非死亡。"道德进步的关键是欣赏所有事物的必然性。当我们认识到人的行为是由自然决定的，那么我们就不再憎恨他人。报之以憎恨只会增加憎恨，报之以爱就会克服仇恨。我们需要做的就是，用上帝的眼光（God's-eye-view）看待事物的整个必然的自然图式，"以永恒之光"（in the light of eternity）观世界。这种视角同时是一种对上帝的理智之爱，因为上帝和自然是同一的，越理解上帝，就会越爱上帝。

　　心灵对上帝的理智之爱，与上帝对人的爱是一回事。这就是说，它是通过思想的属性来表达上帝的自爱（God's self-love）的。但另一方面，斯宾诺莎警告说，"爱上帝者不能指望上帝报之以爱"。实际上，如果你要求上帝对你的爱回馈以爱，你所要的已不是上帝。

　　显然，斯宾诺莎拒绝传统犹太教徒和基督徒所构想的人格神。他还把灵魂不死的宗教观念看成幻想。对斯宾诺莎来说，心身不可分割：人类心灵实际上只是人类身体的观念。"我们的心灵只能被说成是承受，它的存在只具有时间的限制，因为它只包含身体的实际存在。"但当心灵以永恒的眼光看待事物时，时间就止步于物质；过去、现在和未来都是相同的，时间是非真实的。

我们认为过去是不能改变的，未来是对选择敞开的。但在斯宾诺莎决定的世界里，未来与过去一样多地受决定。因此，在智者的反省中则无心于过去和未来的区分，我们无须担心未来，也不必懊悔过去。作为任何单一、无限之一部分的给定心灵的一劳永逸（once-for-all）存在，必然世界都是一条永恒的真理。以永恒真理的眼光观照世界，心灵可以通达无止境的必然的永恒世界。在这个意义上，任何心灵都是永恒的，可以被看作生前与死后皆存在。但这与那些虔诚期望的死后复活的流行观点大异其趣。这使斯宾诺莎很平静地迎接自己的死亡，不过犹太教徒和基督徒都视之为异端，也不足为怪了。

同时代的基督徒尼古拉斯·马勒伯朗士（Nicolas Malebranche），其观点正好介于斯宾诺莎和笛卡尔之间。马勒伯朗士 1638 年生于巴黎，1664 年成为奥拉托利会（Oratory）的牧师，写了一系列哲学和神学论文，并保持着旺盛的创作力直到 1715 年去世。在哲学上，他紧随笛卡尔。但和许多其他人一样，如之前的伊丽莎白公主，他发现笛卡尔关于心身交互性的学说是不可接受的。

对马勒伯朗士来说，显然，像人类意志这样的精神性存在，是不可能移动哪怕最小的物质微粒的。如果我要抬我的胳膊，并非我的意志真正导致了胳膊的运动；唯一的真正原因是上帝。正是上帝在我想要运动时抬了我的胳膊。我们人类只有在一种意义上构成原因，那就是，我们为上帝出于实现真正原因之故而提供偶因。这就是马勒伯朗士著名的"偶因论"（occasionalism）。

如果从心灵到身体没有真正的输出，这等于从身体到心灵并无真正的输入。如果心灵不能移动身体，身体也同样地不能给予心灵以观念。我们的心灵是被动而非主动的，不能创造其自身的观念；观念只能来自上帝。如果我用针刺我的手指，疼痛不是来自针，而是直接由上帝引起的。我们在上帝那里看到一切：上帝是心灵存活的环境，就像空间是身体所在的环境一样。

马勒伯朗士绝非第一个说我们以某种神秘方式，通过与上帝的心灵交流而看到永恒真理的人。但认为我们关于物质和流变的物体的偶然历史的知识，直接来自上帝，这是个新动向。当然笛卡尔认为，只有上帝的真理性（truthfulness）才确保我们关于外部世界的经验知识无可怀疑。但对马勒伯朗士来说，根本没有外部世界的经验知识这回事，其存在只是一种启示，和其他关于拯救的必然真理一起，都包含在《圣经》里。

因此，像笛卡尔而不像斯宾诺莎，马勒伯朗士认为物质和精神这样的有限实体是存在的。但像斯宾诺莎而不像笛卡尔，马勒伯朗士认为心灵与上帝的联系，以及物质与上帝的联系，都比心灵和物质彼此间的联系更紧密。

莱布尼茨

马勒伯朗士和斯宾诺莎对莱布尼茨的思想都有重要影响。莱布尼茨（Leibniz）生于1646年，是莱比锡大学（University of Leipzig）哲学教授之子。他很小就开始阅读形而上学，13岁就稔熟经院哲学的著作，他比同时代人对这些著作抱有更多的同情理解。他在耶拿大学（University of Jena）学数学，在阿尔特多夫大学（University of Altdorf）学法律。21岁那年，阿尔特多夫大学邀请他做教授，但他拒绝了。他服务于美茵茨（Mainz）大主教，在一次去巴黎的外交任务中，结识了当时许多领衔的思想家，并深受笛卡尔后继者的影响。1676年，他在对牛顿早些时候未发表的新发现毫不知情的情况下，发明了微积分。在他回德国的路上，他造访了斯宾诺莎，研究了《伦理学》手稿。

从1676年直到他生命终结，莱布尼茨是布伦兹威克世袭公爵（Dukes of Brunswick）的侍臣。他曾是沃尔芬比特尔（Wolfenbüttel）宫廷图书馆管理员，花了很多年汇编布伦兹威克家族史。他建立了诸多学术团体，并成为普鲁士科学院首任院长。他贯通神学和哲学，曾多次尝试重新联合基督教派，并建立欧洲联盟。1714年，当选帝侯汉诺威的乔治（George of Hanover）成为英联邦国王乔治一世时，莱布尼茨受到冷落。无疑，因为他和牛顿争夺微积分的发明权，他在英国是不受欢迎的。1716年，莱布尼茨愤懑离世。

莱布尼茨一生写了许多极为原创的著作，广涉哲学的不同分支，但是他只出版了其中少量短篇。他最早的论文是简短的《形而上学论》（*Discourse on Metaphysics*），1686年他把这篇论文交给《皇港逻辑》（*Port Royal Logic*）的作者、詹森教派的安托尼·阿尔诺（Antoine Arnauld）。随后，1695年，莱布尼茨又写了《自然的新系统》(New System of Nature)。他在世时出版的最长著作是献给普鲁士的夏洛特公主（Princess Charlotte of Prussia）的《神正论》(Essays in Theodicy)，这本书针对现世的邪恶为神圣正义进行辩护。他两篇最重要的短论《单子论》(Monadology)和《自然和神恩的原则》(The Principles of Nature and of Grace)都写于1714年。《人类理解新论》(New Essays on Human Understanding)是对洛克经验论的实质性批判，直到他死后近50年才出版。莱布尼茨还有许多非常令人感兴趣的著作直到19世纪和20世纪才出版。

图30 莱布尼茨肖像画，德国画家克里斯托夫·伯恩哈德·弗兰克（Christoph Bernhard Francke，约1660—1729）作。
（图片来源：Wikimedia Commons）

由于莱布尼茨的许多最有力的观念，都未包含在已出版著作中，正确解读他的哲学向来富有争议。他写了很多关于逻辑学、形而上学、伦理学和哲学神学的著作，他对这些学科的知识是百科全书式的。实际上，他曾计划通过学术团体和宗教制度的合作，开发出包罗一切人类知识的百科全书。

莱布尼茨对这些不同学科之间在多大程度上能够调和的贡献，以及哪些部分是其体系的基础，哪些是上层构造，这些都仍不清楚。虽然他的著作初看起来截然相反，实际上却有密切联系。在他的《论组合术》（De Arte Combinatoria）一书中，他提出一种人类思想的字母系统，据此一切真理皆可分析。他还打算发展一种单一而普遍的语言，可以成为世界结构的镜像。他的这种兴趣部分地产生于他统一基督教义的设想，他认为这些教义的差异是由各种不完美的和含糊的欧洲自然语言所致。这样的统一语言，还可以促进不同国家科学家之间的国际合作。

由于莱布尼茨没有系统地出版他的哲学著作，我们只能零碎地考察他的观点。逻辑上，他区分了理性真理（truths of reason）和事实真理（truths of fact）。理性真理是必然的，其对立面是不可能的；事实真理是偶然的，其对立面则是可能的。事实真理不像理性真理那样，不是建立在矛盾律之上的，而是建立在完全不同的法则上：任何事情的发生都有一个为什么它应该这样而不应该那样的充足理由（sufficient reason）。充足理由律是他的创新，我们将会看到，它将会引至令人惊讶的结论。

所有必然真理都是分析的："当一个真理是必然的，就可以通过分析找到它的理由，也即，将它分解成简单的观念和真理，直至达到初始真理。"偶然性命题，或事实真理，显然不是分析的，人们只能通过经验观察发现它们。但从上帝的视角看，它们也是可分析的。

以亚历山大大帝的历史为例，它就包含一系列事实真理。上帝因为看到亚历山大个体的概念，所以也看到这个概念中包含着所有真正归之于他的属性：他是否会征服大流士，他是否会自然死亡，等等。在"亚历山大征服大流士"这句话中，谓词在某种意义上已经包含在主词之中，谓词就会显现在完满又完善的亚历山大理念中。任何无法对其主张该谓词的人不会是我们的亚历山大，而只是其他什么人。因此，这个命题在某种意义上是分析的。但必须呈现这一点的分析又是一个无限的分析，唯有上帝才能完成。由于任何一个亚历山大都可能拥有所有的这些属性，这个实存的亚历山大只是一个偶在物，即使以上帝观之也如此。唯一必然的存在只有上帝自己。

莱布尼茨对阿尔诺说，所有真谓词都包含在主词的概念之中，这一理论表明，所有灵魂都是一个分离的世界，除了上帝，它们独立于所有的他物。一个这样的"分离的世界"就是他后来所谓的"单子"（monad），在他的《单子论》中，莱布尼茨提出了一个与马勒伯朗士相似的体系。但他是另辟蹊径达到这一立场的。

莱布尼茨认为，无论一个事物多么复杂，它都是由简单事物构成的，而任何简单事物则是不能再增加广延的，否则它就可被进一步分割。但所有物质性的东西都是可延展的，因此必须有简单的非物质，灵魂之类的东西，这就是单子。对斯宾诺莎来说只有一个实体，它具有思想和广延的属性；对马勒伯朗士来说，存在独立的实体，有的具有物质属性，有的具有心灵属性；而对莱布尼茨来说，存在无限多的实体，它们只有精神的属性。

与马勒伯朗士的实体一样，莱布尼茨的单子不受其他造物的因果性影响。"单子没有窗户，没有东西可以进出。"因为它们没有部分，故不会成长或朽坏：它们只能由创造而生，由毁灭而终结。然而，它们能够变化，实际上在不断地变化，但只在内部发生变化。由于它们没有物理属性可以改变，其变化只能是精神状态的变化。莱布尼茨说，单子的生命是一系列的感知。

但是，感知不涉及因果关系吗？当我看见一朵玫瑰，我的视觉岂不是玫瑰引起的？莱布尼茨说不是，这与马勒伯朗士的观点一致。单子反映（mirror）世界，不是因为它受世界的影响，而是上帝安排了它与世界同步。一个好的钟表匠能制造两个完全守时的钟表，它们永远在同一时刻敲响。上帝与其被造物的关系，就是钟表匠与钟表的关系。太初之际，他就预定了这个世界的和谐。

所有的单子都有感知，即它的内在状态可以表象现世上所有的其他事物。这个内在状态会随环境变化而变化，但这种变化并非环境引起的，而是由于上帝早已为之安排好了的内驱力或"欲望"所致。单子是非物质的自动者（automata）。为了强调之故，莱布尼茨称之为"隐德来希"（entelechy）。

> 这是一个被造物的世界，充满生物、动物、"隐德来希"和灵魂，灵魂的物质性最少。物质的每个部分都可以设想成一座充满植物的花园，以及一个充满着游鱼的池塘。植物的每个枝丫，动物的每个肢体，它们的每一滴体液，

本身都同样地是一座相似的花园或池塘。

我们如今都知道这一观念，作为细胞聚集的身体，每一细胞也是一个别的生命。在莱布尼茨的系统里，单子犹如个体生命史（life-history）的细胞，不同在于，单子非物质且不死。每个动物都有作为其灵魂的隐德来希，但其身体的各部分充满其他的生命，各有其灵魂。一个人主导性的单子是理性灵魂。与其他单子相比，主导性单子有着更为活跃的精神生活和更为任性的欲望。它不仅有知觉（perception），还有"统觉"（apperception），也就是对知觉这一内在状态的意识或反思认识。它自己的善就是目的或终极因，不仅针对自己的活动，也对它所支配的所有其他单子而言。笛卡尔关于灵魂作用于身体的观念，在莱布尼茨的体系里明确显现出来。

那么，这一切给自由意志留下什么空间呢？根据莱布尼茨的"充足理由律"，无论有限还是无限，人类像所有行动者一样都需要一个行动的理由。但莱布尼茨认为，在自由行动者（agent）状况下，是"无强迫倾向"（incline without necessitating）的动机提供了充足理由。然而，很难看到他是如何为人类的特殊自由留有余地的。的确，在莱布尼茨的体系里，没有任何行动者是根据外界刺激而行动的，所有事物完全是自我决定的。但是，也没有任何行动者，无论是理性的还是非理性的，能走出其预定和谐的生命史。因此，莱布尼茨的"自发自由"（freedom of spontaneity），即按自己的动机而为的自由，似乎是一种虚幻的自由。

莱布尼茨对这个反驳给出了一个回答，犹如耶稣会会士莫利纳（Molina）关于上帝与被造世界关系的论证。莱布尼茨认为，在决定创世之前，上帝对无限多可能的被造物进行了通盘考虑。在可能的被造物中，有很多可能的尤利乌斯·恺撒，他们中有的穿过了卢比肯河（Rubicon），有的没有。每个可能的恺撒都因某个理由而行动，但没有一个是必然的（逻辑上并不规定卢比肯河一定要被或不被穿过）。所以，当上帝决定让穿过卢比肯河的恺撒存在时，上帝就会创造一个现实的、自由选择的（freely-choosing）恺撒。因而，我们现实中的恺撒自由地穿过了卢比肯河。

但是，什么决定了上帝自己的选择，令我们现实生活的世界存在，而相反无数其他可能被造的世界不存在呢？这个选择是有理由的吗，抑或是自由选择吗？莱布尼茨的回答是，上帝自由地决定了他所能造世界中何为最好；否则，他本不需要为创造一个这样而非那样的世界提供充足理由。

不是所有预先可能之物都可以被实际地安排在一起。按照莱布尼茨的话说，A 和 B 每一个都是可能的，但 A 和 B 会无法共存（compossible）。因此，任何被造的世界是一个可共存的系统，最好的可能世界就是善恶差余额最大的系统。一个有自由意志，但可能被罪恶地误用的世界，要比一个既无邪恶也无自由的世界要好。因此，世界上的恶不能用来反证上帝之善。因为上帝是善的，且是必然的善，所以他选择了最完美的世界。而他也自由地行动，虽然他只会创造最好的世界而非别的世界，但他本不必这样做。

把莱布尼茨的立场与笛卡尔、阿奎那的立场相比较是有趣的。笛卡尔的上帝是完全自由的，即使逻辑法则也是上帝任意命令（fiat）的结果。像此前的阿奎那一样，莱布尼茨主张永恒的真理不依赖上帝的意志，而是依赖上帝的理智；在涉及逻辑之处，上帝也别无选择。阿奎那的上帝虽无笛卡尔的上帝自由，但比莱布尼茨的要少受约束。按照阿奎那的观点，虽然上帝所做的无论什么都是善的，但他永不会被强制去做最好的。实际上，对于假设全能上帝的阿奎那而言，"所有可能世界中最好的"这个概念犹如"所有可能数字中最大的"一样无意义。

伏尔泰（Voltaire）在其《老实人》（*Candide*）中对莱布尼茨乐观理论的嘲笑令人难忘。在这本书中，莱布尼茨主义者潘格罗斯（Pangloss）博士对一系列不幸和灾难的回应都伴随着一个咒语："在所有可能的世界中，一切都是最好的"。

莱布尼茨的单子论是笛卡尔形而上学的一个巴洛克式花果（baroque effloresence）。莱布尼茨的著作标志着大陆唯理论的至高点，他在德国的后继者尤其是沃尔夫（Wolff）发展了一套教条的经院哲学，而伊曼努尔·康德（Immanuel Kant）就是在这种哲学中成长起来的。在康德的成熟期，这种哲学也成了他批判摧毁的目标。莱布尼茨的伟大之处不在于其体系化的创造，而在于他贡献给许多不同哲学分支的概念和区分，成为后继哲学家们的标准。

在不同真理种类以及分析性和共存性等概念的区分中，有几个我们已经遇到过。最后，我们还要加上莱布尼茨对同一性的处理。根据充足理由律，莱布尼茨认为，两个事物彼此并不会在本质上不可辨别，否则上帝就没有理由区别对待它们了。根据这个不可辨别同一性（Identity of Indiscernibles）原则，他得出了词项同一性的定义。"词项是同一的，只要我们乐意，我们可以在任何地方替换词项，而不会改变任何陈述的真理性。"如果凡对 A 为真对 B 也为真之物，且反之亦然，那么 A=B。莱布尼茨的这个对同一性的说明虽不及洛克的精妙，但已被许多后继哲学家采纳，并构成其讨论同一性的基础。

第十四章
18 世纪的英国哲学

贝克莱

1715 年，法国国王路易十四去世。一年前，英国斯图亚特王朝最后一位君主安妮女王（Queen Anne）去世，彼时为保护新教的延续，英国君权的王冠加冕到汉诺威王朝。击退了詹姆士二世的儿孙（一老一小的王位觊觎者）恢复斯图亚特血统的企图，汉诺威国王乔治的王位得以维系。在安妮女王统治下的 18 世纪初，英格兰和苏格兰的王权统一了；在乔治三世统治的 18 世纪末，英格兰和爱尔兰也告统一。这就形成了大不列颠及爱尔兰联合王国。结果，虽然 18 世纪用英语写作、最具才能的哲学家实际上是爱尔兰人和苏格兰人，也自认为自己秉承了英国人约翰·洛克的传统。

乔治·贝克莱（George Berkeley）1685 年生于爱尔兰，从都柏林圣三一学院（Trinity College Dublin）毕业后，出版了大量短小而重要的哲学著作。1709 年，《视觉新论》（*New Theory of Vision*）问世；1710 年，《人类知识原理》（*Principles of Human Knowledge*）付梓；1713 年，《海拉斯与斐洛诺斯对话三篇》（*Three Dialogues Between Hylas and Philonous*）（以下简称《对话三篇》）出版。1713 年，

贝克莱到英国并成为斯威夫特（Swift）与主教圈子的成员。他曾到过欧洲和美洲旅行，想在百慕大（Bermudas）建立一个传教士大学。1734 年，贝克莱成为克罗因（Cloyne）主教，退休后于 1753 年在牛津去世，葬在基督教大教堂。美国耶鲁大学的一所学院和加利福尼亚大学一个分校都以他而命名。

贝克莱哲学的出发点是洛克的语言理论。按照洛克的观点，语词通过指代观念而获得意义；一般语词，如种类谓词（sortal predicates），对应于抽象的一般观念。形成这些观念的能力是人类与无语言能力的动物之间最重要的区别。

贝克莱从洛克的《人类理解论》中抽取出对普遍词项意义的两个不同解释。一个可被称作表征理论（representational theory），普遍观念就是通过代表某类中所有事物而成为普遍性的观念的，犹如几何学老师画一个特定的三角形来代表所有的三角形一样。另一个则可称为抽除理论（eliminative theory），普遍观念是只包含同类所有特殊事物之共性的特殊观念，如人的抽象观念抽除了彼得、雅各和约翰的特殊性，只留下对他们而言的共同点。因而，人的抽象观念包含肤色但非某个特定的肤色，包含身高但非某个特定的身高，等等。洛克曾在一篇文章中将这两种理论的特点结合在一起，说形成一个普遍的三角形观念需要耐心和技巧，"因为这个三角形观念未必是锐角的、直角的、等角的、等腰的、不等边的，它都是而又都不是"。

贝克莱反对说，这是荒谬的。"我设想自己关于人的观念时，这个观念必将是白人或黑人或棕色人，直发或卷发，高或矮或中等身材者，我无论如何努力也想不出一个抽象观念。"如果贝克莱这里的"观念"意味着一个意象（image），他的批评似乎是错的。心灵意象（mental images）不需要它包含的所有属性，犹如画布上的肖像不需要再现模特的一切特征一样。即使任何实际的服装都必然有某种特定的颜色，但服装款式不需要详细说明服装何种颜色。服装的心灵意象没有特定颜色，犹如一个颜色未明的服装款式一样，这是没有问题的。一个图像可以具有任何一种颜色，同时又不实际地具有，犹如洛克的三角形既可以具有任何一种形状又不实际地具有一样。因而这种反驳显得古怪。单从这篇带修辞色彩的文章来判断洛克的说明是不公平的。

洛克真正走入歧途的地方是认为拥有概念（其标准地表现在使用一个词的能力上）就是通过拥有意象来解释的。其实，使用一个图形或意象来表示 X，就必须已经有 X 的概念。而且，概念不能仅通过剥离意象的特征来获取。不说别的，有一些概念没有意象可对应，如逻辑概念，"一切""非"这样的词即是。还有一些概念从来就不能毫无歧义地与意象相关联，如算术概念。同一意象可以表示四条腿与一匹马，或七棵树与一片杂树林。

不同于洛克，贝克莱认为，可以将掌握语言与拥有抽象的一般意象分离，这是对的。但是，贝克莱所提供的解决方法，即所谓"无差别地指出大量个别观念"也不对。一旦区分了拥有概念（concept-possession）与意象中介（image-mongering），心灵意象在哲学上就变得无足轻重了。意象之于思想，犹如插图之于书本一样，不是必要的。不是我们的意象解释了我们对概念的掌握，而是我们的概念把意义传达给了意象。

贝克莱反对抽象观念的论证最充分地体现在他的《人类知识原理》中。他在《对话三篇》中，发展出对洛克极为优雅的其他批评。贝克莱自己的哲学体系浓缩在下句格言中：对于可感事物来说，"存在就是被感知"（*esse est percipi*）。

在《对话三篇》中，其体系分四个层次展开。第一，贝克莱认为，所有的可感性质都是观念。第二，他推翻了惰性物质的概念。第三，他证明了上帝的存在。第四，他重新诠释普通的语言，以符合自己的形而上学，并捍卫他的体系的正统地位。贝克莱的语言简洁、明晰入时。区分他的论证是否合理的任务并不困难，因此《对话三篇》为哲学初学者提供了一个理想文本。

在第一个对话中，贝克莱力挺洛克，论证了第二性质的主观性；然后他掉头反对洛克，用一个类似的论证来说明第一性质的主观性。贝克莱从洛克的只有观念是当下感知的前提出发，得出结论说没有观念与对象类似，即使第一性质的观念也与第一性质不相似。

对话中的两个人物，一个是海拉斯，洛克物质论的支持者，另一个是斐洛诺斯，贝克莱观念论的代言人。一开始，海拉斯就被证明是唯物论将信将疑的支持者，因为他不加论证就接受那个前提：我们不是感知物质事物本身，而只是感知它们的可感性质。他说："可感事物除了这些可感性质以外，什么也不是。"物质事物可以被推断出来，但它们不是感知到的。"感官不能感知到它们不能当下感知的东西，因为感官不做推论。"

然而，海拉斯确实主张可感性质的客观性。为了摧毁这个观点，贝克莱让斐洛诺斯来阐释洛克用以显示心之主观性的论证段落。如我们所见，在洛克这个论证中存在大量的谬误。贝克莱正是通过海拉斯之口，巧妙地把这个论证中错误的观点加以改变，如以下对话所示。

斐洛诺斯：那么热是可感事物吗？

海拉斯：当然。

斐洛诺斯：可感事物的实在性在于被感知吗？或者它区别于它们被感知的结果，并与心灵毫无关系吗？

海拉斯：存在是一回事，被感知是另一回事。

斐洛诺斯：我只是说可感事物。我问，对于可感事物来说，你是否认为它们的实存是心灵之外的一个实体，且区别于它们的被感知？

海拉斯：我的意思是，一个真实的绝对存在，区别于并且与它们的被感知毫无关系。

一个关于性质的客观性的更敏锐拥护者，本会承认存在与被感知有关系，同时还坚持存在与实际所感知的区别。

抛开这个对话的形式，论证是如此进行的。任何程度的热都是被感官感知的，越热越容易被感知。但是，极大程度的热是巨痛，物质实体不能感觉痛，因而极大程度的热不可能在物质实体中。所有程度的热都是同样真实的，因此，如果极大程度的热不存在于外物之中，那么任何程度的热就都不在外物之中。

当海拉斯对斐洛诺斯引出的问题总是以"是"或"否"作答时，他应该做出区分。当斐洛诺斯问："最强烈的热不是极大的痛苦吗？"海拉斯本应该回答：也许对热的感觉是痛苦；热本身绝非痛苦。没错，未感知事物就不能感受痛，这并不意味着它们不能使人痛苦。斐洛诺斯又问："你的物质实体是无感觉的（senseless）存在呢，还是禀有感觉（sense）和感知（perception）呢？"海拉斯应该回答：有些物质实体如岩石是无感觉的，有的如猫则有感觉能力。句句追踪海拉斯是如何陷入骗局，而否认热的感觉具有客观性有些乏味。关于味觉、嗅觉、声音和颜色的论证，海拉斯犯了同样的错误。

在第一个对话要结尾时，斐洛诺斯问观念是否真能反映对象。一种可见色如何能和一自身不可见的实物相似呢？有什么事物可以与一个感觉或观念相似，而不与另一个相似？海拉斯同意只有观念能与观念相似，无心灵则无观念存在。因此，海拉斯完全不能捍卫物质实体的实在性。

然而，在第二个对话中，海拉斯试图回击，提出很多物质存在的辩护，但每一个辩护都被迅速驳斥。物质不是被感知的，因为大家公认了只有观念是被感知的。斐洛诺斯使海拉斯相信，物质是有广延的、固体的、可移动的、无思想的、不活动的实体。这样的事物不可能成为我们观念的原因，因为无思想的东西无法成为思想的原因。我们应该说，物质是某种神圣原因的工具（instrument）吗？当然，仅靠意愿行事的上帝根本无须无生命的物质作工具！或者我们应该说物质给上帝的行动提供机会（occasion）吗？但显然全知的上帝无须提示！

斐洛诺斯嘲笑道："你最后没有感觉，在所有这些不同的物质意义中，你一直在假设知道一些毫无理由、毫无用处的东西吗？"无论物质被设想为物体、基底（*substratum*）、原因、工具或机会，都不能构成对物质的辩护。它甚至也不能被置于最抽象的可能的实体（entity）概念之名下，因为它没有存在的地方，没有存在的方式。由于心灵中没有与之相应的概念，它也就只能什么都不是。

物质是为了我们观念的基础而被想象出来的。但在贝克莱的体系里，这个作为观念基础的角色不属于物质，而属于上帝；并且可感世界的存在为上帝的存在提供了证据。这个世界只有观念，观念只能存在于心灵之中。但由于可感事物不依赖我的心灵，它们在我的心灵之外存在。因此，当我没有感知到它们时，它们必须存在于某个另外的心灵之中。"由于对所有其他有限的被造精神来说都是如此，必然可以得出：存在一个无所不在的永恒心灵（Mind），知道并领会一切事物。"

即使我们假设可感世界只包含观念，这里上帝存在的证明似乎仍然存在缺点。不可能毫无谬误地从"没有一个有限心灵可以使所有事物存在于其中"的前提，推出"所以有一个无限的心灵可以使所有事物存在于其中"的结论。可以比较，"没有一个民族国家（nation-state）让每个人成为其公民，所以有一个世界国家（international state）让每个人成为其公民"。

贝克莱交付给斐洛诺斯的最后一个任务是重新解释普通语言，以便我们关于世界的日常信仰会最终成为真理。关于物质实体的陈述必须被转译成关于观念集合的话语。"真实的事物就是我的感官所见所感……例如，一块可感的面包留在我的胃里，要比你所说的一万块不可感、无法理解的所谓的真实面包要好。"

一个物质实体是各种感官感知的可感印象或观念的集合，由于它们恒常联结而被心灵把握为统一体。按贝克莱的说法，此谓"现象论"（phenomenalism），与使用科学意义上的工具和适应自然法则，是可完美调和的。它们不是陈述事物而是描述现象之间的关系，也即观念。我们通常所说的表象和真实之间的差异，可以通过观念生动性之强弱，以及相伴的不同程度的意志控制（voluntary control）来加以解释。

贝克莱结束论证时向传统读者做出了一系列保证。认为世界由上帝心灵中的观念组成这个论点并不导致这样的结论：上帝承担痛苦，或上帝是罪恶的始作俑者，或上帝是个不完美的创造者，他不能创造他自己之外的任何真实事物。

贝克莱的体系比洛克的更加反直觉（counterintuitive），因为它否定了物质的实在性和所有超心灵（extra-mental）的实存，除了有限或无限精神的意志行动者，它没有给任何因果关系留下空间。另一方面，与洛克不同，贝克莱同意性质真实地属于对象，可感对象是真实存在这一点也是可知的。如果最终两个系统都是不可信的，那就是因为二者有共同的错误根基，即只有观念是可被感知的。但将经验论的假设发挥得最为淋漓尽致的哲学家还是大卫·休谟。

休谟的心灵哲学

大卫·休谟（David Hume）1711 年生于爱丁堡（Edinburgh）。他是个早熟的哲学家，二十几岁时就写成了他的主要著作《人性论》（A Treatise of Human Nature）。用他自己的话来说，这本书"从印刷机一出生就死了"，可能出于其矫揉造作、散漫、重复的风格，这个结果也毫不奇怪。其后，他在两本更受欢迎的书中重写了《人性论》的大部分内容，即《人类理解研究》（An Enquiry Concerning Human Understanding，1748）、《道德原则研究》（An Enquiry Concerning the Principles of Morals，1751）。休谟曾谋求爱丁堡大学的一个教授职位，但未获成功。从 1754—1761 年，他写了 6 卷本具有强烈保守党偏见的英国史，他一生作为历史学家比作为哲学家更为有名。18世纪60年代，休谟一直担任英国驻巴黎大使馆秘书。他为人友善，曾竭力帮助当时身处困境的卢梭（Rousseau），被经济学家亚当·斯密（Adam Smith）称作几近完人。在生命的最后几年，他写了《自然宗教对话录》（*Dialogues Concerning Natural Religion*），对自然神学进行了哲学式攻击，这本书在他1776年去世后三年出版。令詹姆斯·博斯韦尔（James Boswell）（详细记录休谟最终病情者）颇为沮丧的是，休谟拒绝宗教安慰，溘然长逝。

《人性论》一开始将心灵的内容（即知觉）分为两类：印象和观念，而不是跟随洛克那样将二者都称为"观念"。印象比观念更为强烈和生动，包括感觉和情感，观念则包含在思考和推理之中。休谟所说的生动性（vividness）究竟所谓何物一直不甚清晰：它有时似乎是指感知包含多少细节，有时是指它包含多少感情色彩，有时是指它对行为的巨大影响。这个概念太模糊而没有清晰的规定，用它来区分思想和情感只是使得二者更为相似。

图31　大卫·休谟肖像画，苏格兰肖像画家艾伦·拉姆齐（Allan Ramsay，1713—1784）作于1766年。
（图片来源：Wikimedia Commons）

休谟认为，观念是印象的摹本（copy）。这初看起来像是对观念的定义，但是他要求观念还必须有经验支持。他一遍遍地要求读者通过观察自身来印证这些原则，他告诉我们，事实证明，一个先天盲人没有颜色的观念。无论这是定义还是假设，这个观点只适用于简单观念。即使我没有见过像耶路撒冷这样一个城市，但我可以构造这样一个复杂观念。但是，休谟认为，对简单观念来说，在观念和印象之间有一一对应的关系，这条规则是毫无例外的。"简单"的意思与"生动"的意思一样模糊。但休谟在批判形而上学时，总是极力使用这个原则：没有前在的印象就没有观念（no idea without antecedent impression）。

休谟说，印象以观念形式再现的方式有两种：记忆中的和想象中的。二者有两点区别：记忆中的观念更为生动，并保持原始印象的时空次序。这里到底做了什么区分又还是不甚明朗。这些区分是要把真实的记忆从使人迷惑的记忆中区分出来吗？第二个标准倒是足以做出这样的区分，但显然人们无法应用这个标准来分辨，在他看来哪个特定的记忆为真。或者这两个标准打算把可能的（would-be）记忆，无论对错，和想象的自由驰骋相区别？这里可以尝试第一个标准，但也不可靠，因为幻想比记忆更令人着迷。

谈论记忆时，休谟似乎总不忘在想象中重历过往事情，但显然这只是我们对过去知识的并非最重要的运用。如果"记忆"是一个包含很多不同事物的词语，那么"想象"则包含更为多样的不同事件、能力和错误。想象尤其（inter alia）可以是：错误感知（我确实在敲门还是我仅仅在想象这件事？），错误回忆（"我确实寄了这封信还是我只是想象寄了？"），无根据的信念（"我想象他很快就对娶了她感到后悔"），假设的消遣（"想象印巴之间核战争的结果"），匠心独运（"布莱克的想象不可超越"）。当然，不是所有这些想象都包含在休谟作为范式的心理意象（mental imagery）中。

当想象牵涉进来，它的角色就与休谟指派给它的非常不同了。休谟认为，我们语言中的语词的意义在于它们与印象和观念的关系。根据休谟的观点，正是我们心灵中的印象流和观念流使我们的说话不再是空洞的声音，而是表达思想；如果一个语词不是与一个印象或观念相关联，那么这个语词就必须因其无意义而被抛弃。

实际上，语言和图像（image）之间的关系并非如此。当我们用图像思考时，思想把意义给予图像，而不是相反。当我们独白时，我们在想象中说出的话，倘若不是诉诸理智来把握其含义的话，它们也并无其所含之意。当我们想着视觉图像的同时，又想着没有说出来的语词，图像只是为文本提供插图，而这个文本的意思是由表达思想的语词给予的。我们把握语词的意义，不是通过独自内省，而是通过与他人分享共有语言的活动。

记忆和想象的区别可能会在对"信念"（belief）这个词的思考中得到最好的说明。如果我记得 p，那么我确信 p；但是我可以想象 p 的存在，而无须有此确信。就像休谟所说，我们构想许多我们并不确信的事情。但他发现，实际上，信念很难符合他对心灵运作的规划。

在休谟的体系里，只是想到 p 和实际上相信 p 的区别何在？这不是内容的区别，否则，那就意味着为思想增加一个新的观念——存在的观念。但他说没有这样的观念，当构想某事时，我们把它设想成存在的，我们没有向最初的观念添加任何东西。

> 当我们肯定上帝存在时，我们只是照人们向我们描写的样子，形成那样一个存在者的观念；我们并非通过一个特殊观念来想象归属于他的那种存在，并将其加到他的其他性质上，而且还可以把这个特殊观念和那些性质的观念分离开、区别开。

概念和信念的区别肯定不在于其所指涉的观念中，而是在于我们把握它的方式。信念存在于观念的生动性之中，与某些当下的印象相关联。这个印象，无论是哪一个印象，都是我们信念的基础。"信念是与现在的印象有关而产生的生动观念。"

休谟说，确信和构想不需要在内容上有别，他是对的。如他所说，如果 A 确信 p，而 B 不确信 p，他们就同一个观念发生分歧。但思考上帝和相信上帝存在完全是两码事。当休谟说没有存在概念时，他是错的。如果他是对的，那么我们怎么能判断有什么是不存在的呢？我们都赞成存在概念是一个与上帝或独角兽概念完全不同种类的概念。休谟难以接受存在概念是出于经验论的偏见，即一个概念必须是一个心灵图像。

休谟在说明作为信念标志的生动性时存在一些困难，其中的一些疑难是内在于他的体系的。比如，我们可能会奇怪，为什么这个与观念相关的感觉不是印象，我们如何能用生动性标准把信念和记忆区分开来。其他困难则不仅是内部的。关键的一个困难是：信念根本不需要牵涉意象（当我坐下，我确信椅子将支撑着我：但我脑子并无此念）。而一旦意象进入信念，强迫性的想象（如配偶的不忠）就会比真实的信念更为活跃。

休谟对心理概念的说明也是有问题的，因为他诉诸第一人称"我"的内省来建立心理语词的意义，而非探索人类在公共世界中如何相互运用心理学词汇。在休谟考虑自己的存在时，依赖内省的结果生动地体现了出来。

> 当我亲切地体会所谓我自己（myself）时，我总是碰到这个或那个特定的知觉，如冷或热、明或暗、爱或恨、痛苦或快乐。任何时候我总是不能抓住一个没有知觉的我自己，而且我也不能观察到任何事物，只能观察到知觉。

贝克莱曾主张观念只存在于心灵之内；休谟现在则坚持在心灵里也没有什么可以供观念来依附。这里没有自我的印象，因此没有自我的观念，只有一束印象而已。

这个结论使经验论者共同假设的起点走到了尽头。这个假设认为，思想即图像，思考者与其思想的关系就是一个内在之眼与内在画廊之间的关系。正因为人眼不能自视，人也不能感知到他的自我。但把想象当作一种内感知（inner sense）是错误的。抱有心灵图像并不是一种独特的感觉，而是幻想出来的普通的感觉。内感知的观点导致一个自我的观念，即内感知的主体。在洛克和贝克莱的传统中，自我是内视之眼、内听之耳，或内在耳目之共主。休谟表明，这个内在主体是幻觉，但他没有揭露这个导致经验论者信奉内在自我之神秘性的潜在错误。走出僵局的真正方法是，拒斥思想和图像的同一性，并接受一个思想者不是一个孤立的内感知者，而是一个生活在公共世界的具体化的人。

休谟以他为心理学所做的贡献如牛顿对物理学所做的贡献一样而感到自豪。他提出了一个关于观念联想（association of ideas）的（空洞）理论，对应于物理学的引力理论。但责备休谟的哲学心理学如此不成熟是不公平的，他只是从17世纪先辈那里继承了粗糙的心灵哲学。他的功绩之一是，相当坦率地指出了经验论假设内含着令人沮丧的结论，但他在哲学史上最为重大的价值在于他的因果关系论。

休谟论因果关系

休谟认为，如果我们寻找因果关系观念的起源，我们会发现，它不是物体的任何特有性质，因为大多数不同种类的物体既可以作原因也可以作结果。我们必须改为寻找物体间的关系。实际上，我们发现，原因和结果一定是彼此相邻的，而且原因一定是先于它们的结果。但这还不够：我们感觉到原因和结果之间一定有某种必然联系，虽然这种联系的本质很难确立。

休谟否定了下面这个观点：任何开始存在的事物都一定有一个存在的原因。

> 既然所有个别的观念都是可以相互分离的，而原因和结果的观念又显然是个别的，所以我们很容易想象任何对象在这一刹那并不存在，在下一刹那却存在了，而无须对它加上一个个别的原因观念或产生原则的观念。

当然，"原因"和"结果"就像"丈夫"和"妻子"一样是相互关联的词项，而且就像每个丈夫一定有一个妻子一样，每个结果一定有一个原因。但就像不能因为每个丈夫一定有一个妻子，所以推出每个男人都一定结婚了一样，也不能因此证明每件事都一定有一个原因。因为我们都知道，就像有的男人没有妻子一样，有些事情缺乏原因。

如果根本没有任何原因，就可以毫不荒谬地构想出某个将要存在的东西或正在经历的变化，那么更不必说（*a fortiori*），我们没有特定原因而构想一个正在发生的事情，这也是毫不荒谬的。因为在逻辑上可以构想从一个特定的原因产生许多不同的结果，只是经验使我们期待那个实际的结果。但这个期待以什么为基础呢？

休谟说，事实是这样的：我们看到一个种类的诸个体不断有另一种类的诸个体相伴而来。"接近和接续并不足以使我们断言任何两个对象为因果，除非我们觉察到，在若干例子中这两种关系都是保持着的。"但这怎么能使我们更进一步？如果因果关系在单个例子中不能被察觉，而由于相似例子间彼此独立、互不影响，这个因果关系又如何能在重复的例子中被察觉呢？休谟的答案是，观察到这些相似之处后，在心灵中就会产生一个新印象。一旦我们观察到足够多 A 随之以 B 的例子，我们感到心灵就会做出从 A 到 B 的决断。在这里，我们发现必然联系观念的起源，必然性"只是心灵的一个内在印象，或者是把我们的思想由一个对象带到另一个对象的决定"。当原因呈现自身的时候，我们就感到对结果的期待，这是习惯性联结产生的印象，这种印象正是必然联系观念的来源。

这看来是很荒谬的，不是我们的推理依赖于因果必然联系，而是必然联系依赖于我们由此及彼的推理。休谟提供了两个因果关系的定义。第一个是：原因是"先行、接近另一个对象的一个对象，而且在这里凡与前一个对象类似的一切对象都和后一个对象类似的那些对象处在类似的先行关系和接近关系"。在这个定义中，没有说到必然联系，没有提及心灵的活动。因而，休谟给出了第二个更为哲学化的定义。一个原因是"先行、接近另一个对象的一个对象，它和另一个对象那样地结合起来，以至一个对象的观念就决定心灵去形成另一个对象的观念，一个对象的印象就决定心灵去形成另一个对象的较为生动的观念"。

值得注意的是，在第二个"原因"（cause）的定义中，一个观念的出现"决定"（determined）心灵去形成另一个观念。这似乎使定义进入一个循环："决定"不是与"原因"相似或紧密相关的吗？即使说这个被提及的决定是在心灵里，而不是在世界中，也不能避免这个循环。因为因果关系理论不仅会应用于道德必然性，也会应用到自然必然性中，不仅会应用于社会科学，也会应用到自然科学中。

休谟因果关系分析的原创性和力度被他使用的语言掩盖了，并因印象和观念机制的模糊性而变得更糟。但我们可以从这些心理设置中分离出三条具有重要意义的新颖原则。

（a）原因和结果是截然不同的存在，可以彼此分开理解。

（b）因果关系可以用接近（contiguity）、先行（precedence）和恒常结合（constant conjunction）这些词汇来分析。

（c）并不是任何存在都有原因。

这里，每个原则都值得并已受到极度详尽的哲学审查。如我们所看到的，这里的某些原则受到康德的彻底批判，而其他原则已被更多的当代哲学家修改或拒斥。但如今对因果关系的日常讨论则是由休谟开始的。

休谟把人类意志定义为"我们自觉地发动自己身体的任何一种新的运动或自己心灵的任何一个新的知觉时，所感觉到和所意识到的那个内在印象"。考虑到休谟的因果关系理论，我们可能会想知道到底是什么"发动"不得不出现在这个定义中。然而，如果我们用"任何被观察到的新运动的出现"替换"我们自觉地发动任何一种新的活动"，那么这个定义看来就根本不可行了。

休谟认为，人类活动的必然性不比任何其他自然事物的运行更多或更少。我们所做的一切都是由动机和行为间的因果关联而成为必然的。在这个问题上，休谟用于证明恒常结合的例子是势利、偏狭和缺乏说服力的。（"一个做散工的人的皮肤、毛孔、筋肉、神经，与一个名门绅士的各不相同；他的情绪、行为和态度也是这样。"）即便如此，他反对自由意志的论证依然被他死后的其他哲学家反复运用。

经验可以证明自由意志吗？休谟接受了对自发性自由（liberty of spontaneity）和漠不关心的自由（liberty of indifference）[1]的传统区分。经验确实显示了我们的自发性自由——我们常常做我们想做的事情——但经验不能为漠不关心的自由提供真正的证据，也就是，以不同于我们实际所做之事的方式做事的能力。我们可以想象我们在自身中感觉到某种自由，"但是一个旁观者通常能够从我们的动机和性格推断我们的行动；即使在他推断不出来的时候，他也一般地断言说，假如他完全熟悉了我们的处境和性情的每个情节，以及我们天性和心情的最隐秘的根源，他就可以做出这样的推断"。

---

[1] "漠不关心的自由"见第十一章注释。——译者注

按照休谟正式的心灵哲学以及对因果关系的正式说明，似乎没有谈论行为"隐秘根源"的余地。实际上，他关于意志必然是原因性的这个论点，很难与他自己对意志的定义或他自己的因果关系理论取得一致。

20 世纪，休谟被大量地研究和模仿，尤其是他对宗教和形而上学的敌意使他拥有很多崇拜者。但他在哲学史上的重要性在于他对因果关系的分析，在于他无论何时都严格遵守经验论的预设。

里德与常识

给予经验论以决定性打击的，一个是出自 18 世纪末普鲁士哲学家的著作，一个是出自 20 世纪中期奥地利哲学家的著作。但英国哲学也有值得称道之处，与休谟同时代的托马斯·里德（Thomas Reid）已预见到后来康德和维特根斯坦的许多批判。里德接替经济学家亚当·斯密成为英国格拉斯哥大学（University of Glasgow）的道德哲学教授，他也是苏格兰常识哲学（common-sense philosophy）的奠基人。1764 年，里德出版了《在常识原则下探寻人类心灵》（*An Inquiry into the Human Mind on the Principles of Common Sense*），作为对休谟《人性论》和《人类理解研究》的回应，并在 18 世纪 80 年代出版了两篇关于人的理智和能动力量的论文，将这个问题探究到底。

起初，和他同时代人一样，里德接受了观念论，但阅读了《人性论》后，他顿悟起来，于是向休谟写道，"在我看来，不仅你的体系各部分连贯一致，而且推理所依据的原则也是正当的，这些原则我认为是毫无问题的。但你从这些原则得出的结论，却使我对它们产生了怀疑"。对休谟的反思使里德看到，不仅在洛克和贝克莱的经验论中有一些根本错误，而且笛卡尔体系在使用观念时也存在这种问题。

> 当我们看到从笛卡尔到贝克莱主教这些最伟大的哲学家集聚诸多论证来证明物质世界的存在，却不能找到任何可以经得起检验的论证；当我们看到本世纪最为敏锐的形而上学家贝克莱主教和休谟先生主张世界上没有像物质

这样的事物——太阳、月亮和星星，我们居住的地球，我们自己的身体，以及我们朋友的身体，只是我们心灵中的观念，只存在于思想之中；当我们看到人们最后主张既没有物体也没有心灵——自然界除了观念和印象什么也没有——没有确定性，当然也没有可能性，即使是数学原理中也没有：我要说，当我们考虑在这些问题上最为敏锐的作者们的过度言辞时，我们可能会认为，整个世界只是一个幻想的人的梦，他们把自己困在自己的大脑里的蜘蛛网里。

实际上，近来的哲学史显示，如果从错误的第一原则开始，即使最明智的人也可能犯错。

观念论的首要问题就是"观念"这个语词的含糊性。里德主张，在日常语言中，观念意味着一种心灵活动：拥有任何事情的观念就是构想这件事情。但哲学家却给了它不同的意思，它不是指构想活动，而是某种思想之物。这些观念最初"以事物之图像或表征的简陋特征"被引入哲学，但哲学逐渐地"替换了这些观念的成分，毁坏了除自身之外的一切"。

里德主张，实际上，哲学意义上的观念只是幻想。我们确实拥有许多事情的概念，但概念不是图像，这个认为观念是图像的假设，对解释我们如何获得和使用概念，既无必要也不充分。像洛克这样的哲学家不仅把概念混同于图像，而且他们在考虑概念本身时就是从错误的一端开始的。他们认为知识来自与信念相分离的赤裸概念（bare conception），而信念产生于简单观念的比较。真实的情况却完全相反：我们从自然和原初判断开始，我们后来把这些判断分析成逐个概念。例如，看到一棵树不是给我们纯粹一棵树的观念，还包括判断这棵树以某种形状、尺寸和位置而存在。

最初的心灵之物不是一套毫无关联的观念，而是一个原初和自然判断的体系。"它们是我们构造中的一部分，我们理性的所有发现都是以它们为基础的。它们构成了所谓的人类常识，任何与这些第一原则明显相反的事物我们都称作荒谬。"作为推理基础的普遍原则中有一些是休谟已经论及的原则：第一，可感的性质必须有一个主体，即所谓的身体，而有意识的思想必须有一个主体，即所谓的心灵。第二，万物皆有始因。里德在面对休谟做出详尽批判时，直截了当地肯定了这些原则，这有一点教条主义的意味；但他会回应说这些原则如此基础，以至既不需要也不容许有什么证据。

里德想要继续洛克对第一性质和第二性质的区分。但与洛克不同的是，里德认为诸如颜色这样的第二性质是物体的真实性质：它不等同于我们对颜色的感觉，但它是这些感觉的原因。里德说，没有人认为因为我们用绿色眼镜看一个红色物体，这个物体的颜色就变化了。有一点是毫无异议的，即我们只能通过性质的效果来察觉它的客观性，引力和磁力也是如此。"红"意味着一个普通人用这个词所意味的东西，哲学家不能任意改变它的意义。"普通人毫无疑问有权为他们日常熟悉的事物命名，当哲学家不预先告知就改变一个普通语词的意义时，他们应该因其滥用语言而受责备。"

虽然里德确信普通语言为词语的意义设定标准，但他绝不是说普通人的信念应该比科学研究更具优先性。相反，里德认为自己是一个经验论科学家，并与最新的自然科学视野保持同步。实际上，他在研究可见事物的几何学中显示了巨大的科学独创性，并参与了非欧几何的发展工作。里德想要展示的是，普通人的现实主义与科学追求以及对心灵自身的经验研究完全一致。

里德是为18世纪苏格兰启蒙运动增光添彩的人物之一，在其生活的国家产生了持久的影响，其重要性已经被我们现时代重新发现。但在欧洲主流思想中，他的工作被欧洲启蒙运动更为流行的人物遮蔽了。在他对经验论的直接反驳后，康德更为复杂的批判紧随而至。

第十五章
启蒙运动

启蒙运动思想家

在18世纪，法国与英国一样，在社会和政治哲学方面都受到了洛克的影响。但不同之处在于，英国奉行君主立宪制，政府采取议会制，尽管不是很民主，但除天主教以外，国家实施宗教宽容政策。在法国却是君主专制制，路易十四于1685年废止南特敕令，宣称只有天主教才受官方许可。在他的孙子路易十五统治下，思想自由在一定程度上得到许可，当然这是通过默许而非政策的形式。一群思想家，即法国启蒙运动思想家，营造了一种敌视教会和国家现状（status quo）的氛围。他们的宣言是18世纪50年代由德尼·狄德罗（Denis Diderot）和让·达朗贝尔（Jean d'Alembert）编撰的《百科全书》(*Encyclopédie*)。

同休谟一样，启蒙运动思想家的目标是建立一门人类事务的科学，以匹配牛顿为物理世界建立的科学。他们把教会力量视为这门科学发展的阻碍，还把用理性取代迷信作为他们的使命。17世纪末，皮埃尔·培尔（Pierre Bayle）已在他的《历史批判辞典》(*Dictionnaire historique et critique*)中论证了自然神学和启示神学间无休止的冲突，认为道德学说应该完全独立于宗教。而信仰灵魂不朽对于道德是不必要的。没有理由说明为何无法成立无神论的道德共同体。

伏尔泰是最出名的启蒙运动思想家，他同意培尔的第一个观点，但不同意第二个观点。他认为，一种精神性、可以分离的灵魂实存是无法证明的，也可能是假的；但他认为，如牛顿清楚地解释的那样，即钟表的存在证明了钟表匠的存在，那么这个世界的上帝存在也是如此。如果上帝不存在，他说，就必须把他发明出来以支持道德律。但是，伏尔泰不相信上帝通过选择而创造了这个世界。如果他那样做了，我们将会责备他的邪恶，如1755年里斯本的灾难性大地震。这个世界不是自由创造的结果，而是上帝存在的必然和永恒的结果。从伏尔泰使用的术语角度看，他是一个自然神论者（deist）而非无神论者（atheist）。

在人类事务上，伏尔泰也认为自由是一种幻相，是由历史学家对伟大的国王和将军的行为鼓吹积习所致。伏尔泰本人写了大量的历史作品，强调过去时代的家庭、艺术和工业方面的重要性。然而，在政治上，他既不是平民主义者，也非民主主义者。他的理想是一种开明专制的统治，如他的一次性资助人普鲁士的弗里德里希大帝（Frederick the Great of Prussia）。他最关心的自由是言论自由，尽管不能确定他是否曾经说过"我不赞成你说的话，但我会誓死捍卫你说话的权利"。

更重要的政治哲学家是孟德斯鸠（Montesquieu）男爵，他写过《波斯人信札》（*Persian Letters*），激烈地讽刺法国的政治和教会生活。《论法的精神》（*The Spirit of the Laws*）是一本寻求把国家的本质理论建立在大量社会学证据基础上的宏著。他认为有三种主要政体：共和制、君主制和专制。一个人不能挑选出一种政府形式在每一个地方都合适：政府应该和气候、财富以及国家特点相适应。因而，共和制适合于冷气候，专制适合于热气候。相比平坦的大陆国家而言，自由在岛国和山国更容易；宪政更适合西西里人而非英国人等。

孟德斯鸠在英国待了一年，极为崇拜英国宪法，特别是因为它的分权，他把它视为自由的必要条件。政府的立法、行政和司法机构不能结合在一人或一机构之下。如果它们彼此分离，行为彼此制衡，就能提供一个反对暴政的堡垒。无论孟德斯鸠对英国议会君主制的理解是否准确，他的理论已经产生了持久的影响，特别是在美国宪法里得到了体现。

卢梭

在所有法国 18 世纪的哲学家中，最有影响力的是让-雅克·卢梭（Jean-Jacques Rousseua），尽管他在哲学圈外的影响比在专业哲学界的影响更大。像圣奥古斯丁一样，他写了自传式的《忏悔录》（*Confessions*），比奥古斯丁的更生动、更详细，包含更多的罪过，更少的哲学，也没有任何祈祷。他告诉我们，他生于日内瓦，在一个加尔文教家庭长大；16 岁做学徒时逃跑，后在都灵（Turin）成为一个天主教徒。1731 年，华伦（Warens）男爵夫人与他以朋友相待，他们共同生活了 9 年。1743 年，他有了第一份工作，成为法国驻威尼斯的大使秘书。由于和大使发生争议而前去巴黎并相遇狄德罗和伏尔泰。1745 年，他开始了与一旅馆女佣的终身关系，与她有过五个孩子，相继抛弃在育婴院。1750 年，他靠出版了一篇获奖论文而得名。令百科全书派恐惧的是，该文讨论了艺术和科学对人类的有害影响。四年后，卢梭创作了《论人类不平等的起源和基础》（*Discourse on Inequality*），论证人的自然之善，因制度而堕落。这两部作品提出了"高尚的野蛮"（noble savage）理想，认为淳朴善良会让文明人感到羞耻。

1754 年，卢梭回到日内瓦，再度成为新教徒。在与伏尔泰发生了激烈争吵后，他回到法国并写了一本小说《新爱洛伊斯》（*La Nouvelle Héloïse*）和关于教育方面的《爱弥儿》（*Emile*），以及一本政治哲学的主要著作《社会契约论》（*The Social Contract*）。由于这些作品的煽动性，他不得不在 1762 年逃亡至瑞士但又被赶出日内瓦。1776 年，英国的休谟为他提供了一个避难所，确保他从乔治三世那里获得津贴。但不久他偏执的忘恩负义也超出了休谟的容忍度，因而又冒着被抓的风险回到了法国。在他生命的最后几年，他过得贫困潦倒。当他在 1778 年去世时，一些人甚至认为他是自杀的。

《社会契约论》很值得一读，虽然出自哲学家之手，但这位哲学家也是畅销小说家。开篇第一句话尽管有误导性，却使人印象深刻："人生而自由，却无往不在枷锁中。相信自己是他人的主人如同他人所认为的一样，但却都是奴隶"。卢梭早期作品的读者把枷锁设想成社会制度。那么我们应该拒斥这样的社会秩序吗？不，卢梭告诉我们，它是神圣的权利，是所有其他权利的基础。卢梭现在认为社会机构是解放而不是奴役。

同霍布斯一样，卢梭认为，社会起源于生活在最初的自然状态下变得不可容忍。社会契约被订立，来确保以整个共同体的力量来保护每个人及其财产。每一位成员都要将自己的一切权利让渡给共同体，并放弃对共同体的任何要求。但是，用这样一种方式怎么能做到，在团结并服从时还能保持像以前一样自由呢？

解决的办法在公意（general will）理论里。社会契约创造了道德与集体的实体，国家或人民主权。作为公民的每个个体都分享了主权权威，而作为臣民又服从国家法律。主权者不存在于组成它的个体之外，不能与其公民的利益不相符。因此，主权表达了公意，在追求公共善时不能犯错。单个人的意志可能对立于公意，但他能被他的同胞所组成的整体强迫与整体保持一致，"也就相当于说，强迫一个人自由是必须的"。在卢梭的社会契约中，人类由于得到想要之物而失去自然的自由，但获得了文明的自由，拥有了稳定的财产权。因此，人类确实比他们过去更自由。但在公意这一表达下，卢梭归诸受奴役的作恶者的自由是相当纯化了的参与自由。

图32　卢梭肖像画，艾伦·拉姆齐作于1766年。
（图片来源：Wikimedia Commons）

主权者是抽象实体，它不会和任何特殊的、无论什么形式的政府同一。由此，公意理论并不是无论政府做什么都正当的学说。那么，公意理论是怎样被确定的呢？全民公决吗？不是。对卢梭而言，"公意"并不是"众意"（the will of all）。"在所有人的个别意志和公意之间常有相当大的差别。后者只关乎共同利益，而前者本身是个别意志的总和，其关乎的利益是片面的。"只有当公民大会审慎并完全一致时，才是绝对不会错的，而每个投票者都受无知之苦，或者说受到个体利益的左右。

根据卢梭的观点，公意能基于两个条件根据公民投票来确定。第一，每个投票者都获得充分的信息；第二，任何两位投票者之间皆无任何交流。第二个条件防止了比整个共同体小的集团或党派的形成。因为，正是在全国的背景下，不同个体的自我利益之间的差别才会消除，同时服从主权者的自我利益。"因此，如果公意能表达自己，那么在国家中就不应该有偏私的团体，每个公民都应该能独立思考，这一点是必然的。"

人民主权是不可分割的。如果你分开了立法和行政，你就把主权变成由碎布和补丁构成的怪物。但是，主权也是受限制的：它必须仅关注极具普遍性的事务。"正如个体意志不能代替公意，同样，当注意力聚焦于特定对象时，公意变质了。"因此，人民即最高的立法权力，还必须行使行政权，通过代理人即政府而关注具体行为。

政府的"建立是作为臣民和主权之间的沟通中介，担负执行法律和维护自由之责"。统治者是人民的雇员：政府从主权那里接受它传给人民的命令。同孟德斯鸠一样，卢梭拒绝说明适合所有情况的某种单一政体。但理想状况下，政体和个体统治者应该根据定期的公民大会的批准来产生。在这点上，卢梭对瑞士行政程序情有独钟，似乎超越了他的主权自身应该只关注普遍议题的原则。

尽管卢梭关注人民的公意，但在实践上，他并不是一个全心全意的民主拥趸。"如果存在众神的国度之物，那将会是民主，一种如此完美形式的政府并不适合人类。"当然，他想到的是直接民主制，公民大会治理的政府。他的担心是，在这种情况下，统治者将会是非专业性的、争论不休的。他钟爱的政体是一种选任贵族制。"智者应该管理大众是最好与最自然的安排。"该体制的最大优点是，它比公民政府要求更少的德性，也不要求严格地坚持平等，它要求富人的节制和穷人的满足精神。自然地，富人的意志致力于治理，他们有更多的闲暇。但是，穷人也应该时而不时地当选职务，以鼓舞大众。

在"人生而自由，却无往不在枷锁中"振奋人心的言辞后，这看起来是相当温顺和布尔乔亚式的结论。不过，《社会契约论》当时仍然被那些掌权者看成是对他们的威胁，也被即将爆发的革命的参与者尊为圣经。并不是这本书的标题"社会契约论"激怒和煽动了人民，如我们所见，这样的契约理论在现在看来是廉价的（two-a-penny）。真正煽动读者的是"公意"这一新概念。

冷静地想想，该概念在理论上是不连贯的，在实践上是空洞的。逻辑上，如果 A 意欲 A 的善，B 意欲 B 的善，那么 A 和 B 联合起来希望 A 和 B 的善，这也不真实。为了明白这点，我们仅需要考虑 A 看它的善抵消了 B 的善，而 B 也看它的善抵消了 A 的情况。使卢梭的概念在实践中变得无用的是查明公意所指何物的困难。如我们所见，他确立了它表达的条件：每个公民都能获得充分的信息，但不允许任何两个公民彼此联合。这第二个条件的实现要求一个国家的完全专制，而第一个条件决不会在真实的人类共同体中得到满足。

革命与浪漫主义

当然，公意概念的空洞性对于政治目的而言是具有重要价值的。卢梭去世 11 年后，大革命横扫曾颁令禁止《社会契约论》发行的法国。经过国王路易十六一系列温和而迟缓的改革后，大革命蓄势待发，终于废除了君主专制，处决了国王。雅各宾（Jacobin）派的罗伯斯庇尔（Robespierre）掌权，实行断头台的恐怖统治，不仅绞死了旧制度（ancien régime）的幸存贵族，而且处死了许多不同立场的民主者。罗伯斯庇尔似乎在宣布雅各宾派的意志是公意，但他的专制政府正迫使着公民自由。

大革命不仅可以说是卢梭的产儿，也是他反对的启蒙哲学家的产儿。革命者尽其最大努力去破坏天主教会，不仅因为其享有旧制度的政治和经济权力，而且还因为他们相信它是科学进步的阻力。在巴黎圣母院大教堂中，一个女演员被加冕为"理性女神"。前牧师作为自然神论者接受再训,并作为"理性的使徒"(Apostles of Reason)被派往乡村教区。

从卢梭那里获得了自由和平等口号的革命,以把公意表达移交给拿破仑·波拿巴(Napoleon Bonaparte)而告结束。拿破仑十年间在欧洲享有的权力,超过自查理曼大帝以来的任何人。革命耗尽自己之后很久,卢梭的影响通过浪漫主义运动,以一种非常不同的方式在整个大陆仍能被感觉到。

并不是卢梭的《社会契约论》而是他的《忏悔录》和《论科学和艺术的复兴是否有助于敦风化俗》形成了浪漫主义的架构。在18世纪的法国,卢梭的作品,试图恢复对城市与宫廷矫揉造作生活的鄙视,以及对乡村浑朴的崇拜。这种浑朴构成古希腊犬儒主义者的特征。"感性"(sensibility)一直曾在法国很流行,宫廷女士们在凡尔赛修剪过的花园里扮演着牧羊女。但浪漫的运动是把曾经被纵容的闲散者的消遣,变成了整个生活方式的灵感。

浪漫主义者并不必然对乡村劳动者的安宁抱有任何真实的兴趣。然而,他们确实高举或真或幻的农人德性为镜,来映照社会;他们目击到山林地区最穷苦人的生活。另一方面,浪漫主义者蔑视仅提供给城市人的设施,如图书馆、大学和股票交易所。在一种可以理解的结合中,如果可以避免,那么偏爱乡村而非城镇同时也是对反理智的激情的主张,是渴望振奋而非安全。

英国浪漫主义在华兹华斯(Wordsworth)和柯勒律治的作品中得到了最雄辩的表达。在《午夜之霜》(Frost at Midnight)中,柯勒律治告诉他的宝贝儿子:

> 而我是成长在大城市,关进了幽暗的修道院,
> 除了天空和星星,见不到慈颜和笑容。
> 而你啊,宝宝!你将如一朵轻风漫游过湖泊和沙岸,
> 飘在古老的崇山峻岭下,托起汹涌的云浪,
> 任滔滔云海变形为湖泊和沙岸,或悬崖峭壁,会听见明晰的声音,
> 这些都源自上帝永恒的语言,上帝在永恒之上,教化万物,
> 他在万物中,万物在他的心中。

在那些篇章中，英国浪漫主义者往往模仿他们所崇拜的斯宾诺莎的泛神论（pantheism）。但是，华兹华斯也探究柏拉图的话题：在《不朽颂》（*Immortality Ode*）中，他重提了回忆说和前世论。

> 人生不过是一场昏睡，消磨淡忘；
> 我们的灵魂，我们的司命星，皆有前定，
> 现又升腾而起，迢迢飘来；既未全然忘却前尘，
> 亦非赤裸，我们驾着荣耀的云彩，
> 我们来自上帝，他是我们的归宿。

在别的地方，华兹华斯乞灵于新柏拉图主义的理念来表达对自然（Nature）的崇拜。

> 我感觉到有什么在以崇高的思想之喜悦让我心动；
> 一种升华的意念，深深地融入某种东西，
> 仿佛正栖居于落日的余晖，浩瀚的海洋和清新的空气，
> 蔚蓝色的天空和人类的心灵：一种动力，一种精神，
> 推动着思想的主体和思想的客体穿过宇宙万物，不停地运行。

这把我们重新带回到普罗提诺和阿维森纳的世界灵魂。

在英国的后一代诗人中，约翰·济慈（John Keats）借一只希腊古瓮来抒发情愫，而这有时被看作浪漫主义的经典信条（quintessential credo）。

> 等到衰老耗尽了我们这一代，你依然如故；
> 在他人的悲痛中，而非我们的悲痛中，
> 你将作为朋友前去安慰："美即是真，真即是美"，
> 这就已经包含你所知道的，应该知道的一切。

但是总体而言，说浪漫主义的特征是以美取代真作为最高价值，这是不公平的。浪漫主义以它们的方式关注真理，坚持情感的真实性比情感的恰当性（*comme il faut*）更重要。前浪漫主义者（pre-romantics）过于关注美的价值，浪漫主义所做的是改变人关于何谓美的知觉。作为对理性、秩序和启蒙时代的反应，浪漫主义者感受到中世纪的魅力——不是它的哲学，而是它的不规范的建筑及其阴郁的废墟。在19世纪走向繁荣的哥特式风格在英国的复兴，与卢梭撰写首篇论文前后相差还不到10年。18世纪的最后10年是哥特式小说的鼎盛期，充满了神秘、鬼怪和奇遇。简·奥斯汀（Jane Austen）的小说和她对浪漫主义的嘲弄，可被视作对理性时代清晰视野和宁静价值的一种最后的肯定。

在柯勒律治老年时，通过努力又成为多产的哲学家。他向当时在英国盛行的功利主义发起攻击，他把从德国启蒙思想家了解到的观点介绍给英国读者。对18世纪的经验主义和理性主义做出确定性评估的不是18世纪的浪漫主义的批评家，而是《纯粹理性批判》（*The Critique of Pure Reason*）的作者伊曼努尔·康德。

第十六章
康德的批判哲学

康德的哥白尼革命

　　18世纪最重大的事件之一就是普鲁士王国的兴起。普鲁士一度是德意志东部的一个落后省份，在1701年成为一个王国。在莱布尼茨的资助人弗里德里希一世和他的孙子弗里德里希大帝的统治（1740—1786）下，普鲁士王国在欧洲各个君主国之间的权力制衡中占有很大的分量。弗里德里希大帝建立并控制了一支精锐部队，经过三年的战争后，他把相邻奥地利和波兰的大部分领土并入了自己的版图。到他去世时，普鲁士作为德意志的主导力量已经可以挑战奥地利了。

　　尽管军事效率是其政府的首要目标，但弗里德里希大帝却是一个有教养的人，一位天才的音乐家，能用法语流利地写作。他和伏尔泰通信，请他在柏林小住。在他统治期间，不仅为19世纪的德意志帝国打下了坚实的基础，也为德意志思想家支配19世纪的哲学奠定了坚实的基础。

　　这些哲学家中第一个也是最伟大的一个是伊曼努尔·康德（Immanuel Kant，1724—1804），他终生生活在他出生的小镇哥尼斯堡（Königsberg）——当时处于普鲁士东部边陲，在一个虔诚的路德教信徒家庭长大。尽管他后来持自由的神学观,但其个人生活却一直很严谨,生活习惯很规律,以严格守时而著称。在大学期间,他受到的教育是沃尔夫将其体系化的莱布尼茨的形而上学。在阅读了休谟和卢梭的作品后,他对沃尔夫的体系再也不抱幻想。做了几年临时教职并谢绝诗学教职后,于1770年成为家乡大学的逻辑学与形而上学教授。他终身未婚,也没有担任过公职,他的人生就是思想的历程。

在其青年时代,他关注科学甚于哲学。他首次写哲学论文时小心谨慎、循规蹈矩。直到57岁那年,他写出了使他名垂千古的《纯粹理性批判》。这部著作出版于1781年,是人类文明史上最辉煌年代的开端。在这几十年间,《费加罗的婚礼》(The Marriage of Figaro)和《唐·乔万尼》(Don Giovanni)谱成,吉本(Gibbon,1737—1794)出版了他的《罗马帝国衰亡史》(Decline and Fall),鲍斯韦尔(Boswell,1740—1795)正在写他的《约翰逊传》(Life of Johnson),而年轻的特纳(Turner)首次在皇家艺术学院举办画展。在这一年代的早期,美国宪法已经起草,而末期法国大革命爆发。

《纯粹理性批判》在1787年出了修订版。紧接着,康德出版了另外两本重要著作《实践理性批判》(The Critique of Practical Reason,1788)和《判断力批判》(The Critique of Judgment,1790)。康德的著作很难读,当然并不是所有的困难都因主题深奥或思想原创。他过分喜欢创造专业词汇,把思想强迫性地变成生硬的系统组合。但坚持不懈的读者将会透过其艰深的文本在哲学上获益。

康德《纯粹理性批判》的目的在于使哲学首次成为真正的科学。数学成为科学已有许多个世纪了。在培根和笛卡尔时代,人们首次认识到,理论必须被实验证实,而实验又必须由理论指导,于是物理学成为科学。"其余的科学即使统统在一场毁灭一切的野蛮深渊中被完全吞噬",但也会留存下来的形而上学,这门最古老的学科,仍然处于不成熟状态。

康德相信,哲学要成为科学,也需要一场革命,类似于哥白尼把太阳而非地球置于宇宙的中心。哥白尼表明,我们认为自己观察到太阳绕地球转,实际上是地球自转的结果。康德的哥白尼革命颠覆了我们的思想,正如哥白尼颠覆了我们的视觉。不是问我们的知识如何能符合其对象,我们必须从这样一种假定开始,即对象必须符合我们的知识。唯此,我们才能证成形而上学对先天(a priori)知识的断言。这种先天知识不同于后天（*a posteriori*）知识，它先行于经验。我们的全部知识都从经验开始，但康德坚持认为，这并不能推出所有的知识都产生于经验。

先天知识的标志是必然性和普遍性。和休谟不同，康德认为，"一切变化都有原因"的命题表达是一个具有严格必然性和普遍性的判断。另一方面，"一切物体都有重量"只是一个没有观察到例外情况的总结，故它是后天判断。

除了区分先天判断和后天判断外，康德还运用了分析判断和综合判断的区分。在任何具有"A 是 B"形式的判断中，他说，要么谓词 B 包含（contained）在概念 A 中，要么外在于 A。如果是前者，那么判断就是分析的；如果是后者，它就是综合的。康德的例子分别是"一切物体都有广延"和"一切物体都有重量"。

图 33　伊曼努尔·康德最为人熟知的肖像画，约翰·戈特利布·贝克尔（Johann Gottlieb Becker，1720—1782）作于 1768 年。
（图片来源：Wikimedia Commons）

在这里，康德的意思并不完全清楚。很显然，他试图把这一区分普遍运用于命题，然而，并不是所有的命题都是用他在定义中使用的简单主谓形式来构造的。

"包含"的概念是隐喻性的；无论是他把这种区分看作逻辑的还是心理学的区分，他对这一区分的讨论都是含糊的。

但有一件事是非常清楚的。对康德来说，一个判断不可能同时既是分析的又是后天的。故一种可能性就是一个命题可以既是综合的又是先天的。的确，在康德的体系中，先天综合领域广泛而重要。它包括了全部数学如算术和几何学，因为它们超出了纯粹逻辑，不过它们也是先天的，因为它们先于经验而被认识。

先天综合判断（synthetic *a priori* judgements）何以可能对哲学来说是一个根本问题，只有这个问题解决了，形而上学科学才是可能的。否则，形而上学就不过是一种问某类问题的自然禀赋而已，比如追问宇宙整体。没有什么能担保这些问题不是完全的闲聊。

理性的第一任务是理解自己权能的本性和界限。理性必须被批判地而不是独断地使用，科学的形而上学必须从"纯粹理性的批判"起步。对纯粹理性的批判，也就是对切割了经验的理性的批判，它为我们对先天知识的一般研究做预备。康德称之为"先验的形而上学"（transcendental metaphysics）。"先验的"是康德最偏爱的词之一。他在好几种意义上使用这个词，但共同的意思是指超出实际经验所予（deliverances）之外或之后的东西。

人类知识来自感官和知性（understanding）[1]的共同作用。通过感官，物体被给予我们；通过知性，它们变得可以思维。我们的感官结构决定了我们经验的内容；我们的知性构成则决定了经验的结构。哲学家必须既研究感性也研究知性。康德称前者为"先验感性论"（transcendental aesthetic），而称后者为"先验逻辑"（transcendental logic）。

先验感性论

与他17世纪和18世纪的前辈一样，康德把感官能力本身看成我们所具有的

---

[1] "understanding"一词在西方哲学中有多种翻译，如"理解""悟性"等，这里采用更通用的"知性"的译法。——译者注

一种消极的接受表象的能力。但他把我们的经验划分成质料和形式：质料是直接由感觉获得之物，而由我们知性所给予的形式则使混沌杂多的表象具有秩序。感觉的质料还包括对蓝色与绿色的视觉，或对玫瑰与奶酪的嗅觉相区别的东西。但康德感兴趣的仅仅是形式。

在人类经验中，任何感觉对象也是思维对象。任何被经验之物都被知性进行分类和整理着，也即都被知性归于一个或多个概念之下。康德试图从感官经验中排除一切实际属于知性的东西，而使感觉经验孤立起来，于是除了直接经验及其先天形式，再无任何东西留下来。康德说："在这种研究过程中，就会发现有作为先天知识原则的两种纯粹感性直观形式，即空间和时间。"

同其前辈一样，康德也接受了内感官和外感官的区分。空间是外感官的形式，通过它，我们"把对象表象为外在于我们，它们毫无例外地在空间中"。时间是内感官的形式，通过它，心灵经验到自己的内在状态，它们都在时间中序列化。

"那么，什么是空间和时间？它们是真实的存在吗？抑或只是事物的规定或关系？即使它们不被直观也仍属于事物吗？或者，它们只是属于直观形式，从而属于我们心灵的主观构造，如果离开了心灵的主观构造，它们就不能被归于任何事物吗？"

独断的、非批判的形而上学家将会告诉我们，空间和时间是被经验假定为前提的，而不是源自经验；我们可以想象没有对象的空间和时间，但不能想象没有空间和时间的对象。因此，只存在单一的空间和单一的时间，每种都是无限的。但是，批判哲学家会问，我们如何能够知道空间和时间的真理，如果它们是建基于直观上的（因为它们不是分析的），但又是先天的（因为它们先于任何经验）。康德的回答是，只有在时空是感觉经验的先天形式而非事物本身的性质时，它们的先天综合真理的知识才能得到阐明。

这意味着时空是非实在的吗？康德的回答是，从经验上，它们是实在的，但从先验的角度看，它们只是观念的。"如果我们抽掉了主体，空间和时间就会消失：作为现象的东西不可能存在于自身之内，而只能内在于我们。"在现象之外，事物就其自身而言是什么，我们并不知道。

那么，这意味着一切都只是现象吗？在日常的意义上并非如此。我们通常在经验中区分出对所有人都有效的东西和从个别立场看属于偶然的东西。在晴天阵雨中出现的彩虹可以被叫作纯现象，而雨则被认为是事物本身。在此意义上，我们可以假定，并不是所有的东西都只是现象。但康德说，在现象和实在之间的区分都只是经验性的。当我们深入地看，我们就会认识到，"不仅雨滴是纯现象，而且其圆形，甚至下落的空间，都非自在之物，而只是我们感性觉察到的一些变形或基本形式，而先验的客体依然不为我们所知"。

这一结论似乎有点乏味，但康德坚信，如果我们思考一下几何学的性质，我们就不能不同意这一点。几何学是人类理智的辉煌成就，但它建立在什么基础上呢？它不可能建立在经验的基础上，因为它是普遍必然的。它也不可能单纯建立在概念上，因为纯概念不会告诉你不可能存在像两边形之物。因此，它必定是一门建立在先天直观基础上的综合学科。

康德的先验感性论是其计划中最不成功的部分之一。在他写作的那个时代，欧氏几何学被认为是唯一可能的空间理论。不久以后，具有另一种不矛盾的非欧几何学诞生了。此外，我们所居住世界的基本结构是欧氏的还是非欧式的疑问，还是科学研究要解决的难题。但如果空间性是心灵以单一的不可逃避的欧氏形式构建之物，那么这种研究就不可能了。

先验分析论：范畴的演绎

在康德的体系中，紧接着先验感性论的是先验逻辑，即知性研究，心灵中创造性的部分。正是知性使感性直观对象变成思维对象。知性和感性是同等的、相互依赖的。"没有感性，对象就不会给予我们；没有知性，对象就不会被思维。思想无内容则空，直观无概念则盲……知性不直观任何东西，感性不思维任何东西。只有通过它们的结合，才能产生知识。"

康德用"逻辑"一词指知性运作的规则。他感兴趣的不是个别科学的方法论，而是"思维的绝对必然的规则，否则就不存在任何知性的应用"。他关心的纯粹逻辑仅仅涉及形式而非思维内容。它是既区别于心理学，又独立于心理学的；它对我们思维的起源或历史毫无兴趣。

康德本人并不关心阐明或发展形式逻辑本身。事实上，他未经批判地接受了他那个时代的逻辑学。他的先验逻辑是某种不同的东西：对于逻辑的应用而言，我们能先天地知道什么。先验逻辑的任务由两个主要部分构成：分析论（analytic）和辩证论（dialectic）。先验分析论建立知性的经验有效运用准则；先验辩证论提供对理性虚幻独断使用的批判。

康德区分了心灵的两种能力：知性和判断。知性是形成概念的能力，判断是应用概念的能力。知性的作用在个别词里得到表达，判断功能的运作是在整个句子里得到表达。先天的概念就是诸范畴（category）；先天的判断叫原理（principle）。康德的先验分析由相应的两部分组成：概念的分析和原理的分析。康德把大部分先验分析用在概念分析上，概念分析又被称作范畴的演绎（deduction of the categories）。

所有这些术语意味着什么呢？我们可以从"范畴"这个概念开始，"范畴"是康德从亚里士多德那里拿来的，但拒斥了在亚里士多德那里的不可救药的无体系的列举。相反，康德提供了一个以概念和判断之间的关系为依据的范畴表。事实上，概念不过是从事某种判断的能力。（比如，具有金属的概念，就是具有用包含了"金属"这个词或同义词的句子明确地进行判断的能力。）因此，有不同的可能的判断类型就决定了有不同的可能的概念类型。

康德从同时代逻辑学家那里采纳了不同判断类型之间的区分。他区分了全称的（"所有的人都是有死的"）、特称的（"有些人是有死的"）和单称的（"苏格拉底是有死的"）。另外，他还区分了肯定的（"灵魂是有死的"）、否定的（"灵魂不是有死的"）和无限的（"灵魂是非有死的"）。最后，他还把判断分为三类：直言的（"存在完全的正义"）、假言的（"如果存在完全的正义，顽固不化的邪恶就会受罚"）或选言的（"世界之所以存在或因盲目的偶然，或因内在的必然，或因一个外在的原因"）。

康德声称，从这些熟悉的判断分类中就可导出全新的基本概念分类。比如，他把直言判断与实体范畴相联系，假言判断与原因范畴相联系，选言判断与共联（interaction）范畴相联系。想要追寻这一来源的详细步骤是困难而无益的。对"概念本质上是一种判断能力"之论题进行解释则更为重要。

评论者对康德到底归诸范畴何种角色进行了不同的类比。有人认为，如果我们把语言比作棋盘游戏，棋子可以走动，那么这些范畴就是移动（前、后、横、斜等）最终可能的格子。另一个就是，如果我们把语言看作复制世界的工具，那么范畴表就类似于某种适合所有目的的说明书（它必须能够削、钻、磨等）。

抛开上述比喻，我们可以问，康德的这一观点是否正确，即如果一切都算作知性的运用，那么肯定要具有一些必不可少的概念。我们可以以语言学的形式发问：对一种完备的语言来说，是否存在必不可少的概念？答案似乎在于，任何语言的使用者，无论与我们多么不同，都必定具有否定概念，也能使用诸如"所有"和"某些"等数量词。如果是理性的语言使用者，他们也必须具有从前提推出结论的能力，并表现在对诸如"如果""那么""因此"等这一类词的掌握中。康德把概念和判断联系起来是正确的，并且他也正确地看到了某些概念对全部知性必定是最根本的，无论在他开列自己的范畴表时是否充满灵感。

如果我们承认，必须要有必不可少的范畴为核心，那么就还会有一些关键问题：它们的来源，以及我们如何确知已把握了它们。康德把他对这一问题的回答叫作"范畴的先验演绎"。

在康德的术语中，"演绎"是一个准法律（quasi-legal）术语，一个来自系谱学（genealogy）与继承的比喻。对一个概念的演绎就是我们有权使用它的一个证明，是在认识论的权限之内行事。范畴演绎是对我们有权把这些先天概念运用于客体的证明。对一个先天概念的演绎不能是对我们如何偶然获得它的纯经验说明。用康德的术语来说，它必须是"先验的"证明，即如果有诸如此类的事物作为经验，那么这一概念就是必然的。

比如，考察一下出现在康德范畴表中的"原因"概念。如果它是先天的，那么经验就无法被引证为其来源。事实上，正如休谟所表示的，经验永远不能在盲目的因果联系中建立必然性和普遍性。无疑，我们的经验确实向我们暗示了各种普遍性。但万一根本就不存在这样的经验世界，其中在巨大的混沌支配下，无物可被看成因果呢？先验演绎的着力点是，如果我们没有范畴概念，也无实体和原因概念，那么我们就无法理解哪怕是最琐碎而无序的经验，因为我们无法使之概念化。除非我们能把其实存不仅是现象的对象概念化，否则我们根本就无法把感性直观概念化。

经验的概念化中涉及三个因素。首先，诸直观在时间中序列化；其次，诸直观在一单个意识中的统一；最后，意识主体把诸直观归诸概念之下。康德认为，所有这些都包含了自我意识的永恒可能性。

对我而言，要发现（discover）事物是我意识的对象（item）是不可能的。我似乎不能像以前一样，面对一个意识的对象，继续查明其到底属于谁，通过研究我得出结论：它只能属于我自己，而不是别人。通过反思，我能直观到我的意识经验的各种特征，但我不能直观到它就是我的（mine）。自我意识所发现的，即人们能通过对自己经验的考察发现自我意识，被康德叫作"统觉"（apperceptions）。康德认为，人们并不是依赖经验来承认意识是属于自己的。人们对自己的意识的所有不是一种经验统觉，而是一种"先验统觉"。

把经验归为我的经验，同时就是把它们归于一单个意识。但连接这些经验之物的本身不是经验。就经验自身来说，我的经验正如康德所言是"各色各样的"（many coloured and diverse）。另外，正是知性的先天活动，才造成了康德所谓的直观的"综合"，把这些直观结合成一单一意识的统一体。康德谓之"统觉的先验统一"。

反之，自我意识的可能性，预设了对心灵之外的（extra-mental）客体的意识的可能性。这是因为，经验的自我归属（self-ascription）只因直观的时间顺序的统一和接续才可能，而这就使经验序列构成一单个客观世界成为可能。

康德以所有的方式挑战经验主义，然后他站在自己的立场上表明经验主义的不足。他同意，对全部客体——甚至把自己作为客体——的知识来说，经验都是必需的。统觉的原始统一性给予我的只是自我的概念；对我自身的知识（knowledge），经验直观也是必需的。但是，经验知识，无论是自我的知识还是别物的知识，都包含了判断；但没有概念就不能进行判断。在诸概念中，不存在源自经验之物，因为经验还是以概念为前提的。因此无论是现象的知识还是自我的知识，都必定服从范畴。

客观的自然秩序的源泉是先验自我。这个自我显示在统觉的先验统一中，但我们并不认识它。正是从统觉的先验统一中，康德寻找到了客观世界本质的来源，并试图表明在实在和现象之间存在差别。因为只有我们的经验是范畴可描述的世界经验时，统觉的先验统一才是可能的。这就是范畴的先验演绎的要义。

详细的论证仍然是晦涩的。康德以多种不同的形式对它加以论述和重述。在每一次论述中，似乎总在推理过程中忽略这样或那样的联系。读者无须总览这一引人入胜的证明，就可以看到随处闪烁的惊人洞见。康德的先验演绎给经验主义以沉重一击，但还不足以构成致命一击。一切还必须等到 20 世纪才见分晓。

先验分析论：原理的体系

不过，康德对构成我们判断基础的诸原理的探究兴致最高。我们记得，先天判断要么是分析的要么是综合的。分析判断的最高原理是不矛盾原理，自相矛盾的判断无效。分析判断的标志是该矛盾是自相矛盾。但不矛盾原理并不会把我们带到分析命题的领域之外，分析命题对综合命题的真理来说，是必要但非充分条件。

在一个综合判断中，两个不相等的概念被放在一起。康德列出了构成综合判断基础的四组原理。他用到了专业术语，但我们不必关心这些。因为与其说它们有帮助，不如说加强了混乱。

第一个原理是，所有经验都是广延的量。无论我们经验到什么都是广延，要么在空间中要么在时间中，即都具有不同于其他部分的部分。康德说："所有现象都被经验为集合体，被经验为先行给予的部分的集合。"按照康德的观点，它为几何学公理提供了基础，比如两点之间只有一条直线这一公理才可能。

第二个原理是，在一切现象中，知觉的客体都有强度的量。比如，如果你感觉到某种热，你就意识到你能感觉某种更热或较凉的东西。你正在感觉的是在沿着两个方向延伸的刻度的点。相似地，看见一种颜色就是看见位于光谱上的某物。康德把这叫作"知觉的预先推定"（anticipation of perception）。但是，这个词很不幸，好像他正在说无论何时你具有一个感觉，你就能先天地知道你的下一个感觉。当然，只有经验才能告诉你。正如康德所言："知觉正是那种不能预定的因素。"当我们具有一个知觉时，先天认识的东西仅仅是，在共同尺度上位于另一点的相似知觉的逻辑可能性。要把握康德的意思，比"预先推定"一词更好的可能是"推测"（projection）。

第三个原理是，经验唯有在诸知觉中发现一种必然联结时才可能。在建立这一联结中有两个主要阶段：（a）如果我要获得经验，那么我必定拥有对客观领域的经验，而这就必定包含持续的实体。(b) 如果我要获得客观领域的经验，那么我必定具有按照因果秩序的共联性实体的经验。每一个阶段都从我们对时间意识的反思开始，时间先是被看作持续，继而被看作前后相继。

首先，康德指出，时间本身不能被知觉。在只被认作内在事件的瞬间经验中，没有任何东西表明经验何时发生，或是否在另一个被给予的瞬间经验之前或之后发生。那么，我们的时间意识必定在于现象与某些永恒的实质的基底的联系。

如果存在变化之物（与完全无关联的序列相对立），那么就必定有某种先是这儿后是那儿的东西。但这种永恒的因素无法通过我们的经验来提供，因为经验本身尚处于永恒的流动中。因此，它必定是由某种客观之物提供，我们可以把它称为"实体"（substance）。"时间中的一切实存和一切变化，都因此必须被看作仅仅是实体实存的样式，而实体保持永存。"

在这一论证和结论中有很多含糊之处。人们并不总是清楚谈论的是哪种类型的变化。论证涉及的是实体的生灭，还是持存的实体性质的改变？因此，问题在于论证证明了何种结论：是必定存在某些永恒之物呢，还是必定存在唯一的永恒之物？康德有时说的好像是，实体必定是某种永在之物，但为了反驳经验主义原子论，只要表明，至少必定存在某些具有非瞬间持续的客观实体（objective entities with non-momentary duration）就足够了。

论证的第二阶段建立在一个简单而又深刻的观察上。如果我看见一座房子，那么在我的经验中会有一种相继：也许首先我看到屋顶，然后是天花板，再到地板，最后是地基。同样，如果伫立而望，看到一艘船顺流而下。我就具有不同视觉的相继，首先船在上游，然后在下游，如此等等。那么是什么分别了现象的完全主观的相继（打量一座房子）和客观相继（船顺流而下）呢？在一种情况下我可能颠倒知觉的顺序，但在另一种情况下则不能：除了某些必然的因果律外，没有别的根据能进行这种区分。"我们永远不能在经验中把相继概念归于一个客体……区别于对主观相继的领会，除非有一个规则作为基础。"

这表明，休谟的观念存在某种根本的错误。他认为我们首先知觉到事件在时间中的相继，然后我们才把一个看成原因、另一个看成结果。情况正相反，没有因果关系，我们不可能在时间中建立客观秩序。而且康德还说，即使时间次序完全不依赖因果关系就被建立起来，那么光靠时间相继也无法充分解释因果性，因为因果也许是同时的。一个球放置在填充垫上，它一放上就在垫子上压一个坑，球是原因，而坑是结果。我们知道这一点是因为每一个这样的球都能形成一个印痕，但是并不是每个坑都是因为一个球造成的。时间和因果性的关系比休谟想象的更为复杂。

反驳了经验主义原子论和休谟关于因果联系的怀疑论后，康德开始反驳观念论。他心中有双重目标：笛卡尔那成问题的观念论（"我在"是唯一不可置疑的经验断言）和贝克莱的独断观念论（外部世界是幻觉）。两者的共同主题是，内在之物比外在更容易了解，并且外在实体是由内在经验推出的。

康德对这些假定的反驳，论证如下。我意识到了变化着的心理状态，因此我在时间中意识到我的存在。就是说，先是在一个时间里继而在另一个时间里，具有对自己实存的经验。但正如刚才已经论证的那样，对变化的知觉牵涉到对某种永恒之物的知觉。但是，该永恒之物不是我自己。我的经验的统一主体本身不是经验的对象。因此，只有在我有着外部经验时，对过去下判断才是可能的。

康德的分析以划清知性能力的界限而结束。范畴不能决定它们自己的可适用性，原理不能建立其自身的真理。知性凭借自身并不能确立，是否存在诸如实体之物，或者任何变化是否都有原因等。一切先天建立之物，无论是通过范畴的先验演绎，还是通过原理体系的阐明，如果经验能成为可能，则必须具有某些条件。但经验是否可能并不能预先建立起来，经验的可能性只有通过经验自身的实际发生才能显示出来。概念必须只能运用于可能的经验对象上，而不可以运用于一般物和物自体。除非我们在直观中被给予了一个可归诸概念的对象，否则概念就是空无。

康德注意到，哲学家们在现象（phenomena）和本体（noumena，思想客体）之间进行了区分，并把世界分为感官世界和理智世界。他自己的分析已经表明，不可能存在一个纯现象界，不可能存在不属于任何范畴或无法被置于任何规则之下的纯感官对象。但我们不能从这个得出结论说，存在着单凭知性就能发现的非感性世界。康德承认，在消极意义上本体存在：它们不是感性直观的对象。但他否认在积极意义上本体存在，它们是非感性直观的对象。如果正确理解的话，本体概念只是一个限制性概念（limiting concept），其功能就是为感性设置界限。把本体的存在看成单凭用理智进行研究的超感性对象，就进入到一个幻相的领域。

在"先验辩证论"中,康德为我们走向魔幻世界开启了探索之旅。

先验辩证论:纯粹理性的谬误推理

这一分析起始于纯粹知性领地。这是真理的孤岛,但它"周围是一片广阔而汹涌的海洋、亦即幻相的大本营,其中好些海市蜃楼、好些即将融化的冰山都谎称是新大陆,在不停地以空幻的希望诱骗着东奔西闯的航海家去做出种种发现,将他卷入那永远无法放弃、但也永远不能抵达目的之冒险"。

这些浪漫的修辞对康德是罕见的,他由此在先验辩证论中开始揭示幻相逻辑的任务。他对偶然的错误,比如视觉幻相和逻辑谬误并不感兴趣。他的目标要宏伟得多,即旨在先验心理学、宇宙论和神学。所有的这些学科都企图把精神耗费在探索经验界之外的世界上,由此产生幻相就是自然的、不可避免的了。

图34 康德《纯粹理性批判》标题页。
(图片来源:Wikimedia Commons)

康德说，我们的一切知识都从感觉开始，前进到知性并终止于理性。理性，像知性一样地借助概念运行；但知性的纯概念是范畴，而理性的纯概念是理念（Ideas）。在这里，对柏拉图的影射是存心的，对康德来说，理念是理性的必然概念，在感性经验中没有对象与理念一致。

纯粹理性的理念是采取推理的形式并使之绝对化而达到的。在日常生活中，我们从前提推出结论，如果前提为真结论就为真。但是，这似乎只是有条件的真理，因为前提的真本身是可以怀疑的。理性寻找的是无条件之物，一个绝对的基础，即不源自任何非己之物。绝对有效的就是无条件有效的，在所有的方面都无限制。

康德说，有三种纯粹理性的理念，每个都是通过推理的形式并努力推到一个绝对者而达到的。一种论证是从主观经验开始，达到作为永恒实在的主体之灵魂的结论。另一种论证是从经验对象的因果关系开始，达到作为因果整体性之宇宙理念的结论，它是无条件的，因为它包含了所有的条件。第三种论证是从经验对象的偶然性开始，通达所有存在者存在之无条件的必然性结论，即上帝。"纯粹理性就这样为一种先验的灵魂说、一种先验的宇宙学、最后也为一种先验的上帝知识提供了理念。"

我们首先考察一下先天的或理性心理学幻相。尽管经验心理学把灵魂作为内感官对象来对待，但理性心理学则把灵魂作为判断的主体来看待。康德说，理性心理学"自称为是建立在单一命题'我思'之上的科学"。它研究的是思想的先验主体，"这个在思想的我或他或它（物）"是未知的 X，是先验的思想主体。

理性心理学的主题是"我思"，表示着与思想不可分离的自我意识。但是我们如何知道所有在思之物都是自我意识？回答是：自我意识对思想的思考（think of thinking）是必然的，并且先于经验。我们把我们思想它们之条件的特性归于事物。

康德列举了四种谬误，他称之为"谬误推理"（paralogisms）或假冒三段论（bogus syllogisms）。由于我们企图超越纯粹经验心理学的界限，才导致了这四种谬误。在第一个谬误推理中，我们从"思想的主词必然是个实体"之前提出发，得出"思想的主体必然是个实体"之结论。在第二个谬误推理中，我们从"自我不能分为各部分"导出"自我是一单纯实体"。在第三个推理中，我们从"无论何时我具有意识,都是同一个我在意识着"导出"无论何时我具有意识,我意识到的都是同一个我"。最后,在第四个推理中,我们从"除了能思任何他物,我还能思我自身,包括我的肉体"之真理出发,得出"我除了能思包括我的肉体在内的任何他物,我还能思我自身"之结论。

在每一个谬误推理中,无害的分析命题都变成了富有争议的先天综合命题。总之,谬误推理宣称,自我是一个非物质的、不朽坏的、人格的永恒实体。这就是先天心理学的谬见。

先验辩证论:纯粹理性的二律背反

我们转向下一个先验宇宙论。这里,康德向我们呈现出一系列二律背反(antinomies)。每个二律背反都是一对导致矛盾结论(正题和反题)的对比论证。康德构造这个系列是为了表明,通过理性形成"宇宙概念"的企图,即作为整体的世界概念,注定导致无法解决的矛盾。

第一个二律背反的正题是"世界在时间上是有开端的,在空间上是有界限的",和反题"世界没有开端,在空间上没有界限;它在时空方面都是无限的"。

"世界在时间上有开端"和"世界没有开端"这两个命题,如我们所知,在哲学家的著作中历史悠久。亚里士多德认为命题二能得到证明,奥古斯丁认为命题一可证,阿奎那认为这两个都不能得证。现在,康德认为这两个命题都可得证。当然,这并不意味着这两个矛盾的命题都为真,而是说理性根本没有权利谈论作为整体的"世界"。

对正题的论证从人们永远不能从完成一个无限序列的定义开始,得出一个无限的世界序列(world-series)已经过去了是不可能的结论。但是,这个论证是无效的。没错,如果任何无限抽象序列必须在一端是开放的,那么该序列就无法在具有两个终点(termini)的意义上"完成"了。但它为何不能在一个方向上具有终点而在另一个方向上无限延伸呢?那样的话,那过去了的时间就能通过现在这个终点而"完成",而向后则可以无限延伸。

对反题的论证如下。如果世界有开端,那么就有一个世界还尚未存在的时间。

这个"空的时间"（void time）在任何一瞬上都和任何别的瞬间完全一样。因此对"世界为何在开始时开始"这个问题就没有答案。在时间上有限的世界中，信仰者可以同意，世界不可能于世界之外（在"空的时间"的某一点上）开始，而坚持在世界之内（在先于现在的大量的时间单位中）寻找世界的开端。

康德的论证并非无懈可击，他提供的反对与赞同世界在空间上有限的平行论证也是如此。在论证理性的无能为力上，第一个二律背反似乎是无效的。

康德总共提出了四个二律背反。第二个涉及的是简单性和复合性；第三个涉及的是自由和因果性；第四个涉及的是必然性和偶然性。在每一个二律背反中，反题都肯定一个确定的序列无限持续，而正题肯定的是同一个序列的完结。于是：

第一，在时空中彼此相继（next to）的序列有终点（正题）／无终点（反题）

第二，由部分（parts of）构成的序列有终点（正题）／无终点（反题）

第三，由另一个东西产生（caused by）的序列终结于一个自由的、本质上没有原因的事件（正题）／无终点（反题）

第四，偶然地取决于（contingent upon）另一个东西的序列无终点（反题）／终结于一个绝对必然的存在（正题）

每一个斜体词[1]表示的关系，被康德看成别物以之为条件的形式，因此每一个序列都是条件序列，每一个论证都达到了一个无条件的绝对。

康德认为每一个二律背反的两方都不对：正题错在独断论，反题错在经验论。他认为，二律背反揭示出来的是，经验研究的局限和理性理念的自负之间的不匹配。正题总是把世界作为小于思想的东西来表象：我们可以超越世界来思考。反题总是把世界作为大于思想的东西来表象：我们不能思想世界的终点。"在每一个情况下，宇宙的理念对经验性回溯来说要么太大要么太小。"我们必须通过修正我们的宇宙理念，使思想和世界匹配以适合经验研究。

---

[1] 原版采用了斜体以示强调，中文一律未采用，只是在括号里标注出对应词汇，保持斜体。——译者注

独断论的正题和经验论的反题，共同的错误之根源是宇宙整体的理念。在每一种情况下，制定的任务（如追溯事件的先行原因），被混同于完成的任务（如考察原因总体）。这个作为总体的世界永远不会在经验中被给予，因此"作为总体的世界"是一个伪概念（pseudo-concept）。这样，无论世界是有限还是无限，就都不是事实。

第三个二律背反不同于前两个。在前两个二律背反中，正题和反题都因错误而遭到拒斥。但当康德处理第三个二律背反时，他试图表明，如果解释得当，正题和反题都是真的。正题认为，自然因果律不足以解释现象界；除了确定诸原因之外，我们还必须解释自由和自发性。反题则认为，悬设先验自由就使自己顺从于盲目的无法则性，因为不被决定的原因的侵入将瓦解全部自然的可解释性体系。

康德对第三个二律背反的处理是，把它放置在哲学家调解自由和决定论的尝试中。决定论者相信，在充分的先行条件下，每一事件都有个原因。有两种决定论者：强决定论者（hard determinists）相信自由和决定论是不相容的，因此自由是一个幻相；温和决定论者（soft determinists）则相信自由和决定论是相容的，因此能接受人类存在自由这个观点。康德是一个温和决定论者，他试图表明，恰当理解的自由和恰当理解的决定论可以相容。一个事件既可以受到自然的决定，又可以在自由中有其根据。

康德说，人的意志是感性的，但也是自由的，即它受到情感的影响，但并不受情感的强制。"人的内在有一种自我决定的能力，独立于任何感性冲动的强制。"但这种自我决定能力的行使有感性（经验中可知觉的）和智性（只是理智能把握的）两方面。我们的自由行动是感性结果（sensible effects）的智性原因（intelligible cause）；而这些感性现象同时也属于与不变规律相一致的连续序列。为了协调自由与决定的本性，康德宣称，自然是在时间中运行的，而作为本体而非现象的人的意志则在时间之外。

许多温和决定论者已经论证了自由和决定论的相容性，因为我们的行动尽管受到决定，但不过是受到我们自己心灵中心理事件的决定。人们认为，如果行动受到内在而非外在原因的决定，那么它就是自由的。康德似乎已确实相信这种心理学的决定论，但他对自由和自然的协调，并不依赖于把自由行动定义为在心理学上受决定的行动。他正确地坚信，因果性解释（causal explanation，"我打倒他是因为他推我"）和理性解释（explanation by reasons，"我打倒他是为了教训他一下"），是完全不同类型的解释，一个不能化约成另一个。但由于他提供的协调不是发生在经验中，而是在本体界，即物自体层面，因此，出于他所使用概念的晦涩之故，他的协调方案必然因此而受到致命的影响。

先验辩证论：批判自然神学

在第四个二律背反中，康德从赞成和反对两方面思考了对一个必然存在者的实存论证。他在此提出的问题是，必然存在者作为世界的原因应该在世界之内，还是出现在世界之外。正是在"纯粹理性的理念"一章，他转向思考先验神学的对象即上帝这个概念。

按照康德的观点，所有确立上帝存在的证明都必定分为三类。本体论证明，从一个最高存在者的先天概念开始；宇宙论证明，从一般经验世界的本性出发；物理-神学的（physico-theological）证明，从个别的自然现象出发。

在康德的理性神学中，本体论证明具有特别的意义。他宣称，宇宙论证明只是伪装的本体论证明，物理-神学的证明只使我们通向宇宙的设计者，而非宇宙的真正创造者。因此，他对本体论证明的批判有重要的影响。

把上帝称为一个绝对必然的存在者，这意味着什么？某些哲学家已经把必然的存在者定义为，在所有可能的世界中实存的东西。如果以此定义上帝，那么他当然存在。我们的世界是一个可能的世界，否则它就不会现存；所以如果上帝在所有可能的世界中存在，它就必然在我们的世界中存在。

但以此来规定某种东西并建立其实存，即便是可能的实存，这合法吗？康德认为不合法。"把实存的概念引入到事物的概念中，无论它可能伪装在何种名下，就已经产生矛盾了。"本体论证明试图把关于上帝实存的陈述变成一个分析命题。如果一个命题是分析的，那么其谓词就属于主词，并且不能被否定。康德列举了"三角形有三个角"的例子，他评论说：

设定了一个三角形而又否认它有三个角，这是自相矛盾的。但是，否认具有三个角的三角形存在却没有任何矛盾。这一点对绝对必然的存在也有效。如果否认了其实存，我们就否认了具有其所有谓词的事物本身；这不会产生矛盾。

但是，为什么康德如此确信所有的实存命题都是综合的？我们能从概念出发论证非实存。正是因为我们把握了"方""圆"的概念，所以我们才知道没有方的圆。为什么我们不能类似地从概念出发论证实存呢？如果"未婚的单身汉不存在"是分析命题，那为什么"必然的存在者存在"就不是呢？

康德主要论证的是，"being"（存在）不是一个谓词，而是一个系词（copula），只是对谓词和主词的连接。康德说，如果我们说"上帝存在"或"有上帝"，"我们并没有给上帝概念加上一个谓词，而只是设定了一个主词，这个主词在其自身内具有全部谓词"。事实上，正如康德所暗示的，实存命题并不总是在"设定"，因为它们可以在一个较大的句子中作为从句出现。说"假如有上帝，罪人就会受罚"的人并没有设定上帝的存在。但我们可以同意康德的这个观点："实存"不能作为一个直接的一阶（first-order）谓词来对待。

近代的逻辑学家像 12 世纪的阿伯拉尔改换了实存的陈述，这样，"is"（是）甚至看起来都不像谓词。"上帝存在"（God exists）被表述为"某物是上帝"（Something is God）。这实际上是消除了而不是解决了围绕本体论证明的问题。因为从可能性论证其现实性的难题在什么才算作"某物"的问题上又重新出现了。在我们的思考中，"某物"既包含现实的对象又包含可能的对象吗？

康德的主要论点和我们已看到的休谟达成的要点类似。"当我思维某物时，无论我通过多少谓词来思维它，甚至我们完全规定了它，通过附加上'该物存在'，对该物也无丝毫增益。因为否则，就会不正好是该物，而是比我在概念中所思维的更多的对象实存着，而且我不能说，恰恰是我的概念对象实存着。"换句话说，无论在实在中是否有与我的概念相应之物，它都不可能是我的概念的部分。一个概念必须在与实在相比较之前就被先天地规定，否则我们就不知道到底是哪个概念在同实在相比较，并发现其与实在的一致或不一致。有上帝这个论断不可能属于我们用"上帝"一词的所指；因此"有上帝"不可能是一个分析命题，本体论的证明必定失败。

康德认为本体论证明的无效意味着，所有关于上帝存在的证明都坍塌了，这就不对了。他的批判表明，在一个存在者——其本质蕴含着其实存——的概念中，有一种不连贯。但是宇宙论证明并不需要表明这样的东西存在，而只是为了表明存在一个无因的、不变的、永恒之物，以与经验世界中有因的、可变的、偶然之物相对。

事实上，康德对宇宙论证明的批判独立于对本体论证明的反驳。所有的宇宙论证明的形式都试图表明，偶然的因果系列无论多长都只能在一个必然的原因那里完成。但是，如果我们问这个必然原因是否属于或不属于因果链条的一部分，这时我们就面临着一个困境。

如果它是因果链的一部分，那么我们就能提出它为什么存在的问题，正如对这个链条中他物的提问一样。但是，我们不能想象一个最高的存在对自己说："我是从永恒到永恒，在我之外，除了通过我的意志而存在就无物存在，但是那么我从哪里来呢？"另一方面，如果必然存在者不是因果链的部分，它如何成为这个因果链的第一成员，并解释所有别的终结于自己存在的连接呢？

康德最温和地对待上帝存在的证明是物理－神学的证明。他说，必须永远带着敬意提及这一证明。他的目的不是削减其权威，而是限制其结论范围。这一证明论证的是，在这个世界的任何地方，我们都会发现秩序的迹象，与确定的目的相一致，这些秩序贯彻着伟大的智慧。此秩序与世界上构成它的个别事物不同，它因此必定是由一个或多个更庄严的智慧的原因施加的，它不像自然那样盲目地而是像人类那样自由地起作用。对于这一证明在自然的运行和人类技艺的熟巧之间的类比，康德提出了各种困难。但即使我们抛开这些，这个论证能够证明的最高存在者是"世界的建筑师（architect），他总是受到用来工作的材料的适应性的妨碍，而不是一切都服从于其理念的世界创造者（creator）"。

康德把《纯粹理性批判》的体系连同建构性的分析部分和摧毁性的辩证部分合在一起，称作"先验观念论"（transcendental idealism）。这意味着，既显示了这个体系的消极方面，也显示了其积极方面。在经验的层面上，康德是一个实在论者，而不是一个类似于贝克莱的观念论者，他不相信除了心灵中的观念就无物存在。另一方面，在最终的或先验的层面上，他又是一个观念论者，因为他否认物自体可知。因此他称自己为一个先验观念论者。

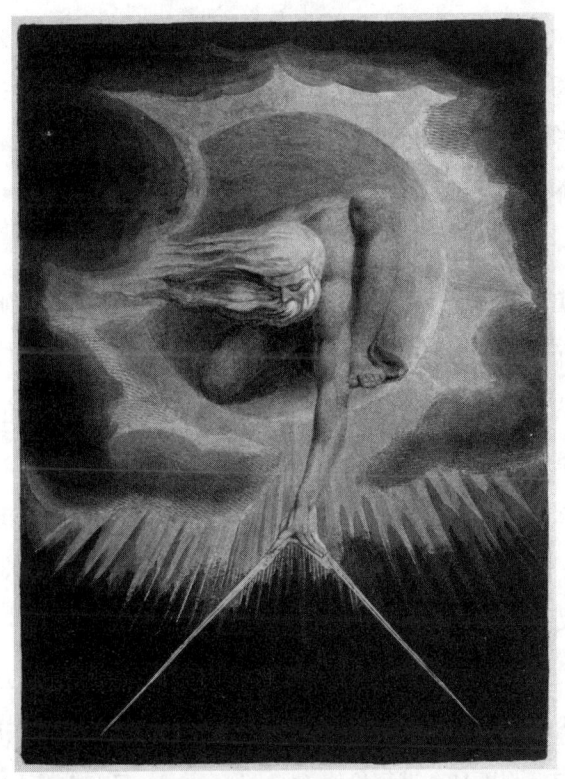

图35　英国画家威廉·布莱克（William Blake，1757—1827）《古老的日子》（*The Ancient of Days*，作于1794年）中的宇宙建筑师。（图片来源：Wikimedia Commons）

康德的道德哲学

正如《纯粹理性批判》批判地确立了理论理性的先天综合原理一样，《道德形而上学原理》（*Groundwork of the Metaphysic of Morals*，1785）批判地确立了实践理性的先天综合原理。在此，我们对康德的道德哲学体系进行一个简要的说明。

在道德哲学中，康德的出发点是，唯一无条件的善是善良意志。天赋、品格、自控和财富可以被用于坏的目的，即使幸福也可以是败坏性的。不是所达成的结果构成了善良意志的善性，善良意志自身就是善的。

> 如果由于生不逢时，或者由于无情自然的苛待，这样的意志完全丧失了实现其意图的能力，如果它竭尽自己的最大力量，仍然还是一无所得，所剩下的只是善良意志……它仍然如一颗宝石，自身就发射着耀眼的光芒，自身之内就具有价值。

不是因为追求幸福，人类才被赋予了意志，本能就足够有效地实现这一目的了。理性被赋予我们是为了产生一个意志，它不是作为实现别的目的的手段才是善的，而是因为其本身就是善的。善良意志是最高的善，并且是包括幸福在内的所有其他善的条件。

那么，什么让一个意志自身就是善的呢？要回答这个问题，我们必须研究义务（duty）这一概念。根据义务而行动，就是面对困难时展现善良意志。但我们必须区分符合义务（in accordance with duty）和出于义务（from the motive of duty）而做出的行动。一个杂货商出于自利而诚实，或者一个慈善家因为他人的满足而高兴，他们做出的行为是与义务相符的善。但这类善，无论多么正确与令人愉悦，按照康德的观点，都不具有道德价值（moral worth）。只有在有人不是根据偏好，而是出于义务而行善时，品德的价值才表现出来。比如，当一个对生活丧失了所有兴趣而渴望死去的人，仍然按照道德法则尽最大努力保持自己的生命时就是如此。

在此，康德的教导与亚里士多德的教导直接对立。亚里士多德教导人们，只要人们的道德实践与自身格格不入，他们就并不真的具有德性，真正具有德性的人完全享受做出的德性行为。另一方面，对康德来说，正是善行的苦痛才是德性的真正标志。他认识到，他为道德行为建立的是令人畏惧的标准，他早就准备思索这种可能性：事实上从来就没有一种完全按照道德根据并出于义务感的行为。

那么，出自义务的行动是什么呢？出自义务的行动就是出自对道德法则的敬重的行动。检验一个人是否如此行动的方法就是，寻找其据以行动的准则或原理，即寻找其行动所遵守的命令。命令有两种：假言的和定言的。假言命令（hypothetical imperative）是说，如果你想要达到某种目的，就要以如此的方式行动。定言命令（categorical imperative）[1]是说，无论你想要达到什么目的，都要以如此的方式行动。有许多假言命令，因为人可以为自己确立多种不同的目的。但只有一种定言命令，这就是"只按照一个同时能成为普遍法则的准则行动"。

康德举了几个例子来论证，我们可以提两个。一个是，花光了我的积蓄后，我想办法借钱，尽管我知道我永无偿还能力。我按照这个准则行动，这个准则是，"无论何时我认为自己没钱了，我都将借钱并许诺偿还，尽管我知道偿还永不可能"。我不能希望任何人都按照这个准则行动，因为如果人人如此，所有的许诺制度都将不复存在。因此，在这些情况下，借钱将违背定言命令。

第二个例子是，被要求向受苦的他人提供帮助者回应说，"这件事与我何干呢？上帝想让他怎么幸福就怎么幸福吧，或者他能怎么幸福就怎么幸福吧；我不会伤害他，但我也不会帮助他"。他不能希望这个准则被普遍化，因为会出现他自己需要他人的爱和同情的情形。

这些例子论证了定言命令运用的两种不同的方式。在第一种情形下，这个准则不能被普遍化，因为其普遍性包含了矛盾，如果没有人遵守许诺，就没有许诺这回事。在第二种情形下，这个准则能够被普遍化而又不包含矛盾，但是没有人合理地意欲从其普遍化中导致的情形。康德说，两种情况对应两种不同的义务：严格的义务与值得称赞的义务。

并非康德的所有例子都令人信服。比如，他论证说，定言命令排除自杀。但是无论自杀是多么错误的事，在普遍自杀的景象中都没有任何自相矛盾之物；有些人足够绝望，把自杀看作真诚意欲的完满之物。

康德对定言命令做了更进一步的公式化。"要这样行动：要把你自己人格中的人性和其他人格中的人性，在任何时候都同样看作目的，永远不能仅仅看作手段。"他宣称，这与先前的定言命令是等同的，并且能得出同一个实践结论，尽管在这一点上，他并没有说服他的许多读者。事实上，在排除自杀方面，下面这个

---

[1] "categorical imperative"，在学界往往也被翻译成"绝对命令"。——译者注

公式比前一个公式更有效。康德认为，结束自己的生命，就是把自己的人格作为结束自己的苦难和不幸的手段来使用。

康德说，作为一个人，我不仅自身就是目的，而且我还是一个目的王国、一个在共同法则下的理性存在者共同体的成员。如上所述，我的意志就其准则能成为普遍法则而言是理性的。这个说法的相反表述是，普遍法则是由类似我的理性意志造成的法则。一个理性存在者"服从的只能是由他造成同时又是普遍的法则"。在目的王国中，我们所有人同时既是其立法者又是其臣民。这使读者想到了卢梭的公意概念。

康德通过对德性尊严的赞颂来结束对其道德体系的阐释。在目的王国中，任何事物都具有一个价格或价值。如果某物具有一个价格，它就能和别的东西交换。具有价值的东西则是独一无二、不可交换的，它超越了价格。康德说有两种价格：市场价格，它和需要的满足有关；想象价格，它和趣味的满足有关。道德在这两种价格之上或之外。

"只有道德以及与道德相适应的人性，才是有价值的。工作上的灵巧和勤奋有市场价格；聪明、生动的想象力和幽默有想象价格；信守诺言、坚持原则并非出于本能的宽厚才具有内在价值。"康德的言辞回响了整个19世纪，在今天依然打动着无数人的心弦。

第十七章
德国观念论与唯物论

费希特

拿破仑对欧洲大部分的征服可以堪比亚历山大对亚洲和非洲部分的征服。辉煌的军事成就昙花一现，但对文化的影响则很深远。拿破仑在滑铁卢（Waterloo）遭到最终失败后，陈旧的君主制在欧洲大陆复辟了，但其统治是不牢靠的，大部分在接下来的半个世纪就瓦解了。伴随法国军队的是法国大革命的口号。在拿破仑的帝国中，即使自由已经让位于军事专制，平等已经被新贵族压制，博爱从来没有超越该隐（Cain）和亚伯（Abel）阶段，但自由民主制度的理念却在整个欧洲大陆深入人心。此外，民族主义的情绪也已在被拿破仑军队攻击或镇压的国家中被点燃。特别是在意大利和德国，人们渴望用唯一的、强有力的国家权力代替陈旧地方政权的拼凑。

德国民族主义的奠基人之一是哲学家约翰·戈特利布·费希特（Johann Gottlieb Fichte）。他是耶拿大学和新建立的柏林大学的教授，其盛年跨越了从路易十六被处死到拿破仑被流放到厄尔巴岛（Elba）。1808年，他针对日耳曼民族发表演说，谴责德国人因为不团结导致在耶拿战争中输给拿破仑。1812年，他在抵抗军中做了一名志愿者。但他确立哲学家的声名是因为1804年的《全部知识学的基础》(*Wissenschaftslehre*)[1] 一书。

费希特是康德的崇拜者。他的第一部著作《对一切天启的批判》(*Critique of All Revelation*)是按照康德的风格写的，它是如此地成功，以至被误认为是其老师的著作。但他认为康德哲学包含了一种根本矛盾。康德从来没有放弃过这一观念，即我们的经验最终是由"物自体"(things in themselves)引起的，即使我们对它一无所知。但在康德看来，原因的概念只能用于现象界之内。那么在现象界之外，怎么还能存在一个未知的、独立于心灵的原因呢？

因此，在他的《全部知识学的基础》中，费希特试图重新修正康德的体系，以消除内在矛盾。有两条路是可能的。一条是允许原因概念扩展到现象界以外，并承认经验是由物自体所引起的。这是独断论之路。另一条是放弃物自体，并认为经验是由思想主体所创造。这是观念论[2]之路。费希特遵循的是这条道路，这条路使他成为德国观念论之父。

费希特从自我或纯粹自我开始，为自己确定的任务是，展示全部意识如何能源自它。他对这种来源的多种解释，无论对他的赞赏者还是对他的批判者，都未能澄清这一点：他并没有宣称个体自我可以创造全部物质世界。但他坚持认为他谈论的不是个体自我，而是一个单一的、绝对的自我。这个绝对自我创造了全部现象以及所有的个体。

这听起来像上帝了。的确，在他后期的通俗著作中，费希特就准备以这种方式谈论了。"不是实存的有限自我，而是神圣理念(divine Idea)，才是全部哲学的基础。人所为的任何事都是无意义的与徒劳的。所有实存都是在自身中生活与活动的，存在(Being)之外别无生命，上帝之外也无其他的存在。"但在其他地方，他又说，信仰一个比道德秩序更多的神圣存在(divine being)是迷信。费希特的平民主义泛神论(populist pantheism)似乎只是有欠生动形象的哲学的一个外壳，几乎无人能理解，而那些自称理解者却发现其乏善可陈。

---

[1] 该书开始撰写于1794年4月，1794年9月在莱比锡出版了上半卷，1795年8月出版了下半卷。1802年初，作者将本书与《知识学特征论纲》合并，在图宾根出了一个合订版，同时在莱比锡又单出了一个修订版。——译者注

[2] "Idealism"，也被译为唯心主义。——译者注

黑格尔

从费希特那里获益最多但对他批评最激烈的人是黑格尔（G. W. F. Hegel）。到目前为止，黑格尔是最有影响力的德国观念论者。他生于 1770 年，在图宾根大学（University of Tübingen）学习神学，在耶拿大学任教，直到这所大学因为法军入侵而关闭。1807 年，他出版了《精神现象学》（*Phenomenology of Spirit*）。直到 1816 年他才在海德堡大学当上教授，此时，他出版了他的主要著作《逻辑学》（*The Science of Logic*）。在他的哲学全书（逻辑学、自然哲学和精神哲学）出版后，1818 年，他被邀担任柏林大学的教席，直到 1831 年死于霍乱。

黑格尔的著作极其难读，提起它就给人深奥的印象。仔细阅读之后，有些读者发现这种印象进一步加强了，另一些读者则发现这种印象烟消云散了。黑格尔著作中难度最小但也许影响力最大的部分是他的历史哲学，所以我们就从这里开始吧。

图 36　黑格尔肖像画，德国画家雅各布·施莱辛格
（Jakob Schlesinger，1792—1855）作于 1831 年。
（图片来源：Wikimedia Commons）

黑格尔相信，哲学家对历史有一种普通历史学家缺乏的特别洞见。哲学家认识到理性是这个世界的主宰，世界史通过理性进程向我们呈现自身。这种知识或者通过对形而上学体系的研究，或者从历史研究自身加以推导，都能获得。它与宗教信仰天意（providence）是相应的，但这种知识超越了宗教，因为一般的天意概念对解释历史是不充分的。

阐明历史就是描述人类的情感、天才以及活动能力，它们在伟大的历史舞台上起着各自应有的作用；它们所展示的由天意决定的过程构成了一般所谓的天意"狡计"（plan of providence）。但这一狡计不应当为我们所见，甚至渴望认识它都被认为是狂妄自大。

只有哲学家才认识这个世界的最终命运，也才知道它如何实现。黑格尔说，普遍历史就是精神（Spirit, Geist）的发展及其在具体现实中的表现。那么何谓精神？它与物质相对立；物质的本质是重力，而精神的本质是自由。因此，物质是由其各个部分互相作用的引力规定的，精神则是自我包含的、独立的和自我意识的存在。作为对自身的意识，精神也意识到其自身的潜在性，而且它拥有实现这些潜在性的冲动。黑格尔说，普遍历史是"精神于潜在地所是的知识之形成过程中的展示"。

如此引入的精神概念很可能在初次接触时让人感到困惑。它是上帝吗？或者"精神"是一种谈论人类个体心灵的易使人误解的伟大方式吗？当医学教科书对个体人的肝脏进行概括时就是以此进行的。这些猜测都不对。要理解黑格尔，最好是反思我们谈论人类的方式。如果没有任何特殊的形而上学承诺，我们很乐意谈论人类已经进步了或退化了，或者在科学时代掌握了蒙昧时代尚未知晓的许多事情等等诸如此类。当黑格尔使用"精神"一词时，他的意思比我们谈论人类时意味更多，但他使用的是同样的语言。

这样，当黑格尔说，在历史中，精神是在自由意识中发展时，他是在人类中探寻自由意识的成长。那些在东方专制统治下生活的人，不知道他们是自由存在者。希腊人和罗马人知道他们自己是自由的，但他们保存的奴隶制度表明，他们不知道这样的人（奴隶）也是自由人。"德意志民族在基督教的影响下，首先达到了人作为人是自由的这种意识：构成其本质的精神自由。"

世界的命运就是自由和自由意识的精神扩展。如下的陈述尽管至关重要却是抽象的：精神实现其自由的具体手段是什么？除了作为个体的自利行动的结果，这个世界上似乎什么也没有发生，历史呈现出一种令人沮丧的景象。正如黑格尔所指出的，历史是人民的幸福、国家的智慧和个体的美德牺牲于其中的屠宰场。但沮丧是不合理的：因为个体的自利行动仅仅是手段，世界的理想命运借此才能够实现。"没有激情，世界上任何伟大之物都不能实现。"理想和人类激情为历史之网提供了经纬线。这两者的统一就是"道德条件下在国家中的自由"。

个体的自利活动是世界精神（World-Spirit，*Weltgeist*）实现其目的的工具，但他们并没有意识到他们在如此行动。当一个国家被组织起来，以至公民的私人利益与国家的公共利益相一致时，他们才能取得最大的效果。考虑到世界历史、国家和民族自身都被看成是个体；但在精神的自我表达中也有一些独特的人物具有特殊作用。比如像尤利乌斯·恺撒或拿破仑这样的世界历史人物，他们自己的特殊目的表现了世界精神的意志，他们看到了在他们的时代历史发展之时机已经成熟。

但这些伟大人物是例外，世界精神的正常发展是通过个别人民的精神或国家的精神，即民族精神（*Volksgeist*）。这种精神在民族的社会和政治制度、文化、宗教和哲学中显现自身。民族并不必然与国家相同。的确，把德意志民族变成德意志帝国是19世纪德国民族主义的伟大任务。但只有在国家中，一个民族才能作为一个民族具有对自身的自我意识。

国家的创立事实上是世界精神把个体和民族当作工具使用的崇高目标。国家"是自由的实现，即绝对的最后目的的实现，国家是为了自身而存在的"。个体人所拥有的全部价值以及全部精神的现实性，只有通过国家才能具有。因为只有在参与到社会和政治生活中，他才完全意识到他自己的合理性（rationality），才会意识到他自己是世界精神借助民族精神的显现。黑格尔说，国家只要它存在于地球上，就是神圣的理念。

各个民族精神的相互作用构成了世界精神的历史，并使世界精神能实现其天命。在不同时代，不同的民族精神主要表现了世界精神的进程。世界精神所属的民族在那个时代就将是世界历史中占支配地位的民族。对于每个民族来说，机会有且只有一次。在黑格尔时代，这个机会属于德意志民族。尽管英国人可以说，"我们是航海的民族，我们具有世界贸易"，但德国人可以说，"德意志精神是新世界的精神，其目标是实现绝对真理，这一绝对真理就是自由的无限的自我决定"。

德国历史被划分为三个时期：查理曼之前，黑格尔称为圣父的王国；从查理曼到宗教改革，圣子的王国；最后从宗教改革直到并包含普鲁士君主制，是圣灵的王国。尽管普鲁士差不多是理念的实现，但它不是世界精神的定论。如果考虑到黑格尔通常表现出来的对总体高于部分的偏爱，人们可以猜想，民族国家（nation-states）最终将让位于世界国家（world state）。但黑格尔不喜欢世界国家这个观点，因为它消除了战争的机会。他认为，作为有限存在无常本性的提醒者，战争有其自身的积极意义。相反，世界的未来在美洲，"在我们面前的那些时代的世界历史的重担将显现自身于那里"。也许在北部和南部大陆之间的争斗中。

黑格尔声称，他的历史哲学可以从其形而上学中演绎出来。只有在那里，我们才能看到为他所诉求的世界精神的充分意义，因为参照其形而上学，并不应该把它仅仅看作无情的历史力量运行的比喻。在黑格尔的形而上学体系中，精神类似于康德的统觉的先验统一，以作为全部经验的主体，它自身不能成为经验的对象。康德似乎满足于假定，在每一个体心灵的生命中会存在一个分离开来的中心。但这种假定有何根据呢？康德的先验自我之后站立的是笛卡尔的自我。作为对笛卡尔"我思"最早进行批判的人之一，黑格尔向笛卡尔发问：你如何知道是你在思，而不是世界心灵在你之内思呢？于是，黑格尔的精神应该成为意识的核心，它先于任何个体意识。一个精神有时在笛卡尔的思想中思考，有时在康德的思想中思考，也许就好像我，作为单个个体的人，同时也能感觉到牙痛和痛风发生在我身体的不同部分。

精神的实存被黑格尔看成是逻辑学的质料。正如他把历史看作逻辑学的显示一样，他也用历史尤其是军事的术语去看逻辑学。如果两个命题是矛盾的，那么黑格尔就把这种矛盾描述为它们之间的冲突：一个命题要去反对另一个命题，并击败或战胜它。这叫作"辩证法"（dialectic），在这个过程中，一个命题（正题）与另一个命题（反题）冲突，这两个命题最终都被第三个命题（合题）征服。我们介绍一下黑格尔如何在实践中运用辩证法的。

逻辑学的主题是绝对（Absolute），即实在性总体，也就是为我们所熟悉的早期哲学家的存在（Being）。我们从绝对是纯存在这一正题开始。但没有任何性质的纯存在是无（nothing），因此我们就被引导到反题"绝对是无"。正题和反题都被合题克服了：存在（Being）和非存在（Unbeing）的统一就是生成（Becoming），因此我们说"绝对是生成"。绝对具有其自己的生命，它经历了概念、自然和精神三阶段。这三阶段分别由哲学的三个不同分支即逻辑学、自然哲学和精神哲学进行研究。

黑格尔经常用"上帝"这个词来指称绝对，而一个现代基督徒也许会把绝对发展中的三个阶段等同于（1）世界开端之前独存的上帝，（2）进化出人类之前存在的自然创造物，以及（3）人类的历史。但这过于简单化了。黑格尔在把绝对描述为对自身进行思想的思想时，的确使用了亚里士多德对神的规定。结果是绝对的自我意识是在其生命圆周的终点而非起点出现，而且它是通过人类的哲学反思完成的。正是哲学史使绝对面对自己。我希望，作为读者，你能认识到你在阅读时正在发生什么。

但是，如果我们严守黑格尔的立场，那么我们的阅读就应到此为止。因为黑格尔认为，在他自己的体系内，哲学史就终结了。在其《哲学史讲演录》（Lectures on the History of Philosophy）中，他把较早的哲学看成一个接一个地服从于辩证发展的过程，并逐步地向德国观念论的方向前进。他告诉我们，一个新纪元现在开始了，如今有限的自我意识不再是有限的，绝对的自我意识已经获得了其现实性。哲学史的唯一任务就是叙述有限的自我意识与无限的自我意识之间的斗争，现在战斗已经结束，绝对的自我意识已经实现了其目的。

马克思与青年黑格尔派

黑格尔在哲学史上的重要性，与其说是来自其著作的内容，不如说是来自对追随他的思想家产生的重大影响。在他所影响的所有思想家中，自身又具有最重大影响力的是卡尔·马克思（Karl Marx）。马克思把他自己的哲学使命描述为"对黑格尔的颠倒"（turning Hegel upside-down）。

马克思1818年出生于特里尔（Trier）一个具有犹太血统的自由新教家庭。他先是在波恩（Bonn）大学，然后在柏林大学求学。在柏林大学，他在布鲁诺·鲍威尔（Bruno Bauer）的指导下学习黑格尔哲学。鲍威尔是左翼阵营青年黑格尔派的领袖。通过黑格尔和鲍威尔，马克思学会了把历史看作一个辩证过程。就是说，历史是在彼此相继的各个阶段的连续过程中发生的，犹如几何学证明的各个步骤，以基本逻辑或形而上学原理决定的秩序。马克思终生坚持这种立场。

青年黑格尔派认为黑格尔的异化（alienation）概念具有巨大的重要性，异化概念把人们公认与之同一之物作为异在之物来对待。它是这样一种状态，人们把实际属于其本己存在的固有之物看成外在于自身的。黑格尔自己念念不忘的是，作为单一精神表现的个体，把彼此看作敌对者而非单个统一体的诸因素。青年黑格尔派拒斥普遍精神的观念，而保留了异化概念，把它置于体系的某处。

黑格尔已经把其哲学视为诸真理之复杂的自我意识的呈现，而这些真理早已在宗教教条中获得非批判的神秘的表达。对于青年黑格尔派来说，宗教不是应被转换，而是应被消灭。在鲍威尔那里，尤其在路德维希·费尔巴哈（Ludwig Feuerbach）那里，宗教是异化的最高形式。作为存在者最高形式的人把其自己的生命和意识投射到一个虚幻的天堂。人的本质是理性、意志和爱的统一体，不愿意接受对完美的限制，于是我们就形成了具有无限知识、无限意志和无限慈爱的上帝概念，而人就把与自身相区别的一个独立的存在尊为上帝。"宗教是人与自身的分离，人们把上帝设置为一个对立的存在来反对人自身。"

马克思对青年黑格尔派的宗教批判产生了共鸣，他后来把宗教看作"人民的精神鸦片"，但是从早期起，马克思就把异化的焦点放在别处。他写道：

> 货币是一切事物的普遍的自我确立的价值。因此它剥夺了包含人类世界和自然界的全世界的固有价值。货币是被异化了的人的劳动和生命的本质，并且这种异化的本质还由于人崇拜它而支配了人。

1841年，他写了对黑格尔国家哲学的批判，攻击私有财产是市民社会基础的理论。由于国家建立在私有财产基础上，所以它自身就是人真正本性的异化。

1842 年，马克思成为自由派报纸《莱茵报》(Rheinische Zeitung)的主编。普鲁士政府视之为反动的，因此查封了该报。失去了工作且新婚的马克思与妻子燕妮(Jenny)移居巴黎。在那里，他再次成为报纸撰稿人，并且结识了很多激进派朋友，包括革命的社会主义者弗里德里希·恩格斯(Friedrich Engels)，恩格斯后来成为他最得力的助手(right-hand-man)。他也研究了英国经济学家比如亚当·斯密的著作，并开始思考自己的经济学理论。他的基本洞察是，由于货币是一种异化形式，因此所有纯粹的经济关系，如工人和雇主之间的关系，就是被异化了的社会交往形式，也是一种降级了的奴隶和奴隶主的奴隶制形式。只有废除了工资奴隶制并用共产主义代替私有财产，人的异化才能终结。

不久他又被迫迁居，这次到了布鲁塞尔(Brussels)。在那里，马克思同恩格斯一起写了《德意志意识形态》(The German Ideology)，这是一部哲学批判著作，直到他去世之后很久才出版。他在此书中明确指出"是生活决定意识而不是意识决定生活"的原理。历史不是被一种黑格尔式精神之思想史(mental history of a Hegelian Spirit)所决定的，也不是由人类个体的思想和理论所决定的，而是由生活必需品的生产过程所决定的。

马克思很早就得出了这样一个结论，人的异化单独通过哲学批判不会终结。如他的名言所示，"以往的哲学家只是在解释世界，而问题在于改变世界"，可这谈何容易。改变是必须的，且必须诉诸暴力，它需要哲学家和工人之间的联盟。"正如哲学在无产阶级那里找到了其物质武器，无产阶级也在哲学中找到了其精神武器。"1847 年，新成立的共产主义者同盟(Communist League)在伦敦举行会议，马克思和恩格斯受委托为其撰写宣言，于 1848 年年初发表，此时正值一系列席卷欧陆主要王国的革命前夜。

宣言宣布："迄今为止所有的社会历史都是阶级斗争的历史。"这就是历史唯物主义理论的结论。表面上，历史似乎是对不同民族之间和不同宗教之间冲突的记录，但贯穿一切时代的基本现实却是物质生产力，以及由被卷进生产的那些人之间的关系所产生的阶级。在历史叙事中发展出的赫然耸立的法律、政治以及宗教制度，不过是掩盖了历史基本发展水平的上层建筑(superstructure)，即生产力和生产者之间的经济关系。哲学，或"意识形态"，这一通常用来证明每一个时代的法律制度和政治制度之合理性的东西，仅仅是一个烟幕，它掩盖的是那个时代的统治阶级的既得利益。

资本主义及其不满者

马克思在后来的诸多著作中发展了这些思想，在其伟大的《资本论》（*Capital*）中达到顶峰。该著作写于在伦敦的生命最后的岁月，那时他已经因为1848年革命的影响而被迫离开法国。在《资本论》中，他详细地解释了历史过程是如何被生产力和生产关系支配的。

用马克思的术语说，生产力包括了原材料、机器和劳动力，它们一起共同制造了产品。比如需要小麦、磨粉机和磨粉工人一起才能生产面粉。生产关系是经济关系，它包括像磨粉机所有权以及工人的雇佣一些要素。技术的发展导致了不同的生产关系。在手工磨坊时代，劳动者是封建领主的农奴；在蒸汽磨坊时代，劳动者则是资本家的雇佣工人。技术的变化能让既有的生产关系被淘汰：蒸汽磨坊需要流动的工人，而不是依附于土地的农奴。当生产关系不再适应生产力的时候，马克思相信这些生产关系就会"变成桎梏"，于是社会革命就会发生。

马克思把过去、现在和将来的生产关系的历史划分为六个阶段：原始共产主义制度、奴隶制度、封建制度、资本主义制度、社会主义制度和终极的共产主义制度。他相信，他所生活的资本主义社会已处于危机状态，很快将会发生革命性变化，从而招致最后阶段的到来，首先是社会主义，然后是共产主义。他相信，资本主义产生的危机不是一个偶然的历史事实，它是资本主义自身本性中的内在之物。他的这一结论建立在两个经济理论基础之上：劳动价值论（the labour theory of value）和剩余价值学说（the theory of surplus value）。

这似乎可以最终追溯到亚里士多德，马克思相信，任何产品的真正价值与为之花费的劳动量成比例。这一命题让我们可以确定产品的价值，只要我们具有衡量劳动价值的方法。这个方法就是，计算出为保证劳动的时间，维持劳动者生计和健康的成本。这样，如果生产一定量的面粉花费了一个劳动者一天的时间，那么这些面粉的价值就是劳动者一天生计的成本。

但在资本主义制度下，市场价格不是由真实的价值决定，而是由供求决定。拥有原材料和生产工具的资本家，支付给工人相当于他一天生计的工资，比如1英镑，却经常可以把产品卖到工资的许多倍，比如10英镑。维持生计的工资和市场价格之间的差价就是剩余价值，在该例中即9英镑。在资本主义制度下，任何一部分剩余价值都没有返还给工人，它全部流入雇主的腰包。结果，劳动者受益的部分只有十分之一的工人劳动，而十分之九都是为资本家生产的利润。

随着技术的发展，以及劳动者生产效率的相应提高，剩余价值也在不断增加，返还给劳动者的劳动比例便变得越来越小。最终，这种剥削注定会到达无产阶级无法忍受的界限，于是导致了反抗。资本主义制度就将被无产阶级专政代替，随之将废除私有财产，并进入社会主义国家状态，此时生产工具完全由中央政府控制。但社会主义国家自身也只是暂时的，它将归于消灭而被共产主义社会所代替，于是个人利益和团体利益获得统一。

剩余价值理论具有一个致命的弱点。马克思没有提供令人信服的理由说明，为什么无论资本家的利润如何丰厚，所支付给工人的仅仅是维持其生计的工资。但是这一命题的重点在于他的预言：资本主义不可避免地导致革命，而且在技术进步最快、剥削最严重的那些国家，革命发生得就越快。事实上，在发达的工业化国家，雇主很快就开始并一直持续支付着远远超过工人生计水平的工资。恰恰不是在这些国家中，而是在落后的俄国，首先爆发了无产阶级革命。

如果我们把马克思主义视为一个科学假定，并根据其预言是否实现来判断的话，那么就必须说，自从马克思去世后，历史的进程完全证伪了马克思主义。但无论马克思本人怎么想，他的理论在本质上是哲学而非科学。由此观之，那么人们既可以声称其成功也可以声称其失败。一方面，尽管当今几乎没有历史学家承认历史事件完全是由经济因素决定的，但也没有任何历史学家，甚至哲学史家敢否认那些因素对政治和文化的影响。另一方面，一些由个人支配国家权力的国家已经证明，"只有非人力的力量在决定历史进程"之理论是不对的。最后，马克思自己的观念体系，如果不看成一种科学理论，而是看成一种政治召唤的鼓舞，或好或坏地发挥了巨大的影响，于是，意识形态不过是现状的烟幕的命题就被这种巨大的影响推翻了。如果生活决定意识，那么意识也决定生活。

第十八章
功利主义哲学家

杰里米·边沁

英国在拿破仑时代幸免于入侵,也没有发生革命。政府依然控制在特权阶层手中。在小威廉·皮特(William Pitt)和利物浦伯爵等首相的高度专制统治时期,民族危机重重,英国要成为现代民主国家还有很长的路要走。改革已经完成,只是通过缓慢的宪制运动,而非通过暴力革命或剧烈的政变(coup d'état)。

在让英国舆论界意识到需要改革的人士中,功劳最大的要数杰里米·边沁(Jeremy Bentham)。他是位律师,曾在牛津大学受过教育。法国大革命爆发那一年,即边沁41岁时出版了《道德与立法原理导论》(Introduction to the Principles of Morals and Legislation)。1776年,他已匿名发表文章攻击英国的法律制度,近期被呈现在威廉·布莱克斯通(William Blackstone)爵士的评论中。他对刑法改革非常感兴趣,在访问俄国的过程中构想了监狱的模型——全景敞视(Panopticon)监狱。威廉·皮特政府通过了一项授权实施的法案,然而却因有公爵地位的土地拥有者不愿在其伦敦地产附近修建监狱而搁浅。1808年,他和詹姆斯·密尔(James Mill)成为好友,并共同教化其幼子约翰·斯图尔特·密尔(John Stuart

Mill)。他就法律和立法事务写了大量论文，其中绝大部分生前并未出版，而且花了很多年去准备宪法典，然而直到去世也未完成。1817 年，他公布了一项议会改革计划，紧接着是《激进改革法案》(Radical Reform Bill) 的草案。1832 年，在大改革法案 (Great Reform Bill) 通过以后的几周，他去世了，该法案扩大了议会的权限。他的遗体被安放在由他帮助建立的伦敦大学学院图书馆内。

图 37　位于伦敦大学学院图书馆的杰里米·边沁的"自偶像"(auto-icon)（按照边沁的遗愿，他的遗体被保存在蜡像中公开展示）。
（图片来源：Wikimedia Commons）

边沁的《道德与立法原理导论》，是以功利主义著称的道德和政治思想学派的奠基性文件，后被约翰·斯图尔特·密尔发展并持续兴盛至今。这个体系的引导性观点是边沁所谓的"功利原则"(the principle of utility)，或"最大幸福原则"

(the greatest happiness principle)[1]。功利原则是根据每个行为的倾向是扩大还是减小快乐来评价行为的。最大多数的最大快乐的增加是唯一正当的人类行为目的，法律和立法体系应以是否与此目的的保持一致来审查。功利原则使我们把坏的法律与好的法律区别开来，这是政治义务的唯一来源。边沁坚持认为，信仰自然法、自然权利或社会契约不过是迷信。

"最大多数的最大快乐原则"是功利主义哲学的口号之一，犹如"所有可能的世界中最好的世界"或"不能构想出更大的东西"等说法一样，初听起来印象深刻，但仔细探究却含义模糊。我们不清楚如何测量快乐和比较不同人快乐的量，甚至是在使用边沁非常原始的方式把快乐理解成不过是快乐的感觉的情况下。对于"什么的最大多数"的问题，边沁没有提供前后一致的回答。我们应该附加"投票人""公民""人类"或"有感觉能力的存在者"吗？而且，道德主义者和政治家试图为了快乐而操纵大量的竞选者，应该通过采取措施以增加或减少人口吗？如果是那样，那么在哪个方向上呢？最困难的是，我们如何平衡快乐的量和人的数量呢？假设我们设计了从 0 到 100 的标尺，100 代表最大的快乐，0 代表最大的痛苦。我们应该倾向 51% 的人在刻度 51 的位置，49% 的人在刻度 49 的位置的状态，还是 80% 的人在刻度 100 的位置，20% 的人在 0 的位置的状态？如果我们用简单的方式来运作边沁所谓的"幸福计算法"（felicific calculus），A 状态似乎得分仅为 5002 分，B 状态得分为 8000 分。但任何关注平等或分配正义的人，在投票给 B 状态之前都会犹豫。

边沁清醒地意识到把他的口号运用于实践的困难，于是提供了比如一份计量表来测量快乐，即根据快乐的强度、持久度、确定度、接近度、丰厚度、纯度和广度来对它进行评价。他甚而提供了有助于记忆的韵文来运用这种计算法：

强烈的、长久的、确定的、快速的、丰富的、不含杂质的[2]

---

[1] "principle"当然有原则和原理的含义，在具体细节上采用"原则"的译法，在整体上采用"边沁原理"或"功利主义原理"的译法。同样，"happiness"有快乐和幸福的含义，具体而言时译成"快乐"，整体而言时译成"幸福"。——译者注

[2] 原文以 aa, bb, cc 方式押韵，翻译时为了达意，韵味则只好割爱了。——译者注

享受快乐和忍耐痛苦的标志。

　　如果出于私人目的，请寻求这些快乐；

　　如果寻求公共快乐，请把它们尽量延长。

　　如果你认为需要避免这些痛苦

　　而且痛苦必定来临，请尽量减小它们。

　　后来的功利主义者致力于处理上文前面一段勾画出来的问题。直到今天，问题依然存在，最大快乐原则仍是研究计划的主题，而非道德和政治行为的实际方案。

　　边沁在道德哲学上的影响是巨大的。我们可以把道德哲学家分成绝对论者（absolutists）和后果论者（consequentialists）。绝对论者相信，无论后果怎么限制行为，有一些固有为错的行为是决不可以做的。而后果论者认为，行为的道德应该是由其结果来评判，在具体的环境下，没有不可以通过结果而得到证成的行为。边沁之前的绝大部分哲学家都是绝对论者，因为他们相信自然法或自然权利。如果存在自然权利和自然法，那么一些违背该权利或同这些法律相冲突的行为就是错误的，而不论其结果如何。边沁对自然法和自然权利概念攻击的影响力，超过拥护功利原则的其他人。它影响了在道德哲学中受到重视的后果论的形成。

　　后果论者如边沁，依靠结果来判断行为，而不会预先排除任何种类的行为。自然法信仰者说，那个希律王或尼禄已经杀了五千名无辜者，言下之意是"那是一桩恶行"。后果论者在做出判断前肯定会说"告诉我更多些"。大屠杀的结果是什么呢？如果统治者允许五千人活着会怎样？

　　起源于边沁的后果论，如今在专业哲学家中广为流传。完全的后果论可能在理论上比在实践上更受欢迎。哲学讨论班之外的绝大多数人士，可能相信某些行为是如此的难以容忍，以至它们应该在道德上提前排除，并拒绝为了追求可欲的结果而肆无忌惮。但在目前讨论的比如医学伦理学话题中，后果论对政策的形成有更大的发言权，至少在英语国家的情况是如此。这是因为技术专家和政策制定者天然就明白他们所谈到的成本效益（cost-benefit）术语。在普通的非专业的公众领域，许多人都会赞同边沁对"某些类行为应被绝对禁止"这种观点的怀疑。

　　人们会问，这些绝对禁止源于哪里呢？无疑，信仰宗教者认为来自上帝。但他们怎么能够说服不信仰者呢？存在无禁止者的禁令吗？那些倾向绝对禁令者，岂不是在表达他们天生的偏见吗？

这个回答将在道德自身的本质中找到，道德有三个基本元素：道德共同体、一系列道德价值和道德规范。所有三要素都是必要的。第一，正如不可能有纯粹的私人语言一样，同理，也不可能有一种纯粹的私人道德。第二，共同体的道德生活在于对一些非物质价值如公平、真理、友谊、自由等的共同追求：这一点把道德与经济学相区别。第三，这种追求是在排除某些被禁止的行为的框架内进行的：这一点又把道德与美学相区别。构成对"谁在禁止"问题的回答是，道德共同体的成员：一个普通道德社会的成员关系包含对共同规范的服从。在攻击一些东西是绝对错误的观念时，边沁所攻击的不仅是道德的一种形式，而且是构成道德的某种东西。

虽然创造了有缺陷的伦理体系，但边沁对具体问题的详细讨论是出众的。他的文风轻快、精简，用词准确、清晰，并把沉重的论证化成流畅的和商务般的（business-like）段落。试以对刑法目的的讨论作为例证：

> 惩罚直接而主要的目的是控制行为。这种行为或者是犯罪者的，或者是其他人的。如果是犯罪者的行为，惩罚就是控制其影响，或者控制其意志，即所谓以改造他的方式进行。或是控制其身体能力，即所谓通过让身体变得无能的方式进行。倘若是其他人的，惩罚毫无疑问对他们的意志构成影响，即所谓以以儆效尤的方式进行。

边沁反对报复性的惩罚理论。所谓报复，即根据正义理论伤害他人者就应该被伤害，不管他的痛苦对自己和他人是否有震慑或治疗的效果。这样的报复行为，说白了就是以暴治暴，将显然增加世界罪恶的数量，而不是恢复任何正义的平衡。因为惩罚包含着痛苦的折磨，除非是它承诺排除一些更大的罪恶，否则就无法得到证成。他相信，惩罚的首要目的是威慑；惩罚不应该被施加于任何无法造成威慑的情况，无论是对犯罪者还是其他人。同时，惩罚也不应超过威慑所需要的痛苦程度。边沁总结了一套准则以确定犯罪和惩罚之间的比例，并不是基于"以眼还眼,以牙还牙"的报复性原则,而是通过潜在犯罪所获利益和因为犯罪而导致的损失加权计算,得出惩罚预期的效果。边沁相信,任何惩罚的补偿性效果肯定附属于威慑效果。实际上,现在的绝大部分监狱都达不到边沁所追求的效果。

边沁还在更广泛的道德哲学领域做出了有价值的贡献。比如,他比先前的学者更加清晰地阐明了"意图"(intention)的概念。他说,一个行为可能是有意图的,但没有产生如期后果:"因而,你有可能故意触碰某人,而无伤害他之意图;然而后果证明,你偶然地伤害了他"。一个后果或者是出于直接故意(directly intentional,"当产生后果的预期构成了因果链的一环,人们决定如此行动"),或者是出于间接故意(obliquely intentional,当后果可能被预见到,但产生后果的预期没有构成决定性的因果链)。在直接故意产生的后果中,他区分了终极的故意(ultimately intentional)与即刻的故意(immediately intentional),这对应于传统的目的和手段的区分。

边沁在意图和动机之间也做了区分:一个人的意图可能是好的,而动机可能是坏的。例如,A 可能出于邪恶的动机,捏造一个 B 并未犯下的罪行控告 B。但是,如果 A 真相信 B 是有罪的,那么他的动机是坏的,但意图却是善的。边沁说,从动机本身来讲并无好坏之分,一些词如"淫欲""贪婪"和"残酷"仅在从未正当使用的意义上预示着坏动机,即认为该动机表示发生坏的结果。例如,"淫欲"是对被视作坏结果的性欲的命名。对边沁来讲,动机并不为行为的道德评判提供独立的基础。唯一与有意愿的行为的道德相关的一种精神状态是,行动者对于后果的信念。事实上,有点讽刺意味的是,尽管边沁在他的作品中如此富有教益地讨论意图和动机,但它们在边沁自己的功利主义体系中的道德重要性要远远小于在其他任何体系中的道德重要性。

约翰·斯图尔特·密尔在他的《功利主义》(*Utilitarianism*)一书中将该问题总结如下:"他把一个溺水的同胞救起,这在道德上是正确的,无论他的动机是出于义务,或是希望因付出了辛劳而获酬。他背叛相信他的朋友是犯罪行为,即便他的目的是为了另一个他对之负有更大义务的朋友。"在非道德的基础上,一个动机可能优于另一个动机,或者因为从长期看,一个出于品格的动机更会产生有德行为。但一般而言,"动机与行为的道德毫无关系,尽管与行为人的价值关系莫大"。

密尔的功利主义

密尔在几个方面把边沁的功利主义软化了。批评者反对说,设想生活没有比快乐更高的目的是只适合于猪的学说。密尔以区分了快乐的质而做出回应。"就两种快乐来说,如果所有或几乎所有对这两种快乐都有过体验的人,都不顾自己在道德义务上的感情,而断然偏好其中的一种快乐,那么这种快乐就是更加值得欲求的快乐。"用这样的理论武装,密尔能够总结出,"做一个不满足的人比做一个满足的猪更好;做一个不满足的苏格拉底要比做一个满足的傻子更好"。在运用最大幸福原理时,我们必须牢记这点:所有的事物所值得欲求的目的都是尽可能地免除痛苦,尽可能在生活的质和量上享受快乐。

边沁的功利主义否定了自然权利,原则上主张在特定环境下,高度专制政府和对个体自由的巨大侵犯。密尔在他的作品中一直致力于用自由主义调和功利主义,他的短论《论自由》(*On Liberty*)是一篇自由个人主义的经典雄文。

这本小册子寻求讨论集体意见对个体独立合法干涉的限制,他用以下术语来陈述他的指导原则:

> 人类之所以有权可以个别地或集体地,对其中任何成员的行动自由进行干涉,唯一的目的只能是自我防卫。这就是说,对文明群体中的任一成员,之所以能正当实施一种反其意志权力的唯一目的只能是,防止对他人造成的危害。他自己的利益,不管是身体上的还是道德上的,都不是充足的正当理由。

在任何一个人的行为中,唯一对社会友好的部分就是关心他人的行为。对自己,对自己的身体和思想,个体则拥有主权。

密尔特别地把他的原则用于支持言论自由。就我们所知,当一个观点被压制了,它可能是真的;如果不是真的,它可能包含有一定比例的真;即使它全假,以相反的观点与其论战也是很重要的,否则人们就会认为压制仅仅是一种偏见,或者是一种缺乏信念的形式上的声明。以这些理由为基础,密尔肯定了观点的自由和表达观点的自由，它们是"人类精神幸福的必需，所有其他的幸福都依赖它"。

图 38　约翰·斯图尔特·密尔肖像画，英国画家乔治·弗雷德里克·沃茨（George Frederic Watts，1817—1904）作于 1873 年。
〔图片来源：Wikimedia Commons〕

密尔的逻辑学

除《论自由》以外，密尔最出名的著作是《妇女的屈从地位》(*The Subjection of Women*)，该著作是他同他的妻子哈莉耶特·泰勒（Harriet Taylor）合作而成。但密尔作为哲学家的名声并不是单靠他的道德和政治学著作。他非常博学且勤奋有加，在 3 岁时就开始学习希腊文，尽管受到在东印度公司 35 年全职工作的限制，但他还是出版了大量的哲学著作。在理论哲学上，他最重要的著作是《逻辑体系》(*A System of Logic*)，出版于 1843 年，并在他生前被重印了 8 版。

密尔在 19 世纪延续了 18 世纪英国经验主义者的传统。他崇拜贝克莱，尽力把他的物质理论从神学语境中剥离出来。他说，当物质对象未被感知时，我们对它们持续存在的信念只不过意味着我们对进一步感知对象的持续期望。密尔把物质定义为"感觉的恒久的可能性"；外部世界是"按照法则彼此相继的可能的感觉世界"。

在心灵哲学方面，密尔同意休谟关于"我们没有区别于其有意识显现的心灵自身的概念"，但他很勉强地接受他自己的心灵只是一系列感觉。对其他心灵的存在则尤感困难。他不得不解释，我知道非我的心灵存在，方法是设想他人的行为与感觉的关系，类似于我的行为与我的感觉之间的关系。这个主张不容易与他一般现象论者（phenomenalist）的立场相调和，因为根据这种观点，包括他人在内的其他实体，仅是我的感觉的恒久的可能性。

同先前的经验论者不同的是，密尔对形式逻辑和科学的方法论有着浓厚的兴趣。他的《逻辑体系》（1843）开始了对语言的分析，特别是分析了命名理论（theory of naming）。

密尔是在非常广义的角度上使用"名称"这个词的。不仅像"苏格拉底"这样的专有名称，而且还有代词"这"、限定摹状词（definite descriptions）如"继承征服者威廉的国王"、通名（general terms）如"人"和"睿智"、抽象表达如"老年"等都在他的体系中叫作名称。的确，在他的体系中，仅有"的"（of）、"或者"（or）、"如果"（if）等词似乎不是名称。根据密尔的观点，所有的名称都指称事物：专名指称它们的名称所是之物，通名指称它们真正所属之物。所以，不仅"苏格拉底"，而且"人"和"聪明"都指称苏格拉底。

对于密尔来说，每一命题都是名称的连接。这并没有导致他走向极端的唯名论观点，即对每个句子都是通过连接两个专名的模式来加以解释，如"塔利是西塞罗"。连接了两个内涵名称（connotative names）的句子，如"所有人都是有死的"，告诉了我们某些属性（如理性和动物性）一直为必死性的属性所伴随。

比他讨论的名称和命题更重要的是他的推理理论（theory of inference）。

推理分为真实的（real）和语言的（verbal）两种。从"没有伟大的将军是个鲁莽者"推论出"没有一个鲁莽者是个伟大的将军"，是语言推理，而非真实推理，前提和结论是一回事。仅当我们在结论中推出了前提所不包含的真理时，才是真实推理。例如，当我们从一个特殊事件推论出普遍结论时才是真实推理，比如，"彼得是有死的，雅各是有死的，约翰是有死的，所以所有人都是有死的"。但这样的推理不是演推理绎，而是归纳推理。

所有演绎推理仅是语言推理吗？直到密尔的时代，三段论还是演绎推理的范式。三段论推理是真实推理还是语言推理呢？设想我们从这个前提"所有人都是有死的，苏格拉底是人"，推出这个结论"苏格拉底是有死的"。情况似乎是，如果三段论是演绎有效的，那么结论必然在某种程度上被算在第一个前提中了：苏格拉底的必死性必然已是这个证据的部分，从而使我们相信所有人都是有死的。另一方面，如果结论给出了新信息，比如我们把苏格拉底的名称替换成还没有死的某个人（密尔用"威灵顿公爵"），那么我们发现并不能从第一个前提得出真实的结论。密尔说，大前提仅是作为推论的公式，所有真实推论都是从特殊到特殊。

从特殊事件开始的推理被逻辑学家称为"归纳"。在某些情况下，归纳似乎提供了普遍结论。从"彼得是犹太人，雅各是犹太人，约翰是犹太人……"，我能列举所有的使徒，得出"所有的使徒都是犹太人"的结论。这个过程有时被称为"完全归纳法"（perfect induction）。根据密尔的观点，完全归纳法并不真正让我们从特殊到一般，因为结论仅是对在前提中表明的特殊事件的简记。一些逻辑学家坚持还有另一种归纳，即不完全归纳，密尔称为"简单枚举归纳法"（induction by simple enumeration），即从特殊事件推出普遍规律。但是，这种所谓的普遍规律仅是用来推论的公式。真正的归纳推理让我们从已知的特殊推出未知的特殊。

如果归纳不能被引入三段论的结构中，这并不意味着其没有任何自身的规则进行推理。密尔设置了五个探究实验式的规则或准则，来指导因果关系的归纳式发现。我们以考察前两个来说明，密尔分别称为求同法（method of agreement）和求异法（method of disagreement）。

求同法是说，如果现象 F 出现在环境 A、B 和 C 中，也出现在环境 C、D 和 E 中，那么我们将得出结论说，作为共同特征的 C 与 F 构成因果关系。求异法是说，如果 F 在 A、B 和 C 中发生，但在 A、B 和 D 中不发生，那么我们能得出结论说，作为两种情形中唯一不同的 C 与 F 构成因果关系。密尔对方法二给出了一个说明："当一个人被射中了心脏，正是用这种方法，我们知道他是被枪击杀害的。

因为在这之前他生命充实,除了有伤口外,所有的环境都一样。"

同所有的归纳程序一样,密尔的方法似乎设定了普遍规律的恒常性。正如密尔明确所言,"自然的过程是一致的这个命题,是归纳的基本原理或普遍公理"。但是,这个原理的地位是什么?密尔有时似乎把它看作经验概括。例如,他说,假设因果律也适用于遥远的星体就是草率的。但如果这个非常普遍的原理是归纳的基础,那么肯定它本身不是由归纳来确定的。

密尔的体系不仅在用于因果律的解释时产生了困难,用于数学真理的解释时也产生了困难。密尔不认为,正如其他一些经验论者已经做的那样,数学命题仅是语言命题,只是阐明了定义的后果。密尔坚持,算术的基本公理和欧氏几何学公理都表达了事实事项。相应地,他不得不连贯地得出结论,算术和几何学,物理学也一样,是由经验假设形成。数学假设具有高度普遍性,在我们的经验中得到了最精致的证实;然而,它们仍然是假设,可被后来的经验所修正。

密尔关于数学真理是经验概括的断言,受到他在《逻辑体系》中压倒性目标的激发,该书打算反驳"伟大的理智支持了错误学说和糟糕的直观"的概念,即外在于心灵的真理可以通过独立于经验的直观来了解的命题。他对数学的看法很快被德国哲学家戈特洛布·弗雷格(Gottlob Frege)推翻。在弗雷格之后,甚至那些对密尔的经验论深表同情者包括他的教子伯特兰·罗素也放弃了他的算术哲学。

1873年,密尔在阿维尼翁去世。一本引人入胜的《自传》(*Autobiography*)在他死后出版,还有一些关于宗教论题的论文发表。在他的论文《有神论》(*Theism*)中,他反思了由世界的善与恶存在所产生的问题。密尔得出结论,问题只有通过承认神的存在,同时又要否认神的万能才能解决。他是这样总结的:

> 那么,这些是研究神圣属性问题的自然神学的最后结果。一个能力伟大但有限的存在,是怎样被限制和被什么所限制的,我们无法测度。力量伟大且也许无限的智慧,但也可能比这更狭隘地限制权力,欲求并关照一些他的造物的幸福,但可能有另外一种他更关心的行为动机,或者他就几乎不能被假设只为那个目的创造了宇宙。这是自然宗教所指向的神(deity),任何比这更加吸引人的神的理念,只是来自人的愿望,或者出于真实的或想象的启示的教义。

第十九章
19 世纪的三位哲学家

叔本华

19 世纪最有趣味的德国哲学家是亚瑟·叔本华（Arthur Schopenhauer）。1788 年，叔本华生于但泽（Danzig）。在一开始错选了医学专业后，1810 年，叔本华在哥廷根大学（University of Göttingen）开始学习哲学。他崇拜康德，但不是康德哲学的继承者。1811 年，叔本华在柏林参加了费希特的讲座，但他既厌恶其晦涩难懂又厌恶其国家主义。在他论及黑格尔及其追随者的著述中，他抱怨道，"他们具有长期麻醉效果，而无一滴思想"。叔本华本人的风格，最先展示在他于 1813 年的博士论文《论充足理由律的四重根》（*On the Fourfold Root of the Principle of Sufficient Reason*）中。其文风充满活力，光彩照人，受到了大诗人歌德的称赞。1814—1818 年，叔本华在德累斯顿（Dresden）创作了其主要哲学名作《作为意志和表象的世界》（*The World as Will and Idea*），并在 1844 年出版了增补版。1820 年，他去了柏林大学并举办了一系列讲座，但学生却不明智地宁愿去听同一时间的黑格尔讲座。讲座受到抵制，这更加激起了他对黑格尔体系的反感，并视之为胡说八道。1839 年，凭借《论意志自由》（*Essay on the Freedom of the Will*）获得的挪威皇家科学院论文奖，他第一次得到公众认可。叔本华是一个杰出的论说文家，当他的论说文集于1851年以"附录与补遗"（*Parerga and Paralipomena*）之名出版时，他从多年的沉寂和被忽视中一跃成为著名的哲学家。叔本华于1860年去世。

图 39　叔本华与他的贵宾犬的漫画，德国漫画家威廉·布施（Wilhelm Busch，1832—1908）作。
（图片来源：Wikimedia Commons）

叔本华的主要著作《作为意志和表象的世界》共有四卷。卷一和卷三专门论述作为表象的世界，卷二和卷四论述作为意志的世界。叔本华关于作为表象的世界的哲学思想密切地建立在康德基础上，但由于他写的远比康德更加明晰、简明易懂，故其效果就犹如被伊芙林·沃（Evelyn Waugh）改写过的亨利·詹姆斯（Henry James）的小说那样。

卷一以"世界是我的表象"开始。所谓"表象"(Vorstellung)[1]一词，叔本华不是指一个概念，而是一个具体的、直觉的经验。如果一个人要达到哲学的智慧，他就必须承认"他所知道的并不是太阳、地球，而只是一双看见太阳的眼睛，一双摸到地球的手"。世界只是作为表象而存在，即仅仅存在于和意识的关系中。他说，这个真理最早在印度哲学关于玛雅（Maya）或现象的学说中有所体现，只是在欧洲被贝克莱重新发现罢了。

对于我们每个人而言，我们自己的身体是感知世界的起点；其他客体通过它们之间的效果，通过因果律的方式而被知性所把握。知性是人与动物共有的，因为动物也是在空间和时间中感知事物，所以也必须适用因果律。的确，动物的洞察力有时会超过人类知性。然而，作为语言使用者的人类，不仅有知性而且有理性，就是说，可以认识体现在概念中的抽象知识。正因为如此，人在力量和承受方面远超动物。动物仅仅生活在现在，而人既生活在过去，又生活在将来。

理性给予人类三份伟大的礼物：语言，审慎而行与科学。理性的或抽象知识的重要性就在于能被分享和保存。为了实践的目的，也许知性是更可取的："对于我来说，如果我无法直觉到一把剃须刀，即如果我对它毫无感知，而只是抽象地精确到几度几分地知道角度，是毫无用处的，我必须把角度的知识用在剃须刀上才行"。但当需要别人的帮助或当需要长期计划时，抽象知识就是必要的了。行为只有建立在原则基础上才是符合伦理的，但原则是抽象的。

所有这一切和康德所说的差别并不大。叔本华之所以批判康德，只是因为在承认世界只是与主体有关的客体，而且坚持在现象之幕后存在物自体时，显得没什么热忱。正是在其卷二论述作为意志的世界时，叔本华显示了他的独创性。

叔本华从思考诸如机械和物理学等科学的本质开始。这些科学根据诸如惯性定律和万有引力定律等解释物体的运动。但就是这些说明力的定律，其内在本质远没有得到彻底的解释。"解释一块石头落地或一物反作用于另一物的力，就其内在本性而言，与引起一动物的运动和生长的力是一样奇怪而神秘的。"科学家和哲

---

[1] "Vorstellung"是德语词，意为知性思维，即把……带近前来，主体性意味非常强烈。肯尼使用的书名自然是英文，但是一般英文采用"presentation"，而不是"idea"。所以，在这里把"idea"译作"表象"。——译者注

学家不可能真正从外部通达这些事物的真正本质：他们就像是一些徒劳地绕城寻找入口者，仅仅自足于描绘它的外观。

实际上，如果我们仅是认知的主体（"无身体而有翅膀的天使"），那么我们谁都将永远无法把握世界的意义。但我自己扎根于这个世界；我对世界的认识通过我的身体给予我，它不仅仅只是诸多他者中的一个客体，还有一种我直接意识的积极力量。实际上，它正是这种与让我成为我所是个体的身体的关系。

该谜的谜底被给予知识的主体。该主体显现为个体，而答案就是意志。这，也唯有这，才给了他理解自己生存的钥匙，才向他揭示出意义，并且向他显示出了其存在、行为和活动的内在机制。

意志的所有活动都与身体的运动是一回事，意志和运动并非是被因果律联系起来的两个不同的事件。叔本华说，身体的行为是可感知的意志活动，实际上就是整个身体的活动，它不是别的什么，而只不过是客观化了的意志，意志成为可见的，成为了表象。身体及其他所有部分都是意志及其多种欲望的可见的表现。因此，"牙齿、咽喉、肠道是客观化的饥饿；生殖器官也是客观化的性欲；抓东西的手，匆忙行走的脚，都与意志的一些较间接的欲望相对应，它们也表达着意志"。

我们每个人都把自己本身了解为既是客体又是意志，这是理解自然界一切现象的本质的关键。一切客体的内在本质都必须与内在于我们的所谓的意志相同一。它除了是意志和表象外还能是什么，对此我们则一无所知。叔本华说，"意志"一词就像魔咒，向我们显露出万物在本质上最深层次的存在。

意志存在许多不同的等级，只有较高级的意志才伴随知识和自我决定。

因此，如果我说，吸引一块石头落到地的力，就其本质来说，在它自在的本身上，以及在一切表象之外，就只是意志。人们就不会指望我用这种观点，这种疯狂的观点来表达：石头自身运动，与一个众所周知的动机相一致，只是因为在人身上意志也是如此显现的。

意志是活动在植物中的力，是晶体据以形成的力，是磁铁据以指北的力。这里，我们最终发现康德徒劳地所要寻找之物：一切表象都是现象的存在，唯有意志才是自在之物。

叔本华的意志，甚至在无机体中也是活动的，看起来似乎与亚里士多德的自然欲望是一样的，只不过用牛顿定律的术语加以重述，而不是采用元素的自然位置理论。那么，为什么他称之为"意志"而不是"欲望"或简单地叫"力"呢？叔本华回答说，如果我们用意志解释力，就等于用稍懂得多的去解释不太懂的；相反，如果我们把意志仅仅看成是力的一类，我们就放弃了关于世界内在本质的仅有的直接的知识。

但是，叔本华赞同在高级和低级意志之间存在巨大差距。在高级意志中，个体性（individuality）占据着显著的地位：每个人都有一个强烈的个性。一定程度上，较高种类的兽类也是如此。"等级越低，个体特征的痕迹越是泯灭在种属的共同特征中。"在大自然的无机王国里，一切个体性均告消失。

自然界应该被看成一个各种不同等级意志间相互冲突的领域。吸起一块铁的磁石是较高级的意志形式（电流）克服了较低级的意志形式（重力）而取得的一场胜利。一个人的健康是一场自我意识的有机体表象克服原来支配身体体液的物理和化学规律的持续战斗而取得的胜利。

因此，一般地，肉体生活的重负导致了睡眠的必要性，最后直至死亡。最终这些受压抑的自然力，在环境的促成下，又能从疲于不断斗争的有机体那里，节节胜利地赢回它们的物质，而重获它们存在的无法阻挡的表达。

行星绕日旋转产生的向心力和离心力之间的张力，就是意志表现的普遍的根本冲突的例子。

那么，如此普遍在场而活跃的意志的本质是什么？叔本华认为，一切欲求皆出于需要，因而是出自匮乏和痛苦。一个愿望可能得到补偿；但另一个愿望会接续而来，这比我们能满足的欲望还要多出10倍。欲望的短暂满足"就像抛向乞丐的施舍，今天维系了他的生命，这份痛苦又延长至次日"。一旦我们的意识被我们的意志所充满，我们就再也没有幸福或和平了，我们至多只是在痛苦与无聊之间来回切换。

有没有从意志的奴役中解脱出来的可能？叔本华在他这本主要著作的卷三，详述了一种通过艺术加以解脱的方式。往往在动物中，以及在大多数人类中，知识是为意志服务的，用来保证它的欲望得到满足。但是，从满足欲望的单纯工具的客体考量超脱出来，采纳一种纯粹沉思的态度总是可能的。在朝向美时，这个态度最易被采用，无论是在自然还是艺术中。我们必须在自然的风景画或一个建筑中忘掉自我，即忘掉我们的意志和个体性。我们必须变成一面我们所沉思的客体的镜子，这样感知者就与被感知者合而为一。"在这样的沉思中，个别事物即刻成为它的类的表象（Idea），感知着的个体成为纯粹的知识主体（pure subject of knowledge）。"

叔本华这里所说的表象不是洛克式的知觉观念，而是柏拉图式的类的理念。正是通过艺术，即天才的作品，我们形成与普遍性的联系。这种普遍性独立于个体，甚至比个体更真实，就像单一的彩虹，静息于无数洒落的水滴上。每个人都有认识事物自身表象的能力，但是天才在拥有更激烈、更持久的知识上胜过常人。在沉思中，从意志中解放出来，我们不再关心幸福与不幸，并且我们不再作为个体而存在。"我们只是作为那世界的那只眼睛而存在，从一切认识的造物看出去，唯此才能从人类独有的意志奴役中变得完全自由。"

美学沉思的解放效应理论在不同艺术领域得到了细化发展，如建筑、绘画、诗歌、戏剧，以及最重要的，音乐——它是所有艺术形式中最强有力的。叔本华认为，与其他艺术不同，音乐不是表象的副本（copy），而是意志本身的副本，是意志的客观化。叔本华关于音乐清空自我的观念，得到了艾略特（T. S. Eliot）的响应。他在《干燥的塞尔维吉斯》（*The Dry Salvages*）中写道：

> 沉浸到音乐，音乐不见了踪迹，但你就是音乐，正当音乐流淌时。

但是，毕生受叔本华关于音乐论述影响最大的人，是理查德·瓦格纳（Richard Wagner），他把自己看作叔本华天才的化身。

然而，美学的沉思所提供的解脱却只是暂时的偷安，要彻底从意志的暴政下解脱出来的唯一方式就是通过彻底的断除（renunciation）[1]。意志所意欲的总是生命，因此假如我们断除意志，我们就必须断除生存意志。这听起来像是推荐自杀，但是实际上，如果把自杀作为逃避在世痛苦的方式，那么叔本华则视此为被高估了的个体生命意义所激发的错误的一步，是源于一种隐蔽的生存意志。

叔本华的断除一词所指，可从其随后给出的说明中得到理解。在卷四，他讨论了不同的道德品格，从邪恶开始到圣洁或禁欲主义结束。道德进步在于自我论（egoism）的逐步减少：从个体把自我标记为世界中心的倾向，到为自己的存在和安乐而牺牲其他一切。

恶人是最高程度的自我论者（egoist）：他在生活中坚持自己的意志而否认他人意志的存在。如果别人的意志阻碍了他，他就摧毁别人的存在。一个真正邪恶的人远超自我论，他从别人的痛苦中取乐。这不是为了作为达到自己目的的手段，而是作为目的自身。尽管恶人自视自己的人格与其他人的被巨大的鸿沟分隔开来，但他仍保持着一种模糊的意识，意识到他的意志正是那单一而积极的生活意志的显著表现（phenomenal appearance）。"他模糊地领会到，作为恶人，他自己就是整个意志；同时他不仅仅是痛苦的制造者，又是苦难的承受者。"这就是自责之苦的根源。

恶人和好人之间存在着一种中间品格（intermediate character），义人（just man）。与恶人不同，义人并不把个体性作为隔断自己和其他人的一堵绝对的墙，他很乐意从与与自己同一水平生活的他人意志中认出自己的，而又恰好达到不伤害同胞这一点。当个体性的壁垒被进一步穿透，这时我们获得了仁慈、善举及人类之爱。因此，好人的特性是在自己和他人之间少做区分。"当他自己用度充足，可供施舍时，他不太可能允许他人挨饿，就像一个人愿意忍饥一天，以换得次日超过平时的充裕。"

---

[1] 类似于佛教用语"寂灭"。——译者注

善良的人失去个体化的幻觉：他能从每个存在者那里，因而最终在每一受难者那里，辨认出自己的意志。但是，善将引领他走向比仁慈更远的一步。

如果他把其他个体的痛苦当成他自己的同样关注，这不但是最高程度上的仁慈，更甚而无论何时都准备牺牲他自己的个体性，只要这能挽救其他很多人，那么紧接下来明显地，在所有人中辨认出他自己最内在和最真实的自我的人，也必定会把所有痛苦者的无限痛苦看作自己的，并把全世界的痛苦担负于一身。

这将会导致他超越美德而达至禁欲主义；他将会觉得这个悲惨的世界令人恐惧，因为它将不足以支持爱人如己，并且当自己的愉悦阻碍别人的善时就会放弃自己的愉悦。他将尽其所能否认在他自己的身体之中表现的世界本质，进而接受贞洁、贫穷、节欲和自责，直至欣然接受别人加诸自己的任何伤害、羞辱和凌驾。于是，他将削弱自己的意志，他看出意志是他自己和世上所有受苦受难者的渊薮，并对意志憎恶；并且当死亡来临，他将当成解脱而欢迎之。这种禁欲主义不是一种空虚的理想：它能通过苦难得到领会，并且早已被基督教、印度教和佛教的许多圣徒的生活展现出来。

叔本华承认，许多圣徒生活充斥着最荒谬的迷信。他相信，宗教体系是未受教育者无法掌握的真理的神秘外衣。但他说，"一个圣者未必是一个哲学家，同时一个哲学家也未必是一个圣者"；无疑，这就是叔本华为许多人给出的答案。叔本华曾指出，他自己的生活与他描绘的禁欲理想是非常不同的。他写道："一个道德学家不能教导除了他自己已有之外的美德，这是一个奇怪的要求。"

叔本华的体系有着不可否认的魅力，他论证的每个步骤，由于他引人入胜的散文风格和迷人的比喻而具有说服力。但是，他的基本前提是不真实的，其最后的结论也是自我反驳的（self-refuting）。他没有为接受世界是我的表象之起点提供有效的理由，也没为我们接受他所推出的禁欲主义方案提供动机。为了把作为意志的世界与作为表象的世界区别开来，从而达到与只是现象不同的物自体，他不得不劝服我们说，基本的实在就是我们的个体性。然而，为了劝服我们相信超越美德上升到禁欲主义层次，他又要求我们接受我们的个体性仅是个幻觉。

意志的完全断除在语词上似乎是个矛盾。因为如果断除是自愿的，它本身就是意志活动。如果它是必要的，那么它就谈不上断除。叔本华通过再次乞灵于康德关于现象和物自体的区分，试图避开这个矛盾。"一切事物作为现象是绝对必然的，自身就是意志，完全自由地通达一切永恒。"但是，一个在永恒性中保持自由的意志是一个时间之外的意志，而任何圣者都属于世界中的现象。同一个自我否定的行动无法既内在又外在于时间。

克尔凯郭尔

在《作为意志和表象的世界》第二版付梓的同一个十年中，丹麦哲学家索伦·克尔凯郭尔（Søron Kierkegaard）提出了一种哲学，其在实践方面和叔本华的哲学虽有颇多共同之处，然而它却是建立在一种完全不同的形而上学基础之上的。克尔凯郭尔的思想在几篇独立的文章中以不同的风格与不同的方法呈现出来，而并非通过单一的某本书来阐明其体系。

克尔凯郭尔的绝大部分作品创作于他三十几岁时，即 1843—1853 年间。克尔凯郭尔在哥本哈根一个充满宗教阴郁氛围的家庭中长大。大学期间，他强烈反对神学而转向哲学。此后他了解了黑格尔主义，并对它产生了反感。1838 年，他皈依宗教，并随之确立了自己的哲学信仰。在 1841 年与蕾吉娜·奥尔森（Regina Olsen）解除婚约后，这种信仰就愈发强烈了。1843—1846 年，他以不同的化名相继出版了许多著作，其中最重要的是《非此即彼》(*Either/Or*) 和《恐惧与战栗》(*Fear and Trembling*)，以及 1846 年问世的《非科学的最后附言》(*Concluding Unscientific Postscript*)。经历了一段神秘的经历后，1848 年，他放弃使用化名，并出版了不少关于基督教的论述文和《致死的疾病》(*The Sickness unto Death*) 一书。在他余生的大部分时间里，他都和丹麦教会处于冲突中，他视丹麦教会为名义上的基督教会。克尔凯郭尔于 1855 年去世。

同叔本华一样，克尔凯郭尔也是一个反黑格尔者。不同的是，他认为黑格尔的根本错误在于低估具体个性。还是像叔本华一样，克尔凯郭尔为我们描绘的是一个以苦行为结局的精神生涯。但是，在人生生涯的每一向上阶段，都远远不是个体性的减小或断除，而是对自己独特人格的肯定。

对克尔凯郭尔而言，在最低级的层次上，个体只不过是众生中无名的一员，不加批判地接受那些公认的观点、情感和目标。趋向自我实现（self-realization）的第一阶段是进入感性的（aesthetic）领域。在此，个体犹如亚里士多德的无节制者一样，追求当下享乐。他也许经历鉴赏和辨别：那些所追求的享乐也许是优美而精致的。但是，这个感性的人的根本特征是，他逃避担当，无论是来自个人的、社会的还是官方的，因为那样会限制他的选择范围并妨碍他去追求当下吸引人之物。克尔凯郭尔用极具魅力和洞察力的手法，描绘感性生活的各种形式和阶段。其中最具诱惑力的形式显然是性满足。克尔凯郭尔则用莫扎特歌剧中的三个人物说明性追求的三阶段：切鲁比诺（Cherubino）、帕帕盖诺（Papageno），最后是唐·乔万尼（Don Giovanni）。

感性阶段的人把生存作为一种自由：但实际上这种自由是极其有限的。一个人就好像是一幢带地下室的二层楼的房子。最好的房间——一楼主厅（piano nobile）是由精神来安居的，但感性的人更愿意居住在耽于声色的地下室。这样的人处于绝望状态，即使一开始他没意识到，但他逐渐将会不满于自己的选择。从而他将会面对自弃而绝望的选择，或者将自己奋力提升到下一阶段，成为伦理的存在。

在伦理阶段，个体有意识地在社会建制中占据自己的位置，接受来自社会的义务。他放弃感性生活的永久假日并从事工作，他为婚姻生活的持久放弃转瞬即逝的欢愉。伦理存在者与大众中的成员有很大区别。他自处于社会是出于自我意识的选择行为，而非不思考的盲从。伦理阶段对个体会有严格的要求，并要求英雄式的自我牺牲。面对这种挑战，个人就会对人性弱点有清醒的认识。他可能会尽力以意志力来克服它，但又发现自己无能为力。他终于明白，自己的力量不足以满足道德法则的要求。这会使他产生歉疚感和负罪意识。如果他要逃离这些，他必须从道德领域升入宗教领域，为此，他必须做出"信仰的飞跃"（the leap of faith）。

从伦理到宗教领域的转变在《恐惧与战栗》一书中得到极为生动的描述，其以上帝要求亚伯拉罕杀子以撒献祭的《圣经》故事为文本。然而，一个伦理上的英雄，例如苏格拉底，是为了普遍的道德法则献出生命，而亚伯拉罕的英雄主义则在于他遵循上帝的个体命令。而且，他提出的要遵守的命令，是一个打破了道德规范的命令。从伦理学标准看，亚伯拉罕应作为一个谋杀者而被判罪。如果亚伯拉罕是个英雄，犹如《圣经》里对他的描写，那也只能是按照信仰的立场，"因为信仰是个悖论，特殊的个体高于普遍之物"。

信仰也许会要求克尔凯郭尔所谓的"伦理的目的论悬置"（the teleological suspension of the ethical）。亚伯拉罕的行为由于其更高目的或它之外的目的（telos）超越了伦理秩序。上帝和个体之间唯一关系的要求，也许会推翻由普遍伦理法则而来的承诺。比如父亲应该爱子甚己。但是当个体感到要违背伦理法则的召唤时，无人能告诉他这究竟是上帝的真实命令抑或只是诱惑。他甚至无法知道或者向自己求证，他不得不在盲信中做出决定。

部分地是出于对黑格尔宗教理性化的反驳，克尔凯郭尔强调，信仰不是任何客观推理的结果。在《非科学的最后附言》中，他为此提供了大量的论证。他最念念不忘的宗教信仰是基督教信仰，耶稣为拯救人类而被钉死在十字架上，这是一种包含了一定历史元素的信仰。基于此，他认为信仰不能用理性来证成。

首先，我们永无可能完全确认这些历史事件。但仅仅一个概然判断还不足以说明宗教信仰就是永福的基础。其次，历史研究永无确定的定论，所以，如果我们视此为宗教义务的基础，就必须无限期推迟这项义务。第三，信仰必须是某种充满激情的自我奉献，但客观的探索包含了一种漠然的态度，因而我们必须放弃对确定性的探求，拥抱风险，采纳信仰的"飞跃"。"无风险则无信仰。信仰正是个体的内在性（inwardness）的无限激情和客观的不确定性之间的矛盾。"

由是观之，显然，克尔凯郭尔是极具宗教气质的思想家。奇怪的是，他对无神论哲学家的影响要比在宗教圈子内的影响更大。比如，他把通过美学、伦理与宗教阶段的进步视为个体存在的逐步据有（appropriation）。一个人要拥有真实的存在，他就一定不能只做一个生命的看客或过客，而必须掌控自己的命运。克尔凯郭尔的这方面思想被20世纪的存在主义者（existentialist）思想家视为纲领，尽管一些最具影响力的存在主义者，诸如德国的卡尔·雅思贝尔斯（Karl Jaspers）和法国的让－保罗·萨特（Jean-Paul Sartre），把自我据有从神学结论中剥离了出来，但这神学结论在克尔凯郭尔自身之中正是"存在的目的"（raison d'être）。

尼采

在19世纪,所有克尔凯郭尔的观点都被德国哲学家弗里德里希·尼采(Friedrich Nietzshce,1844—1900)夸张地全盘否定了。对于克尔凯郭尔来说,感性享受是最低级的个体生存形式,基督徒的自我否定则是最高级的个体生存形式。但是,尼采却把基督教视为人类理想最低级的贬低,人类理想在纯粹的感性价值中找到其最高表达。

在经历了虔诚的母亲和姑姑们路德式的养育后,当1865年在莱比锡大学偶然接触到叔本华的无神论时,尼采顿有解放之感。此后,他一以贯之地表现为一个基督教气质和耶稣人性的反对者。他有关艺术是人类活动最高形式的信念在他自己的哲学风格中表现出来,这种风格是诗意的、格言的,而非辩论性的或演绎的。当尼采24岁时,他被邀请到巴塞尔大学(University of Basel),讲授语文学(philology)[1]。他把他的第一本书《悲剧的诞生》(The Birth of Tragedy from the Spirit of Music)献给了理查德·瓦格纳。在该书中,尼采对希腊精神(psyche)的两个方面进行了对比:狄俄尼索斯(Dionysus)代表的狂野、非理性的激情,阿波罗代表的规训良好的、和谐的美。希腊文化的伟大就在于这两者的综合,当然后来被苏格拉底的理性主义扰乱。现在的德国人只有向瓦格纳寻求解脱之道,才能从颓废中拯救出来,并超过希腊。

1876年,尼采与瓦格纳决裂并不再赞赏叔本华。在《人性的,太人性的》(Human, all too Human)一书中,他一反常态地同情功利主义的道德,似乎认为科学的价值高于艺术。但是,他将其哲学的这个阶段视为某种像蛇蜕皮一样的东西。1879年,放弃了巴塞尔大学的教席后,尼采开始写作一系列肯定生命价值的著作,痛斥基督徒的自我否定、利他主义伦理学、民主政治和科学实证主义等,因为它们都敌视生命。这些著作中最著名的是《快乐的知识》(Joyful Wisdom,

---

[1] "philology"是语文学,又叫传统语言学,其单词外形与"philosophy"(哲学)的单词外形相似,但毕竟不同,不少汉译尼采作品都把"philology"误译成了"哲学"。——译者注

1882)、《查拉图斯特拉如是说》(*Thus Spake Zarathustra*，1883—1885)、《善恶的彼岸》(*Beyond Good and Evil*，1886)、《道德的谱系》(*The Genealogy of Morals*，1887)。1889年，他开始显出发疯的迹象，遂过着衰老退休的生活，直到1900年去世。

尼采相信，历史呈现出两种不同的道德。贵族们感到他们自己属于比同类更高的层次，使用像"善"这类词语来描述他们自己、他们的理想以及他们的特征：出生高贵、富有、勇敢、诚实、金发碧眼。他们鄙视其他人，认为他们粗俗、下流、懦弱、不忠以及皮肤黑，并把这些特征看成"恶"。这是主人的道德(master-morality)。穷人和弱者，怨恨贵族的权力和财富，建立了对立的价值体系，奴隶的道德(slave-morality)或民众的道德(herd-morality)，高度重视诸如谦卑、同情和仁慈等对压迫者有益处的特征。这种新体系的建立，尼采叫作"价值重估"(transvaluation of values)，并且把它归诸于犹太人。

> 只有犹太人，处在贵族等式(善＝贵族的＝美的＝幸福的＝为诸神所爱的)对立面的犹太人，敢于以其可怕的逻辑提出一个截然相反的等式，并且刻骨憎恨(虚弱的憎恨)地坚持着对立等式，即"只有可怜的不幸者、穷人、弱者和地位低下者才是善的；痛苦的人、匮乏的人、生病的人和看起来令人厌恶的人是虔敬的，是唯一被赐福的，因为只有他们可以得救赎——但相反，你们这些贵族，这些权贵们，永远都是罪恶的、恐怖的、讨厌的、贪婪的、不信神的，你们将永远不会被赐福，而是被诅咒和谴责！"。

尼采说，奴隶的反抗始于犹太人，现已取得了胜利。仇恨的犹太人在基督爱的福音面具下取得了胜利。在罗马人那曾是贵族美德的典范，人们现在对四个犹太人毕恭毕敬：耶稣、彼得、保罗和玛丽。结果，现代人只是一个侏儒，失去了成为真正的人的意志。粗俗和平庸成为规范：唯有在如拿破仑身上尚闪现着贵族理想。

善与恶对立是奴隶道德的特点，目前还支配着他们。贵族蔑视民众为坏人，但奴隶则怀着更大的敌意，谴责贵族不仅坏而且有罪。我们必须对奴隶道德的统治进行斗争：方法就是超越善与恶的界限，引入价值的第二次重新评估。如果我们能做到这一点，那么，作为主奴之正反题的合题，将出现超人（Superman）。

超人将是生命的最高形式。尼采说，人们开始认识到基督教不值得信仰，以及上帝死了。上帝的概念已经成为人类生命完善的最大障碍。现在，我们可以自由地表达我们的生存意志。但是，我们的生存意志一定不会如叔本华所谓的颂扬弱者，它必须是权力意志（will to power）[1]。权力意志是一切生命的秘密，每一生物都寻求释放自己的力，充分发挥自己的能力。知识仅仅是权力的工具，并不存在绝对的真理，而只有更好或更糟地强化生命的虚构。快乐不是行动的目的，而只是权力运用的意识。人的权力的最大实现将是创造出超人。

人性（humanity）只是通向超人的一个阶段，后者是大地的意义。但是，超人不是通过进化而达到的，而是通过意志的运用。"让你们的意志说'超人注定是（is to be）大地的意义'"，查拉图斯特拉如是说：

> 你们必定能创造出超人！也许不是你们自己，我的兄弟们！但你们能将自己改造成为超人的先人和远祖：让这成为你们最美好的创造吧！

超人的到来将会是世界的完美之物，但它不会是历史的终结。因为尼采坚持永恒轮回学说（doctrine of eternal recurrence）：历史是循环的，一切发生过的，哪怕最微小的细节都会再次发生。

要冷静地评价尼采是困难的。他对其他人不公平的批判，令读者对他自己的作品产生了相应的急躁情绪。比如，在他的最后著作《道德的谱系》中，尼采评价他的早期作品说："写得蹩脚、拙劣、使人难堪。比喻既空洞又混乱。它缺乏逻辑的精确，对自己的主旨如此自信以至什么证明都不要了"。

尼采没有对他所批判的传统道德观给出相当一致的表述。尼采对超人的本性描述得过于粗略，以至无法提出任何标准来对人类的德性和罪恶做出判断。在诸

---

[1] 在尼采汉译作品中有"强力意志"和"权力意志"的不同译法。从本书看，尼采的原意是"走向（获取）权力的意志"，即强者自定义善恶，而不是以弱者、奴隶的标准作为善恶的标准。——译者注

如对残忍之类的评估中，要发现尼采自己的立场是很困难的。当尼采谴责宗教及其在奴隶道德之罪中所起的作用时，他满怀雄辩的义愤，描述那些执拗者和迫害者施加的痛苦遭受和野蛮折磨。但是当他描述他的贵族的"金发碧眼的猛兽"之肆虐时：

> 他也许历经反复的谋杀、纵火、强奸和酷刑等类似恐怖，虚张声势，又故作道德心安，好像仅是狂野学生的恶作剧在上演，完全相信诗人如今有着歌唱和庆祝的充分主题似的。

他似乎把这视作微不足道的过失，是其热情奔放的高贵精神的必然产物。把尼采最后的精神错乱视为贬损其哲学的理由，这是缺乏哲思的。但另一方面，要同情一个把同情（pity）视为一切情感中最可鄙的情感的人也是不容易的。

第二十章
近代三位大师

查尔斯·达尔文

在卡尔·马克思的葬礼致辞中，恩格斯把历史唯物主义描述为与达尔文自然选择进化论相匹配的科学突破。不像马克思的理论，达尔文的发现是真正的科学进步，对其详细的讨论则属于科学史的范畴。[1] 该理论向后照亮了我们曾遇到过的几个哲学议题，科学与哲学的结论曾从这些议题中抽绎出来。因此，如果对有关理论和哲学内涵不做出简短说明，即使是哲学史概要那也是不完整的。

查尔斯·达尔文（Charles Darwin）1809年生于什鲁斯伯里郡（Shrewsbury），在爱丁堡大学和剑桥大学基督学院求学前就在那儿上学。1831年获得学位后，他以市民博物学家的身份随军舰"小猎犬号"（HMS Beagle）开始了为期五年的环球旅行；他出版了1839—1846年在游历中做出的系列植物学和地质学研究记录。19世纪40年代，他开始构思自然选择理论并最终于1859年出版了大作《物种起源》

---

[1] 作为一位西方哲学史家，肯尼对马克思主义存在误解与偏见是不难理解的。这种思想在第十七章流露得比较明显。——译者注

(*The Origin of Species*)。紧接着，他在 1871 年发表了《人类的由来》(*The Descent of Man*)，并继而发表了一系列关于物种内部和物种之间结构以及行为变化的论文，直到 1882 年离世。

图 40　查尔斯·达尔文的一幅照片，英国摄影师朱莉娅·玛格丽特·卡梅伦（Julia Margaret Cameron, 1815—1879）摄于 1868 年 9 月。（图片来源：Wikimedia Commons）

在达尔文之前，生物学家已经把动物和植物划归为属（genera）与种（species）[1]。例如，所有的狮子属于狮子种，并又属于猫属的成员，而猫属还包括老虎和豹子。种的特点是其成员能与其他成员交配并产下同种的后代，不同种的成员之间的交配一般会导致无法生育[2]。

种群的相似性导致它们被划归为同一属，这可以用不同方式来解释。划分属种最著名是瑞典植物学家林奈（Linnaeus）。他认为，每个种群一直是单独地被创造的，它们之间的相似性和差异反映了造物主的设计。另外一个解释是，同属不

---

[1] 我们一般使用的分类法是门、纲、目、科、属、种六级分类法。——译者注
[2] 犹如马与驴子的后代是骡子，而骡子则无法再生育。——译者注

同种的生物可能从同一祖先繁殖而来。该观点远在达尔文之前就有了。如我们所见，古希腊的几个哲学家曾持有这个推断，更近一些而言，达尔文的祖父伊拉斯谟斯·达尔文（Erasmus Darwin）和法国博物学家拉马克（Lamarck）也提出过此论。达尔文的伟大革新在于暗示新物种可能的产生机制。

达尔文首先观察到，有机体在程度上是随着它们对所生存环境的适应而变化的，特别是与它们获得食物的机会和逃避天敌有关。长颈鹿的长脖子在获取高的树木的叶子上有优势；野马的细长腿帮助它们在开阔地带快跑并躲避猛兽。其次，所有的动植物种群都能够一代代按一定比率繁殖并扩大其种群数量。即便是大象，众所周知最缓慢的繁殖者，如果每一代的每一头大象都能存活，在500年时间内将从一对繁殖出1500万头后代。如果某种一年生植物每年仅结出两粒种子，所结出的每一粒种子在下一年再结出两粒，以此类推，那么20年就会有100万株此种植物。种群不能繁殖的原因当然是每代仅有少量存活、长大。所有物种都持续地为生存而斗争，应对恶劣天气并获取基本需要，同其他物种竞争，努力为自己获取自身的食物并避免成为他物的食物。

达尔文的洞见在于把这两个观察合并了起来：

由于为了生存而斗争，任何变化，无论多么微小，无论出自什么原因，都处在与其他有机物和外部自然无限复杂的联系中，都倾向保存那个个体并会被其后代普遍地继承。而周期性繁殖的种群的许多个体的后代也因而有更好的生存机会，但仅有少部分才能存活下来。

农人长期地选择并繁殖特殊种类动植物，以便最适合他们的目的。多年后，他们成功地改良了品种，无论是土豆还是种马。有利的变异（variations）被保存并延伸到本性中的机制，被达尔文称为"自然选择"（natural selection），这同畜牧业中的人工选择是一致的。同前辈拉马克不同的是，达尔文不相信适应性变异是父母活着时才获得的：遗传给后代的变异是他们自己经遗传获得的。这些变异的起源仅是一种机缘。

自然选择如何在某物种特征上起作用，这是显而易见的。设想有大量的飞蛾，有黑有白,都生活在银灰色的桦树上,被饥饿的鸟儿捕食。如果桦树保持其自然色,那么白蛾有更好地隐藏从而有更好的生存机会。如果随着时间的变化,桦树变黑了,那么黑蛾就有更多优势,其幸存就会超过平均数量。从外部看,物种会随着时间的推移而改变其自身的颜色。

达尔文相信,长期自然选择能进一步创造全新的动植物物种。果真如此的话,那将能解释现在世界上物种之间存在的差别,以及从全世界化石中逐渐发现的早期时代相当不同的当时的物种。他主张,在解释最复杂的器官和本能时,不需要诉诸那些对人类理性的比拟等高级手段。一个充足的解释会在无数微小变异的累积中找到,而这些变异对个体是有益的。

1871年,达尔文出版了《人类的由来》。在其中,他明确地把他的理论拓展到人类的起源。在人和类人猿(anthropoid apes)相似性的基础上,他提出人与猿是远亲,源于一个共同的祖先。

进入20世纪,达尔文理论随着遗传机制和分子遗传学的发现而大大加强了。当然,评价达尔文主义的科学证据,这不是我的目的,也超越了我的能力。如果设想他的理论是牢靠的,那么就得花一些时间讨论一下其理论的哲学含义。

从达尔文时代到现在,进化论已经遭遇到众多督教徒的反驳。在1860年的英国科学促进协会会议上,进化论者赫胥黎(T. H. Huxley)回应了牛津主教对他提出的询问:他究竟是来自他父亲一方的猿猴,还是来自母亲一方的猿猴——既然宣布人是从猿而来。赫胥黎回答说,他宁可有一个猿猴祖先,也比有个滥用其天赋并以修辞来妨碍科学的人祖先要好。

达尔文的理论明显和《圣经》七天创世的字面记载相冲突。而且,进化发生的必要时间远超过基督教原教旨主义者相信的6000年的宇宙时代。但是,《创世记》的非文字解释已被正统神学家如奥古斯丁采纳。在20世纪,几乎没有基督徒在接受地球已存在几十亿年理论时还存在困难。调和达尔文主义和信仰原罪说则更为困难。如果自洪荒以来,人类一直在进行着生存斗争,人类第一次违背上帝和偷吃禁果才把死亡带入世界,就不可能被接受了。但这是神学家的问题,而不是哲学家的问题。

另一方面,就像过去所认为的那样,即达尔文否定了上帝存在,这也是不对的。达尔文全部表明的是，整个自然选择的机制可能一直是造物主设计宇宙的一部分。毕竟，相信我们是上帝的造物，绝不会与我们是父母的孩子相冲突。从两方来看，它同我们的祖先是类人猿是相容的。一些有神论者坚持，我们仅仅从我们的父母继承肉体而非灵魂。他们毫不怀疑地把他们的理论延伸到亚当继承了非人的祖先。

达尔文最多只是放弃了上帝存在的证明，即放弃论证：生物对所处环境的适应表明仁慈的造物主之存在。但达尔文的理论仍有诸多需要解释之处。来自早期物种的个体物种的起源可由进化的压力机制和选择机制来解释。但这无法解释物种本身的起源。因为自然选择解释的出发点之一是真正繁殖的种群的存在，即物种的存在。当然，现代达尔文主义者对于物种起源和生命本身提供了许多解释；但这些解释，无论其优点如何，都不是从自然选择来解释的。

以人类物种为例，用自然选择来解释语言的起源就尤其困难。很容易明白自然选择怎样"挑选出"一定长度的腿，因为指出某一长腿个体并不难，我们能看到长腿对个体的益处。如果以类似的方式来理解语言的使用可能被自然选择所挑选，这就似乎说不通。因为在没有语言使用者的共同体前，不可能把个体理解为在一个时期内的语言使用者。因为语言是受规则支配的（rule-governed），共同体行为完全不同于在非人物种中发现的信号系统。出于语言的社会和习俗的本质，而说因为语言使用者对非语言使用者所拥有的优势语言才进化，这个观点就颇为奇怪了。看起来同样荒谬的是，银行的进化是因为那些天生有着开支票能力者，相对于那些无此能力者在生存斗争中具有优势。

达尔文主义引起的最普遍的哲学问题是因果性的本质。亚里士多德的四因说中的第四原因是一种结构或活动的目标或目的。适于这个范畴的解释被称为目的论。活动的目的论解释在亚里士多德那里有两个特征。第一，它们解释活动不是参照其起点而是其终点。第二，它们通过呈现到达终点是某种善来解释行为者的活动。因而，亚里士多德会把重物向下的落体运动解释为向其自然位置运动，该位置对于它们来讲是最适合的。相似地，有机体结构的目的论解释将结构在个体有机体中的发展解释为寻求其完美状态，并展现结构一旦完美实现就会给有机体带来的益处，所以，鸭子长出蹼是为了便于游水。

笛卡尔对亚里士多德的目的论不屑一顾。他坚持，对于每个运动和每个身体活动的解释都必须是机械的，即活动是以不带任何价值判断的先决条件的方式给出的。笛卡尔对该论点给出了很好的证明，但在后来的科学史中，亚里士多德目的论的两个要素分别受到牛顿和达尔文的打击。牛顿的重力理论不亚于亚里士多德的自然运动理论之参照目的而对运动提供解释，重力是种向心力，是种"物体被吸引或被排斥或任何倾向于中心点"的力。牛顿的解释与亚里士多德解释的不同之处在于，他没有暗示以某种方式趋向中心的物是善的。达尔文的解释，同亚里士多德的一样，要求进化进程所达的终点能被解释为对相关的生物体有益；但不同于亚里士多德的是，达尔文不是依靠最终状态的牵引而是依靠进程的初始条件来解释的。红牙红爪是关乎生存斗争的，当然是在求善，即为了其所属生物种群的生存；但它们并没有追求从进程中最终产生的善，即最适合的物种的生存。

并不是说达尔文的发现终结了对最终因的寻求。相反，当代生物学家比生活在笛卡尔和达尔文之间的前辈更敏锐地觉察到了结构和行为的功能。通过提供一般方案而把目的论解释转化为机械论解释，达尔文的观点让目的论解释受到了尊重。其理论后继者因而感到能自由地运用这种解释，而不论其他们在具体情况下对如何运用方案有何种想法。

这里存在的主要哲学问题是，目的论解释或机械论解释是在宇宙的根本层次上起作用的吗？如果上帝创造了世界，那么机械论解释就被目的论解释加强了；对于任何存在的根本解释就是创造者的目的。如果不存在上帝，而宇宙是必然规律作用于偶然机会的活动造成的，那么机械论解释就是根本性的。但即使这样仍然存在问题，即宇宙中的一切事物是否都能由机械论解释或是否有无须还原为机械论解释的目的论因果性的情况。如果决定论为真，那么回答就是否定的，机械论统治遍在。无疑，我们有自由意志，但意志自由与决定论是否兼容的讨论是开放的。如果人的意志能自由地逃出决定论，那么即便在根本上为机械性的宇宙里，也会有一种绝不能还原的目的论因果性在起作用。就我所知，不管是科学家还是哲学家，都无人能对这一系列问题给出准确回答。

约翰·亨利·纽曼

如果 19 世纪为宗教和科学之间长期最激烈的冲突提供了舞台,那么这段时间也是一位比其他思想家在指出不仅信仰上帝,而且认为接受宗教信条是完全理性的行为方面做出更大努力的思想家一生所跨越的阶段。他就是约翰·亨利·纽曼(John Henry Newman)。

图 41　约翰·亨利·纽曼主教照片,摄于 1887 年。
(图片来源:Wikimedia Commons)

纽曼 1801 年生于伦敦,在牛津大学接受教育。1822 年,他成为牛津大学奥里尔(Oriel)学院的研究员,并于 1828 年成为设在大学的圣玛丽亚(St Mary's)教堂的教区牧师。在福音教派的氛围中长大后,他逐步相信天主教对基督教解释的真理性。作为牛津运动(Oxford Movement)的奠基人,他试图使天主教解释的真理在英格兰教会中作为权威理论被接受。1845年,他皈依罗马天主教,以牧师身份在伯明翰居住多年。但他没有受到英国天主教总主教曼宁(Manning)的热情接待,因为他高扬教皇权威,遂导致了1870年的教皇无谬论(Papal infallibility)的定义。1879年,他被教皇利奥十三世任命为主教。他的绝大部分作品是关于历史的、神学的和献词的,但他也是一部哲学经典《赞同的基本原理》(The Grammar of Assent)的作者。在所有用英语写作的哲学家中,他的风格是最引人入胜的。

纽曼在哲学上的主要关切是:假如结论的证据还不怎么充分,宗教信仰如何能得到辩护?同克尔凯郭尔不同的是,他不要求在缺乏理性时采纳信念,认为这是盲目地跳过悬崖。他试图表明信念承诺本身是理性的,即便提不出证据来证明教规。在《赞同的基本原理》处理这一问题的过程中,他更多地谈到世俗中和宗教的语境中信仰本质的一般哲学兴趣。

纽曼在经验主义传统中发展他的哲学,并不喜欢德国的形而上学。唯有感官(senses)才给我们关于外部事物的直接和当下的认知,它们只把我们稍稍引出我们自身。理性(reason)是认识外在于我们的事物、存在、事实和事件之机能,超出了感官所能达到的范围。同康德不同的是,纽曼相信理性在它的领域内是无限的。"它达到宇宙的目的,并超越诸目的直至神的宝座。"理性是根据给定的理由获得知识的能力;它的运用在于,因为另一件事而断言一件事。

理智(intellect)的两种伟大运用是推论(inference)和赞同(assent);这两者一直保持着区分。当我们已忘记赞同的理由时,我们往往也会赞同。论证要么更好要么更差,而赞同要么存在要么不存在。某些论证可能迫使我们赞同,但即使在数学论证中,推论和赞同之间仍有区别。一位数学家如果没有检查自己的工作并寻找他人的确证,他对他自己的复杂证明之结论也不会赞同。有时,赞同是没有论证而被给予的,或者在坏的论证基础上进行的论证,这往往会导致错误。

论证和证据不充足的赞同总是错的吗?洛克认为是。他提出,作为热爱真理的标志,不以比命题所建基的证据更大的保证来对待命题本身,才会有正当依据。"显然,超越这个赞同限度的任何东西,都是爱真理而不是接受真理,不是为了真理之故而爱之,而是为了某些其他次要目的(by-end)。"

纽曼观察到,如果洛克是对的,就没有真理的热爱者会接受宗教信仰,休谟和边沁指责信仰者轻信就是对的。正如纽曼同意的，因为信仰的基础是推测性的（conjectural），然而它们表现为把某信息或者学说绝对接受为神圣。信仰始于概然，而终于断然的陈述。

纽曼思考的不是任何一种超自然的信仰，而是所谓严格的信仰：一方面与理性对立，另一方面同爱对立。他是在传统意义上使用"信仰"（faith）概念的，比"信念"（belief）的含义更窄。亚里士多德相信有一个神圣不动的第一推动者。但是他的信念并不是信仰上帝。另一方面，马洛（Marlowe）的浮士德（Faustus）在被罚入地狱时说，基督的血流进了苍穹，他失掉了希望与仁慈，却保留信仰。因而信仰与理性、爱构成对比。信仰是对上帝所揭示事物的信念，故而它与启示相关。如果我们相信某事物是上帝的话语，那么把某事物认同为上帝的话语必定是可能的。

这种信仰受到洛克标准的谴责：因为把某个具体事件或文本当成神启的理由，是缺乏确定性的。但纽曼认为，信仰不是理性的唯一的运用，当信仰受到批判性考察时，会被人们称作不合理的，事实并非如此。政治问题的立场选择、经济政策决定的赞同和反对、文学的品位：在这些情况下，如果我们仅依靠事情产生的理由来评估人们的根据，那么我们就可以轻易地嘲笑甚至斥责他们。

我们许多人最坚定的信念，远超我们为信仰所能提供的不稳靠的证明。我们都相信大不列颠是一个岛，但我们中有多少人曾经环游过它呢，或遇到过环游者呢？我们相信地球是球形，被大片的陆地和海洋覆盖，各地区交替见日。我以最大确定性相信我会死，但是我是根据何种明确的证据相信的呢？在所有这些真理上，我们有一种直接而坚定的把握，我们也不认为我们不是为了真理而爱真理而备感羞愧，因为我们无法通过步步证明而达到真理。

如果我们拒绝认同超越证明力之物，这个世界就不会进步，科学本身也绝不会有进步。概然性是生活的指南。如果我们坚持前进历程的每一步都如可想象般确实，那么我们肯定只能满足在地上匍匐，而绝不会怒吼。"如果期望到达伟大的目标，那就注定要经受巨大的危险；然而，在任何事情上，我们都没有绝对的确定性，对一切都必须在怀疑和无所作为之间做出选择。"

一些人反对说，在宗教信仰和纽曼所诉诸的合乎理性但无足够充分根据的信念之间存在差别。在一般情况下，我们总是随时准备思考与我们信念相违的证据，但是宗教信仰者采取拒绝怀疑任何教规的确信态度。但纽曼否认，即使在世俗事务中，用权威上对相反建议的不容忍来持有一种信仰是错误的。如果我们是确定的，我们会自发地拒绝将其作为无意义的幻影来反对，不管它们被一个多顽固的对手坚持，或者通过一种强迫性的想象来呈现。

  我当然不应容忍这样的观念：一天我会当上法国皇帝。我应该认为这太荒谬，甚至可笑了，在我怀有这个想法前，我必定是疯狂的。倘若一个人尽力劝服我说变节、凶残和忘恩负义同诚实和节制同样值得称赞，一个人过着恶棍的生活而死于非命根本就不惧未来的报应。我应该认为，没有必要让我去听他的论证，除非带着转化他的希望，尽管他因为我拒听他的推断而称我是一个执拗的人和一个懦夫。

诚然，我们有时对一些事情有把握，之后又发现出错了。这并不意味着我们应该放弃一切确定性，这比因时钟有时报错时就把时钟丢掉还糟。

纽曼是怎样将此用于宗教的证据的呢？他相信，基督宗教真理最强有力的证据，只能通过犹太教和基督教历史去发现，但这个证据只对那些已准备接受它的人有效。这种人必然相信上帝的存在、启示的可能和未来判断的确定。纽曼说，任何证据的说服力依赖于，面对该证据的人把什么视为先行地可能（antecedently probable）。

对此可有两种反对意见。第一，先行的可能性对于何为真和何为似是而非会同样地敞开，或者说，对货真价实的启示和冒牌的启示都一样。它们并未提供可理解的规则来决定何者可信、何者不可信。

  如果一项声称的奇迹，它被承认是因其碰巧，那么，为什不是印度人的奇迹，单单是巴勒斯坦人的奇迹呢？如果在一个特定的例子中，启示的抽象概率成为衡量真实性的尺度，为何就不是穆罕默德的，而单单是使徒的例子呢？

纽曼，这位在对自己观点展开批评时无比雄辩的人，也不能对此反对提供满意的回答。

我们可能问，一个人为何首先需要有纽曼所认为的接受基督教启示必要的信仰。完全相信上帝和未来判断的原因是什么？传统论证从物理世界的本质为上帝的存在提供证明，但是纽曼本人对此信心不大。

> 是否无神论同物理世界的现象没有哲学上的一致性，而物理世界如果从其自身来看，乃是一种创造性的统治性的力量，这确实是一个大问题。但是，无论如何，在科学探究者中，反对无神论的实践保证是内在的需要和欲望，是那种力量的内在经验，存在于心灵中，先于且不依赖于他们对物质世界的考察。

纽曼在此诉诸的神圣力量的内在经验，在良心（conscience）的声音中找到了。他说，正如我们从大量本能感知得出一个外在的世界存在的结论一样，从良心的暗示，即对外在劝诫的回应，我们形成了"最高法官"（Supreme Judge）的观念。作为道德感（moral sense）的良心，牵涉到理智判断。但是，良心总是情绪化的，因此它牵涉到对活生生事物的辨认。我们的情感不会被不活动的事物激起，它们和人是相关的。

> 如果我们做的不对，我们会眼泪汪汪，感觉就像伤害了一位母亲般心碎难过；如果做对了，我们就会享有同样阳光明媚而宁静的心情，同样适意而满足的愉悦，犹如受到来自父亲的表扬一样。我们确定在我们中有某些值得我们爱戴和尊敬的形象，在他们的笑容中，我们感到幸福，他们也是我们所渴望的，我们向他们诉说诉求，其愤怒则让我们担忧与虚弱。我们内心的这些感觉是必要的，因为它们令人兴奋，是智慧存在的原因。

纽曼认为，并不仅仅是良心的存在才能确立上帝的存在。对是非的智力判断——正如许多基督教哲学家和功利主义者做的一样——可以解释为理性得出的结论。这是良心的情感色彩，令人难以置信的是，纽曼把它比作我们对外部世界的感觉经验（sense-experience）。他所致力于描述的这些情感，只可能在的确存在一位天父（Father）时才合适，但是它们不能保证它们自身的适当性。如果上帝的存在简单地被看作为了解释情感本质的假设，那么其他的假设肯定可以被考虑进来。西格蒙德·弗洛伊德就是这样的例子，我们接下来介绍他的哲学。

西格蒙德·弗洛伊德

西格蒙德·弗洛伊德（Sigmund Freud）1856年生于奥地利一个犹太人家庭，几乎一生都在维也纳度过。接受医生专业训练后，1886年他开始执业。1895年，他出版了一本关于歇斯底里症（hysteria）的著作，提出了对精神疾病的全新分析。不久，他放弃了正规的医疗实践，开始实践一种新的、他称为精神分析（psychoanalysis）的治疗形式。正如他所述，这完全是医生和病人之间的话语交流。直到20世纪30年代，他一直在维也纳继续这样的实践，同时出版了一系列可读性很高的著作，并不断地修改和完善他的精神分析理论。出于对纳粹迫害的恐惧，他被迫于1938年移居英国，在第二次世界大战开始之际去世。

在《精神分析引论》（*Introductory Lectures on Psychoanalysis*）中，他以两个基本前提概括了精神分析理论：第一，我们精神生活的主要部分都是无意识的，无论是情感、思想还是意志；第二，广义地说，性冲动是最重要的，不仅是精神疾病的潜在原因，而且是艺术和文化创造的动力。如果艺术与文化作品中的性因素在很大程度上保持无意识状态，这是因为社会化要求基本本能的牺牲并升华，就是说，从原初目标转向并切换到社会所欲求的行为。但升华是一种不稳定状态，因为不易驯服的不满足的性本能，可能通过精神疾病和紊乱而采取报复。

弗洛伊德相信，无意识的存在通过三种方式来显示：通过每天琐碎的错误；通过梦的记录；通过神经病诸症状。

弗洛伊德所谓的"失误行为"（parapraxes），在今天看来算是弗洛伊德式的失误，就是一些普通的诸片段，如忘记名字、口误和错放物体。弗洛伊德举了很多例子。这可以通过一个维也纳教授的就职演讲手稿来加以说明，他把"我从未故意低估杰出前辈们的成就"，说成"我完全故意低估了杰出前辈们的成就"。在客轮"鲁斯塔尼亚号"（*Lusitania*）沉没多年后，一个丈夫要求他久未联系的妻子同他一起穿越大西洋，并写了"在鲁斯塔尼亚号上相遇"，但他实际的意思是"在'毛里塔尼亚号'（*Mauretania*）上相遇"。在每种情况下，相比于有意识选择的语言，弗洛伊德把失误看作对心灵状态的一种更好的指导。

如上所述，弗洛伊德对失误行为解释的最让人信服之处在于，它们揭示了人意识到但完全不希望表达的心灵状态。这并没有深刻地揭示无意识意图。当我们把第二种方法引人无意识中，事情就完全不同了：梦的记录分析。弗洛伊德说，"梦的解析"（the interpretation of dreams）是"通往无意识心灵活动知识的捷径"。他坚持梦是压抑的（repressed）欲望，几乎一直是通过幻觉而得到满足。他承认，相对较少的梦明显表示欲望的满足，而众多噩梦和焦虑的梦则恰好相反。弗洛伊德解决这个问题的办法是坚持梦在本质上是象征的，由做梦者编码，以使它们看起来无害。他区分了梦的明显内容和潜在内容，前者是做梦者的汇报，后者是一旦象征被解码后，梦的真实意思之呈现。

解码是怎样做到的呢？如果某人用每一带尖头之物例如伞状物代表阴茎，或者每个容器如手提包代表女性的生殖器，那么就不难对每个梦给出性意义了。但弗洛伊德并不相信，编一本把每个符号和它所象征之物相关的词典是可能的。发现每个梦的象征意义对每个做梦者是必要的，而这仅能通过在他心灵中探索与之相关的联系才能完成。唯当如此，通过揭示无意识希望的本性的方式，梦才能加以解释，而该希望的满足恰恰是梦所想象的。

弗洛伊德自称探索无意识的第三种方法（尽管在时序上是首先的）是，审查神经病人的症状。一位奥地利在校大学生病人（错误地）专注于这样的想法，即说他太胖了（ich bin zu dick）。他变得厌食，并以山地远足来消耗自己。当这个病人提到他的新娘这段时间因为有她的英国表兄迪克陪伴，而注意力从他的身上转移时，这种强迫症行为才变得可解释。弗洛伊德断定，这种无意识减肥的目的是为了摆脱这个迪克。

浮在日常生活精神病理学表面的无意识动机，在出问题者身上是很容易辨认出来的。梦和强迫行为在意义上是非常不同的。弗洛伊德相信，这仅能通过分析者与该病患长期自由的接触，并把这些观点同象征项或有疑问的行为联系起来才能调查清楚。分析者对象征的解释常常在开始时会遭病人拒绝。根据分析者的观点，为了有效治疗，病人必须承认被解码的象征所揭示的欲望的存在。

在弗洛伊德发现无意识的过程中存在一种特定的循环。无意识的存在由梦和神经质症状而得到证明。但梦和神经质症状，无论是在他们的脸上，还是在没有帮助的病人的解释下，都不能揭示无意识应该包含的信念、欲望和情感。解码成功的标准是，解码的信息应该符合分析人员关于无意识是什么的概念。但这种观念应该源自而不是先于对梦和症状的探索。

弗洛伊德在其性发展理论中确立了无意识所符合的范式。婴儿期性欲始于口唇（oral）期，肉体快乐主要集中在嘴。紧接着是肛门（anal）期，在1—3岁之间；然后是性器（phallic）期，这一阶段的孩子更关注自身的阴茎或阴蒂。只有到了青春期，个体的性欲才会持续集中在他人身上。弗洛伊德在研究的早期阶段，就把神经质症状看成在孩童时性冲动压抑的结果，把神经质特征看成是个体早期发展阶段的依恋。

弗洛伊德特别重视性器期。他相信，在那个阶段，对于一个男孩来说，母亲对他具有性吸引力，并且会开始憎恨父亲对母亲的占有。但他对父亲的敌视导致恐惧父亲会以阉割的方式来报复他。因此，孩子放弃了对母亲的性满足希望，并逐渐和他的父亲保持同一。这就是"俄狄浦斯情结"（Oedipus complex），也是每个男孩感情发展的核心阶段。同样，每个女孩的情况也是被矫正的而且绝不会获得满足的。俄狄浦斯欲望的康复和它们的压抑史都成为每个分析的重要部分。

对于生命的目的，弗洛伊德用心灵三分法（threefold scheme）取代了早期的意识和无意识的二分法。他写道："精神结构由本能冲动储存的本我（id），和本我最肤浅的部分，也是被外部世界影响而改变的自我（ego），以及超出本我之外的、控制自我和代表人对冲动的压抑特征的超我（superego）三个部分组成。"

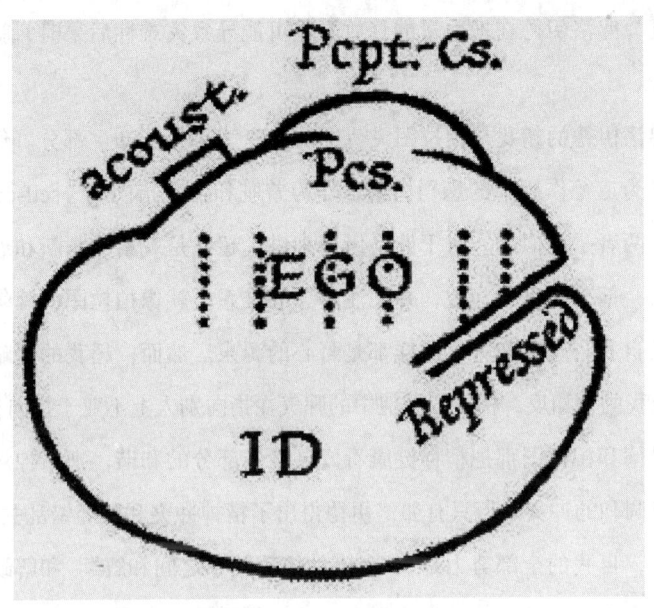

图 42　弗洛伊德于 1923 年关于自我与本我的图示。
（图片来源：Wikimedia Commons）

弗洛伊德声称，他早期理论的修正是通过观察接受分析的精神病人而被迫做出的。在后期理论中，心灵直接类似于柏拉图《理想国》中的三重灵魂（tripartite soul）说。本我对应于欲望，源自对食物和性的欲求。弗洛伊德的本我是被快乐原则所控制并缺乏道德准则的；相似地，柏拉图告诉我们欲望是被控制的，是由灵魂中的快乐和痛苦而非法则来统治。本我和欲望中都包含了处于永恒冲突的相反冲动。一些欲望的渴求和本我的所有欲望都是无意识的，并仅在梦中浮现。弗洛伊德甚至告诉我们，某些欲求之梦是恋母的。"在幻想中，欲望不会在同母亲或其他人如男人、上帝、野人性交或从禁食和血契中避开。"

弗洛伊德的自我同柏拉图的推理能力有不少共性。理性是灵魂中最可能和现实发生联系的部分，正如自我是致力于现实原则一样。同理性一样，自我有控制本能欲望之责，并让其发生无害的释放。弗洛伊德用柏拉图的一个隐喻，把自我比作骑手并把本我比作一匹马。"马提供动能，骑手有决定目标和策马之权。"柏拉图和弗洛伊德都用了液压隐喻（hydraulic metaphor）来描述控制机制。例如，把本我和欲望视为一种能量流，它可以找到正常的释放方式，或者被引导到其他的出口。但是，弗洛伊德在把力量的释放看作可能导致灾难性后果时，就与柏拉图分道扬镳了。

还有弗洛伊德的超我与柏拉图灵魂中的"脾气"（temper）部分。作为非理性的存在，作为道德作用中的惩罚力量，作为羞耻和自我指向的（self-directed）愤怒的源泉，两者是相似的。对于弗洛伊德来讲，超我是观察、判断和惩罚自我行为的代理人，部分同良心一致，并关注理念的维系。就像柏拉图的脾气一样，它责备和虐待自我。超我和脾气同样都是野心的源泉。然而，超我的侵略性是直接专门针对自我的，相反，柏拉图灵魂中的脾气在指向别人上不亚于指向自我。

弗洛伊德和柏拉图都把精神健康看成灵魂各部分的和谐，把精神疾病看成它们之间不能调和的冲突。但只有弗洛伊德得出了精神冲突和神经错乱关系的理论。弗洛伊德说，自我的全部努力是，"在诸种依赖关系之间和解"。和解缺乏时，具体的失调就产生了：精神病是自我和世界冲突的结果，抑郁神经症是本我和超我之间冲突的结果，而其他的一些神经症是自我和本我之间冲突的结果。

尽管弗洛伊德的心灵三分结构和柏拉图的理论非常相近，但他对超我的特殊讨论，提醒了历史学家纽曼对良心的描述。弗洛伊德相信，超我源于父母对孩子禁令的内化残余。

> 漫长的幼年时代，人类之成长都依赖于父母，于是就遗留下沉淀物，父母的影响旷日持久，作为特殊力量形成于他的自我意识里。此谓超我。

纽曼对良心的描述回荡着母亲的责备和父亲的赞同，看起来更像描述超我的形成，而不是证明超自然的法官之存在。

弗洛伊德会对他在哲学史中扮演的角色感到愤怒，因为他首先自视为科学家，致力于发现潜在于人类自由幻觉中顽固的决定论。实际上，当他的理论被置于足够可能的实测条件时，人们才发现他详细理论的绝大部分一直被证明是缺乏基础的。在医学专业人士中，对源于他的精神分析实践的技术，是否在严格意义上构成有效治疗形式，也存在各种观点的分歧。当他们获得成功时，它不是通过揭示不可改变的决定论机制，而是通过扩张个体自由选择来实现的。尽管他的工作具有非科学的本质，弗洛伊德对现代社会的影响一直是无处不在的：它关乎性观念、精神疾病、艺术和文学以及各种人际关系。

20世纪后期，许多社会对性的宽容态度，无疑是出于日益增加的有效避孕措施，也出于弗洛伊德的思想。他并不是第一个赋予性冲动在人类精神中根本重要性的思想家，那些把亚当的罪理解成人类性起源、传播和结果，从而塑造人类实际状况的神学家亦复如是。如果正如一些人相信的，19世纪对性讳莫如深遮蔽了性的重要性，那么这样的遮掩面纱是很容易被撕掉的。正如常被弗洛伊德引用的叔本华的一段文字所示，性是人的首要关怀，应该被秘密地追求，这是生活的一个玩笑。他说：“实际上，我们时时刻刻都视它为世上的世袭君主，它在祖先的王位上，力量充盈，目光轻蔑，俯视一切，嘲笑为束缚它而做出的准备工作。”

弗洛伊德强调婴幼期性欲是他的学说的基本要素之一，同时代人发现这最使人震惊。但他所非难的早期幼儿期情感态度，是相对晚近的起源理论之一。例如，写过《忏悔录》的奥古斯丁并不认同这一点。

无辜的不是婴儿的心灵而是他四肢的脆弱。我亲自观察和研究过一个妒忌的小孩。他甚至还不会讲话，苍白的脸上带着妒忌和痛苦，一边和他的兄弟分享母乳，一边盯着母亲。谁能意识不到这样的经验事实呢？

把弗洛伊德的工作和现代性宽容联系起来不是医学研究，而是他颇具说服力的文学风格特征。他没有收集禁欲和精神疾病关联的统计学证明，在他公开出版的作品中也不赞同发放性服务执照。他所做的是让他同柏拉图一致的隐喻能得到广泛传播：性欲图景是一种精神流体（psychic fluid）通过一种或另一种渠道寻求释放。从这个比喻来看，性禁欲似乎是一种危险的压制力量，最终会突破抑制障碍，对心理健康产生巨大影响。

精神健康这个概念，就其现代形式而言，可回溯到弗洛伊德和他的同伴把歇斯底里症患者视为真正病患而非装病的时代。人们常说，这既是一项道德决定，也是一项医学发现。这确实是一个正确的道德判决。歇斯底里症与身体疾病的范式非常接近，因此，精神疾病的概念在应用于它时，就有了明确的意义。在普通疾病中，疾病的成因、症状和治疗都是身体上的。在精神疾病中，无论物理成因和治疗方法是否得到查明，其症状都牵涉到病人的认知和情感生活：如知觉、信念和情绪的紊乱。在诊断知觉能力是否正常，信念是否理性，以及情绪是否超常等方面，都存在一种从临床描述向道德评价的略微倾斜。令人吃惊的是，同性吸引在很长一段时期内都被看成是一种精神病理障碍（psychopathological disorder），但后又逐渐被许多人看成是另一种生活方式（alternative life-style）的理性选择的基础。在弗洛伊德之前，这些行为模式一直被看成罪过而应受罚，现在却常在法庭和咨询室被判断为适于治疗的病症。常常有人说，弗洛伊德更是一位道德学家而非医生，的确如此。但说他重新划定了道德和医学的界限则更准确。

也许，弗洛伊德最伟大的影响一直在艺术和文学方面。这多少有点讽刺意味，鉴于他视艺术创造为酷似于神经症（neurosis）的毫不奉承观点，即一种未被满足的力比多（libido）的升华，是把未解决的婴儿性冲突转化成幻想形式。因为弗洛伊德的理论名声在外，评论家很高兴地用恋母情结的术语来解读艺术作品；而历史学家则劲头十足地转向精神传记书写，并在其童年的真实或想象的特征基础上，分析成年公众人物的行为。小说家利用类似于精神临床分析的联想技巧；而画家和雕塑家则抽出弗洛伊德梦世界的符号，并赋予其真实的形式。我们中的所有人，已直接或间接地大量吸收弗洛伊德的心灵哲学，以至在讨论我们的家庭和朋友关系时，我们会自然地运用弗洛伊德的概念。自亚里士多德以来，没有任何其他哲学家对我们的日常道德词汇做出如此多的贡献。

第二十一章
逻辑与数学的基础

弗雷格的逻辑

19世纪哲学史上最重要的事件是数理逻辑（mathematical logic）的发明。这不仅是逻辑科学本身的重新奠基，也对数学哲学、语言哲学有重要影响，并且最终对哲学家理解哲学自身产生了重大影响。

数理逻辑的主要创始人是戈特洛布·弗雷格（Gottlob Frege，1848—1925）。1848年，弗雷格生于德国波罗的海（Baltic）沿岸小城。他在哥廷根大学获得哲学博士学位，于1874年开始在耶拿大学任教直到1918年退休。除学术活动外，他的生活是平静而深居简出的。他的著作在生前少有人阅读，即便是在去世后，其影响力最初也是在其他哲学家著述中体现的。但人们逐渐认识到他是最伟大的数理哲学家。作为逻辑哲学家，他可与亚里士多德媲美。他对许多学科发展做出的主要贡献之一是发明了数理逻辑，进而导致了计算机的发明。因此，弗雷格影响了我们所有人的生活。

弗雷格具有创造性的事业始于1879年发表的题为"概念演算"（*Begriffsschrift*，或 *Concept Script*）的小册子。他所命名为标题的概念演算，是一种新的符号理论，旨在清晰地展示隐藏在普通语言中的逻辑关系。弗雷格自己的手迹，逻辑上是优美的，但是印刷起来很麻烦，已不再适合用于符号逻辑了，但其构想的演算从此成为现代逻辑的基础。

弗雷格不是将亚里士多德的三段论，而是将最早由斯多亚派研究的命题演算放在首位。就是说，处理那些运用到作为整体的句子，且依赖于否定、合取、析取等进行推论的逻辑分支。它的基本原理——这要再回到斯多亚派了——是把那些包含像"并且""如果""或者"联结词的句子真值（即真或假），处理成由这些联结词联结的成分句（component sentences）的真值单独来决定，其方式为"约翰胖且玛丽瘦"的真值取决于"约翰胖"和"玛丽瘦"的真值。拿逻辑学家的术语来说，复合句（composite sentences）被看成是那些构成它们的简单句的真值函项（truth-function）[1]。弗雷格的《概念演算》包含了命题演算的首个系统公式，并以公理的方式呈现，即所有逻辑法则都从一些初始原理，根据特定的推理规则而推导出。

弗雷格对逻辑的最大贡献是他发明的量词理论（quantification theory）。它是这样一种符号化并严格展示那些推理的方法，而该推理的有效性取决于诸如"所有"或"一些"、"任一"或"每一"、"没有"或"无"这样的表达。而且，这种新的方法使他能重新表示传统三段论。

下面两个推理之间存在一种类似。

  所有人都是有死的。
  苏格拉底是人。
  所以，苏格拉底是有死的。

  如果苏格拉底是人，那么苏格拉底是有死的。
  苏格拉底是人。
  所以，苏格拉底是有死的。

---

[1] "function"的意思一般是函数，但是学界对弗雷格的概念翻译也不尽统一，本书将视情形选择译为函数或函项。——译者注

第二个推理在命题演算中是有效推理（如果 p，那么 q；p，所以 q）。但是它不能被视为第一个推理的翻译，既然其第一个前提似乎陈述了具体的苏格拉底，而如果"所有人是有死的"为真，那么：

如果 x 是人，那么 x 是有死的。

无论用谁的名字代入变项（variable）x，都为真。的确，即使我们用一个非人的名字代入 x，因为在那种情形下前件（antecedent）将为假，并且根据"如果"句子的真值函数规则，整个句子都将因此为真。所以，我们可以这样来表达传统命题：所有人都是要死的。

对于所有 x，如果 x 是人，那么 x 是有死的。

这种重新表述构成了弗雷格量词理论的基础：为看清是怎么回事，我们不得不解释，他是如何设想这里组合起来构成复合句子的每个词项的。

弗雷格将代数术语引入了逻辑学。一个诸如"$x/2+1$"的代数表达式，可以说成是表示了 x 的函数：由整个表达式表示的数值，取决于我们把什么代入变项 x，或者用技术性术语来说，取决于我们取什么作为函数的自变量（argument）[1]。因此，3 将是自变量为 4 的函数值，4 将是自变量为 6 的函数值。弗雷格将自变量、函数和函数值等术语用于日常语言的表达以及数学符号的表达。他把语法中主谓词的概念替换成数学中的自变量和函数概念，并引入了真值作为与数字一样表达可能的值。于是，"x 是人"表示一个函数，自变量取值为苏格拉底时为真，当自变量取值为金星（Venus）时为假。用弗雷格的术语说，引入上一句的表达式"对于所有 x"说的是，（如果 x 是人，那么 x 是有死的）得到一个对于每个自变量都为真

---

[1] "argument"在这里有自变量的意思，也有翻译成主目的。如果学过函数，理解起来并无多大困难。——译者注

的函数。该表达式叫作一个量词（quantifier）。

除了全称量词"对于所有 x"以外，还有特称量词"对于某个 x"，它说的是，至少对于一个自变量可以为真。因此，"有些天鹅是黑的"用弗雷格的术语可表示为，"对于某个 x，x 是只天鹅且 x 是黑的"。这个句子可等价看成"存在一些黑天鹅之物"；事实上，弗雷格一般地使用了特称量词来表示实存。因此，在他的体系里，"上帝存在"或"存在一个上帝"可被表示为"对于某个 x，x 是上帝"。

使用他新颖的量化记号，弗雷格能以比直到康德时代还一直被认为是逻辑最紧要和全部的传统亚里士多德三段论更严格、更一般的方式呈现一种演算，从而使得推理理论形式化。弗雷格之后，形式逻辑首次可以处理含多重量词的句子的论证。这些句子可以说在两端都量化了，如"没有人认识每一个人"以及"任何学童都能掌握任何语言"。

弗雷格的逻辑主义

在《概念演算》及其后续著作中，弗雷格的兴趣点并不是为了逻辑而研究逻辑。他构造新概念的动机是助力他在数学哲学方面的研究。他首先想回答的问题是：算术中的证明依赖纯逻辑吗？这种纯逻辑是单独建立在于每一知识领域都起作用的一般规律之上，还是它们需要经验事实的支持？他给出的答案是，在算术能不用任何非逻辑的概念或公理而被形式化的意义上，算术本身是逻辑的一个分支。弗雷格是在以"逻辑主义"而闻名的《算术基础》（*Grundlagen der Arithmetik*，1884）一书里首先建立这一论题的。

《算术基础》就数和数学真理的本质，从批评弗雷格的前人和同时代人（包括康德和密尔）的思想开始。康德曾认为，数学真理是先天综合的，我们的数学知识依赖于直觉。相反，密尔将数学真理看成是可广泛适用与广泛确证的后天经验概括。弗雷格认为，数学真理根本不是综合的，既非先天的也非后天的。不像几何学，几何学依赖于先验直觉，在此点上他同意康德的观点。算术是分析的，即它可以用纯逻辑术语来定义，从纯逻辑原理得证。

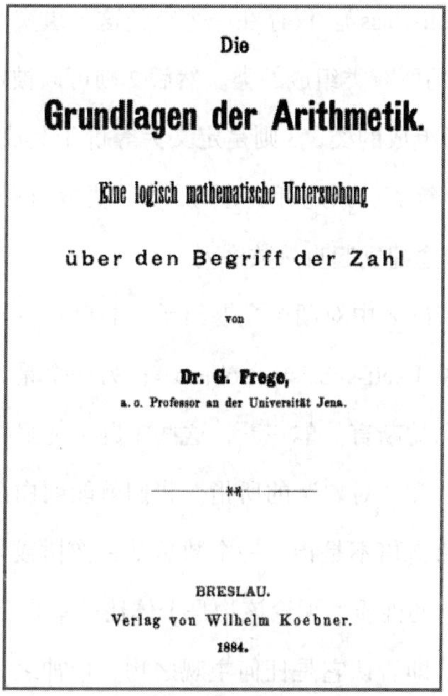

Die

Grundlagen der Arithmetik.

Eine logisch mathematische Untersuchung

über den Begriff der Zahl

von

Dr. G. Frege,

a. o. Professor an der Universität Jena.

BRESLAU.

Verlag von Wilhelm Koebner.

1884.

图 43《算术基础》标题页。

（图片来源：Wikimedia Commons）

在弗雷格的体系里，数的算术概念被“类”（class）的逻辑概念代替了。基数可以被定义为具有相同成员数诸类的类。因此，数字 2 是成对（pairs）的类，而数字 3 是三个一组（trios）的类。尽管这个定义看起来是循环的，但其实并不是。因为我们可以不用数的概念来说明具有相同多个成员的两个类是何意。例如，一个侍者如果观察到每一个盘子的右边恰好有一把刀，那么，他就能知道一张餐桌上刀和盘子一样多，而不知道刀盘分别有多少。两个类如能一一映射（map），则其成员数相同。它们是等价类。一个数则是等价类的一类。

因此，我们把 4 定义为所有与福音书作者的类等价之类的类。但如此定义对把算术化约为逻辑的目的是无用的，因为有四位福音书作者的事实不属于逻辑。如果弗雷格的计划要获得成功，那么对于每一个数，他都必须找到大小正好的一个类，而且类的大小由逻辑来保证。

他所做的是从 0 开始做起。0 用纯逻辑术语可以定义为，等价于与其本身不同的对象类的所有类组成的类。既然不存在与其自身不等同的对象，因此该类无任何成员；并且，既然存在相同成员的类是同一个类，因此仅存在一个无成员的类。

大家都称其为空类（null-class）。仅存在一个空类这一事实，被用来继续定义数字 1，即等价于空类的类的所有类组成的类。然后 2 则可以被定义为等价于其成员为 0 和 1 的类的所有类所组成的类，3 则是定义为等价于其成员为 0，1 和 2 的类的所有类组成的类，如此等等。因此可从等同、类、类成员资格（class-membership）和类等价这些纯逻辑概念建立起自然数序列。

弗雷格在《算术基础》中对两个主题给予了高度重视。一个是，每个单独的数字是一个自立的对象（self-subsistent object）；另一个是，一个指定数字的陈述句内容是关于一个概念的断言。乍一看，这些主题可能显得冲突，但如果我们理解了弗雷格的"概念"和"对象"的所指，我们就能明白两者是互补的。在说一个数是一个对象时，弗雷格不是指，一个数是某种像树或桌子般的可感物。他反倒在否认数是属于某物的性质，无论该物是个体还是集合（collection）。在说一个数是个自立的对象时，即否认它是任何主观之物、精神之物或带有精神之物的任何属性。对于弗雷格来说，概念是柏拉图式的，是独立于心灵（mind-independent）的实体。因此，在数字是客观的和数字陈述（number-statements）是关于概念的陈述这两个论题之间没有矛盾。弗雷格用两个例子解释了后一论题。

> 如果我说"金星有 0 个卫星"，那么对任何所断言之物，就是说不存在卫星或卫星团；但是出现的是将一种性质归诸"金星的卫星"概念，而在这一概念下不包含任何东西。如果我说"国王的马车由 4 匹马拉"，那么我把数字 4 归诸"拉国王马车的马"的概念。

弗雷格说，存在的陈述句是数字陈述句的特例。他说："断言存在事实上不过是对数字 0 的否定。"他的意思是，像"存在天使"的句子，是对某物符合其项下的"天使"概念的断言。并且，说一个概念有某物符合其项下是指，属于那个概念的数字是某一非 0 之物。

弗雷格说，正是因为存在是一个概念的属性，上帝存在的本体论证明才不成立。"存在一个上帝"（That-there-is-a-God）不可能是上帝的一个属性。如果事实上真的存在一个上帝，那才是上帝概念的一个属性。

如果数字陈述是关于概念的陈述，一个数本身是哪种对象？弗雷格的答案是，一个数是概念的外延（extension）。属于概念 F 下的数是"与概念 F 有相同数"的概念的外延。这相当于前文解释过的，它是由所有与 F 的类有相同成员的那些类所组成的类。因此，数是对象的弗雷格理论，取决于将类作为对象的可能性。

弗雷格的逻辑哲学

我们会看到，弗雷格的数学哲学与他对逻辑和哲学的几个关键语词的理解关系密切。的确，在《概念演算》和《算术基础》里，弗雷格不仅创立了现代逻辑，而且也创立了现代哲学的分支——逻辑哲学。一方面，他明确区分了逻辑哲学处理的心理学和认识论。前者在经验主义传统中常被哲学家搞混，后者在笛卡尔哲学传统中又通常被哲学家混为一谈。然而，在他的著作中，逻辑与形而上学之间并无截然的区分，并且是紧密相联的。

相应于语言中函数和参数的差别，弗雷格认为，必须在概念与对象之间做出系统区分，后两者构成前两者的本体论对应。对象是专名所代表的，有许多种类，范围从人到数。概念是一种具有根本不完全性之物，对应于由其变项标记的函数的空隙（gappiness）。在其他哲学家模糊地谈论一个表达的意义（meaning）处，弗雷格区分了表达的指称（reference，所指的对象，如金星是"晨星"的所指）与表达的含义（sense）。（尽管"暮星"与"晨星"的所指正如天文学家所发现的都是金星，但二者在意义上不同。）弗雷格认为，一个句子的指称是其真值（即真或假），因此在一种科学上受敬重的语言中，每一语词必须有一指称，每个句子必须或为真或为假。虽然许多哲学家已经采纳了他关于含义与指称的区分，然而大多数还是拒斥完全句（complete sentences）都有某种指称的观念。

作为一个哲学家，弗雷格事业的顶峰本应是两卷本《算术的基本规律》（*Die Grundgesetze der Arithmetik*，1893—1903）的出版。其中，他在纯逻辑与集合论（set theory）基础上，开始以一种严格的形式进行算术的逻辑学构造。该著作将完成早先一些数学哲学著述中所规划的任务，阐明一套公认为逻辑真理的公理，提出一组确定无疑的推理规则，然后，根据规则从公理逐一推导出标准的算术真理。

这个宏伟计划在完成前夭折了。第一卷出版于1893年，到1903年第二卷出版时，人们发现，弗雷格关于仅从逻辑概念构建自然数序列的天才方法包含一个致命缺陷。这一发现归于英国哲学家罗素。

罗素悖论

伯特兰·罗素（Bertrand Russell）生于1872年，是首相约翰·罗素（John Russell）勋爵的孙子，约翰·斯图尔特·密尔的教子。在剑桥大学三一学院求学期间，他接受了英国版的黑格尔的观念论。后来，为了追求一种包含有柏拉图主义数学观的极端实在论哲学，他和他的朋友摩尔（G. E. Moore）一起，放弃了观念论。正是在写一本阐述这种哲学的著作中，罗素遇到了弗雷格的思想，而且，当《数学的原则》（*The Principles of Mathematics*）一书在1903年出版时，其中包含了对这些思想的解释。尽管罗素非常欣赏弗雷格的著作，他还是察觉到了弗雷格的系统中存在一个根本缺陷，于是在弗雷格《算术的基本规律》第二卷出版中，他向弗雷格指出了这一点。

如果我们按弗雷格提出的方法从数到数进行下去，我们必定可以无限制地形成类的类，类的类的类，等等。类本身必须是可分类的（classifiable），它们必须能成为诸类的成员。那么，一个类能是其自身的成员吗？大多数的类不是，例如，狗的类不是一只狗。但有些明显是，例如，诸类的类确实是一个类。因此，似乎类可以分为两种：一种是其自身成员的诸类的类；另一种是自身成员不构成诸类的类。

现在考虑一下第二类。它是不是自身的一个成员呢？如果是，那么，既然它正好是那些不是其自身成员的类，所以它一定不是其自身的成员。但是，如果它不是其自身的成员，那么它有资格成为一个由不是其自身成员的诸类构成的类的成员。因此，它是自身的一个成员。它似乎要么是其自身的一个成员，要么不是；无论我们选择哪一种，我们被迫陷入矛盾境地。

这个发现叫罗素悖论。它表明，在无限制地形成类的类这个过程中，会有某种恶性循环，并且，它对弗雷格的整个逻辑方案提出了怀疑。

图 44　伯特兰·罗素肖像画，英国画家罗杰·埃利奥特·弗赖伊（Roger Eliot Fry, 1866—1934）作于 1923 年。（图片来源：Wikimedia Commons）

罗素本人正如弗雷格一样致力于逻辑主义，并且他继续与怀特海（A. N. Whitehead）合作，采用不同于弗雷格的记号发展了一种逻辑体系。在该体系中，他从纯逻辑的基础上，开始导出整个数学。这一工作于 1910—1913 年以《数学原理》（*Principia Mathematica*）里程碑意义的三卷本出版。

为了避免他发现的悖论，罗素构建了一种类型论（Theory of Types）。把类视为任意可分类的对象是错的。类和个体是不同的逻辑类型，对一方可做出或为真或假的断定，对另一方则无法做出这种有意义的断定。"各种狗的类总是一只狗"不应当视为假，而应当视为无意义（meaningless）。类似地，对类来说可能是有意义的陈述，而对类的类是无意义的，如此等等，贯穿了逻辑类型的分层（hierarchy）。如果注意到分层的诸层次间的类型差异，那么悖论将不会出现。

但是，另一困难替代悖论出现了。我们一旦禁止类的类这种构造，我们又将如何界定自然数系列？罗素仅同意其成员是空类的类作为 0 的定义，但他现在将数字 1 视为等价于成员满足以下两个条件的诸类的类：(a) 空类的成员，且 (b) 不属该类成员的任一对象。依次地，数字 2 等价于其成员满足以下两个条件的诸类的类：(a) 用来定义 1 的类的成员，且 (b) 任何不是该定义类成员的对象。于是就可以一个接一个地定义数字，每一个数字都是个体的诸类的类。但只要宇宙中有无穷多个对象，自然数序列就能无穷（ad infinitum）进行下去。因为，如果仅有 n 个个体，那么，将不会有 $n+1$ 个成员的类，也不会有基数 $n+1$。罗素接受了这一点，因而在他的公理中增加了一条无穷公理，即假设宇宙的对象个数不是有穷的。这个假设正如罗素所想的那样，是极有可能的。但从表面上看，它远不是一条逻辑真理，因此，这种假定的需要对于仅从逻辑导出算术的原始计划的纯粹来说，乃是一种玷污。

当弗雷格知道了罗素悖论后，他完全沮丧了。他不止一次地尝试修补他的体系，但他的这些努力和罗素的类型论一样，都未能成功挽救逻辑主义。现在我们知道，逻辑主义计划不可能成功完成。从逻辑公理经过算术公理到算术定理之路在两点上受阻。首先，正如罗素悖论所示，作为弗雷格逻辑基础一部分的朴素集合论（naive set theory）本身是不一致的。并且，弗雷格为此所提出的那些补救被证明是无效的。因此，算术公理不可能以弗雷格所希望的那种方式从纯逻辑公理导出。其次，当奥地利数学家库尔特·哥德尔（Kurt Gödel）证明，不可能以《数学原理》那种方式给算术一个完全而一致的公理化时，"算术公理"（axioms of arithmetic）这个概念本身随之变得可疑了。不过，由弗雷格和罗素在解释逻辑主义这个论题的过程中所发展的那些概念和见识，具有一种长久的影响，这种影响并没有因那个计划的失败而削弱。

罗素的摹状词理论

在罗素写《数学原理》的实在论时期，他已相信为了让概念和判断拥有客观性，必须接受柏拉图的观念和命题，它们是独立于句子中表达它们的表达式而存在的。像弗雷格一样，罗素接受概念是某种独立于我们思维的东西，但他走得比弗雷格更远，因为他认为，不仅关系和数，就连吐火兽（chimaeras）和荷马的诸神都是某种存在，否则就无法提出关于它们的命题。"因此，存在是所有事物的一般属性，提及某物就表明它存在。"

到他写《数学原理》时，罗素已经改变了他的思想。他写道：

> 假如我们说"圆的方不存在"，该命题为真这一点似乎是清楚的。但是我们不能认为，它否认了某个叫"圆的方"的对象存在。因为，如果确实存在该对象，它就会存在。我们不能首先假设有一个对象，进而否认它。无论何时，人们认为一个命题的语法主语不存在，那就会认为这个命题也无意义。很明显，语法主语并非专名，即不是一个直接表示某个对象的名称。因此，在所有这些情形中，命题必须能被分析成语法主语所是的部分将消失。因此，作为这种分析的首个尝试，当我们说"圆的方不存在"时，我们可以用"存在一个对象 x，它既圆且方，这是假的"来替代原句。

到目前为止，这种分析类似于弗雷格的对存在陈述的说明。但罗素看到，当像"圆的方"和"当今的法国国王"这样的空表达（vacuous expressions）出现于非存在陈述的语境时，必须说明这些表达的意义，例如在句子"当今的法国国王是秃子"中。罗素称像"当今的法国国王"和"那个发现氧气者"这样的表达为"限定摹状词"（definite descriptions）。在他 1905 年的论文《论指称》（*On Denoting*）中，他给出了限定摹状词意义的一般理论，既照顾到有某对象符合摹状词的情形（如在"那个发现氧气者"中），又兼顾了摹状词是空的情形（如在"当今的法国国王"中）。

弗雷格将限定摹状词简单地处理为复合名称（complex names），以至《哈姆雷特》的作者是个天才"与"莎士比亚是个天才"有相同的逻辑结构。这意味着，为了确保一个包含空名称（empty name）或空的限定摹状词的句子不缺少真值，他不得不提出任意的规则。罗素认为这无法令人满意，分析那些包含限定摹状词的句子与分析那些包含名称的句子是相当不同的。他相信，寻找限定摹状词本身的意义是个错误，只有它们出现在其中的那些言语表达式的命题才有意义。

对罗素而言，在一个像"詹姆士二世被废黜了"（包含名称"詹姆士二世"）的句子，和一个像"查理二世的兄弟被废黜了"的句子之间，存在很大的差别。一个像"查理二世的兄弟"这样的表达孤立来看无意义，但句子"查理二世的兄弟被废黜了"则依然有意义。它断定了三件事：

（a）某个体是查理二世的兄弟。

（b）仅有这个个体是查理二世的兄弟。

（c）这个个体被废黜了。

或者，更形式地：

对某个 x，（a） x 是查理二世的兄弟。

并且 （b）对于所有的 y，如果 y 是查理二世的兄弟，那么 $y=x$。

于是 （c） x 被废黜了。

这一公式的第一层说，至少有一个个体是查理二世的兄弟；第二层说，至多有一个个体是查理二世的兄弟，因此，其含义就是恰有一个个体是查理二世的兄弟。第三层继续说，该唯一的个体被废黜了。在被分析的句子中，没有任何像詹姆士二世的名字之物出现。相反，我们却有了谓词和量词的组合。

这个复杂分析有何意义呢？为此，我们必须考虑一个不像"查理二世的兄弟被废黜了"的句子，它不为真。考虑下列两个句子：

（1）英国的君主是男性。

（2）美国的君主是男性。

这两个句子都为假，但其原因却不同。每个人都同意第一个句子不为真，是平常的假，因为英国的统治者是女性。第二个句子不为真是因为美国没有君主，而按罗素的观点，第二个句子不但不真，而且是肯定地假（positively false），因而它的否定表达"美国的君主是男性是不对的"为真。在罗素的体系里，包含空限定摹状词的句子，与包含空名称，如没有命名任何对象的表面的名称（apparent names）的句子，截然不同。对于罗素来说，一个自许的（would-be）句子，像"Slawkenburgius 是个天才"根本不是真句子，因此，它既不真也不假，因为从来没有人叫"Slawkenburgius"这个名字。

为什么罗素希望确保包含空限定摹状词的句子应当视为假呢？像弗雷格一样，他对出于逻辑与数学的目的而构造一种精确而科学的语言感兴趣。弗雷格和罗素都认为，在根本上，这样一种语言应当仅包含那些有确定意义的表达式，也即所有包含这些表达式的句子都应当有真值。因为如果允许我们的系统含有缺乏真值的句子，那么推理和演绎就变得不可能了。"圆的方"不指示任何东西，因为它显然是自相矛盾的。但某一个复杂的数学公式是否包含一个隐藏的矛盾，在经过一番考察之前，则可能尚不清楚。如果它确实包含，我们就不能通过逻辑的考察来发现，除非包含它的句子确保有真值。

逻辑分析

在《论指称》及以后的论文中，罗素经常谈论哲学家的活动是一种分析的活动。他所说的分析是指这样一种技术，即用一个逻辑清晰的语词形式来替换另一种逻辑上令人误解的语词形式。他的摹状词理论曾长期是这种逻辑分析的范式。但在罗素的思想中，逻辑分析远不止是一种澄清句子的手段。他逐渐相信，一旦逻辑获得了一种明晰的形式，它将揭示世界的结构。

逻辑包含个体变量和命题函数，对应于包含着个别和共相的这个世界。在逻辑中，复合命题是由简单命题构建起来的，作为更简单命题的真值函数。类似地，相应于这些简单命题，世界上有独立的原子事实（atomic facts）。原子事实或以一种特殊的特征存在，或存在于两个或更多个体之间的关系中。罗素的这一理论被称为"逻辑原子论"（logical atomism）。

摹状词理论是逻辑原子论的强大分析工具。罗素不仅开始将它运用于圆的方和柏拉图主义的实体，而且也运用于那些在常识上被认为是完全实在的诸物，如尤利乌斯·恺撒、桌子和椅子。原因在于，罗素开始相信，我们能理解的每个命题必须被完全分解为我们所亲知之物。"亲知"（acquaintance）是罗素用来表示当下直接呈现的词汇。例如，我们亲知我们自己的感觉材料，这对应于休谟的印象，或是笛卡尔式的意识判断。但罗素仍保留了其早期柏拉图主义的某种东西。他认为，我们对经改造过的逻辑语言的谓词所呈现的共相能直接亲知。但我们通过亲知而知的事物范围是有限的。我们不能亲知维多利亚女王或我们自己过去的感觉。那些不能通过亲知而为我们所知之物仅能通过描述方知，因此摹状词理论的意义由此突显。

在现在的英格兰，说出"恺撒穿过了卢比肯河"这样的句子，我们就得到了一个命题，显然其中不具有能为我们亲知的个体成分。为了解释我们如何能理解该句，罗素把"恺撒"和"卢比肯河"等名词分析成限定摹状词。如果摹状词完整拼写出来，无疑包含那些名称的指称，但不是它们命名的对象。这个句子展示为关于一般特征、关系以及当我们说出它们时我们就亲知的名称。

对于罗素来说，普通专名实际上是伪装的摹状词。完全分析之后的句子将只包含逻辑专名（logically proper names，指那些为我们亲知的指称个别事物的语词）和共相（指称特性和关系的语词）。对于什么被算作逻辑专名，这一点从来就不完全清楚。有时罗素似乎仅赞同像"这"和"那"这些指示词（demonstratives）才是。因此，一个原子命题将是像"（这）红"或"（这）在（那）旁边"这样的东西。

逻辑原子论是罗素在 1918 年著名的系列演讲中提出来的。它远不是罗素最后的哲学话语。在接下来的 52 年里，罗素写了许多专著和论文，其中一些是关于逻辑与认识论的问题，也有道德和教育的主题，这些主题开始越来越引起罗素的注意。在他生命的后期，特别是在他继承了伯爵爵位后，他作为关心各种社会和政治问题的作家和活动家而为大众所知。但奠定其在专业哲学家和数学家中声望的大部分著作是在 1920 年以前完成的。罗素是第一个承认逻辑原子论本身的人，但是这大部分要归功于他之前的一个学生，路德维希·维特根斯坦（Ludwig Wittgenstein）。正是他在其《逻辑哲学论》（*Tractatus Logico-Philosophicus*）中给出了这个系统最具权威的表述。正是他后来否定了逻辑原子论，并逐渐发展出 20 世纪最有价值的哲学。

第二十二章
维特根斯坦的哲学

《逻辑哲学论》

路德维希·维特根斯坦（Ludwig Wittgenstein）的祖父是犹太地产商，父亲是钢铁业大亨。他的父亲和一个天主教徒的妻子有九个孩子。其母使这些孩子都通过洗礼而信仰天主教。维特根斯坦 1889 年生于维也纳，在林茨（Linz）进了一所实科中学（*Realschule*），彼时，阿道夫·希特勒（Adolf Hitler）也在那儿求学。在学校，他迷失了信仰，并很快受到叔本华观念论的影响。在柏林和曼彻斯特学习了工程学之后，他去了剑桥大学。在那里，罗素发现了他的哲学天赋，并且极为慷慨地致力于培养他的天才。在剑桥大学学习了 5 个学期后，他去了挪威，独居在那里。1914 年，第一次世界大战爆发，他作为志愿军报名参加了奥地利炮兵，并且在东线和意大利前线服役时表现尤为英勇。在此时期，他写出了他的主要著作《逻辑哲学论》(*Tractatus Logico-Philosophicus*)。1918 年，作为战俘，他被关在卡西诺山（Monte Cassino）。是年，他将《逻辑哲学论》的手稿寄给了罗素。1921 年，此书的德语版出版，很快英文版出版，罗素为此书作序。

《逻辑哲学论》简洁、漂亮、难懂，由一系列编号段落组成，每段往往只有一句话。最有名的两段是第一段"世界是所有发生的事情"和最后一段"凡是不可说的东西,必须对之沉默"。此书主要关注语言的本质以及它与世界的关系。其核心学说是意义的图像理论(picture theory of meaning)。根据此理论,语言由摹画(picture)世界的命题组成。命题是思想的可感表达,而思想是事实的逻辑图像,于是世界是事实的总和。

根据逻辑哲学论,思想和命题在字面上就是图像,而不仅是隐喻意义上的图像。例如英语句子"此场雨普降苏格兰"或"血浓于水"看起来并不像一个图像。根据维特根斯坦的看法,那是因为语言遮蔽了思想,以至无法辨认了。

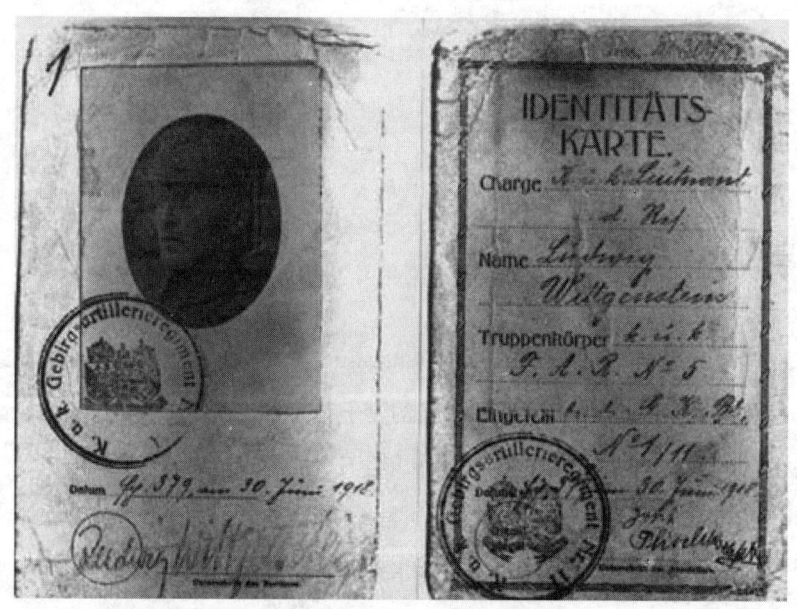

图45 维特根斯坦1918年于奥地利炮兵服役时的身份证件。
(图片来源:Wikimedia Commons)

然而,甚至在日常语言中也有明显的图像元素。以句子"布里斯托在伦敦的西部"为例,它说出的内容与另外一个句子"伦敦在布里斯托的西部"完全不同,虽然组成这个句子的词与前者完全相同。是什么使句一而非句二的意义为布里斯托在伦敦的西部?正是句一中词语"布里斯托"出现在词语"伦敦"左边的这个事实,而句二却不是这样。所以句一就像在地图上,我们以词之间的空间关系,把城市间的空间关系符号化。空间关系的这种空间表示是非常直截了当地图示化的。

但是,很少有如此简单的情况。如果是说出而非写出一个句子的话,那么这个句子是声音的时间关系而非纸上的表示城市关系的空间关系。但是,就因为声音序列和空间排列有某种共同的抽象结构,声音关系表示城市关系又是可能的。根据《逻辑哲学论》,图像与它们所摹画之物一定存在共通性。这个最低限度的共享,维特根斯坦称其为逻辑形式(logical form)。但大多数的命题不像上述这个非典型的例子,它们与所摹画的情形没有共通的空间形式。但是,每个命题与它所摹画之物一定有共通的逻辑形式。

在普通的语言中,思想的逻辑形式被掩盖了。其中原因之一是,我们的许多词,像"布里斯托"和"伦敦",表示复杂对象。只有当复杂对象被逻辑地分析成简单对象,命题与事实之间的关系才能变得清晰。为此,维特根斯坦用到了罗素的摹状词理论,并加以扩充。例如"奥地利–匈牙利"可以看作由奥地利和匈牙利的联合构成的复杂对象的限定摹状词,据此理论,"奥地利–匈牙利正在攻打俄国"可分析如下:

对某 x 和某 y,$x=$ 奥地利
且　$y=$ 匈牙利
且　x 与 y 联合
且　x 攻打俄国
且　y 攻打俄国。

经过分析后的句子不提及奥地利–匈牙利,因此就去掉了一个复杂对象。然而,这显然只是第一步,奥地利和匈牙利分别地也是高度复杂的对象,由空间和其他关系中诸多不同种类的对象组成。

维特根斯坦相信,如果这样分析命题,我们最终能得到表示完全地非复杂对象的符号。所以,经过完全分析的命题会是原子命题的超长组合,其中每个原子命题都包含简单对象的互相关联的名称,或真或假地摹画所代表的对象间的关系。无疑,对一个命题,人类不可能做到如此完全的分析,但这一命题表达的思想已

具有完全分析后的命题的复杂性。在日常语言中，思想以极其复杂的规则与它的表达式相关联，而我们则时不时地、无意识地运用这些规则。

语言与世界的联系，是由这些被掩盖了的思想的终极元素，与构成物质世界的简单对象或原子之间的相关性造成的。维特根斯坦并没有解释这些相关性是如何造成的。它是一个非常神秘的过程，似乎我们每一个人必须为自己构造它，构造某种程度上的一门私人语言。

《逻辑哲学论》的大部分内容致力于运用各种逻辑技术，证明不同种类的命题能被分析为原子图像的组合。科学命题的真值依赖于构成它们的原子命题的真值。逻辑命题是重言式（tautology）[1]，即不管构成它们的原子命题的真值如何，这些复合命题都是真的。一个明显的例子就是命题"p 或非 p"，无论 p 为真还是为假，它都为真。那些不能分析为原子命题的"命题"是不能产生世界图像的伪命题。结果，在这样的命题中有哲学命题，包括逻辑哲学论自身的命题。在此书的结尾，他把此书比作要正确地看世界就必须登上的梯子，然后再将它踢开。

形而上学论者试图描述世界的逻辑形式，但这是不可能的。图像必须独立于它所摹画的东西，它一定可以是假图像。但既然任何命题都包含世界的逻辑形式，所以命题不能摹画世界的逻辑形式。形而上学论者试图要说的东西是不能说的，只能显示（show）。哲学不是一种理论而是一种活动：澄清非哲学命题的行动。一旦澄清了，命题将镜像（mirror）出世界的逻辑形式，显示哲学家想说但不能说的东西。

科学和哲学都不能向我们显示生命的意义。

6.52 我们觉得，即使一切可能的科学问题都被解答了，我们的人生问题还是全然没有触及。当然那时已不再有什么问题留下来了；而这就是解答。

即使能相信不朽，这也不会赋予生命以意义，任何事情都不能通过永存来解决。永恒的生命和这个生命一样都是个谜。维特根斯坦写道："世界是怎样的，这对于高渺玄远的东西是完全无关的。上帝不在世界中显现。神秘的东西不是世界

---

[1] "tautology"，含义为重言式，也有人根据其读音翻译成"套套逻辑"。——译者注

如何，而是世界存在。"哲学在某种意义上几乎无能为力，但维特根斯坦相信，哲学能为我们做的事情在《逻辑哲学论》中一次完成了。这本书包含了解决哲学问题所必需的一切，因此，当维特根斯坦完成该书后，他放弃了这一主题。

逻辑实证主义

《逻辑哲学论》很快就出名了。说也奇怪，尽管它本身是高度形而上学的、逻辑严格的，它最热情的崇拜者却是维也纳学派（Vienna Circle）反形而上学的实证主义者。1922 年，莫里兹·石里克（Moritz Schlick）在维也纳被任命为科学哲学教授后，成立了以他为核心的维也纳小组，由哲学家、数学家和科学家组成，弗里德里希·魏斯曼（Friedrich Waismann）、鲁道夫·卡尔纳普（Rudolf Carnap）、奥图·纽拉特（Otto Neurath）都是小组成员。1929 年，在布拉格的一次会议后，该学派发表了宣言《科学的世界观：维也纳学派》（*Wissenschaftliche Weltauffassung der Wiener Kreis*），宣称要发动一场反形而上学运动，认其为过时的前科学。此文在《认识》（*Erkenntnis*）杂志上发表。这份刊物创建于 1930 年，由卡尔纳普主编，柏林的汉斯·赖欣巴哈（Hans Reichenbach）协助。在石里克被一名精神错乱的学生杀害后，维也纳小组迫于政治压力于 1939 年解散。

实证主义者宣称，他们从《逻辑哲学论》吸收了必然真理之为必然乃是因为它们是重言式的思想。过去，逻辑和数学命题给经验论造成了严重的困难。几乎没有经验论者愿意跟随密尔否认这种命题的必然性。这些命题虽为必然的但未告诉我们关于世界的任何事，该想法更具吸引力了。经验论者此时可以再次确认他们关于世界的知识只能靠经验获得的主张。他们问心无愧地致力于进攻形而上学。

这次进攻的有力武器是证实原则（Verification Principle）。证实原则的最初形式规定，命题的意义是其证实的方式。该意义观会使所有关于不能靠经验证实或证伪的命题的争论变得毫无意义。面对有关绝对的本质、宇宙的目标或康德物自体的争论，实证论者通过质问其形而上学对手"何种经验可以解决你们之间的争论"，来揭露这种争论的空洞。

证实原则几乎刚一提出就爆发了关于其地位与表述之争。该原则本身看起来并非一个重言式，而只是一个定义的问题。那么，它能依靠经验来证实吗？如果不能，它似乎代表了自责（self-condemned）而无意义。而且，不仅形而上学命题，科学归纳也无法进行最后确证。那么，我们应该说意义的标准不是证实而是证伪吗？如果是这样，一般命题将是重要的，因为它们能最终证伪。但存在的断言（assertions of existence）据此如何有意义呢？缺乏详尽的宇宙之旅，所以没有经验能最终证伪它们。因此，这个原则又以"弱"的形式加以修正，它规定，如果存在与命题真假有关的观察，那么它就有意义。这允许诸多"原则上可证实"但在实践中无法证实的命题有意义。即使如此限定，将证实原则运用到历史的问题上也有困难。该原则的任何进一步修正都会冒使得自己太宽泛之险，以至容纳了形而上学的陈述。

实证主义者接受了《逻辑哲学论》关于哲学的真正任务是澄清非哲学陈述的观点。在澄清科学语言时，哲学家必须指明，所有的经验陈述是如何从直接记录经验的初始的或"协议"（protocol）陈述，作为真值函数而构造出来的。在了解何种经验会让人接受或拒斥一项协议中，人们按照证实原则就会理解其意义。出现于非协议陈述中的词语的意义，是从非协议陈述到协议陈述的翻译可能性中得到的；而出现于协议陈述中的词语的意义，是从一个实指定义（ostensive definition）[1]可能性中得到的，即（字面或隐喻地）指出这个词所指的经验特点的手势。

这里出现了自身的困难。协议命题所记录的对每个人来说都是私人之事。如果意义依赖于可证实性，而证实需要通过我独自经验的精神状态，那么我如何能理解他人的意思呢？石里克试图通过区分形式与内容来回答。当我看到某种绿色的东西，我享受或经历，我的经验内容是私人的、不可传达的。但经验的形式是我的私人经验与他人私人经验之间的结构关系（structural relationship），它是公共的并且是可传达的。当我看到树或落日时，我不知道别人是否也有如我所经验到的愉悦，我所知的是当他们看到树或落日时，他们也看到了如我所见的颜色。只要我们同意树绿落日红，即我们经验的形式或结构是相似的，那么我们就能相互

---

[1] "ostensive definition"，实指定义，犹如小孩认知事物，一边用手指指着对象，一边说这是什么那是什么。——译者注

交流并且构建科学的语言。几乎无人认为这个回答完全令人满意，直到维特根斯坦回归哲学，唯我论（solipsism）的威胁才得到充分处理。

《哲学研究》

战争结束后，维特根斯坦继承了父亲的一份财产，于是发现自己成了欧洲最富有的人之一。回来后的一个月内，他赠予了所有的钱。有几年，他靠做园丁或当乡村校长过活。在有人指控他对学生粗暴导致他的校长生涯不愉快地告终后，他便又回到了哲学研究，并一度参与过维也纳学派的讨论。不久后，他远离了这个学派，重返剑桥大学。在那里，他提交了《逻辑哲学论》作为博士论文，并获得三一学院研究员职位。20世纪30年代，他成为英国最有影响力的哲学教师。此时他所教授的哲学已不同于《逻辑哲学论》出版的内容，并且在他生前也未发表这些哲学观点。第二次世界大战期间，维特根斯坦参军并成了一名看护员，后来他又回到了剑桥大学，短暂地当了哲学教授。从1947年到1951年去世，他闭门独居在爱尔兰，或在牛津、剑桥以及纽约的依萨卡（Ithaca）与朋友在一起。他写作很久的著作《哲学研究》（*Philosophical Investigations*）在他死后于1953年出版。

20世纪30年代早期，在重返哲学后，维特根斯坦很快放弃了《逻辑哲学论》中许多独特的学说。他不再相信逻辑原子，也不再寻找被日常语言所掩盖的逻辑上铰接式的语言（articulated language）。逻辑原子论的一个关键要素是这个论题，即每一个原子命题都互相独立。协议陈述都属于实证主义的原子命题，显然它们不是互相独立的。"这是块红板"的真值不依赖于"这是块蓝板"的真值。维特根斯坦一度认为，这说明这些命题不是基本命题，还需进一步分析。相反地，他现在放弃了基本命题相互独立的想法，从而导致了对基本和非基本命题间的区分的质疑。逻辑原子论的其他部分也很快瓦解了。维特根斯坦放弃了"语言的终极元素是简单对象的名称"的想法，开始相信"简单"和"复杂"这些词没有绝对的意义，它们根据语境而改变其含义。

然而，维特根斯坦保留了并且从未放弃《逻辑哲学论》中的一个观点，这就是，哲学是一种活动而非一种理论。哲学不能发现任何新的真理。哲学问题不是通过提供新信息能解决的，而是通过一种能避免我们忽视本身为显然之物的方式，来整理我们的已知。当我们在日常生活中非哲学地使用语言时，哲学使我们对自己正在做的事情有清楚的认识。维特根斯坦说过一句惊人的话，哲学的功能是打开我们思维中的结。如果这是对的，那么哲学家将不得不做非常复杂的动作，但哲学的结果却不是一个精致的结构，而是某种如同一根绳子般简单的东西。

维特根斯坦接受弗洛伊德的暗示，有时把哲学描述为一种治疗，用于治疗我们的理解与语言极限这二者激烈碰撞出的瘀伤。像精神分析学家一样，哲学家鼓励我们表达我们的怀疑与困惑，但我们一直以来所受的教导却是压抑这些怀疑与困惑。通过鼓励我们把它们带到光天化日之下，把潜在的胡说变成明显的胡说，从而治愈在我们心中培育出来的困惑。

有时维特根斯坦说，哲学仅仅是消解哲学问题。如果这就是哲学，那为何还要进行哲学研究？如果你从未遇到问题，你就根本不需要解决问题！维特根斯坦的回答是，虽然哲学确实只在反驳哲学家时才有用，但不管你知道与否，我们每个人内心都有一个哲学家。我们使用的每一种语言中，都存在一个让我们着迷的哲学。这个哲学不是一套理论或命题：它体现在自然语言语法的误导本质上，该本质掩饰了语言使用的实际方式。

如果我们把自己限制在日常工作，在其原始家园的语境中使用词语，那么哲学的误解并不会伤害我们。但如果我们开始进行抽象研究，诸如进行数学、心理学或神学研究，我们的思维将会受阻和扭曲，除非我们能摆脱掉哲学的混乱。智慧的探寻会被数、心灵或灵魂的本质的神秘概念所腐蚀。

不管是在早期还是晚期，维特根斯坦都相信，语言的表层语法掩盖了它的真实本质。不过，《逻辑哲学论》认为，被掩藏的东西是深埋于心灵的思想的复杂本质；而后期的哲学认为，被掩藏而又必须以一种朴素观念释放出来的东西是，语言作为一种社会、人际活动发挥作用的方式的多样性。与其他哲学家一样，维特根斯坦认为，他的早期著作很明显地把语言和世界的关系过于简化。二者之间的关联只在两个特点：名称与对象的连接，命题与事实的符合与否。现在他相信这是个大错误。语词看起来彼此相像，如同离合器与脚刹相像一样，但语词的功能却彼此不同，一如由两个不同的踏板操作的机械。维特根斯坦现在强调语言与世界以许多不同的方式相互交织。为了指称这些"联合"(tie-ups),他自创了一个表达叫"语言游戏"(language-game)。"因为语言的外衣让每个事物都相像,所以我们仍然不知道所有日常语言游戏的巨大多样性。"

维特根斯坦给出了语言游戏的例子,如执行与发出命令、描述对象外表、表达感觉、给出测量、根据描述构造对象、报告事件、猜测事件、编故事、表演戏剧、猜谜、讲笑话、询问、诅咒、问候和祈祷。他还用特定的语词来谈论语言游戏。维特根斯坦并不是在提出语言游戏的一般理论,使用语言游戏这个表达仅为了强调语词不能在其被使用的语境外理解。为了给出一个词的意义,我们需要寻找它在我们生活中所起的作用。使用"游戏"这个词,并不是说语言不重要,而是因为游戏表现出与语言活动有类似的多样性。有的游戏是竞争的,有的则不是;有的游戏有规则,有的则无约束;有的游戏是娱乐性的,有的是工作性的;有的游戏需要技巧,有的不需要。没有什么共同的特征来标志所有的游戏是游戏。更确切地说,不同的游戏相互间有不同的特征,就像同一个家庭的不同成员会相像,他们不是在某个方面相像,而是在许多方面相像。类似地,对于语言来说,没有一个本质的特征;在不计其数的语言游戏之间,只有家族相似(family-likenesses)。

在某种意义上,哲学确实向人们揭示了语言的本质,但哲学对语言本质的揭示,不是通过揭示存在某种潜伏在我们之中幽灵般的机制,而是通过弄清楚我们并不清楚地知道的东西,即通过查明语言的使用方式。哲学可以给我们一个清楚的认识,然后我们用语言的概念来认识世界。

像实证主义者一样,维特根斯坦反对形而上学。但是他进攻的武器不是某种实证性验证原理的钝器,而是仔细地做出区分,以便澄清形而上学思想中的真理与胡说八道的混淆。而且他所批评的那种形而上学,许多实证主义者对此也犯了错误。在维特根斯坦看来,形而上学最主要的是把语法伪装成科学。

哲学家经常被诱惑着去模仿科学的主张和方法。18世纪的那些试图构造一个牛顿式心灵物理学的哲学家就是受到这种诱惑的明显例证。维特维特根斯坦多次攻击形而上学的心灵表现,认为它是一种不同于物理的神秘媒介,而哲学家的任务就是发现并阐明其中的特殊规律。"当哲学家在用一个词,如'知识''存在''对象''我''命题''名称',并试图抓住其本质时,人们必须自问:这个词在它原初家园语言中是否曾经以这种方式使用？我们所做的就是把语词从形而上学的意义上带回到日常生活中去。"

在维特根斯坦批评形而上学关于精神的概念中，其中一个例子就是他抨击"意义是精神过程（mental process）"的观点。维特根斯坦不是行为主义者，他不否认可以把存在称之为"精神过程"之物，例如人们在头脑中背一首诗。哲学家错在相信表达与理解语句是精神过程，这个过程构成说出或听到语句的基础。反思表明这不可能是正确的。

如果给出意义是伴随着句子表达的精神过程，那么在根本没有言说句子的情况下，意义过程的发生应当是可能的。实际上，人们能有不说句子而给出意义的行为吗？如果你试着这么做，你很可能会发现自己在屏息之下背诵这句话。但是，认为每一个句子的公共言说同时相伴着私人言说，这当然很荒唐。要确保这两个过程完全同步，肯定需要很高的技巧！如果两个稍稍不同步就糟透了，结果一个词的意思就会被错误地附加在下一个词上！

此外，关于某人是否理解一个句子的问题，以及他是否真的是这个意思，可以提出关于在想象的私下中说出的句子不亚于在公众面前说出的句子。由不愉快的关系而被激怒，我可能对自己低语道："我真希望他会死！"幸运的是，我并非此意。我脑子里哼唱着一首俄国民歌，着迷于这些词的声音。但是对歌词的意义，我一无所知。如果理解与产生意义都是过程，它们必须与私人言说和公共言说相伴随。所以，如果涉及的这些过程是某种内在言说，我们就会无止境地追求真正的理解。

一些哲学家认为，理解是一个完全不同意义上的精神过程。他们设想心灵是一种假设机制，以解释人类可观察的理智行为。如果一个人以这种方式来设想心灵，你就会想到一个精神过程，这不是一个在头脑中背诵ABC的过程，而是一个发生在特殊精神机制中的过程。据此观点的过程是一个精神过程，因为它发生在一种非物理的媒介中。精神机制是按照自己神秘的规律运作的，在一个不是物质而是精神的结构内完成。这是无法进行实证研究的，而且不能依靠打开思考着的颅腔来发现这一机制。

按照这种观点，这些过程甚至不需要内省的内在之眼也能感知到。精神机制可能运作得太快，以至我们无法跟踪它的所有动作，就像火车头的活塞或者割草机的刀片。但如果我们能提高我们的内省能力，或以某种方式让精神机制以慢动作运行，我们就能感受到，我们也许能真正观察到意义和理解的过程。

根据精神机制学说的一个版本，理解一个词的意义在于建立一个与之联系的合适的图像。当然，一般来说，当我们使用一个词时，我们没有这样的经验，而且对于很多词（如定冠词、"如果""不可能""一百万"）来说，甚至很难说什么可以算作合适的图像。但先让我们把这些观点放在一边，姑且让我们可以在头脑中有个图像，而不去注意到我们在想什么。让我们只考虑这种听起来和图像最相关的词汇，如表示颜色的词语。我们可以这样来考察这一建议，为了理解"带给我一朵红色的花"的指令，人们必须在头脑中有红色的图像，通过与这一图像相比较，才可以确定带什么花。一旦我们停下来想一下，就会意识到这不可能是对的，否则怎样执行"想象一块红板"的指令？在认定花的红色中出现的任何问题，认定板的红色时也会出现。

当然，当我们谈话时，心理意象常常会在我们的脑海中传递。但并不是它们赋予我们使用的词以意义。正相反，这些图像就像书中文字的插图。一般来说，是文字告诉我们图片是什么，而不是图片告诉我们文字的意思。

维特根斯坦用这种审查的方式，使我们拒绝各种可能被认为是意义的过程。事实上，意义和理解根本不是过程。我们被语法误导了。因为动词"意谓""理解"的表层语法与动词"说""呼吸"的表层语法相似，我们期待发现与之相应的过程。当我们不能找到经验过程时，我们悬设了非物质的过程。

还有另一个形而上学的信条与"意义是精神过程"这一想法紧密相关，即命名是一种精神行为。它是维特根斯坦批评"私人语言"概念的目标，或者更准确地说，是批评"私人定义"概念的目标。

维特根斯坦对语言游戏的讨论清楚地表明，并不是所有的词语都是名称，甚至命名也不像表面看起来那么简单。光是说出某物的名称是不够的，还不足以面对它并发出声音。探寻并给出名称只能在语言游戏的背景下进行，即使在命名一个物质对象相对简单的例子中也是如此。当我们考虑精神事件和状态如感觉、思想的名称时，事情要复杂得多。

维特根斯坦充分考虑了像"痛"这样的词作为一种感觉名称的方式。我们不禁认为，对于每个人来说，每个人痛的含义都是通过他自己的私人的、不可传达的感觉而获得的。维特根斯坦表明，这种诱惑必须加以抵制，即没有一个词能以这种方式获得意义。他的论证之一如下。

假设我想为我的一个私人感觉起个教名，叫"S"。我把注意力集中在感觉上，以便把这个名字和它联系起来。这会得到什么？当我下一次想使用名字"S"时，我怎么知道我使用得对不对？既然被命名的感觉被认为是私人的，那么没有人能够审查我对它的使用。然而，我自己也无法审查。在我能审查句子"这又是S"对不对之前，我需要知道这个句子是什么意思。我怎么知道我现在所谓的"S"的意思就是我首次为感觉"S"洗礼命名时的意思？我能诉诸记忆吗？不能。因为这样做，我必须唤起有关S的正确记忆，我还必须已经知道"S"是何意。最终不存在有关"S"用法的审查，不存在对它的使用对不对的区分。这意味着谈论"正确性"是不适当的，并且显示了我给自己下的私人定义并不是真定义。

维特根斯坦攻击私人定义的结论是，不能有一种语言，其所指只能为语言的个别使用者知道。英语单词"痛"的语言游戏不是一种私人语言，因为不管哲学家们怎么说，其他人常常知道一个人何时处于痛中。"痛"并不是以任何单独的定义才成为一种感觉名称的，而是通过作为共有语言游戏的一部分才可能。例如，一个婴儿的啼哭是自发的，它是痛的前语言（pre-linguistic）表达；逐渐地，其父母训练这个孩子通过语言用习俗的、学习的对痛的表达来代替这一点。因此，痛的语言（pain-language）就嫁接到痛的自然表达上。

私人语言争论的重点是什么？维特根斯坦在与谁辩论？简短的答案是，他在与《逻辑哲学论》的作者辩论，该作者赞同唯我论。唯我论是"只有我存在"的学说。在《逻辑哲学论》中，维特根斯坦写道：

> 唯我论的含义相当正确，只是不能说而已，但是它可自我显示。
>
> 这个世界就是我的世界，这表明了语言（我所理解的语言）的极限意味着我的世界的极限。

图46 维特根斯坦于《哲学研究》中使用的"鸭兔错觉"插图。
(图片来源：Wikimedia Commons)

随着维特根斯坦哲学的发展，他逐渐开始认为，即使作为一种不可言说的哲学，唯我论也是对现实的歪曲。只有当语言是我的语言时，这个世界才是我的世界：一种语言，它是由我自己的语言与世界的联系创造的。但是语言不是我的语言，而是我们的语言。私人语言的论证表明，没有纯粹的私人定义可以创建一种语言。语言的家不是唯我论者的内在世界，而是人类共同体的生活。即使是"我"这个词，也只有在我们共同的语言中才有意义。

但是，私人语言论证的范围远比维特根斯坦早期的自我反驳要广得多。笛卡尔在表达他的哲学怀疑中认为，语言是有意义的，而身体的存在是不确定的。休谟认为，思想和经验是有可能被认知和分类的，外界世界的存在问题却悬而未决。密尔和叔本华以他们不同的方式认为，一个人可以用语言来表达他的心灵内容，同时质疑其他心灵的存在。所有这些假设都意味着一种私人语言的可能性。所有这些假设对于所讨论的哲学的结构都是至关重要的。经验论和观念论的共同之处是，心灵除了其本身的内容外，没有任何直接的知识。两种思潮的历史运动都走向了唯我论。维特根斯坦对私人定义的攻击驳斥了唯我论，因为唯我论所表达的语言的可能性取决于公众和社会世界的存在。对唯我论的反驳，不可避免地演变为对经验论和观念论的反驳。

维特根斯坦并不想用不同的哲学体系来代替经验论和观念论，他后期的哲学恰恰是反体系的。这并不意味着它缺乏方法或不严谨，相反，这意味着哲学中没有任何部分比其他部分更重要。人们可以在任何一点开始哲学研究，并可以停止处理一个问题，转而处理另一个。哲学没有基础，也不能对其他学科提供基础。哲学不是一座房子，也非一棵树，而是一张网。

> 真正的发现使我能在我想要的时候停止做哲学。——给哲学带来和平的这一发现之物一旦出现，它就不再被给自身带来问题的问题所困扰。——相反，我们现在通过示例演示一种方法；并且可以将一系列的示例分开。问题解决了（困难消除了），没有一个问题留下。

维特根斯坦相信他完全改变了哲学的本质。当然，维特根斯坦的哲学与19世纪把哲学呈现为一种超科学（super-science）的哲学体系有很大差别。但他的思想与西方哲学的伟大传统并不像他有时所相信的那样相悖。当然，维特根斯坦对形而上学、对理性主义哲学在证明上帝存在、灵魂不朽、超越经验界限时表现出的自负是怀有敌意的。维特根斯坦对它们怀有敌意，康德其实也如此。维特根斯坦坚持认为，我们所有的理智探究只有依赖于人类心灵的各种简单、自然、莫名的原始冲动，才有可能存在，休谟何尝不是如此。维特根斯坦还坚持认为，哲学是每个人必须为自己做的事情，涉及的是意志而不是理智，笛卡尔也这么认为。语法专家将词类混在一起，而维特根斯坦担心的是哲学家应该做出区分。例如，在动词这一大类中，哲学家必须区分过程、条件、意向、状态等。维特根斯坦所做的区分与亚里士多德及其追随者所做的区分几乎可以逐条对应。

尽管维特根斯坦毕生对哲学与科学做了明显的区分，但他的哲学对其他学科也有启示。例如，心灵哲学对于经验心理学就很重要。这种重要性并不在于哲学家掌握了心理学家没掌握的信息，也不在于哲学家开拓了心理学家从未敢冒险开拓的某个精神（psyche）领域。哲学家能澄清的是心理学家的起点，即我们用来描述心灵的日常概念，以及归属人类的心理力量、状态和过程的标准。

心灵哲学通常是二元论与行为主义的战场。二元论者认为，人的心灵独立于身体，可与身体相分离。它们之间的联系是偶然的，而非必然的。行为主义者则把精神行为和状态的记录当成身体行为的变相报告，或者最多是身体总以某些特定的方式行为的倾向。维特根斯坦既反对二元论又反对行为主义。他同意二元论的是，特定精神事件的发生可以不伴随身体行为。他赞同行为主义的是，描述精神事件的可能性，在根本上依赖于它们所拥有的行为表达。按照他的观点，把一个精神事件或状态归属于某个人，并不是把任何身体行为归属于他，而是这种归属只能合理地给予具有适当行为能力的人。

维特根斯坦不仅对行为主义者试图使心灵与行为等同不满，而且对唯物论者试图使心灵与大脑等同也不满。人类和他们的大脑是物理对象，而心灵不是。这不是一个形而上学的主张：否认心灵有长度、宽度，或者位置，并不是说心灵就是精神。唯物论和行为主义相比，犯了严重的哲学错误，因为心灵与行为的联系比心灵与大脑的联系更密切。心灵与行为的联系是某种先于经验之物。就是说，我们用于描述心灵及其内容的概念，对其应用来说构成行为的标准。但可由经验科学发现的是，心灵与大脑的联系是偶然的。亚里士多德对心灵本质的把握不亚于当代许多心理学家，但是他关于心灵与大脑之间关系的想法却大错特错，他相信大脑是降低血液温度的装置。

与当代唯物论心理学思想相比，维特根斯坦的心灵哲学更接近于亚里士多德的心灵哲学。在他最有特色和最引人注目的一段话中，他甚至认为我们的一些心理活动可能在大脑中没有任何关联。

> 在我看来，没有任何一种假设比大脑中没有与联想或思考相关的过程更自然的了，这样就不可能从大脑过程（brain-process）中读出思维过程（thought-process）。我是指，如果我读或写时，会存在一个出自我的大脑的冲动系统（system of impulses），与我所说或所写的思想相联系。但是，这个系统为何继续朝着中心方向发展呢？为什么这一秩序不从混乱中离开呢？某些心理现象完全有可能在生理上无法被识别出来，因为生理上没有什么能与其

相对应。为什么不应该有一种无生理规律相对应的心理规律呢？如果这扰乱了我们关于因果性的概念，那么现在正是它们不高兴的时候了。

这里，维特根斯坦对我们这个时代的科学主义特征进行了正面攻击。这个时代有这样一种假设：心理现象必须存在着物理对应物。他并不是在为任何一种二元论或唯灵论（spiritualism）辩护。联想、思考和记忆不是一种精神实体，而是一个有身体的人。但是，他确实把纯粹的亚里士多德式的灵魂或者"隐德来希"，想象成一种没有物质工具运行的可能性，没有机械的动力因可对应的形式因和目的因。

从维特根斯坦去世后才发表的著作《论确定性》（*On Certainty*）的思想来看，在最后的岁月里，维特根斯坦开始对构成一个社会或个人的世界观的命题感兴趣。任何语言游戏都预设了一种作为某种生活形式（form of life）之一部分的活动。他说，想象一种语言，就是想象一种生活形式。接受一种语言的规则，就是在一种生活形式上与他人达成一致。哲学的终极所予（given）不是私人经验的内在基础，而是一种我们在其中进行活动和思考我们思想的生活形式。生活形式是一种哲学不能质疑的论据，相反，任何哲学研究本身都预先假定它。那么，何谓生活形式？

不同生活形式间差异的范式是两种不同物种的生命的差异，各自有不同的"自然历史"（natural histories），这是维特根斯坦喜欢用的一个表达。狮子有着不同于人类的生活形式，因此，即便狮子会说话，我们也无法理解它。

但是，人类内部的生活形式也会存在差异。如果人们有相同的世界观（*Weltbild*），即同一幅世界图像，那么就会共享同一种生活形式。一幅世界图像（world-picture）既不真也不假。关于真理的争论只有同在一个世界图像内才有可能，只有在分享相同生活形式的争议者之间才有可能。当一人所否定的是另一人世界图像中的一部分时，有时看起来像精神错乱，但有时它又反映了文化的深层次差别。如果某人怀疑在他出生前世界不存在，我们可能会认为他疯了。但在某种文化中，一个国王不就是在这种世界因他而始的信念中长大的吗？

我们的世界图像包括看起来像科学命题的命题，例如，"水在100摄氏度沸腾"，"我的颅骨里有个大脑"。其他的命题看起来像日常的经验命题，例如，"汽车不能从土中长出"或"地球已存在很久了"。但这些命题并不是通过经验来学习的。当劝导某个比较朴素的人接受我们的世界图像时，我们不是向他证明这些命题何以为真，而是转变他，让他以一种新的方式来看世界。这类命题的作用与系统中公理的作用截然不同。看起来并不是先学会它们，然后再从中推出结论。孩子们并不学它们，他们就像吞下他们所学的东西一样。当我们开始相信任何事情时，我们相信的不是一个单一的命题，而是整个系统。这个系统并不是一套公理，甚至也不是使所有论证都有活力的整个基本原理的出发点。

在讨论构成我们世界图像的命题时，维特根斯坦认识到，他正在处理纽曼在《赞同的基本原理》中提出的同样的问题：不以证据为基础的不可动摇的确定性是如何可能的。但他不认同纽曼的研究目标，即证明基督教的合理（reasonableness）。维特根斯坦认为，基督徒显然是不合理的（not reasonable），他们把巨大的信念建立在薄弱的证据上，但这也不意味着他们是荒唐的（unreasonable），这意味着他们根本不应该把信仰处理为合理性的东西。在这点上，相比于纽曼的观点，维特根斯坦更接近克尔凯郭尔的观点。

维特根斯坦不同意这样一种观点，即证明对上帝信念合理性的自然神学可作为哲学的一个分支。他认为，哲学不能赋予生命任何意义，它所能提供的最好之物就是一种智慧形式。他常常把智慧的虚空与信仰的活力相比较：信仰是一种激情，而智慧是冰冷的灰烬，智慧覆盖着发光的余烬。

然而，尽管只有信仰而非哲学才能赋予生命以意义，这并不意味着哲学在信仰领域内没有任何权利。信仰也许会包括胡说，哲学可以指出它是胡说。维特根斯坦曾说过"凡是不可说的东西，必须对之沉默"，后来他又说"不用担心胡说"，但是继而他又加了一句："你要注意你的胡说"。

正是哲学在警惕那些无稽之谈。首先，它指出了胡说是胡说。在指出生命的意义上，信仰并不比哲学更有能力。这里，维特根斯坦关于言说（saying）与显示（showing）的先前区分出现了。他认为，福音书为假也无妨。那并不是一个可以指出什么是言说的谈论，因为关于言说最重要的事实在于其真假，关键是指出哪一个为真、哪一个为假。其次，即使宗教话语不是言说，哲学看起来仍然在其中起着重要的作用。最为重要的是，哲学可以区分信仰与迷信。对于维特根斯坦来说，试图使宗教看起来合理是迷信的极端。

后 记

任何回顾哲学悠久历史的人都想知道：哲学有什么进展吗？经过数世纪的努力，哲学家们到底学到了什么？伏尔泰在谈到形而上学家时写道：

> 他们就像小步舞舞者，穿着最吸引人的衣服，鞠了几个躬，以最好的姿态穿过房间，展示他们所有的优雅，进行着永恒的运动，而未曾前进一步，在他们同一出发点结束。

在我们这个时代，维特根斯坦写道：

> 你总听到人们说，哲学没有取得进步，并且引起希腊人关注的同样的哲学问题，今天仍然困扰着我们。但是，那些说这种话的人不明白为什么会如此。原因是我们的语言保持不变，总是为我们引出同样的问题。只要还存在像"吃""喝"一样起作用的动词"be"（是）；只要还存在像"相同""真""假""可能"这样的形容词；只要人们还在谈论时间的流逝和空间的范围等；只要这一切发生，人们就会遇到同样开玩笑般的困难，就会盯着似乎没有任何解释可消除的东西。我读到"哲学家们并不比柏拉图更接近'实在'的含义"。这是一件多么不同寻常之事啊！柏拉图能走这么远是何等了不起啊！或者说，我们还没能取得任何长进！是因为柏拉图是如此聪明吗？

根据维特根斯坦的观点，哲学似乎不可能有真正的进步，哲学不像一门通过在前辈奠定的基础上逐年增加新信息层而不断进步的科学。当然，这本书的任何读者都会观察到某些哲学问题是如何保持不变的，以及后世的哲学家是如何一次又一次地回到他们前辈的主题和理论上来的。

如果哲学毫无进步，那么阅读哲学史似乎就无甚意义了。因此，在伯特兰·罗素的《西方哲学史》一书中，他的立场与伏尔泰和维特根斯坦不同，这也就不令人奇怪了。他坚持认为，在某些情况下，哲学对某些问题做出了明确的回答。他举了一个例子来说明本体论证明。

> 正如我们所见，这（本体论证明）是由安瑟尔谟发明的，被托马斯·阿奎那拒斥，被笛卡尔接受，被康德驳斥，又被黑格尔恢复了。我认为可以非常坚定地说，通过对"存在"这一概念的分析，现代逻辑证明了这种论证是无效的。

本体论论证是一个双刃剑的例子。它的历史确实表明，哲学可以有发展。安瑟尔谟完成了发明一个以前任何哲学家都没想到的论证的壮举。另一方面，如果哲学进步的最好例子是后来的哲学家指出早期哲学家的谬误，这就证实了哲学只对哲学家有用的观点。最糟糕的是，最近的一些当代哲学家，运用比罗素更复杂的现代逻辑形式，声称要恢复他认为要坚决反驳的论证。

不过在这个问题上，我相信罗素比维特根斯坦更接近真相。没错，哲学并不是通过对信息量进行定期补充而发展起来的，哲学不提供信息，而是理解信息，并且为当今哲学家所理解的内容，即使是前几代最伟大的哲学家也无法理解。即便我们接受维特根斯坦的观点，即哲学在本质上是对语言的澄清，但哲学仍有很大的进步空间。比如，哲学家通过区分不同的词义来澄清语言，一旦做出一种区分，未来的哲学家就必须审慎地加以考虑。

我们以自由意志为例。一旦区分了"漠不关心的自由"和"自发性自由"，对于"人类享受意志的自由吗"这一问题的回答，就必须考虑到这种区分。即使某些相信这两种自由是一致的人也必须提供论证来说明这一点，他不能在忽视这种区别的情况下还希望自己被严肃地看作哲学家。

通常情况下，当一个哲学问题通过相关的区分被澄清后，就会发生这样的情况，即从分析中出现的新问题之一，结果根本就不是哲学问题，而是需要其他学科解决的问题。在这种情况下，已经取得的智识进步似乎并不是哲学上的进步。这一过程可以参照天赋观念的问题得到说明。

读者会记得，在17世纪，人们对下面这个问题进行了激烈的辩论：我们的哪些想法是天赋的，哪些是后天获得的？这个问题引起一定程度的混乱。一旦澄清后，它就分为两个问题，一个是心理问题（我们从遗传和环境得到了什么），一个是认识论问题（我们的知识有多少是先天的，有多少是后天的）。遗传与环境的问题，无论好坏，都交给了实验心理学，而不再成为哲学问题。我们的知识中有多少是先天的、多少是后天的问题，不是一个关乎知识获取的问题，而是一个关乎其正当性的问题。在该问题经过第一次分裂后，认识论的部分仍然停留在哲学中。

但这个问题也通过裂变衍生出一系列哲学问题和一系列非哲学问题。哲学的先天的和后天的哲学概念分化并提炼成许多问题，其中之一就是康德的问题："哪些命题是分析的，哪些命题是综合的？"。分析性的概念最终被弗雷格以数理逻辑的术语给出了一个精确的公式。最后，"算术是分析的吗？"的问题由哥德尔的证明给出了精确的算术回答，即算术不能完全公理化。但对这个问题的算术回答，留给了哲学许多关于数学真理的本质和正当性的问题。

于是，我们以一个最初让人困惑的哲学问题开始，即天赋观念与后天获得的观念之间的区别。然后，它向两个方向发展：一是在经验心理学的方向上，一是在数学逻辑的方向上。在中间则留下一个有待研究的哲学残余。

许多曾经一度是哲学分支的整个学科，几个世纪以来已经成为独立的科学。如果从哲学史的角度来概括，我们可以说，只要一门学科的概念尚不明确，方法尚有争议，它就仍是哲学问题。一旦问题被明确地表达出来，一旦概念被适当地标准化，并且一旦对于解决方案的方法达成一致，那么我们就有了一门独立的科学，它就不再是哲学的一个分支了。

这是否意味着，在某个时候，哲学就没有什么可做的了？所有问题领域是否都能充分澄清，成为独立的科学？我不这样认为。意义理论、认识论、心灵哲学、伦理学和形而上学将始终是哲学问题。不管这些学科产生了什么新的非哲学（nonphilosophical）问题，需要用非哲学的方法来解决，总是会有一个只能留给哲学处理的不可还原的内核。这是因为这些学科的自反本性（self-reflexive nature），它们中的每一个都致力于对自己的工作进行批判性的研究。

正因为如此，哲学史的研究仍然是有价值的，不仅仅是作为一种古老的事业，也是作为一种了解哲学自身本质的方法。这是由于它们所包含的不可简化的哲学材料，柏拉图和亚里士多德的伦理学和形而上学文本保留了他们关于宇宙学或动物学的著作所失去的这方面的兴趣。

那些永远保持哲学性质的哲学领域，要比那些能够并且已经被分离成独立学科的领域更难探索。这是因为它们的主题是如此广泛，它们的概念是如此普遍适用。要实现系统性的哲学概观是非常困难的，只有天才才有希望实现这一目标。哲学是如此广阔，以至只有有一个完全与众不同的头脑才能看到哪怕是最简单的哲学论证或结论的后果。对我们这些不是天才的人来说，掌握哲学最好的方法就是接触过去伟大哲学家的思想。

进一步阅读的建议

由 F. 科普尔斯顿（F. Copleston）一人单独完成的九卷本系列《哲学史》（*History of Philosophy*, Burns Oates & Search Press, 1943—1974），是让人印象最深的。虽然有些读者认为它的风格过于平淡，但它是博学的、全面的以及有见识的。当然，它在细节上已经被个别哲学家的研究所取代，但仍有参考价值。

如今，大多数哲学史都是由多位作者合力完成的。例如《劳特利奇哲学史》（*Routledge History of Philosophy*, 1993—　），出全后有十卷，以及牛津大学出版社（Oxford University Press，以下简称 OUP）出版的 OPUS 丛书中的《西方哲学史》（*A History of Western Philosophy*）和剑桥大学出版社（Cambridge University Press，以下简称 CUP）出版的多卷本《剑桥史》（*Cambridge History*）等。《往日大师》（*Past Masters*，以下简称 PM）丛书即牛津大学出版社出版的关于特定思想家的传记丛书如果出全了，首尾相接就会构成一个很好的介绍性哲学史。所有这些作品的每一卷的详细参考资料将在下面列出。

其他许多人参与写的著作有，T. 杭德里克（T. Honderich）主编的《牛津哲学指南》（*The Oxford Companion to Philosophy*, OUP, 1995），以及 A. 肯尼（A. Kenny）主编的《牛津插图哲学史》（*The Oxford Illustrated History of Western Philosophy*, OUP, 1994）。对于那些想要在不花费巨资的情况下拥有原始哲学家作品的人来说，有用的资源是"企鹅经典"（Penguin Classics，以下简称 PC）系列，以及牛津大学出版社出版的"世界经典"（World's Classics，以下简称 WC）丛书。

我非常感谢所有作者，他们的作品在这份精选书目中扮演了重要的角色。我也把我本人在其中就有关论题写过大量篇幅的著作列在参考书目中。

第一章 哲学的幼年时代

在本章中讨论的哲学家们的重要文本都汇集在 G. S. 柯克（G. S. Kirk）、J. 雷文（J. Raven）以及 M. 斯科菲尔德（M. Schofield）合编的第二版《前苏格拉底时期的哲学家》（*The Presocratic Philosophers*，CUP，1983）中。一种英文版的方便合集是 J. 巴恩斯（J. Barnes）的《希腊早期哲学》（*Early Greek Philosophy*，PC，1987），他也出版了两卷本的《前苏格拉底时期的哲学家》（*The Presocratic Philosophers*，Routledge，1982）。在 T. 欧文（T. Irwin）的《古典思想》（*Classical Thought*，OUP，1969）前五章中，也有这一时期的一个简短历史。

第二章 苏格拉底的雅典

柏拉图的全部著作被翻译在由 J. M. 库珀（J. M. Cooper，Hackett，1997）编辑的单卷本中。这一章讨论的对话录收集在《苏格拉底最后的日子》（*The Last Days of Socrates*，PC）一书中。《斐多篇》（*Phaedo*）是在 WC 丛书中。关于苏格拉底，参看 G. 弗拉斯托斯（G. Vlastos）的《苏格拉底：反讽家与道德哲学家》（*Socrates, Ironist and Moral Philosopher*，CUP，1991）。

第三章 柏拉图的哲学

柏拉图的主要对话，包括《理想国》（*Republic*）在内，大部分已经翻译在 PC 和 WC 丛书中，有 R. M. 黑尔（R. M. Hare）主编的 PM 丛书（1981）。也可参考 C. 罗（C. Rowe）的《柏拉图》（*Plato*，Harvester，1984），以及 J. 安娜斯（J. Annas）的《柏拉图的〈理想国〉导论》（*An Introduction to Plato's Republic*，OUP，1981，1982）。

第四章 亚里士多德的体系

亚里士多德全集翻译的两卷本由 J. 巴恩斯主编（Princeton University Press，1984），《尼各马可伦理学》（*Nicomachean Ethics*）和《政治学》（*Politics*）是在 PC

丛书和 WC 丛书中,《论灵魂》(*De Anima*) 是在 PC 丛书中,《物理学》(*Physics*) 是在 WC 丛书中。还有一些文本由 J. L. 阿克里尔（J. Ackrill）选编在《亚里士多德新读本》(*A New Aristotle Reader*，OUP，1987）中。J. 巴恩斯的《亚里士多德》(*Aristotle*，PM，1982）是该丛书中最好的一本之一。也可参考 J. L. 阿克里尔的《作为哲学家的亚里士多德》(*Aristotle the Philosopher*，OUP，1981），以及 A. 肯尼的《亚里士多德的意志理论》(*Aristotle's Theory of the Will*，Duckworth，1979）与《亚里士多德论完美人生》(*Aristotle on the Perfect Life*，OUP，1995）。

第五章　亚里士多德之后的希腊哲学

最重要的文本收集和翻译在 A. A. 朗（A. A. Long）与 D. 赛德利（D. Sedley）主编的《希腊化时期的哲学家》(*The Hellenistic Philosophers*，Cambridge，1987）一书中。也可参看 A. A. 朗的专著《希腊化时期的哲学》(*Hellenistic Philosophy*，Duckworth，1974），以及 M. 斯科菲尔德、M. 伯恩叶特（M. Burnyeat）与 J. 巴恩斯合编的《怀疑与教条主义》(*Doubt and Dogmatism*，OUP，1980）。这一章和下一章讨论的思想家都包含在 A. H. 阿姆斯特朗（A. H. Armstrong）主编的《希腊晚期和中世纪早期剑桥哲学史》(*The Cambridge History of Later Greek and Early Medieval Philosophy*，CUP，1970）一书中。也可参看 D. 奥米拉（D. O'Meara）的《普罗提诺》(*Plotinus*，OUP，1995）。普罗提诺《九章集》(*Enneads*) 的希腊文和英文本见"洛布古典丛书"（Leob Classical Library，Heinemann，1979）。

第六章　早期基督教哲学

关于这一时期的一本极好的历史著作是 H. 查德威克（H. Chadwick）的《早期教会》(*The Early Church*，Penguin，1993）。J. 麦克曼勒斯（J. McManners）编辑的《牛津基督教史》(*The Oxford History of Christianity*) 的相关章节也很有用。奥古斯丁的《忏悔录》(*Confessions*) 收录在 WC 中，他的《上帝之城》(*City of God*) 收录在 PC 中。PM 中的《奥古斯丁》由 H. 查德威克于 1986 年所作，他也写了《波爱修斯》(*Boethius*，OUP，1990）一书。关于菲洛波努斯，见 R. 索拉比基（R. Sorabji）主编的《菲洛波努斯与对亚里士多德科学的拒斥》(*Philoponus and the Rejection of Aristotelian Science*，Duckworth，1987）。

第七章　早期中世纪哲学

这一章和后两章的论题都包含在 N. 克莱兹曼（N. Krezmann）、A. 肯尼和 J. 平伯格（J. Pinborg）合编的《剑桥中世纪晚期史》(*The Cambridge History of Later Medieval Philosophy*，CUP，1982) 中了。对于中世纪哲学给予生动而通俗介绍的是 D. 诺尔斯（D. Knowles）的《中世纪思想的演化》(第二版)(*The Evolution of Medieval Thought*，Longman，2nd edn，1988)。更新一些的是 D. 勒斯科姆（D. Luscombe）的《中世纪思想》(*Medieval Thought*，OUP，1997)。对本章所涵盖时期的更详细的研究，参见 J. 马伦本（J. Marenbon）的《中世纪早期哲学》(*Early Medieval Philosophy*)，他也是最佳读物《彼得·阿伯拉尔的哲学》(*The Philosophy of Peter Abelard*，CUP，1997) 的作者。关于约翰·司各脱，可参看 J. J. 奥米拉（J. J. O'Meara）的《爱留根纳》(*Eriugena*，OUP，1988)。安瑟尔谟最引人入胜的生平是 R. W. 萨瑟恩（R. W. Southern）的《圣安瑟尔谟》(*Saint Anselm*，CUP，1990)。阿伯拉尔的《伦理学》(*Ethics*) 见 D. 勒斯科姆的译本（OUP，1971)。关于阿拉伯的哲学家，请参见 H. A. 戴维森（H. A. Davidson）的《阿尔法拉比、阿维森纳与阿威罗伊论理智》(*Alfarabi, Avicenna, and Averroes on Intellect*，OUP，1992)。

第八章　13世纪的哲学

拉丁文版和英文版的《神学大全》(*Summa Theologiae*) 在布莱克弗里尔斯（Blackfriars）版（Eyre & Spottiswoode，自 1964) 中可以找到。非常有用的阿奎那哲学著作选版本是 WC 中蒂莫西·麦克德莫特（Timothy McDermott）的译本。阿奎那最好的传记是 J. 维斯西皮尔（J. Weisheipl）的《托马斯·阿奎那修士》(*Friar Thomas d'Aquino*，Doubleday，1974)。PM 中也有 A. 肯尼写的阿奎那的传记（1979)，A. 肯尼还写过《五路证明》(*The Five Ways*，1969) 以及《阿奎那论心灵》(*Aquinas on Mind*，1994)。还可参见 B. 戴维斯（B. Davies）的《托马斯·阿奎那的思想》(*The Thought of Thomas Aquinas*，OUP，1993) 以及 N. 克雷茨曼（N.

Kretzmann）与埃莉奥诺勒·斯顿普（Eleonore Stump）合编的《阿奎那剑桥指南》（*The Cambridge Companion to Aquinas*）。在这一章和下一章所介绍的哲学家在 J. 马伦本的《中世纪晚期哲学》（*Later Medieval Philosophy*, Routledge, 1987）一书中也有讨论。

第九章　牛津的哲学家

关于 14 世纪的牛津大学，可参见 W. J. 考特尼（W. J. Courtenay）的《14 世纪英国的学校和学者》（*Schools and Scholars in Fourteenth Century England*, Princeton University Press, 1987）。英文本的司各脱的著作或关于司各脱的著作几乎没有，一个节选本由 A. 沃尔特（A. Wolter）编辑出版（Nelson, 1962）。关于作为哲学家的奥卡姆的权威著作是 M. 亚当斯（M. Adams）写的《威廉·奥卡姆》（*William Ockham*, Notre Dame, 1987）。关于奥卡姆的著作节选见 P. 博纳（P. Boehner）主编的《哲学著作选》（*Philosophical Writings: A Selection*）；圣母大学出版社（Notre Dame University Press）也出版了他的《逻辑总结》（*Summa Totius Logicae*）的多卷译本。关于奥卡姆的政治学，可见 A. S. 麦克格雷德（A. S. McGrade）写的《奥卡姆的威廉的政治思想》（*The Political Thought of William of Ockham*, CUP, 1974）。马西琉斯（Marsilius）的《和平的护卫者》（*Defensor Pacis*）由 A. 格沃思（A. Gewirth）翻译（New York, 1956）。关于威克利夫，PM 中有 A. 肯尼所写的一本书（1985）。

第十章　文艺复兴时期的哲学

对这一时期哲学的最佳介绍是 C. B. 施米特（C. B. Schmitt）与 Q. 斯金纳（Q. Skinner）合编的《剑桥文艺复兴哲学史》（*The Cambridge History of Renaissance Philosophy*, CUP, 1988）。更简明的版本是 B. P. 科彭哈弗（B. P. Copenhaver）与 C. B. 施米特合著的《文艺复兴哲学》（*Renaissance Philosophy*, OUP, 1992）。E. 卡西勒（E. Cassirer）的《文艺复兴时期人的哲学》（*The Renaissance Philosophy of Man*, Chicago University Press, 1978）收集了大量文本。J. 麦克考尼卡（J. McConica）的《文艺复兴时期的思想家》（*Renaissance Thinkers*, OUP, 1993）一

书包含了四位 PM 人物：他自己写的伊拉斯谟，A. 肯尼写的莫尔，P. 伯克（P. Burke）写的蒙田以及 A. 昆顿（A. Quinton）写的培根。关于宗教改革，可参见 J. 博西（J. Bossy）的《西方的基督教：1400—1700》（*Christianity in the West, 1400—1700*, OUP, 1985），以及 O. 查德威克（O. Chadwick）的《宗教改革》（*The Reformation*, Penguin, 1964）。乔尔丹诺·布鲁诺的主要著作是在他 1583—1585 年间停驻于法国驻伦敦大使馆期间写的，对于他的生平，J. 博西的《乔尔丹诺·布鲁诺与大使事务》（*Giordano Bruno and the Embassy Affair*, Vintage, 1991）一书中有精彩的记述。

第十一章　笛卡尔的时代

关于笛卡尔最好的生平传记是 S. 高克罗吉尔（S. Gaukroger）的《笛卡尔：一位智识之人的传记》（*Descartes: An Intellectual Biography*, OUP, 1994）。英文版的笛卡尔著作是 J. 科廷厄姆（J. Cottingham）、R. 斯图斯霍夫（R. Stoothhoff）和 A. 肯尼翻译的三卷本《笛卡尔的哲学著作》（*The Philosophical Writings of Descartes*）。研究笛卡尔的简短著作包括 A. 肯尼的《笛卡尔》（*Descartes*, Thoemmes, 1993）和 B. 威廉斯（B. Williams）的《笛卡尔：纯粹探究的计划》（*Descartes: The Project of Pure Enquiry*, Penguin, 1978）。

第十二章　17 世纪的英国哲学

霍布斯的《利维坦》（*Leviathan*）被收入 WC 和 PC 中。PM 中收录有 R. 塔克（R. Tuck）论述霍布斯的著作（1989），R. M. 马蒂尼奇（R. M. Martinich）著有《霍布斯辞典》（*A Hobbes Dictionary*, Blackwell, 1995）。牛津大学出版社正在出约翰·洛克全集的克拉伦登（Clarendon）版本。他的《人类理解论》（*An Essay Concerning Human Understanding*）的平装本是牛津大学出版社 1979 年出版的。E. 贝克（E. Baker）主编的《社会契约论》（*The Social Contract*, OUP, 1978）收录了洛克以及休谟和卢梭关于社会契约的著作。PM 中收录有 J. 邓恩（J. Dunn）对洛克的著述（1984）。其他关于洛克的材料请注意第十四章相关部分。

第十三章　路易十四时期的大陆哲学

这个时期的一般历史介绍请参看 J. 科廷厄姆的《理性主义者》(*The Rationalists*, OUP, 1988)。帕斯卡的《思想录》收录在 WC 中，斯宾诺莎的《伦理学》和莱布尼茨的著作选包括在"人人图书馆"丛书（Everyman Library, Dent, 1950, 1973）中。PM 中收录有 R. 斯克鲁顿（R. Scruton）论斯宾诺莎（1986）和 G. M. 罗斯（G. M. Ross）论莱布尼茨（1984）的著作。也见 J. 贝内特（J. Bennett）的《斯宾诺莎伦理学研究》(*A Study of Spinoza's Ethics*, CUP, 1984) 和 R. M. 亚当斯（R. M. Adams）的《莱布尼茨：决定论者、有神论者和观念论者》(*Leibniz: Determinist, Theist, Idealist*, OUP, 1994)。

第十四章　18 世纪的英国哲学

关于经验论者的一般介绍见 J. 贝内特的《洛克、贝克莱、休谟：核心主题》(*Locke, Berkeley, Hume: Central Themes*, OUP, 1971)，以及 R. S. 伍尔豪斯（R. S. Woolhouse）的《经验论者》(*The Empiricists*, OUP, 1988)。贝克莱的《人类知识原理》(*Principles*) 和《海拉斯与斐洛诺斯对话三篇》(*Dialogues*) 见 WC。休谟的《自然宗教对话录》(*Dialogues Concerning Natural Religion*)、《人类理解研究》和《道德原则研究》(*Enquiries*)、《人性论》(*Treatise*) 以及他的文选（*Selected Essays*）也见 WC。PM 中有 J. O. 厄姆森（J. O. Urmson）论贝克莱（1982）以及 A. J. 艾尔斯（A. J. Ayers）论休谟（1980）。还可参见戴维·皮尔斯（David Pears）的《休谟的体系》(*Hume's System*, OUP, 1990)。

第十五章　启蒙运动

本章以及第十七、十九章可参见 R. C. 所罗门（R. C. Solomon）的《1750 年以来的大陆哲学》(*Continental Philosophy since 1750*, OUP, 1988)。卢梭的《论政治经济学》(*Discourse on Political Economy*) 与《社会契约论》(*Social Contract*) 被收录在 WC 中，他的《忏悔录》(*Confessions*) 被收录在 PC 中。伏尔泰的几篇著作可见 WC 和 PC。PM 中有 R. 沃克勒（R. Wokler）论卢梭（1995）以及 R. 霍

姆斯（R. Holmes）论柯勒律治（1982）。

第十六章 康德的批判哲学

关于康德的主要著作使用得比较普遍的英文版本是 N. 肯普·史密斯（N. Kemp Smith）编辑的《纯粹理性批判》（*Critique of Pure Reason*，Macmillan，1973）、J. 梅雷迪思（J. Meredith）编辑的《判断力批判》（*Critique of Judgement*，OUP，1978），以及 H. 佩顿（H. Paton）编辑的《道德形而上学原理》（*Groundwork of the Metaphysic of Morals*，Hutchinson，1955）。PM 中收录有 R. 斯克鲁顿论康德（1982），霍华德·凯吉尔（Howard Caygill）编有《康德辞典》（*A Kant Dictionary*，Blackwell，1994）。几部不错的研究著作包括 J. 贝内特的《康德的分析论》（*Kant's Analytic*，CUP，1966）与《康德的辩证论》（*Kant's Dialectic*，CUP，1974），以及 P. 斯特劳森（P. Strawson）的《感官的边界》（*The Bounds of Sense*，1966）。

第十七章 德国观念论与唯物论

部分黑格尔著作的翻译平装本由 OUP 以"黑格尔的逻辑学"（*Hegel's Logic*）、"黑格尔的心灵哲学"（*Hegel's Philosophy of Mind*）为标题出版（1975，1971）。OUP 还发行了平装本《精神现象学》（*Phenomenology of Spirit*）和他的《哲学史讲演录》（*Lectures on the History of Philosophy*）的导论（1987）。PM 中收录有 P. 辛格（P. Singer）论黑格尔的著作（1983），M. 英伍德（M. Inwood）著有《黑格尔辞典》（*A Hegel Dictionary*，Blackwell，1993）。马克思的许多著作见 PC；J. 埃尔斯特（J. Elster）主编有马克思作品读本，由 CUP 出版。PM 中关于马克思的论述为 P. 辛格在 1980 年所作。

第十八章 功利主义哲学家

边沁的作品全集以多卷本的形式由 OUP 出版，PM 中有约翰·丁威迪（John Dinwiddy）论边沁的著作（1989）。J. H. 伯恩（J. H. Burne）和 H. L. A. 哈特（H. L. A. Hart）编辑了他的《道德和立法原理导论》（*Introduction to the Principles of Morals and Legislation*，London，1982）。密尔的《论自由》（*On Liberty*）和《政

治经济学原理》(*Principles of Political Economy*) 被收录在 WC 中。

第十九章 19 世纪的三位哲学家

叔本华《作为意志和表象的世界》(*The World as Will and Idea*) 一书的英文版由 R. B. 霍尔丹（R. B. Haldane）与 J. 肯普（J. Kemp）(London, 1948—1950) 翻译完成。《附录与补遗》(*Parerga and Paralipomena*, OUP, 1974) 充满睿智，值得一读。对于他的著作的新近研究有 B. 马吉（B. Magee）的《叔本华的哲学》(*The Philosophy of Schopenhauer*, OUP, 1987)。PC 中收录有好几部克尔凯郭尔的著作，PM 中有 P. 加德纳（P. Gardiner）论克尔凯郭尔的著作（1988）。也见 A. 拉德（A. Rudd）的《克尔凯郭尔与伦理的限度》(*Kierkegaard and the Limits of the Ethical*, OUP, 1993)。尼采的几部著作被收录在 WC 和 PC 中，PM 中收录有 M. 坦纳（M. Tanner）论尼采的著作（1994）。

第二十章 近代三位大师

达尔文《物种起源》(*The Origin of Species*) 见 WC 和 PC。纽曼的主要哲学著作见 I. 克尔（I. Ker）编辑的《〈赞同的基本原理〉导论》(*An Essay in Aid of a Grammar of Assent*, OUP, 1985)。PM 中收录有 O. 查德威克论纽曼的著作 (OUP, 1983)。关于纽曼哲学的著作相对较少，可参见 S. A. 格雷夫（S. A. Grave）的《纽曼思想中的良心》(*Conscience in Newman's Thought*, OUP, 1989)。一系列价格不贵的弗洛伊德著作的英文平装本由企鹅出版社出版。PM 中收录有 A. 斯托尔（A. Storr）论弗洛伊德的著作（1989）。

第二十一章 逻辑与数学的基础

弗雷格最重要的哲学文本收录在 M. 比尼（M. Beaney）主编的英文版《弗雷格读本》(*The Frege Reader*, Blackwell, 1997) 中。M. 杜梅特（M. Dummett）的著作，特别是《弗雷格：语言哲学》(第二版)(*Frege: Philosophy of Language*, Duckworth, 2nd edn, 1981) 是此领域的翘楚，但对初学者来说太难。PM 中未收录关于弗雷格的相关著作，但 A. 肯尼著有《弗雷格》(*Frege*, Penguin, 1995)

一书。罗素的大多数著作仍在出版，对于初学者来说首选读物是《哲学问题》（*Problems of Philosophy*，OUP，1967）；也许他最好的书是《数学哲学导论》（*Introduction to Mathematical Philosophy*，Methuen，1919）。PM 中收录有 A. C. 格雷灵（A. C. Grayling）论罗素的著作（1996）。

第二十二章 维特根斯坦的哲学

维特根斯坦主要著作的英文本见 A. 肯尼的《维特根斯坦读本》（*A Wittgenstein Reader*，Blackwell，1994）。他的两部主要著作《逻辑哲学论》（*Tractatus Logico-Philosophicus*）和《哲学研究》（*Philosophical Investigations*）的英文版由布莱克韦尔出版社出版（Blackwell，1961，1958）。也见 A. 肯尼的《维特根斯坦》（*Wittgenstein*，Penguin，1973）以及 D. 皮尔斯（D. Pears）的《虚假的监狱》（*The False Prison*，OUP，1987—1988）。H.-J. 格洛克（H.-J. Glock）还编写了《维特根斯坦辞典》（*A Wittgenstein Dictionary*，Blackwell，1996）。

译 后 记

写译后记是一件令人高兴的事情，也是一件费脑筋的事情。高兴是因为一旦到这个环节就意味着一项艰巨的工作即将完成。其实，从接到这项工作开始，我就有很多想法和念头，当时就默默想着要在写译后记时一一呈现出来，因而一直期待早日完成这项工作，以便可以表达出那些心得与感受。至于费脑筋，就是要说清楚翻译的起承转合，把原作特点、翻译特色与感受呈现出来。

我是去年暑假快结束时接到这项翻译工作的，感觉翻译西方哲学史是很有意义的事情。目前，我们可以接触到的汉译西方哲学史有梯利版本、罗素版本、斯通普夫版本，以及文德尔班的《哲学史教程》、黑格尔的《哲学史讲演录》等。中国人自己写的西方哲学史有全增嘏的《西方哲学史》、赵敦华的《西方哲学简史》、邓晓芒与赵林的《西方哲学史》、张志伟的《西方哲学史》等。当然，国内还可以找到叶秀山等主编的学术版八卷十一册《西方哲学史》，以及冯俊翻译主编的十卷本《劳特利奇哲学史》等巨著。评价哪一个版本更好、哪一部写作水准更高，已经超出本译后记的范围。在这里，我只能说各有千秋。在越来越多人喜爱哲学的当下中国，多一个译本或某一版本的重译译本都会为读者多提供一个选择。

这部哲学史的作者是安东尼·肯尼（Anthony Kenny）。肯尼原初的想法是想写一部像罗素版《西方哲学史》那样通俗易懂的《西方哲学史》，并致力于弥补罗素版本的缺陷，诸如前后比例失调、亚里士多德等一流哲学家所占分量不足等。就其英文原著的内容而言，除了对康德等少数几位哲学家的介绍稍有难度外，该书确实做到了通俗易懂，对于哲学出场的时代背景（尤其是烦琐的宗教纠葛）尽量给出较为详细的铺陈，对个别哲学家的逸闻趣事进行了饶有趣味的介绍，秉持英美哲学家的一贯特色,对晦涩的哲学观点给予生动的比喻和阐释,并在行文时大量使用了"像某某某一样""不像某某某"等这些前后联系,这都大大增强了本书的可读性。

相较于中国人写的西方哲学史,作为一部西方人写的哲学史,本书在介绍中世纪部分、涉及宗教部分以及语言哲学部分(肯尼的专业领域)都有较大的优势。这也构成本书的一大特色。本书的另一大特色是,作者在介绍、呈现相关内容后,往往会加上自己的一些评注,显得难能可贵。

诚如一位"豆瓣读书"网友所说,"因为肯尼是研究中世纪哲学的专家,翻译过维特根斯坦的著作,所以对于西方哲学史也写到维特根斯坦为止。也因为肯尼有着英美学者写哲学史的通病,对英美哲学的功利主义、逻辑主义着墨甚多,而对同时代的胡塞尔、海德格尔却只字不提"(参见:https://book.douban.com/review/8268491/)。其实,被肯尼忽略的哲学家名单还可以继续开列下去,如谢林、狄尔泰、伯格森、杜威等。当然,其中部分原因可能是出于关注点的不同以及篇幅限制。对于中国读者而言,不得不指出的是,像很多西方哲学教授一样,肯尼对马克思没有中国人那样的情感和体会。与其说这是一桩憾事,倒不如说是一件好事,因为系统学习马克思的著作,无论如何也不能依赖一本西方哲学简史达成。

具体到这本书的翻译,2012年,河北人民出版社已经出过本书英文版第一版的译本,由中国人民大学冯俊教授牵头翻译(以下简称冯译本)。本书英文版后来又出了新版,即为此翻译所依据的插图版。鉴于2012年已出过冯译本,这里就有必要对该译本与冯译本的差别给出一些交代。

其一,冯译本是一批人合译的,每人承担一章或几章的翻译。多人合译一本书自然会出现不一致的现象。其二,冯译本几乎没有注释,我在翻译时对重要或容易混淆之处给出了"译者注",共有近80处,当然也包括指出冯译本一些明显的错误。其三,因为我是唯一的译者,所以对于人名、地名、书名以及一些特殊表达都前后连贯地给出了对应的英文,并放在括号里,以便初学者进一步思考。正如我在正文部分的某个注释指出的,冯译本某些章节的翻译质量非常考究,我在翻译时也颇受益——实际上也很难做到故意另作他译。

撰写此译后记之际,适逢北京正在召开第24届世界哲学大会。虽然我没有赴会,但几乎也在第一时间拿到了大会中英文论文集。大会的主题"学以成人"不免让我想起邓安庆老师在《思考哲学基本问题》一书序言"哲学何以教人高贵"中的一段话:"爱好哲学者无一不是抱着'学以成人'的目的而来。每个人都在自身的生活中会遇到对自身人格与生命的第二次造化的需要,而哲学之能成就一个卓越而高贵的生命,参与人对自身的第二次造化,靠的就是伦理学,或者说实践哲学。当代实践哲学的复兴和兴盛,正反映了人类自我意识的这一觉醒。"本书自然也包含大量伦理学的内容。

这是我与中国轻工业出版社"万千教育"编辑部第二次愉快的合作,第一次就是2016年与杨晞帆老师合译上面提到的《思考哲学基本问题》(邓安庆审校,59万字)一书。在《思考哲学基本问题》的译后记中,我已经表达过做翻译工作的甘苦以及种种遗憾,这里似乎不必再"老话"重提。在不到一年的时间内完成30余万字的翻译,应该说是一项比较繁重的工作。为此,我要感谢我所在的滁州学院马克思主义学院的领导为我提供的有力支持,也要感谢拙荆冯雪英以及爱女陈采薇给予我的包容。

限于自身水平以及本书所涉及话题的广泛,疏漏之处,肯请读者批评指正。

陈晓曦

2018 年 8 月 20 日

于上海嘉定良舍路寓所